课程与教学的基本理论

刘秀娟 王 坤 著

中国矿业大学出版社
·徐州·

图书在版编目(CIP)数据

课程与教学的基本理论 / 刘秀娟,王坤著. —徐州:中国矿业大学出版社,2023.12

ISBN 978-7-5646-6079-6

Ⅰ. ①课… Ⅱ. ①刘… ②王… Ⅲ. ①课程—教学理论 Ⅳ. ①G423

中国国家版本馆 CIP 数据核字(2023)第 249116 号

书　　名	课程与教学的基本理论
著　　者	刘秀娟　王　坤
责任编辑	史凤萍
出版发行	中国矿业大学出版社有限责任公司
	(江苏省徐州市解放南路　邮编 221008)
营销热线	(0516)83885370　83884103
出版服务	(0516)83995789　83884920
网　　址	http://www.cumtp.com　E-mail:cumtpvip@cumtp.com
印　　刷	徐州中矿大印发科技有限公司
开　　本	787 mm×1092 mm　1/16　印张 20.75　字数 531 千字
版次印次	2023 年 12 月第 1 版　2023 年 12 月第 1 次印刷
定　　价	65.00 元

(图书出现印装质量问题,本社负责调换)

"教什么"与"怎么教"

——课堂教学的本体论与方法论

全部教育活动的核心内容可以概括为两大部分,即课程与教学,也就是"教什么"和"怎么教"的问题。教育活动的主要承担者是教师,因此,教师的主要职责就是要有能力选择为学生终身发展奠基的教育内容,并且采用适合的教学手段教给学生。

在哲学研究中,本体论、认识论、方法论是联系在一起的。本体论是一元的,回答的是在我们生活的世界中,最真实的事实是什么样的。"本体"的研究,在希腊哲学史上有其渊源。从米利都学派开始,希腊早期哲学家就致力于探索组成万物的最基本元素——"本原"(希腊文 arche,旧译为"始基")。对"本原"的研究即成为本体论的先声,而且逐步逼近于对 being 的探讨。然而,到目前为止,对于本体论,还没有统一的定义和固定的应用领域。斯坦福大学的格鲁伯(Gruber)给的定义得到了许多同行的认可,即本体论是对概念化的精确描述,用于描述事物的本质。认识论已经二元化了,回答的是人和真实的事实之间的关系是怎样的,也可以理解为个人认识观(epistemology)、个体的知识观,即个体对知识和知识获得所持有的信念,主要包括有关知识结构和知识本质的信念、有关知识来源和知识判断的信念,以及这些信念在个体知识建构与知识获得过程中的调节和影响作用。这一直是哲学研究的核心问题。方法论回答的是人如何去发现最真实的事实。方法论,就是关于人们认识世界、改造世界的方法的理论,是一种以解决问题为目标的理论体系或系统,通常涉及对问题阶段、任务、工具、方法技巧的论述。方法论会对一系列具体的方法进行分析研究、系统总结并最终提出较为一般性的原则,是普遍适用于各门具体的社会科学、自然科学等并起指导作用的范畴、原则、理论、方法和手段的总和。对应于这三论,在教育领域中,课程可以归于本体论范畴,而教学则是认识论和方法论的研究对象。

对课程不同的理解决定了课程的不同内容,不同的课程内容决定了人才培养的质量不同。美国学者康纳利等人认为,课程定义因研究者或实践者在其课程思考和工作中对概念的使用而有所不同,因此,没有超出特定的研究、论文、看法或值得讨论的政策文件等背景的特殊地给课程下定义的方式。其实,归根结底,影响概念理解的最终原因还是教育实践及其不断的变革。因此,通过考察概念表达形式的变化以及概念所反映的教育实践变革去分析概念的演变,就能在更广阔的历史背景下获得关于概念理解的清晰图景。

长期以来,我们对课程基本含义的理解是指教育内容及其进程,由此不难理解,凡是存在教育活动的地方,就应该有课程。我们无法想象没有教育内容的教育,也就是说不存在没有课程的教育活动。

一般认为，"课程"作为一个词语而非现在所说的一个学术概念，最早出现于唐朝。唐代学者孔颖达在注解《诗经·小雅》中的"奕奕寝庙，君子作之。秩秩大猷，圣人莫之"一句时，说"以教护课程，必君子监之，乃得依法制也。大道，治国礼法，圣人谋之，若周公之制礼乐也"。《汉语大词典》引"以教护课程，必君子监之，乃得依法制也"一句，解释其中"课程"的含义为"有规定数量和内容的工作或学习进程"，由此义引申为"特指学校的教学科目和进程"，也就是近代教育学中课程概念的基本含义。

"课程"作为专业术语使用的时间不长，但是作为事实的存在时间并不短，无论古希腊的"三艺""四艺"课程，还是我国古代的"六艺"课程，都具有课程的性质和内涵。捷克教育家夸美纽斯提出"把一切知识教给一切人"，他提倡学校开设百科全书式的课程。英国学者斯宾塞主张依据人类生活的五种主要活动组织课程，认为为人类的种种活动做准备的最有价值的知识是科学知识，因此，在学校课程中，自然科学知识应占最重要的位置。德国学者赫尔巴特提出，编制课程应以人类"客观的文化遗产"——科学为基础，以发展人的"多方面的兴趣"为轴心。他认为人的兴趣主要有六个方面，并由此开设六类课程。美国学者泰勒认为，课程研究要关注四个基本问题：学校应该达到哪些目标？提供哪些教育经验才能实现这些目标？怎样才能有效地组织这些教育经验？我们怎样确定这些目标正在得到实现？也就是我们现在所指的课程目标、课程内容、课程形式和课程评价的问题。

创建于1862年的京师同文馆是中国近代新式学校的发端，也是中国最早采用班级授课制的学校，已经有了相对完善的课程体系。该课程体系的主要内容为：由洋文而及诸学共须八年。馆中肄习洋文四种：英、法、俄、德四国文字也。其习英文省，能籍之以及诸课，而始终无阻；其余三国文字虽熟习之，间须藉汉文以及算格诸学。首年：认字写字，浅解辞句，讲解浅书。第二年：讲解浅书，练习文法，翻译条子。第三年：讲各国地图，读各国史略，翻译选编。第四年：数理启蒙，代数学，翻译公文。第五年：讲求格物，几何原本。第六年：讲求机器，微分积分，航海测算，练习译书。第七年：讲求化学，天文测算，万国公法，练习译书。第八年：天文测算，地理金石，富国策，练习译书。以上课程，唯汉文熟谙、资质聪慧者可期成就，否则年数虽加，亦难望有成。

教师与课程本来是一体的，教师是课程的开发者和实施者，甚至教师本身就是课程的重要组成部分，在整个课程运作中发挥着至关重要的作用。但是，在现实中，由于受各种因素的影响，教师与课程的关系却多是分化和剥离的，教师经常游离在课程之外，成为课程的机械执行者。随着课程理论研究范式的时代转型、基础教育课程改革的深入推进以及教师课程权利意识的逐步觉醒，"把课程还给教师"的呼声日益高涨。传统上，受"技术理性"和"泰勒原理"等的影响，现代课程具有"防教师"的特点。这种课程过分追求预设、控制和价值中立，认为课程是政府和专家关注的事，教师只是"忠实"的执行者而已。20世纪五六十年代，以英美为首的世界上大多数国家耗费巨资发起了所谓的"新课程运动"。这场声势浩大的运动由享有声望的学科专家发起和领导，他们集中开发了大规模的国家课程，但终因教师的"缺席"而宣告失败。这次无果而终的"新课程运动"促使人们逐步意识到，教师是课程改革的主体和关键因素，任何"防教师"的课程都不可能实现预期的改革目标。离开教师的充分理解以及在课堂上的充分支持，任何课程改革所预设的美好"愿景"终将难以实现,且多半是代价高昂的失败。古德莱德课程实施的五个层次理论有力地说明了教师在课程中的重要作用。

当代课程的研究范式已经发生时代转型,即在总体上已经超越普适性课程原理的建构,转向关注一线教师和学生的日常生活,主张在学校教育的真实情境中探问意义和寻求超越。我们的新课程改革与此接轨,用"课程标准"取代了"教学大纲",不再具体规定教学的内容和时间,只是提一些原则性的教学和评价建议,而且鼓励教师形成自己的教学特色;新教材也从"圣经"变为"资源"和"文本",教师不再是教科书的忠实"兜售者",而是课程方案的积极"建构者"和"转化者"。教师与课程之间是一种同生共建的互动整体,课程的发展与教师的发展具有内在统一性,因为"没有教师的发展就没有课程的发展",而课程的发展又必然要求和带动教师的专业发展。心理学家马斯洛的需要层次理论告诉我们:每个人都有使自身的潜能得到充分发挥的愿望,每个人都有自我维护、自我增值和自我实现的内驱力;当教师较低层次的需要如工资待遇、生活条件得到基本满足之后,就会追求受尊重及自我实现的需要,就会希望通过教师职业提升自己的生命质量。承认教师的课程主体地位,信任教师的潜能和责任心,赋予教师开发课程的责任和权力,给教师提供一个展示智能优势和发挥专业能力的平台,有利于调动教师的工作积极性和创造性,有利于教师在自我实现中更好地"成为自己",进而感受教师职业带来的尊严和自信。与此同时,由于教师职业尊严和自信的唤醒,教师在理解、加工并实施法定课程的过程当中,往往会投入更多的时间和精力,会在课程实施中渗透自己的观点和情感,会在珍惜自己劳动成果的同时,加倍投入教学实践工作。这无疑有利于发挥教师的主体性和创造性,有利于彰显教师的生命意义和独特价值,有利于教师对课程教材产生认同感和归属感,有利于教师获得工作的满足感和成就感,由此带来整个教师生存状态的改变。教师的创造性劳动增多、内在潜能的激发将有助于促进学生个性化成长,学生的成长又会反过来促进教师的专业发展,从而实现师生互动的良性循环发展。

对教学不同的理解决定了教学的不同形式,不同的教学形式决定了人才的不同规格。

教学是一门科学,必须遵循一定的教育规律和方法;教学是一门艺术,必须根据教育对象、教育内容、教育时间等因时制宜、因人制宜、因地制宜地进行,即所谓"教学有法、教无定法、贵在得法"。《孟子》一书中有名言:"徒善不足以为政,徒法不能以自行",就是说只有好心而没有好的方法不足以为证,有好的政策却没有人执行也是一纸空文。在日常生活中,我们经常看到由于方法不同而导致结果的千差万别。老师教学生,虽然出发点相同,都是为了让学生掌握知识,但是方法不同,效果也大不一样。比如教汉字"具",一位老师再三强调"具"的中间有三横,为了让学生加深印象,就让学生把这个字写20遍;另一位老师则告诉学生,一个书架有三层,分为上、中、下,那么学生就很容易记忆,也没有那么重的书写负担。就算是最后都能准确书写"具",还是第二种方法胜出。哈佛大学认为学生获得的最有价值的知识是关于学习方法的知识,它是学习力中最有科学含量、最讲技术操作品质的,其优劣程度决定着一个人学习的成败。

正确的方法于人生有着不言而喻的重要性。两千多年前,孔子就对他的学生子贡说了一句流传甚广的经典名句："工欲善其事,必先利其器"。方法就像"器"。做任何事情,本质上都是在找方法。就像工匠做工一样,要想完成工作,最先要做的事就是准备好得心应手的工具。

教学方法是教学过程最重要的组成部分之一,如果没有运用适当的教学方法,也就不可能实现教学的目的和任务,进而也就影响整个教学系统功能的实现。当确定了教学目标,并有了相应的教学内容之后,就必须有富有成效的教学方法。同样的教学内容在不同的教师那里效果差异很大,原因除了教师的知识水平和教学态度外,关键就是教学方法问题。许多教师在教学工作中取得了突出成就,大都受益于他们对教学方法的创造性运用和刻意探求。由此可见,一节课中,知识的明确性、具体性、根据性、有效性、可信性都有赖于对教学方法的有效利用。

在学校教育中,教师是否选择了适当的教学方法,对于将学生培养成什么样的人起着重要的作用,甚至是决定性的作用。洛克说过,任何东西都不能像良好的方法那样,给学生指明道路,帮助他前进。人们普遍认为,教学方法的客观主义者的观点更符合实际,认为只有掌握良好的教学方法,才能营造良好的课堂气氛;有了良好的课堂气氛,才能使学生在认识活动中产生愉快感,才能激起和发展学生的智力。教学方法不好,学生的学习方法和思想方法就灵活不了,智力就发达不了。另外,教师的教法制约着学生的学法,同时对学生智力的发展、人格的形成具有重要作用。

随着现代信息技术的飞速发展,信息技术被越来越多地应用于教育的各个方面。"互联网+"时代的到来,推动了教育领域的深刻变化,无处不在的学习、没有教室的学校、一人一张的课程表等创新实践的不断出现,极大地改变了传统教育的运行规则。

信息技术已成为教师和学生发展能力的重要手段。信息技术的广泛应用,使教学资源更加丰富多彩、教学环境更加理想可控,也使教师的学习和成长更加方便快捷。信息技术环境下中小学教师的专业发展研究,充分提高了教师专业发展的实效性,进一步促进了教师终身学习活动的开展和专业成长的及时性;同时,促进了中小学教师进一步将现代信息技术应用到中小学教学的实践中,更好地促进了我国基础教育的发展。

新技术助力教师专业发展有两个关键点,一是模式的转变,推动教师专业发展模式的变革和转换;二是范式的转变,支持教师专业发展的范式从理论驱动、经验驱动转为数据驱动。信息技术对于教师来讲,既是目标要求,也是方法手段。新技术给教师提出的新要求是教师要不断地提高教育教学与信息技术深度融合和创新的能力。现代智能技术为教育教学提供新的方法手段,着力点不仅仅是我们所熟悉的环境设备层面,更重要的是基础规律层面和创新应用层面。

在这个大变革时代,教师作为人类历史上最古老的职业之一,正面临着前所未有的新挑战,也迎来了前所未有的新机遇。教师要主动借助大数据等新技术,读懂学生的认知状态,分析学生的学习特征,评估学生的优势潜能和最佳学习方式,设计个性化的学习推送方案。

科技的浪潮势不可挡,教育与 AI 的深度融合时代已经到来,尤其是以 ChatGPT(Chat Generative Pre-trained Transformer)为代表的人工智能技术对教师提出了更多的挑战。ChatGPT,是美国 OpenAI 研发的聊天机器人程序,于 2022 年 11 月 30 日发布。ChatGPT 是人工智能技术驱动的自然语言处理工具，它能够通过学习和理解人类的语言来进行对话，还能根据聊天的上下文进行互动，真正像人类一样聊天交流，甚至能完成撰写邮件、视频脚本、文案、翻译、代码、论文等任务。ChatGPT 可以为教师的课程设计提供创意思路，协助检索和整理文献资料，生成完整的课程材料，如教学大纲、课程计划、阅读材料等。ChatGPT 还能够参与到教研备课中，为老师的起步计划提供通识性和常态化的内容，帮助教师节省初始头脑风暴时间，如进行知识搜索、生成教学内容、进行课堂模拟和语言翻译。ChatGPT 可以为师生提供一个实时分享的平台，实时回答问题，为课堂活动提供思路，增加课堂趣味性和丰富性，帮助学生理解复杂的内容和概念，成为教师的人工智能助教。ChatGPT 可以参与到学生评估中，生成作业测验和考试，帮助教师评估学生、观察学习进度。ChatGPT 能够提供丰富的解释、方法、资讯、思路，帮助学生更深刻、更富有创意地理解知识，提高学习效率和兴趣，实现自主学习和个性化学习。

教师教学方法恰当，可以把顽石点化成金，化腐朽为神奇；教师教学方法不当，可能会把聪明的学生教成傻瓜，把天才教成庸才，误人子弟。

课程好比是食材，教学就是烹饪方法，希望我们每位教育工作者都是高明的厨师，既能够为学生选择健康的、有机的、营养丰富的食材，又能够科学地、正确地、有针对性地为每位学生烹饪出搭配合理的营养餐。

作　者

2023 年 8 月

目 录

"教什么"与"怎么教"
——课堂教学的本体论与方法论 ·· 1

第一章 课程概念与课程理论 ·· 1
第一节 课程概念 ·· 1
第二节 课程理论 ·· 8

第二章 课程结构与课程标准 ·· 22
第一节 课程结构 ·· 22
第二节 课程标准 ·· 32

第三章 课程目标与课程内容 ·· 41
第一节 课程目标 ·· 41
第二节 课程内容 ·· 60

第四章 课程实施与课程评价 ·· 67
第一节 课程实施 ·· 67
第二节 课程评价 ·· 76

第五章 课程资源与课程开发 ·· 91
第一节 课程资源 ·· 91
第二节 课程开发 ·· 99

第六章 课程研究与课程改革 ·· 116
第一节 课程研究 ·· 116
第二节 课程变革 ·· 126

第七章 课程领导与课程文化 ·· 138
第一节 课程领导 ·· 138
第二节 课程文化 ·· 150

第八章　教学概念与教学本质 …………………………………………………… 155
　　第一节　教学概念 ……………………………………………………………… 155
　　第二节　教学本质 ……………………………………………………………… 166

第九章　教学过程与教学原则 …………………………………………………… 179
　　第一节　教学过程 ……………………………………………………………… 179
　　第二节　教学原则 ……………………………………………………………… 185

第十章　教学方法与教学模式 …………………………………………………… 193
　　第一节　教学方法 ……………………………………………………………… 193
　　第二节　教学模式 ……………………………………………………………… 203

第十一章　教学组织与教学评价 ………………………………………………… 213
　　第一节　教学组织 ……………………………………………………………… 213
　　第二节　教学评价 ……………………………………………………………… 224

第十二章　教学理念与教学设计 ………………………………………………… 237
　　第一节　教学理念 ……………………………………………………………… 237
　　第二节　教学设计 ……………………………………………………………… 251

第十三章　教学反思与教学研究 ………………………………………………… 264
　　第一节　教学反思 ……………………………………………………………… 264
　　第二节　教学研究 ……………………………………………………………… 279

第十四章　教学艺术与教学风格 ………………………………………………… 291
　　第一节　教学艺术 ……………………………………………………………… 291
　　第二节　教学风格 ……………………………………………………………… 304

参考文献 …………………………………………………………………………… 316

后记 ………………………………………………………………………………… 318

第一章 课程概念与课程理论

课程问题,亦即教师"教什么"和学生"学什么"的问题,它是学校教育最核心的问题。作为一个研究领域,课程论蕴含着复杂的内容和体系。而理清和明确课程的基本概念、了解和熟悉课程的基本理论,成为课程论研究的基本的逻辑起点。

第一节 课 程 概 念

在教育研究领域中,课程是含义最复杂、歧义最多的概念之一。因此,要研究课程理论、理解课程实践,首先必须对课程这一概念的含义有一个比较全面的认识。

一、课程概念的词源分析

在我国,"课程"一词最早出现在唐代,源于唐代孔颖达在《五经正义》中把"奕奕寝庙,君子作之"(《诗经·小雅》),注为"以教护课程,必君子监之"。这里的"课程"含义和我们现在所说的课程的意思相差甚远。宋代朱熹在《朱子全书·论学》里有"宽着期限,紧着课程""小立课程,大作工夫"等句。这里的课程的意思是指功课及其进程,和我们现在对课程的理解基本上是一样的。《辞海》对课程的解释有两个义项:第一,功课的进程;第二,教学的科目。《中国大百科全书》里提出课程有广义、狭义两种,广义的课程指所有学科(教学科目)的总和,或指学生在教师的指导下各种活动的总和;狭义的课程仅指一门学科,比如语文、数学、外语等,学校里的"课程表"中的课程即为此意。

在西方,课程(curriculum)一词,最早出现在英国教育家斯宾塞(Spencer)《什么知识最有价值?》(1859年)一文中。它是从拉丁语"currere"一词派生而来的,意为"跑道"(race-course)。根据这个词源,最常见的课程定义是"学习的进程"(course of study),又叫学程,既可以指一门学程,又可以指学校提供的所有学程。

19世纪中叶以来,"课程"一词首先在英语国家使用,并且日益流行。现在欧洲大陆的一些国家也间或使用"课程"一词,但是在不同国家,"课程"一词的含义多少有些区别。

在英语国家,朗特里编的《西方教育词典》中将"课程"词目解释为"一学期(semester)、半学年的一系列学习内容",也用来指一年的学习(所有学科),或指在获取特定资格过程中的总学习。例如"学位课程""毕业文凭课程"等。

在德国,从17世纪到20世纪中期采用的是教学论概念系统。在德国学者参与编写的《德汉学校教育学小词典》中,有"课程"词目,解释课程是由教育目的、学科内容和教学组织共同决定的。

在法国,据胡森主编的《简明国际教育百科全书》中"法国课程史"条目解释,法国教育工作者并不熟悉"课程"这个概念,他们更乐意使用"课程表"和"课程大纲"这两个最接近他们观点的词语来称呼"课程"。在基础学校和初级中学,对每一个班级、每门课都分别编订一个"课程表"和"课程大纲"。课程大纲部署好该年度要学习的课题,课程表则用来确定每周每个课题的时间量。课程表和课程大纲是法国历史形成的概念。从1880年到1970年的近一个世纪中,课程大纲的概念在法国教育领域始终异常稳固。

对课程的内涵,比较通行的界定是美国《新教育百科辞典》中的定义:所谓课程系指在学校的教师指导下出现的学习者学习活动的总体。这个定义内容主要有三个方面的含义:其一,儿童的成长发展,不单是知识传授、能力训练的过程,同时也是情感、意志、价值观和品德发展的过程;其二,课程必须是教育的总体计划,既包括每节课的课堂教学,还包括其他形式的教育;其三,学习不是使儿童单纯被动地接受学科知识,而是要求儿童积极地参与活动。

二、课程内涵的界说

(一) 从课程的要素或属性层面界定

1. 课程是学科

把课程的本质看作知识,不仅是一种比较传统的观点,也是国内目前比较有代表性和普遍性的观点。这种观点的基本思想是,课程的主要使命在于使学生获得知识。课程被等同于知识,而知识是按学科分类的。因此,这种定义的另一种表达方式就是"课程即学科(科目)"。这也是一种常识化的课程观,在学校的日常实践中和人们的头脑里根深蒂固。这种课程观突出了知识的系统性、整体性,强调了知识的客观性、权威性,同时也容易陷入"学科本位"和"教材本位"的困境。

2. 课程是经验

这种定义把课程视为学生在教师指导下所获得的经验或体验,以及学生自发获得的经验或体验。它是在对前一种观点批评和反思的基础上出现和形成的。杜威将这种观点加以系统化、理论化并付诸实践。[①]

"知识是个人主动构建的东西,是不断变化的。"这种课程观认为,只有那些真正为学习者所经历、理解和接受的东西,才称得上是课程。同一个人在成长的不同阶段、不同场合对知识的理解不同,因此该课程观强调课程具有主观性、个性化、流动性,若学科、知识不能转化为儿童的心理品质,课程没有价值和意义,严格来说不能称为课程,只能称为外在的学科知识或者科学知识。这种课程观强调主体的积极主动性,突出学生在学习过程中的重要性,但在实践中容易陷入"学生中心"和"儿童本位"的漩涡。

(二) 从课程的功能或作用层面界定

1. 课程作为目标或计划

这种定义把课程视为教学过程要达到的目标、教学的预期结果或教学的预先计划。这是一种预设性的课程观,它揭示了课程的目标性和计划性,课程总是指向一定的目标,并通过有计划的实施而进行。但是,目标作为预期的教学结果同实际学习结果是有一定差别的,把课程界定为预期的教学结果只说明了课程的预期性,并没有说明什么是课程。

这种课程观强调预设与计划,追求结果的达成,是一种刚性的课程观,方便行政管理和

---

① 陈桂生.变化中的"课程"概念[J].江苏教育学院学报(社会科学版),2007(2):8-11.

控制,把课程等同于工厂的生产线,把课程凌驾于教学之上,教学是为实现课程服务的,因此,这样会使得课程走向专制。

2. 课程作为活动或进程

把课程界定为活动或进程是一种生成性的课程观,这意味着课程不再是静止的"跑道",不再仅仅是需要贯彻的课程计划或需要遵循的教学指南,而是个体生活经验的改造和建构,是自我的"履历情境"(biographic situation),即"在跑道上奔跑"(to run the racecourse)的历程。美国当代著名课程论学者派纳(Pinar)的概括最具典型性:"课程不再是一个事物,也不仅是一个过程。它成为一个动词,一种行动,一种社会实践,一种私人的意义,一种公民的希望。"

把课程界定为活动或进程是一种弹性的课程观,这种观点提倡对话互动,强调过程和生成。课程的价值和意义更多是在教学活动的互动、交往、思考、合作中不断生成的。

(三) 从课程的层次或结构层面界定

从课程的整个运作、课程转化过程的角度来看,课程的转化有可能是增值的过程,也有可能是耗损的过程。

课程定义的纷繁复杂反映了课程内涵的丰富多彩,从上述观点中我们可以看出课程既是静态的也是动态的,它不仅仅是学科,也包括在学科运行中产生的变化。正是从这个意义上,美国课程专家古德莱德(Goodlad)从课程实施的纵向层面提出课程可分为五个层次。在他看来,人们在谈论课程时,往往谈的是不同实施层面意义上的课程。由此,他认为存在着五种不同的课程。

1. 理想的课程(ideological curriculum)

理想的课程是指由一些研究机构、学术团体和课程专家提出的应该开设的课程。课程专家认为应该开设的课程,如学生应该达到什么目标、应该设计什么课程,是从理论上论述的。例如现在有人提议在中学开设性教育或健康教育的课程,并从理论和实践的角度论证其必要性,就属于理想的课程。这种课程的影响取决于是否被官方所采纳。

2. 正式的课程(formal curriculum)

正式的课程是指相关课程理论被官方采纳并用政策文件形式推行实施;也可以理解为制度化的课程,即指由教育行政部门规定了课程计划、课程标准和教材的课程,也就是列入学校课程表中的课程。许多人理解的课程就是这类课程。制度化课程的文件表述应考虑课程实施的可行性,要结合实际制定相应的文件,如历来的教学大纲和教学计划、现行的基础教育课程改革纲要和各科的课程标准等。

3. 领悟的课程(perceived curriculum)

领悟的课程是指任课教师所领会的课程。由于不同教师对正式的课程会有不同的理解和解释,因此教师对课程"实际上是什么"或"应该是什么"的领会,与正式的课程之间会有一定的距离,从而减弱(或超出)正式的课程的某些预期的影响。教育实践工作者对教育文件的理解是影响课程实施质量的关键因素。课程理念、内容、形式等被教师领悟得越准确全面,课程实施的效果就越好;反之,则课程实施的效果越差。

4. 运作的课程(operational curriculum)

运作的课程是指在课堂上实际实施的课程。观察和研究表明,教师领悟的课程与他们实际实施的课程之间会有一定的差距,因为越是有经验的教师越会根据课堂上学生的反应随时调整课程内容和实施形式。在实际课堂教学活动中,教师组织学科运行和学生活动的课程就叫作运作的课程。这种课程侧重于对教师如何实施课程的关切,强调"理解的课程"和"实施的课程"的不同。

5. 经验的课程(experiential curriculum)

经验的课程是指学生实际体验到的课程。每个学生对事物都有自己特定的理解,两个学生听同一门课,也会有不同的体验或学习经验。

古德莱德的观点可以给我们两点启发:一是从理想课程到经验课程,这中间需要一系列的转化。没有这一系列的转化就没有真正的课程。在这些转化中,最为关键的应该是教育实践工作者对课程的理解,这在一定程度上决定着一门课程的质量。二是检验课程实施成效的唯一标准应该是学生实际得到了什么,也就是所谓的经验的课程。因此,即使把一门课程描述得天花乱坠,而学生却从中一无所获,那也是一门毫无意义的课程。

三、课程的表现形式

从文本形式看,课程有多种表现形式。

(一)课程计划

这是国家教育行政部门关于学校课程的宏观规划,规定各级各类学校开设的课程门类、各类课程的学习时数以及在各年级的学习顺序、教学时间的整体规划等。课程计划一般由国家教育行政部门负责,在部分分权制的国家,课程计划有的由地方教育行政部门制订。

(二)课程标准

课程标准主要指学科课程标准,一般概要地规定某门课程的性质与地位、基本理念、课程目标、内容标准、课程实施建议等。课程标准和过去的教学大纲有联系,也有一定的区别。

(三)教科书和其他教学材料

这些被看成实施课程的资源和载体。其中,教科书是最重要的课程资源。教科书又称课本,是依据课程标准编制的、系统反映学科内容的教学用书,主要由目录、课文、习题、实验、图表、注释和附录等部分构成。教科书是课程标准的具体化,通常按照学年或学期分册,划分单元或章节。课文是教科书的主体部分,是衡量一个国家或地区教育水准的重要标志。

四、课程的类型

现实中,课程有很多不同的类型,可以从不同的角度来理解课程的类型。

(一)学科课程与活动课程

1. 学科课程

学科课程又称分科课程,是从各门科学领域选择部分内容、分门别类地组织起来的课程体系。

从学校产生和发展的历史来看,分科课程是所有类型课程中历史最为长久的。孔子以"六经"教学生;古希腊课程中教授"七艺"①,这是西方课程的原始形态。分科课程到了文艺复兴后随着科学的发展更加精细。夸美纽斯主张"把一切知识教给一切人",提出了"百科全书式"的课程体系;赫尔巴特认为教育的任务之一就在于引起多方面的兴趣,通过学习不同学科形成各种各样的品格。因此,分科课程既是学校的产物,也是科技发展的产物,是以传授知识为己任的学校与知识类别之间相互作用的结果。

学科课程的优点主要有:第一,按照学科组织起来的课程,有利于教师发挥主导作用,能使学生获得系统的科学文化知识;第二,通过学习按逻辑组织起来的课程,能最大限度地发展学生的智力;第三,以传授知识为基础,易于组织教学,也易于进行教学评价。

当然,学科课程也存在着一些明显的不足:第一,在课程内容的组织上,过于注重逻辑系统,容易导致重记忆轻理解;第二,在课程内容的实施上,容易偏重知识的传授,忽视学生兴趣和能力的培养;第三,过于强调学科之间的分隔,不利于学生对所学习的知识进行横向联系和综合运用。

2. 活动课程

活动课程是与学科课程相对立的一种课程类型,又称经验课程或儿童中心课程。它打破了学科逻辑组织的界限,是以学生的生活本身为课程内容,以学生的兴趣、需要和能力为出发点,在教师的指导下,由学生通过自己组织一系列的活动进行学习的课程。

从发展历史来看,活动课程的历史要比学科课程晚了至少两千年。从时间上来说,人们一般把19世纪末20世纪初起源于欧美的"新教育运动"和"进步教育运动"看作活动课程的起源。人们一般把卢梭、裴斯泰洛齐和福禄贝尔作为活动课程的倡导者,而杜威则是活动课程的集大成者。20世纪50年代初期,美国教育界对活动课程进行了批评。此后活动课程成为美国中小学课程的一种辅助手段。在我国,这类课程的研究与实验正处于深化阶段。

活动课程的优点主要表现在:第一,有利于培养动手操作能力,有利于把书本知识与学生的现实生活联系起来;第二,有利于培养学生的交往和组织能力、创新和合作精神,增强学生的社会适应性;第三,有利于培养学生的主体性,发展其个性。

活动课程的缺点主要表现在:第一,学生获得的知识体系不系统、不完整;第二,不利于高效率地传授人类的文化遗产。

分科课程与活动课程是学校教育的两种基本类型,我们可以把两者看作一种相互补充而非相互替代的关系。分科课程将科学知识加以系统组织,使得教材依据一定的逻辑顺序排列,学生在学习中可以掌握一定的基础知识、基本技能。但是,由于分科过于细致,只关注学科的逻辑体系,容易脱离学生的生活实际,不易调动学生学习的积极性;而活动课程则可以在一定程度上弥补这一缺失。与此同时,由于活动课程往往依据学生的兴趣、需要而定,缺乏严格的计划性,不易使学生系统掌握科学知识。一正一反,利弊兼具。任何一者在张扬其特长的同时,也将其短处暴露无遗。所以,两类课程在学校教育中都不可或缺。

---

① 最早是后古希腊智者派首次确定前三艺即文法、修辞学、辩证法,后来苏格拉底把几何、算术、天文列入学习的科目,最后由柏拉图确定后四艺——算术、天文、几何和音乐,七艺由此确定下来。

（二）分科课程与综合课程

1. 分科课程

分科课程是指运用单一学科的知识所组成的课程，强调一门学科体系的完整性和独立性，比如语文课、数学课、历史课等。分科课程的优点有：它强化每一门学科的逻辑组织，有利于学生在较短的时间内学到系统的知识，有利于人类文化知识的传递和保存；有利于体现教学的专业性、学术性和结构性；有助于组织教学与评价，便于提高教学效率。其缺点在于较少考虑不同学科之间的相互联系，从而导致知识的割裂。

它之所以在学校教育中始终受人青睐，源于人们长久以来形成的教育观：学校的任务是使学生学习到系统化的知识和技能；同时把学科的学术体系搬到学科中，作为学科内容的体系，简便易行，而且能够系统、有效地传授知识和技能。然而随着学术的发展和学科数目的剧增，这种课程使学习者的负担加重，导致其学习以知识掌握为主要任务，容易偏重死记硬背，不利于培养创造性思维和实践能力；学习内容偏重理论知识掌握，不能考虑地域差异，忽视学生的兴趣和爱好。

2. 综合课程

综合课程是指运用两种或两种以上学科的知识而组成的课程。例如，由物理、化学、生物等合成的"科学"课程就属于综合的学科课程。学生可以把生物学、化学、地球科学和物理学等分散的学科整合起来去研究环境问题。其特点是：打破了传统分科的知识领域，从有关的各学科中精选出综合的知识、技能和观点；具有独特的育人功能，能弥补学科分类的不足，使学生在适当减少课时的情况下，习得综合的知识、技能和观点。现阶段各国中小学所开设的综合课程主要分为两种类型：融合课程和广域课程。融合课程是由有着内在联系的不同学科组成的、具有一定体系的综合学科。广域课程是由若干学科组成的具有广阔领域的综合课程。

我国《基础教育课程改革纲要（试行）》将"综合实践活动课程"列入必修课程，综合实践活动的内容分为指定领域内容和非指定领域内容两部分。指定领域主要内容包括信息技术教育、研究性学习、社区服务和社会实践、劳动技术教育等。现在世界范围内流行的STEAM课程，是指由科学（science）、技术（technology）、工程（engineering）、艺术（art）、数学（mathematics）等学科共同构成的跨学科课程。它强调知识跨界、场景多元、问题生成、批判建构、创新驱动，既体现出课程综合化、实践化、活动化的诸多特征，又反映了课程回归生活、回归社会、回归自然的本质诉求。

（三）必修课程与选修课程

1. 必修课程

必修课程是指国家、地方或学校规定学生必须学习的公共课程，是为了保证所有学生的基础学习而开发的课程。其主导价值在于培养和发展学生的共性，体现对学生国民素质的基本要求。比如语文、数学、英语等，它们是学校为了保证学生学习科学文化知识而开设的必须学习的课程，这类课程所有学生都要学习，而不是根据学生们的喜好程度设置的。必修课程主要培养学生的共性品格。

2. 选修课程

选修课程是指依据不同学生的特点与发展方向容许个人选择的课程，是为了适应学生的个性差异而开发的课程。其主导价值在于满足学生的个人兴趣、爱好,培养和发展学生的良好个性。选修课程不是每一个学生都要上的课程,是学生根据兴趣、爱好、特长等选择相应开设的课程,主要是培养学生的个性品质。比如小学开设的吉他班、葫芦丝班等,就是为了满足学生的兴趣而开设的。

(四) 显性课程与隐性课程

1. 显性课程

显性课程是指在学校教育中有计划、有组织地实施的正式课程。这类课程是根据国家和地方教育行政部门颁布的教育计划、教学大纲编制的,是"正式课程"或"官方课程"。

2. 隐性课程

学生在学习环境(包括物质环境、社会环境和文化环境)中会学习到一些非预期或非计划性的知识、价值观念、规范和态度,这种环境就是一种非正式的、潜在的课程,即隐性课程。

隐性课程有时与显性课程目标一致,对显性课程的教育影响有着积极的补充和促进作用,有时则与显性课程目标背道而驰。为了谋求显性课程和隐性课程的和谐统一,应该在设计和编制课程、确定教学目标和考核标准时,充分考虑到隐性课程的因素,尽可能把它纳入有计划的教学内容中,创设宽松、自由、真实、富有创造性的教育环境和教学情境,以尽可能减少隐性课程的负面影响,发挥显性课程的积极作用。学校的显性课程和隐性课程共同构成学校的"实际课程"。

(五) 国家课程、地方课程和校本课程

1. 国家课程

国家课程是由中央教育行政机构编制和审定的课程,其管理权属于中央级别教育行政管理部门。国家课程是一级课程,它的编订宗旨是要保证国家确定的普通教育培养目标和普通教育的世界先进水准,规定了学生应掌握的基础知识和基本能力。国家课程的编制往往采用"研制—开发—推广"的开发模式,实施"中央—外围"即自上而下的政策,以确保一个国家所实施的课程能够达到统一、共同的质量。

2. 地方课程

地方课程是由省、自治区、直辖市教育行政机构和教育科研机构编订的课程,属于二级课程。该类课程编订的宗旨是补充、丰富国家课程的内容或编订本地区需要的课程。该类课程既可以安排学科类课程,也可以安排各种活动;既可以安排必修课,也可以开设选修课。总体而言,地方课程实行"以省为主、分级管理、社会参与"的体制。

3. 校本课程

校本课程是指在实施国家课程和地方课程的前提下,通过对本校学生的需求进行科学评估,充分利用当地社区和学校的课程资源而开发的多样性的、可供学生选择的课程。校本课程通常以选修课或特色课的形式出现。校本课程的开发可分为新编、改编、选择和单项活动设计等。校本课程的开发主体为学校教师,是国家课程和地方课程的重要补充。

国家课程能体现国家的利益和价值取向,地方课程能兼顾不同地区的政治、文化、经济的多样性,校本课程能满足不同学校的特点和学生多样化的需求。因此,当前世界各国课程改革在三类课程的设置上出现了从一元到多元转化的趋势。我国在 1992 年以前只有国

家课程,从 1992 年开始在高中阶段推行地方课程。1999 年进行新的一轮课程改革,课程管理开发权限进一步下放,在基础教育阶段实施三级课程管理方式,构建国家、地方、学校三级课程体系。

第二节 课程理论

一、我国课程的演变

(一)我国古代人文课程体系①

我国古代课程以人文课程体系为主,就是以"明人伦"、教化天下为课程目标,以倡导人文精神的儒家经学课程"四书五经"为主体内容,以射、御、律、算等艺能学科为两翼的综合性课程体系。它起源于西周的"六艺",奠基于孔子的"六经";主体课程确立于西汉,结构体系形成于唐代,经宋元明清的发展,逐渐丰满与完善。在两千多年的古代教育史中,它始终发挥着服务政治、关怀人生的现实价值。但是,随着社会的发展,该课程体系中的知识体系与思想的局限性日益突出,从而成为近代教育改革的焦点。

1. 起源时期——夏商周时期的"六艺"课程

夏、商、西周皆以"礼、乐、射、御、书、数"为基本教学科目,这是中国古代最早的专门化的课程体系——"六艺"。其中"礼、乐"承担着政治宗法及伦理道德规范教育的任务,为"六艺"之首;"射、御"为射箭与驾驭马拉战车的技术训练,属军事教育范畴,也包含身体锻炼成分;"书、数"为识字与计数教育,属基本常识范畴。这是一套文武兼备、知能兼求的课程设置体系,从现在人才需求标准来看,其中亦不乏合理之处,是中国古代人文课程体系的渊源。

2. 奠基时期——春秋战国时期的"六经"课程

中国古代人文课程体系的奠基时期是在春秋战国时期,这一时期出现了历史上著名的"百家争鸣",是课程设置的多元化时期。诸子百家从各自的立场出发,著书立说,办学收徒,传授各自的教学内容。儒家教礼乐,墨家教生产与军事技术,法家以法为教。由于汉初汉武帝采纳"罢黜百家,独尊儒术"的政策,后世中国古代人文课程体系逐渐演变成为儒家一家独大的人文课程体系,孔子也就成为中国古代人文课程体系的奠基人。

孔子尊崇周礼与西周时期的"六艺"教育,并编订了"六经"——《诗经》《尚书》《礼记》《乐经》《周易》《春秋》,"六经"就是孔子的基本教学内容,也是中国第一套较完整的教科书。除《乐经》亡佚外,其余五经自汉以后一直是学校教育的基本教材,也是最基本的教学科目,作为中国古代人文教育体系中的主体课程一直延续至清代。"六经"的课程体系具有偏重社会人事、敬鬼神而远之,重人文轻自然、于人文中见自然,轻视劳动教育、排斥手工业技术与农业技术三个特征。

3. 形成与确立时期——"罢黜百家,独尊儒术"

孔子从课程内容与课程设置的价值取向上,为中国古代人文课程体系奠定了基础,汉

---

① 仲玉英.论中国古代人文课程体系的发展轨迹[J].杭州师范学院学报(社会科学版),2002(1):105-108.

初的董仲舒与汉武帝将孔子的课程内容及设置以教育制度的形式确定了下来。为了实现思想上的大一统,董仲舒向汉武帝提出了"罢黜百家,独尊儒术"的建议,他认为,"诸不在六艺之科孔子之术者,皆绝其道,勿使并进",其建议获得汉武帝的采纳。

这一政策表现在教学内容上,就是确立儒家经典为学校教育的唯一教材。同时,这标志着以经学教育为基本内容的中国封建教育制度的正式确立,也标志着儒家经学在中国古代人文课程体系中主体地位的确立。"独尊儒术"的政策不仅罢黜了除儒学以外的百家学说,也将艺能学科排除在学校教学计划之外。这种独重儒术的倾向虽然在魏晋南北朝时期曾一度衰微,但到隋唐时期又得到了重振。

唐朝继承了汉代的经学课程体系,将五经发展为九经,即除了汉代设置的专门教授的《诗经》《尚书》《礼记》《易经》《春秋》外,唐初又增加《春秋谷梁传》《春秋公羊传》《周礼》《仪礼》,与先前的五经合称九经。除经学课程学校外,唐朝的学校系统中还增加了书学、算学、律学、医学、天文学等专科性学校。这些专门学校除了教授儒家经典,还设置了完备的专业课程,促进了唐朝学校课程结构的多样化,从而从整体上形成了以经学为主体、以艺学为两翼的学校课程体系,改变了汉代官学以儒家经典为唯一的教学科目的局面,在一定程度上扭转了汉以来的重文轻武、重经学轻艺能的倾向。

4. 发展与演变时期——"八股取士"

宋代统治者为了加强中央集权,实行了重文轻武的政策。虽然经学课程在宋代的学校课程体系中仍处于唯我独尊的地位,但在结构上却有了明显的发展。首先表现在将前代的经学发展为"十三经",分别是《易经》《尚书》《诗经》《周礼》《仪礼》《礼记》《春秋左传》《春秋公羊传》《春秋谷梁传》《孝经》《论语》《孟子》《尔雅》。其次是由于理学家的提倡,"四书"的地位上升,超过了"五经"。朱熹编订的"四书"在宋宁宗嘉定五年(1212年)成为官方课程在全国实施,自此到清末光绪三十一年(1905年)废除科举制度的近700年间,中国的官方统一课程就称为"四书五经"。

从专科学校来看,宋代在唐代设置的律学、书学、算学、医学、玄学的基础上增加了武学与画学,课程门类也有所扩大。更重要的是宋代还出现了一种强调专业学科的独特的课程设置模式——"分斋教学"。宋代教育家胡瑗在"明体达用"思想的指导下,将他主管的学校分为"经义"与"治事"两斋。整体上,宋代教育在具体教学中提倡居敬持志、静坐读书,不重视武学与艺能学科。

随着时代变迁,宋儒的空谈心性终于引发了明清之际的实学思潮,反映在课程设置上要求广设艺能学科,提倡"明道救世"之学。在实学思潮的影响下,明清的学校在课程设置上有所改革。比如明代的国子监除教学生经学外,还令学生略习算学、兼学骑射。明代地方学校要求学生专治一经,另以"礼、乐、射、御、书、数"分科设教。清代太学仿宋胡瑗的"分斋教学",将课程分为经义、治事两科。经义科教经说,治事科教兵、刑、天官、河渠、乐律等。

虽然当时的官学中设置了"射、御、律、算"等实学学科,但由于当时的朝廷实行八股取士,导致这些实学学科形同虚设、无人问津,也导致了中国传统人文课程体系的衰落。

(二)我国近代学校课程体系[①]

我国近代社会始于1840年鸦片战争。西方列强相继侵入,打开了中国闭关锁国的大

[①] 郝德永.简析我国近现代学校课程的历史发展[J].渤海大学学报(哲学社会科学版),1994(3):57-59.

门,使中国的社会性质发生了根本性变化,中国逐渐沦为半殖民地半封建社会。随着西方国家入侵的深入,中华民族的危机愈发紧迫,尤其在中日甲午战争清政府失败之后,国人开始觉醒,认识到科举制度及落后的学校课程是社会进步的巨大障碍,要求废除科举、设立学堂、设置新式课程。

我国学校教育的近代化始于洋务派开办的洋务学校,以"中学为体,西学为用"为指导思想,洋务学堂以学习"西学"为主,课程包括外语、数学、格致、化学等一般性课程,以及相关专业性的科学技术课程,注重学以致用。但当时以经学为主的"中学"仍未放松。

到清朝末年,清政府迫于内忧外患,不得不于1905年废除科举制度,建立新的教育制度。1902年颁布的"壬寅学制"是中国近代第一个以中央政府的名义制定的全国性学制系统,其中具体规定了各级各类学堂的性质、培养目标、入学条件、修业年限、课程设置以及相互衔接关系,但遗憾的是没有付诸实施。

1904年,清政府公布《奏定学堂章程》,即"癸卯学制"。这是我国近代由中央政府颁布并且首次得以实施的全国性法定学制。该学制纵向把学程分为三段七级,横向另设置师范教育与实业教育两个系统。因为癸卯学制沿用了日本学制,并且在一定程度上吸纳了欧美学制,所以带有半资本主义半封建性质。该学制虽然在一定程度上反映了近代资本主义教育的特征,例如采用班级授课制、禁止体罚、西学主导,但是封建性还是很明显,比如,教育目标上为"中体西用",为了培养效忠于封建王朝的学生,读经课比重过大,导致学制极长,还规定女生不能接受教育等。整体来看,当时在学校开设的课程中,修身、读经、讲经等课程虽处于首要地位,但是新学制对学校系统及课程设置等做了具体的规定,从形式上改变了中国封建社会儒家经典独霸学校课程的局面,许多自然科学的科目如物理、化学与地理等已成为学校的必修课程。

辛亥革命以后,南京临时政府在参考日本学制的基础上公布了新学制的框架,也被称为"1912—1913学制"(即壬子癸丑学制)。该学制把学程分为三段四级,相对于癸卯学制,缩短了教育年限,有利于普及义务教育向平民化教育发展,课程上取消了忠君尊孔的课程,增加了自然学科,法律上规定了女子与男子平等的法定教育权,是中华民国第一个学制,也是中国近代第一个资产阶级性质的学制。

1922年,大批"庚子赔款"留美学生学成回国,他们深受美国教育体制影响,强烈要求按照美国模式改革中国学制,推出了新学制,叫作"壬戌学制",又称"六三三学制",这是中国教育史上实施时间最长、影响最大的学制。这个学制将西方自然科学课程大量引入中国的课堂。①

总体上看,由于中国古代思想文化与政治体制的稳定性,学校教育上的课程设置也具有稳定性,这种超稳定的课程体系很容易走上封闭僵化的路子,难以跟上时代步伐,随着社会的发展逐渐走向衰落。

(三)我国现代学校课程体系

中华人民共和国成立后,迫于当时的国际形势,选择了仿照苏联发展的路子,全面学习苏联的做法,教育领域也不例外。1950年,我国颁发《中学暂行教学计划(草案)》,规定设置

---

① 孙培青.中国教育史[M].3版.上海:华东师范大学出版社,2009:319,347-348,362.

政治、语文、数学、自然、生物、化学、物理、历史、地理、外语、体育、音乐、美术、制图等14门必修课程。课程设置的顺序、过细的分科及相应科目的教材体系，都由苏联移植而来。1953—1957年，第一个五年计划期间，在小学、中学增加了"劳动课"，并减少基础文化课的教学，强调学生德、智、体几方面都得到发展。1958—1965年，不断增加劳动时间，减少文化课时，压缩教学内容，打乱了正常的教学秩序。1963年，颁布《全日制中小学教学计划（草案）》，规定增设政治课，高中设选修课，同时加大了语文以及数、理、化的课时比重，由此"重理轻文"倾向成为我国中小学长期存在的问题。1966—1976年，我国中小学课程取消物理、化学、生物等科目，突出政治课以及工业基础知识和农业基础知识课。1978年，颁布《全日制中小学教学计划（试行草案）》，并编制了十年制统编教材。随着十二年制中小学教育的恢复，1981年制订了全日制小学和重点中学的教学计划，规定小学增设思想品德课，中学设置劳动技术课，并增加历史、地理、生物课时，高中设选修课。但这一计划中物理、化学、外语的课时比重仍很大，"重理轻文"倾向仍存在。1986年，《中华人民共和国义务教育法》正式颁布，允许地方安排课程，课程编制采用"一纲多本"的原则，这是我国课程计划的一个突破性变革。1992年颁布《九年义务教育全日制小学、初级中学课程方案（试行）》，课程编制以分科课程为主，并可适当稳妥地增设综合课；课外活动也纳入课程安排表；在中小学增加职业课和劳动技术课；在保证语、数学科比重前提下，调整课时比例，增加社会学科类、音体美类和劳动技术教育类的课时，使各门课程比重趋于合理。1993年，国家教委在此基础上，拟定出高中课程计划（讨论稿）。

2001年，为大力推进基础教育课程改革，调整和改革基础教育的课程体系、结构、内容，构建符合素质教育要求的新的基础教育课程体系，教育部颁布了《基础教育课程改革纲要（试行）》，整体设置九年一贯的义务教育课程。小学阶段以综合课程为主。小学低年级开设品德与生活、语文、数学、体育、艺术（或音乐、美术）等课程；小学中高年级开设品德与社会、语文、数学、科学、外语、综合实践活动、体育、艺术（或音乐、美术）等课程。初中阶段设置分科与综合相结合的课程，主要包括思想品德、语文、数学、外语、科学（或物理、化学、生物）、历史与社会（或历史、地理）、体育与健康、艺术（或音乐、美术）以及综合实践活动。积极倡导各地选择综合课程，学校应努力创造条件开设选修课程。在义务教育阶段的语文、艺术、美术课中要加强写字教学。高中以分科课程为主。为使学生在普遍达到基本要求的前提下实现有个性的发展，课程标准应有不同水平的要求，在开设必修课的同时，设置丰富多样的选修课程，开设技术类课程。积极试行学分制管理。从小学至高中设置综合实践活动并作为必修课程，其内容主要包括：信息技术教育、研究性学习、社区服务与社会实践以及劳动与技术教育。强调学生通过实践，增强探究和创新意识，学习科学研究的方法，发展综合运用知识的能力。增进学校与社会的密切联系，培养学生的社会责任感。在课程的实施过程中，加强信息技术教育，培养学生利用信息技术的意识和能力。了解必要的通用技术和职业分工，形成初步技术能力。农村中学课程要为当地社会经济发展服务，在达到国家课程基本要求的同时，可根据现代农业发展和农村产业结构的调整因地制宜地设置符合当地需要的课程，深化"农科教相结合"和"三教统筹"等多项改革，试行通过"绿色证书"教育及其他技术培训获得"双证"的做法。城市普通中学也要逐步开设职业技术课程。

2022年新修订的国家课程方案，对现有课程进一步优化。整合小学原品德与生活、品德与社会和初中原思想品德课程为"道德与法治"课程，并进行九年一体化设计；改革艺课程设置,一至七年级以音乐、美术为主线,融入舞蹈、戏剧、影视等内容,八至九年级分项选择开设;科学、综合实践活动开设起始年级提前至一年级;将劳动、信息科技及其所占课时从综合实践活动课程中独立出来。

二、西方课程的演变

(一)西方古代课程

古代西方国家主要指古希腊和古罗马。古希腊(Greece)是西方文明的源头之一,是古代巴尔干半岛南部、爱琴海诸岛和小亚细亚沿岸的总称。古希腊是西方文明最重要和最直接的渊源。公元前五六世纪,特别是希波战争以后,古希腊地区的经济生活高度繁荣、科技高度发达,产生了光辉灿烂的古希腊文化,对后世产生了深远的影响。古希腊人在哲学、思想、诗歌、建筑、科学、文学、戏剧、神话等诸多方面都有很深的造诣。这一文明遗产在古希腊灭亡后,被古罗马人延续下去,从而成为整个西方文明的精神源泉。

古希腊的教育发展可以分为四个时期,分别为荷马时期(因《荷马史诗》而得名,是教育萌芽时期)、古风时期、古典时期和希腊化时期。关于荷马时期的历史记载主要来自《荷马史诗》,包括《伊利亚特》和《奥德修记》两个部分。当时的古希腊正处于从氏族制度向奴隶制度的过渡时期,尚未出现专门的教育机构,即当时的教育是非制度化教育,对儿童青少年的教育主要在实际生活中进行,有家庭教育和社会教育,但无学校教育。教育目的是培养足智多谋、能言善辩的武士,教育内容主要是军事和与军事有关的知识技能。

古风时期是希腊奴隶制城邦形成时期,也是教育制度化时期,主要以斯巴达教育和雅典教育为代表。斯巴达教育的目的是培养英勇的保家卫国的战士,因此教育内容以军事体育为主,忽视个人发展和知识学习。教育由国家控制,被视为国家的事业。斯巴达人在出生时就接受长老的体格检查,不合格者将被处死,7岁离家接受军事教育,18岁进入青年军事训练团,30岁成为国家公民,60岁解除兵役,回家养老。与斯巴达教育不同,雅典教育的目的是培养身心和谐发展的公民,因此教育内容重视文化教育,以和谐教育著称,德智体兼顾,设置了文法、修辞、体操、音乐等学校。教育不完全由国家控制,私人讲学盛行。7岁前主要接受家庭教育,重视游戏和玩具。7岁后,女子继续接受家庭教育,男子则离开家到学校接受教育:7—12岁男子进入文法学校和琴弦学校(音乐学校);12岁以后,在文法和琴弦学校的基础上,再加上角力学校,接受各种体育训练;16岁进入体育馆接受专门训练;18岁选择性地接受军事训练;20岁成为合格公民。

古典时期也是古希腊教育的辉煌时期,此时雄辩术成为最重要的教育内容,出现了修辞学和修辞学校,代表人物为伊索克拉底,还出现了柏拉图的阿卡德米学园和亚里士多德的吕克昂。与此同时,还出现专门的教师——智者。智者原本泛指有智、有才之人,后来专门指以收费授徒为职业的巡回教师。智者是西方最早的职业教师,它的产生标志着西方教育工作的职业化。他们云游四方讲学,传播文化,以是否缴纳学费而不是以门第作为教育条件,和孔子的"自行束脩以上,吾未尝无诲焉"一致。智者派的这种做法扩大了教育对象的范围,促进了文化传播,扩展了教育内容和学术领域,确定了西方历史上延续千年之久的"三艺"——文法、修辞、辩证法;提出了一套完整的教育理论,并提供了一种新型教育——政治家的预备教育;开始将教育与其他社会现象相区别,并认识到教育与社会的密切联系,明确教育在国家中的地位,标志着古希腊教育黄金时期的到来。

希腊化时期教育机构逐渐健全,初级学校由重视军事和体育改为重视读写算等知识性科目;中等教育里文法学校取代体育馆;雅典大学是著名的学术研究中心和高等教育中心。东西方文化教育不断融合,希腊尤其是雅典的学习教育制度广泛传播,文化与教育中心发生转移,从古典文化时期的雅典转移到希腊化时期的亚历山大城。

古希腊的学校教育以跳跃、跑步、铁饼、标枪、角力等为内容,同时教授舞蹈、合唱、器乐、诗歌、文学来为祭祀做准备。苏格拉底、柏拉图等哲学家主张通过算术、几何、天文学、音乐以训练国民指导者心智,启迪其实践理性,从而使其有良好的教养。城邦崩溃后,形成了古希腊后期的"三艺"(文法、修辞、逻辑)和"四艺"(算术、几何、天文、音乐)课程,这种课程并不指向政治与战争,而旨在闲暇怡乐以及丰富精神生活。

古罗马以培养多才多艺的"雄辩家"为教育理想,文法、修辞、逻辑是其主要课程,此外"四艺"课程仍要学习。古罗马学校开创了学校中教学两种语言的先例,即儿童不仅学习母语,而且学习第二语言。

欧洲中世纪的世俗封建主本无教育可言,到11世纪末他们要求青年学习击剑、骑马、打猎、投枪、游泳、下棋、颂诗,逐渐形成"武士七艺"课程。这一课程体系十分偏科,其中七分之六属于体育范畴。

文艺复兴时期(14—16世纪),借助拉丁文和希腊文学习古希腊古罗马文学艺术,主要是学习文法、修辞以及哲学,以此训练学生的智力、精神,使其形成广博学识和道德人格。

(二) 西方近代课程

弗兰西斯·培根(1561—1626年),是英国16、17世纪之际的哲学家,经验主义哲学的奠基人。他生活的那个时代,欧洲已经摆脱了中世纪的阴影,文艺复兴最辉煌的时期虽已过去,但它的余辉仍在,社会生产力和科学技术都有了长足的进步。培根目睹了知识在社会生产中的重要作用,提出了"知识就是力量"这句流传至今的名言,他强烈要求学校增设自然科学。到17、18世纪,英、德等学校大都开设了物理学、化学、动物学、植物学等课程。到19世纪下半叶,自然科学课程在近代西方社会学校中占据应有的位置,甚至进入了文科中学。

近代科学、文化的发展,将自然科学和数学引进学校课程,动摇了古典人文课程的结构框架,随着19世纪西欧民族国家的形成和民主政治的发展,古典人文课程大一统的局面彻底瓦解,出现了一些适合民族国家发展需要的课程,比如现代母国语和外国语、公民科、历史、地理、体育、劳动、艺术、课外活动等课程。近代课程体系走出"文雅教育"的象牙塔,开始注重个人生活需要和社会现实需要,呈现以下特点:① 科目繁多。近代课程比起先前,科目较多,首先从古代"大一统"哲学中分化出数学、力学、物理、化学、生物学、动物学、天文学等课程;其次,随着民族国家的独立,又增设了母国语、外语、公民、历史、地理、艺术等课程。② 科目之间缺乏有机联系。③ 出现了大量的教育论著,如启蒙时期卢梭的《爱弥尔》,17世纪捷克教育家夸美纽斯的《大教学论》,19世纪赫尔巴特的《普通教育学》等,为课程论的建立做出了贡献。

(三) 西方现代课程

在现代课程理论指导下,西方现代课程发展得越来越完善,课程形态越来越多样。

1918年,博比特的《课程》一书出版,课程论成为独立学科。1949年,泰勒的《课程与教学的基本原理》一书出版,书中的"泰勒原理"为科学化课程的开发奠定了理论基础。杜威从提高受教育者在现实生活中的实际活动能力来考虑课程的编制,把儿童的要求与兴趣纳入课程编制因素中,形成了经验课程。

1. 合科课程

德国20世纪初的合科课程有三种类型。第一类称"集合教学",它以奥托课程为代表。每天第一节课,让全校(16—19岁)学生集合起来,由学生提出自己的课题并自由展开讨论。这种课程打破了学科的框架,同时关注了儿童的兴趣、需要。第二类称"莱比锡计划",它是以乡土科的直观教学内容为中心,统合有计划的练习——读、写、算而形成的合科教学。第三类称"纽伦堡计划",它以塞茨的教学转轨论为基础,一方面对教材进行统合,另一方面注重隐含于事物、现象之中的意义的发现。

2. 广域课程(或核心课程)

它将具有逻辑相关性的一组学科归纳成社会、理科、美术、人文一类课程的若干主要领域,其根本目的在于赋予学生共同的知识经验,中和极度专业化、细分化和选修科目制度,从而使学生综合地理解个人在社会进步中的作用。既有集中又有分化是这种课程的特征。

广域课程于20世纪20年代产生于欧美一些国家,现在不同程度地流行于世界各国。它可分为两类:一类是一些国家的小学课程和部分初中课程均由相对综合的科目所组成。如小学和初中的社会课程可含公民、历史、地理等内容;小学自然和初中理科包含生物、化学、物理等内容。另一类是一些国家的高级中学和高等学校所设的自然科学基础(文科各系)、社会科学基础(理科各系),由两门或两门以上的科目组成。这些科目仍属学科课程,但每一科目的领域都较广阔,具有综合性。如有的国家把地理、历史综合形成"社会研究"课程;把物理、化学生态、生理、实用技术综合成"综合自然科学"。广域课程在范围上要比合科课程更大。合科课程的范围主要限于与学科有关的领域,广域课程则不仅包括与学科有关的领域,人类的所有知识与认知的领域都可以被整合起来。

3. 学科结构课程

20世纪60年代,布鲁纳在《教育过程》一书中从"学科结构"这一观点出发,主张教给学生"基本观念""关键概念",提出以"科学的结构"来提高知识内容的质量,即学科结构课程。

4. 人本主义课程

20世纪70年代,学科中心课程因忽略学生的情意、情绪、情感,不利于学生"完整人格"的发展而受到批判,以罗杰斯、马斯洛为代表的人本主义者主张学校课程"人本化",通过学术性课程、人际关系课程和自我意识、自我实现课程来实现人的能力的"全域性发展"。

三、当今主要课程理论流派

(一)学科中心课程论

学科中心课程是以文化遗产和科学为基础组织起来的各门学科课程形态的总称,是指分别从各门科学中选择适合学生发展阶段的内容,组成不同的学科,并按各自所具有的逻辑和系统独立安排知识学习的顺序、学习时数和期限。随着社会政治经济制度的变迁和社会生产、科学技术的发展,经过长期的实践与研究,学科中心课程论逐步形成比较系统的理论。在我国古代,西周时期的"六艺"(礼、乐、射、御、书、数)、"四文"(诗、书、礼、乐)说,是我国最初形成的学科研究理论依据。在西方,柏拉图、亚里士多德等认为真正自由的普通教育的内容应当由少数经过仔细选择的学科组成,这个学说自古希腊时期至欧洲文艺复兴时期以前,支配欧洲的学校课程长达 1 500 年以上。

文艺复兴时期以后,资本主义兴起,生产和科学技术有了很大发展,冲破了宗教的束缚。因此,教育也获得很大的发展。英国教育家培根首先提出"知识就是力量",学校主要应当讲授自然科学知识。捷克教育家夸美纽斯倡导"泛智主义"(pansophism),在他的专著《大教学论》(1632 年)里提出"把一切事物教给一切人",设置百科全书式的课程。他主张现实世界的一切知识都是有用的,是培养"全知全能"的"智慧接班人"所需要的,都应该包括在课程之内。德国教育家赫尔巴特是最早把心理学作为课程理论基础的人,他信奉"主知主义"(intellectualism),把发展人的"多方面的兴趣"看作一个根本的教育任务。他认为应当培养人的六个方面的兴趣,即经验的兴趣、思辨的兴趣、审美的兴趣、同情的兴趣、社会的兴趣和宗教的兴趣,并分别设置相应的课程。比如,为培养思辨的兴趣,即进一步思考事物"为什么"的兴趣,应当开设数学、逻辑学、文法等学科,从而培养学生的思维能力。

英国实证主义哲学家、社会学家斯宾塞在学科中心课程论发展中起着重要作用。他从功利主义(utilitarianism)观点出发,提倡实用科学知识,反对脱离生产和生活实际的绅士教育课程或古典文科课程,主张开设适应资产阶级新需要的实科课程。这反映了第一次技术革命时期科学和生产、科学和教育开始结合起来的趋势。斯宾塞认为,教育的作用是使人们为过"完满生活"做准备。他在《什么知识最有价值》(1859 年)一文中说:"什么知识最有价值?一致的答案就是科学。这是考虑到所有方面得来的结论。科学作为学校的课程内容,对学生来说,也具有最大的价值。"他把人的活动分成五类,并依据活动的种类,确定了教学内容:一是直接保全自己的活动。它要求学生了解解剖学、生理学及卫生学等方面的知识。二是获得生活资料的活动,也可以理解为间接保全自己的活动。除了掌握读、写、算等基本技巧外,还要掌握逻辑学、算术、几何学、力学、物理学、化学、天文学、地质学、生物学、社会学以及外国语知识等。三是种族保存即教养子女的活动。它要求研究生理学、心理学和教育学,以便正确地实施对儿童的体育、智育和德育教育。四是履行社会义务的活动。为此需要研究历史,研究"自然的社会史",即社会发展的现象。五是满足个人兴趣爱好和感情的需要的休闲活动。为此需要掌握艺术、体育、雕塑等方面的"文雅知识"。斯宾塞的这种功利主义的教育思想促进了 19 世纪末 20 世纪初的数学教育近代化运动的产生和发展。

学科中心课程之所以持久不衰,是因为其本身具有五大优点,分别是:① 根据学科组织起来的教材,方便学生系统地掌握文化遗产;② 有条理地学习合乎逻辑的教材,能充分发展人的智力;③ 把一定的知识、技术的基本要素有组织地传授和教导,符合教育任务的要求;④ 便于教师组织教学活动,有利于教师主导作用的发挥;⑤ 课程的构成比较简单,易于评价。

学科中心课程论也有它的不足之处,主要表现在:① 由于教材注重学科的逻辑系统性,学生学习时往往偏重记忆而忽视理解。② 偏重学科知识结果的传授,而忽视获得知识的方法和过程的教学。这样不利于激发学生的学习兴趣,不利于调动学生的学习主动性,也不利于培养学生解决问题的能力。③ 因学科较多,对学生来说,难以将学习的知识进行综合与统一。④ 教学方法较为单一，难以实施区别化教育。

随着生产力的发展和科学技术的进步，对课程理论的研究更加深入，学科中心课程论不断受到抨击，批判者主要认为它易于导致理论与实际脱节，不能很好地适应社会的实际需要。尽管如此，学科中心课程论在欧美各国乃至世界范围内仍占有重要地位；在我国，从古代到现代学校始终采用学科中心课程论。《美国大百科全书》中"课程"词条称"学科课程是始终没有被其他课程所取代的课程"，这是符合事实的。可见，学科中心课程论的影响是深远的，其优越的地位和积极作用也是不容忽视的。

（二）儿童中心课程论

儿童中心课程（child-centered curriculum）是以儿童的主体性活动和经验为中心组织的课程，即以选择和组织学习经验为基础，以儿童的兴趣、需要、问题等为中心设计开发而成的课程，其学习形式是通过儿童的活动来解决问题。儿童中心课程又称活动中心课程（activity-centered curriculum）或经验课程（experience curriculum）。儿童中心课程论的思想可以追溯到18世纪法国启蒙思想家卢梭。他提倡"自然主义"（naturalism），倡导"自然教育论"，主张采用摆脱封建统治影响的"适应自然"的教育方法来培养"自然人"。卢梭的课程论的核心在于创造性地发现儿童内在的"自然性"，教育不能无视儿童的本性和现实生活，必须遵循儿童的"自我活动"，采取适应儿童"年龄发展阶段"的教育方法。卢梭非常重视"直接经验"，甚至提出："世界以外无书籍，事实以外无教材"。在卢梭所写的《爱弥儿》中，已经提出了活动中心课程论的基本思想。

奠定儿童中心课程论基础的是美国实用主义哲学家杜威。他认为传统的学科课程以学科为中心，不能照顾儿童的需要和兴趣，学科分得过细，又同实际生活距离较远。他主张教育内容应该密切联系儿童的社会生活经验，从儿童的兴趣和需要出发，以儿童的活动为中心来设计课程的内容和结构。杜威曾说："学校课程的真正中心，不是科学，不是文学，不是历史，不是地理，而是儿童本身的社会活动。"他反对把教材视为"固定的和现成的""儿童经验之外的东西"，特别强调"从做中学"，如活动作业、手工、烹调、缝纫、表演、实验等。他认为通过这样的活动获得的经验，可以与社会生活相适应，克服知识的孤立性、片面性，为儿童提供对世界的完整认识。因此，可以将这里的"活动"大体与"社会生活"看作同义语，也就是杜威所说的"教育即生活""学校即社会"。

杜威主张教育即生活，而不是生活的准备，所以要以儿童为中心来进行课程设置，使课程满足儿童当前的需要和兴趣。可以说，活动中心课程论的根本出发点是儿童的兴趣和动机，以动机作为教学和课程设置的中心。在他看来，儿童有四种本能的动机：社会动机，即同其他儿童在一起活动的欲望；建设动机，即对原料加工和建造各种事物的欲望；探索动机，即好奇的倾向和实验的愿望；表演动机，即爱好创作和欣赏各种艺术的倾向。活动中心课程的设置和教材的选择，都要围绕着儿童的这些动机来进行。

杜威的学生克伯屈（Kilpatrick）创立的"设计教学法"（1918年）把杜威的儿童中心课程论体现得最为完善。所谓"设计教学"就是学校在学生的有计划的活动中进行教育。这种活动必须由儿童决定目的，儿童制订活动计划，儿童自己实施活动，儿童自己评价活动效果。儿童在设计活动中可以获得知识，培养兴趣、能力和各种品质。陶行知先生倡导的"生活教育""教学做合一"以及其他一些实验学校的实验教学，都是以"活动中心课程"和"设计教学"的原则为依据的。

由以上分析可见,儿童中心课程论有以下优点:

① 从儿童感兴趣的问题出发,学习活动是积极的、活泼的。

② 注意将学习与生活环境密切联系,将生活、经验、社会课题和其他丰富的内容吸收到学校课程中来,有利于丰富学校的教学内容。

③ 注意从活动、经验中学,有利于培养学生解决问题的能力,使学生身心得到发展。

但如果完全按照儿童中心课程论的观点来进行课程设置,也会出现以下弊端:

① 课程内容局限于儿童的日常生活经验,轻视前人创造的文化科学,不利于掌握必要的基础知识和基本技能。

② 偏重课程的心理结构,忽视知识的体系和科学的逻辑结构,不利于学生掌握系统的科学知识。表面上看它发挥了学生的主体性,但实质上却限制了学生主体的发展。

③ 强调以儿童为中心,容易忽视教育应当承担的社会任务。

儿童中心课程论虽然没有普遍实行,但它在课程理论上的价值是不能抹杀的,在小学低年级,在一定时期和一定范围内,适当采用活动课程来调动儿童学习的主动性和积极性是大有裨益的,它也给中小学和高等学校编制课程提供了重要的启示。实际上,在现代的课程设置中,已经不存在单纯的学科中心课程论和单纯的活动中心课程论,从现行的教学计划来看,既有学科中心课程,又有活动中心课程(如生产劳动、见习与实习、社会实践、军事训练以及某些工艺性课程),这两种课程理论已经逐渐相互吸收、取长补短、融合成为当前课程设置的主要指导思想。尤其是在我国的课程设置中,在吸收活动中心课程论的合理内涵的同时,更加注重学科课程和活动课程的结合,1992年国家教委颁布的《九年义务教育全日制小学、初级中学课程方案(试行)》,就已经规定了我国义务教育阶段的课程由学科类和活动类两部分组成。

(三)结构主义课程论

结构主义课程论强调以知识结构为中心,其代表人物是美国的心理学家、教育学家布鲁纳。他的课程理论主要是关于教学大纲和教材结构的,他主张教学内容应以各门学科的基本结构为中心。学科的基本结构,指的是一门学科的基本概念、基本原理及其联系,以及学习掌握这门学科的基本方法。掌握了知识的基本结构,便于学生理解事实、分析现象并能对事实和现象进行分类和评价,有利于知识的巩固和促进知识、技能的迁移。结构主义课程论重视概念的掌握,列出知识结构的程序,主张把学习重点放在使学生获得知识的方法上,强调通过"发现学习"的方法使学生掌握知识及其结构。这种课程理论主张在编制教材时应把学生智慧发展程序(身心发展顺序)和学科结构(知识结构)有机结合起来,通过学科结构促进学生智慧(身心)的发展。结构主义课程论把结构主义原理和心理学理论引入课程结构中来,符合系统科学的理论,有一定的科学价值,同时在一定程度上反映了当代新技术革命对人才培养的客观要求。

结构主义课程论的指导思想是"精英教育",因而过高地估计了学生的接受能力,并且过分地强调理论,忽视了学生基础知识的掌握和基本技能的训练。尽管理论上的期望值很高,但经过普通学校的实践检验,未能取得预期的效果。这种理论适用于具有较高能力的学生,或许对高等学校的教学更适宜、更有意义。鉴于此,结构主义课程论缺乏普遍适用性,尤其对中小学生更不适用,未取得预期效果也在意料之中。似乎这种理论对于高等学校的教学有很大的借鉴意义,值得进一步研究。

（四）社会中心课程论

社会中心课程论强调以社会生活和社会问题为中心,是为了克服儿童中心课程论的片面性提出的,它主张涉及课程的依据是通过社会问题的分析而确定的,不主张以学生的兴趣和动机作为编制课程的出发点,但赞成打破传统学科课程的界限,而打破的方法不以学生活动来组织课程,而是以社会现实问题为课程设计的核心,所以社会中心课程又称核心课程。

相对于学科中心课程论和活动中心课程论而言,社会中心课程论产生得较晚,它产生于20世纪30年代的美国,分为社会适应派和社会改造派两个流派。社会适应派关于社会中心课程论的观点和主张认为,社会的变化是个人发展的决定性因素,学校是社会的代理机构,社会在不断发生变革,所以,课程设置、教学内容的选择和教材的编排都应该为学生服务,目的是让学生了解不断变化的世界并适应不断变化的世界,很好地在这个世界立足。

与社会适应派不同,社会改造派认为,社会在不断变化,应该把社会生活和社会问题作为课程设置的核心,它的宗旨不是为了适应变化的社会,而是要把学生培养成为改造社会的工具,提高学生的主动性、自觉性,使学生积极投入到社会改革之中扮演改革者的角色。因此,它要求根据改造社会的需要来设置课程,把课程及其内容的选择和安排与社会的改造联系起来,围绕社会改造的"中心问题"组织学校课程。这一理论中提出的课程组织结构是十分独特的,有以下特点:① 课程的结构是车轮状的,轮子的轴心代表某些关键性的问题,轮辐是由讨论、知识和技能、职业训练等组成的各类课程,它们是解释和解决轮轴中关键问题的重要前提和支持;② 轮胎将涉及轮轴问题的所有相关课程统一了起来,使车轮的各个部分产生了有机联系。

按照这种独特结构设置的课程主要有两种形式:一种是以生活问题为中心的课程。这种课程的主要内容侧重于生活问题,每次活动不必安排在一个连续的时间内进行,一个班的指导工作不是由一位教师来担任的;而且这种课程强调直接经验而不是知识本身的逻辑系统,强调个人研究而不重视教师的系统讲授。所以,以改造社会为中心,目的不是学习各种知识,而是对社会各方面问题的综合学习,从而改造社会、改造传统。另一种是核心课程,它介于学科中心课程和活动中心课程之间,打破了学科的界限,从实际问题出发,把两三门学科结合起来。一般由一位教师或几位教师组成教学团队,通过一系列活动对一个班级进行教学。每次教学活动是在一个连续的单位时间(如2~3节课)内进行的。

虽然,社会适应派和社会改造派的观点不尽相同,各自有所侧重,但它们都强调社会实践活动和社会问题解决能力,这正是社会中心课程论的真正价值和创新点。每种理论被提出来,都有它的合理性和优点,社会中心课程论也不例外。它的主要优点表现在:

① 重视各门学科的综合学习而不是孤立地按照分科去学习,这样就有利于学生掌握解决实际问题的方法。

② 重视教育与社会、课程与社会的联系,按照社会的实际需要来设置课程,有利于为社会需要服务。

③ 按照这种理论培养的学生,具有很强的社会适应能力。

但是，社会中心课程论也有它的不足之处，主要表现在以下几点：首先，它过分夸大教育的作用，认为许多社会问题是由于教育造成的，与其他因素无关，但事实上，只靠教育是不可能解决所有问题的。其次，它忽视了各门学科之间的系统性，割裂了各学科之间的联系，不利于学生掌握各门学科的系统知识。最后，它过分强调社会需要，忽视了影响课程设置的其他因素。因此，社会中心课程论也不是解决课程设置问题的有效、普适的理论，有待进一步改革和完善。

（五）现象学课程论

现象学课程论(phenomenological curriculum theory)是20世纪西方世界哲学和文化领域最重要的事件之一——现象学运动(phenomenological movement)的有机构成，该课程理论同时也丰富了现象学运动。现象学课程论把课程作为现象学文本(phenomenological text)来理解。

加拿大是现象学课程论的故乡，其中阿尔伯塔大学(University of Alberta)是现象学课程论和现象学教育学的中心，该大学的奥凯、范梅南、史密斯是现象学课程论的核心人物。美国的休伯纳、派纳、格鲁梅特、雷诺兹等人也是现象学课程论的重要代表。现象学课程论是集中体现欧洲大陆风格的、极富创造性的课程思潮。著名现象学课程论学者范梅南曾归纳了现象学课程研究的五个特点：

① 现象学研究考察生活体验(lived experience)，主要研究被直接体验到的生活世界，而不是我们所概念化的世界。现象学学者寻求对世界的更直接的体验和际遇。

② 现象学研究寻求经验的本质和事件的意义，倡导对世界的反思，反对对世界的自然主义态度。

③ 现象学研究是智慧的意识实践。现象学教育学是智慧的表现。

④ 现象学研究并不是为知识而生产知识，而是为了人类的意义而生产知识。现象学研究者致力于思考每一个人在世界上生存的意义。

⑤ 现象学研究是一种"诗性活动"，总是力图体现诗的品质。现象学试图像诗一样，用一种唤起性的、原初的声音呈现对世界的原创性"演唱"。

（六）后现代课程论

后现代课程论(postmodern curriculum theory)是在风靡西方世界的后现代主义(postinodernism)、后结构主义(poststructuralism)哲学的影响下产生的。后现代课程论把课程作为"后结构、解构、后现代文本"(poststructuralist, deconstructed, postmodern text)来理解。后现代课程论的代表有陶伯曼、戴格诺、车里霍尔姆斯、亚格金斯基、高西亚、胡文松、多尔、拉瑟、吉鲁、金彻里、斯滕伯格、麦克莱伦，等等。这是一个在某种意义上体现了课程理论发展方向的课程思潮。

西方后现代主义哲学有两种典型风格：激进的或解构性的后现代主义（源于后结构主义）与温和的或建设性的后现代主义。不论哪一种风格，都具有三个典型特征：反表象主义、反基础主义、反本质主义。相应地，后现代课程论也有两种典型风格：批判性的后现代课程论和建设性的后现代课程论。前者主要是对传统课程理论展开批判，揭示其二元论的认识论根源及表现；后者则试图建构一种从根本上超越泰勒原理的、新的课程理论，比如多尔提出了后现代课程的四个基本准则——丰富性(richness)、循环性(recursion)、关系性

(relation)、严密性(rigor)，简称 4R's，与泰勒原理形成对照。

（七）生态学课程论

生态学课程论(ecological curriculumtheory)是基于生态伦理观、生态政治观反思课程的产物。该课程理论把课程作为"生态学文本"(ecological text)来理解。

传统的主流课程理论本质上是追求课程开发的科学化。这种课程理论是基于人类中心主义视野而确立的，它秉持二元论，把人与其生存的环境割裂开来，把环境设置为客体，人这个主体则借助于规律、规则、程序来控制环境。这是科学主义认识论的必然逻辑。生态学课程论则秉持生态伦理观(ecothics)、生态政治观(ecopolitics)，认为人不是环境的主宰，而是环境的看护者。课程问题应置于人与环境之间的复杂的生态环境来考察，对课程的考察应持整体的观点而非分析的观点，应承认主观经验的价值而不能仅仅运用技术化的客观方法。如果说泰勒原理所体现的是科学主义世界观的话，那么，生态学课程论所体现的就是整体化的、注重个体经验的生态世界观。

生态学课程论的主要代表包括高夫、鲍尔斯、诺丁斯等等。该课程理论与政治课程论、后现代课程论、性别课程论（女性主义课程论）等交织于一体，是一种充分体现时代精神的课程思潮。

四、课程发展的未来方向

进入 21 世纪以来，随着人们对课程认识的深化，课程的重要性越来越受到世界各国的重视。2015 年 9 月，联合国教科文组织公布了《处于争论和教育改革中的课程问题——为 21 世纪的课程议题做准备》的工作文件。该文件明确指出课程的定位应该从单纯的技术问题转变为国家教育发展的核心要素，其实质是将课程定位为适合国家教育目标并适合国家教育发展的最重要的工具。所以，课程的教育目标很清晰，即兼顾个人发展和社会发展要求——既为社会发展服务，也为个人发展服务。

课程是社会包括各利益相关者广泛参与和集体构建的产物。课程的构建不应该只是一部分学科专家来做，因为课程涉及社会的各个方面，它关系整个社会的发展。课程作为教育系统的一个重要组成部分，应该对教育政策提供支持。课程还应对教育改革发挥作用，通过课程的改革来推进整个学习的变革和教师决策的逐步转变。

（一）培养能力成为改革的主题

大部分国家的课程方案指出，拥有综合能力才可能在当今的社会竞争中脱颖而出，才能拥有幸福的生活，这应成为课程的一个目标。美国 21 世纪学习框架提出，21 世纪应该培养学生不可或缺的三套技能：第一套技能是学习与创新技能，即批判性思维与问题解决技能、沟通与合作技能、创造力与创新技能；第二套技能是数字素养技能，即信息素养技能、媒体素养技能、信息与交流技术技能；第三套技能是职业与生活技能，即灵活性与适应性技能、主动性与自我导向技能、社会交往与跨文化技能、产出能力与问责技能、领导力与责任技能。

（二）课程框架应当走向整体

整体和综合包含两层意思：一是指课程设计原来是分学段设计，忽视了学段之间的联系。从长远看，应该打通各学段，做一个整体的设计。二是指学科与学科之间并不融合。

现实中分科教学比较多,现在只学习单一学科知识不行,运用任何单一学科知识来进行创新也不可能,所以跨学科就成为非常重要的一件事,而教学过程中还没有解决跨学科教学的问题。

（三）推进课程的信息化

学生、计算机与学习之间并不是简单相关的,当前计算机教学对学习潜力的发展也没有完全实现。当然,只要计算机和互联网对人们个人和未来职业生涯发挥重要的作用,那些没有掌握这个技术的人将来可能会发现自己很难适应这个社会。应将技术整合到教学和学习当中去,为教育者提供能够支持21世纪教育教学的信息环境,为受教育者提供21世纪需要的技能。技术确实是非常重要的,为了实现技术所具有的巨大潜力,各国必须提高投资的效率,同时确保教师统一设计和实施技术,推动教育变革。

第二章 课程结构与课程标准

课程从理论上包括课程目标、课程内容和学习活动方式等诸种课程成分,但在现实的教育教学活动中,学校课程总是作为一个整体而存在的。课程设计首先要考虑的问题不是具体课程内容的选择与组织,或某种学习活动方式的设计,而是各类课程以及课程内部各成分的组合方式问题,即课程结构问题。只有树立科学的课程结构观,才能从整体上把握课程的内部构成,为优化课程设计、增强课程的整体功能提供理论保证。

第一节 课程结构

一、课程结构概述

(一)课程结构的概念探讨

到目前为止,在课程理论的研究中,课程结构本身还不是一个像课程目标、课程评价等名词那样有着相对确切含义、能够被比较广泛和规范运用的概念。

在《简明国际教育百科全书·课程》中,与课程结构关系较为密切的词条有两个。其中一条是"Curriculum Organization",中文可以翻译为"课程组织",可以解释为将构成教育系统或学校课程的要素加以安排、联结和排列的方式。在课程研制过程中,课程组织的作用主要体现在两个层面,一是教学内容或学习经验的选择问题,建构无限的文化与有限的课程之间的关系;二是处理内容或学习经验的结构问题,建构课程内在的各种要素和各个部分之间的关系。所以课程组织的实质是,人们在课程研制实践中针对课程结构,探讨解决课程的外部和内部平衡问题,探讨解决不同类型的课程之间的关系问题。

影响课程组织的具体要素可以包括这样一些因素,比如教学计划与教学方案,教学内容(学习材料),教学器材与教学设备,教育教学专业知识,教学评价与检查体系等。这些可以理解为影响课程结构的显性因素。学校的氛围,社区、家庭对学校的支持,学生的能力和兴趣以及教师的教学风格和教学策略,这些因素可以称为影响课程结构的隐性因素,虽然表现形式不明显,但对课程结构的影响却十分重要。课程组织是一项非常复杂且任务艰巨的工作,准备加以组织的课程因素比各学科或领域的大纲内容要宽泛,它是学习环境设计、教师的教学目标与价值观、学生的学习经验的统一。教育系统的全部工作都建立在课程组织的基础上。

但凡有见识的教育家、学校管理者、教师都非常重视课程组织。根据课程组织的主体不同,大多数国家的课程组织呈现出三种水平:学校水平、地方水平、国家水平。我国以前的课程组织以国家为主,第八次课程改革以来,我国也逐渐形成了国家、地方、学校的三级课程组织体系。

另一条的英文是"Disciplines Structure",中文可以翻译为"学科结构",可以理解为课程内容之间的逻辑关系与心理学方面的关系。美国学者布鲁纳特别强调学生学习过程中对学科结构的掌握。他认为学科结构就是各学科的最基本的概念、原理、法则以及它们之间的关系等,学习的目的就是掌握学科结构。在布鲁纳看来,儿童在不同的发展阶段都有其独特的观察世界、理解世界的方式,教学过程必须以儿童心智发展的过程为依据,并按照儿童的年龄特征进行安排。布鲁纳提出,必须使学科的基本结构与儿童的认识结构相适应,使教学过程本身就成为促进儿童智力发展的过程。因此,在现实教学实践中,一般的倾向性做法是在高年级采取逻辑结构的内容教学,而在低年级采取心理学结构的内容教学。

我国的课程结构与西方的课程组织含义基本一致,课程结构是指课程的各个组成成分或组成要素及其相对稳定的相互联系和相互作用方式的总和。从一定意义上说,课程结构就是对构成一个教育系统或教育机构的各种课程成分,按照一定的规律进行安排,使之形成结构化和序列化的过程及其结果。

(二) 国内外学者对课程结构的研究

正如苏联学者列德涅夫所指出的那样,课程结构问题与教育问题一样,具有悠久历史。在课程思想史上,夸美纽斯、赫尔巴特、戚勒、斯宾塞和杜威等人都曾论及课程结构问题,但他们的论述大多停留于课程实践的直观层面,还未意识到"课程结构"这一概念。直到20世纪60年代后,人们才真正开始对课程结构的内涵进行研究。

1. 美国学者的思考

(1) 布鲁纳的观点

1958年,苏联人造卫星发射成功,由此引起美国震惊,美国社会发出以高尖精科学知识武装青年一代的一致呼声。面对科学技术迅猛发展带来的知识骤增,如何组织学科内容以适应现代科技发展,成为20世纪60年代美国课程设计领域亟待解决的问题。布鲁纳的回答是,要从改革教材的"质"入手,重视学科的基本结构。他说,教学与其说是单纯地掌握事实和技巧,不如说是教授和学习知识结构。"不论我们选教什么学科,务必使学生理解该学科的基本结构。"何谓学科基本结构?在他看来,学科基本结构就是支撑学科的基本概念、原理和规则,以及由它们所体现的学科内部的逻辑关系。如英语的结构规则与句型,代数的三大基本法则(交换律、分配律、结合律)等。掌握学科基本结构是学习迁移的主要途径,不仅有助于缩小"高级知识"与"低级知识"之间的差距、有助于理解和掌握整个学科,而且有助于记忆。布鲁纳的课程结构思想主要侧重于课程的微观结构,即学科内部的结构。他的课程思想被后人称为学科结构课程论,由此可见布鲁纳对课程结构问题研究的影响。

布鲁纳的课程结构观来源于他对知识结构以及他对学生认知方式的理解。他认为,知识是我们理解经验中有规律性的事物以意义和结构而形成的一种模式,知识体系的组织意味着经验的简约与系统化,因而知识可以用与学习者的学习模式相适应的经济的、有效的组织形式来表示。他提出组织最佳知识结构的三个基本原则:第一是再现形式的适应性原则,即学科知识结构的呈现方式必须与不同年龄学生的学习模式相适应;第二是再现的经济性原则,即学科内容须是合理简约的;第三是再现的有效性原则,即经过简约化的知识结构要尽可能有利于学生知识的迁移。布鲁纳正是以此为基础来论证其课程结构的思想并提出"螺旋式"课程编制方法的。

布鲁纳对课程结构的认识主要是从心理学和课程实践的角度展开的,没有上升到课程理论层面。在课程结构思想史上,其贡献在于第一次深入到学科内部探讨了学科的结构问题,不仅为人们研究课程结构提出了一些具有历史性意义的意见,而且为课程结构思想开辟了一个前人未曾涉足的领域。但其课程结构观的局限性也很明显,他对课程结构的理解只停留于单一学科的内部结构问题,没有看到各学科之间的有机联系,过分强调专门学科的独立性和完整性,反对各学科间的相互结合,因而他不可能解决学科不断增多给学校课程所带来的严重问题。另外,布鲁纳对学科内部结构的研究多从自然科学入手,但并不是所有学科都像自然科学那样具有严密的内在结构,因此他对课程微观结构的理解也有很大的局限性,以此为指导的课程编制策略往往无法适应那些自身结构比较松散的学科,如社会科学中的某些学科。

(2) 施瓦布的看法

施瓦布被誉为继布鲁纳之后主张课程结构的第二号代表人物,他以"科学的结构"和"科学的结构是不断变化的"这两个基本观点为前提,对学科结构做了较为深入的探讨。其基本观点主要体现在《学科结构的概念》(The Concept of the Structure of a Discipline)和《学科结构的意义和重要性》(Structure of the Discipline: Meanings and Significances)等著述中。

施瓦布的课程结构思想与布鲁纳极为相似,两人都强调学科结构的极端重要性,专注于微观课程结构的分析。施瓦布的独到之处在于,他进一步研究了学科结构的本质以及学科结构的内在层次性。他认为,学科结构就是"规定那门学科所研究的题材和控制其探究方法的一系列外加的概念"。它由以下三个层次构成:一是学科的组织结构,即学科之间的关系,施瓦布认为课程组织结构能帮助我们确定教学的秩序;二是概念结构,即对教材做出规定的一簇概念,"学科的实质性结构就是由这些概念组成的",因此这一层次又称为"实质结构";三是句法结构,即学科的方法论,是指"关于学科的过程、方法以及学科打算如何运用概念以达到目的的范型"。施瓦布的上述观点表明,他对课程结构的认识比布鲁纳更进一步。布鲁纳所说的学科结构,基本相当于施瓦布的"实质结构"。可见,施瓦布对课程结构的认识要比布鲁纳深入和广泛得多,他已意识到了学科关系在课程结构上的意义。

(3) 福谢依的主张

福谢依从促进人的全部能力的发展角度出发,对课程结构提出了新的看法。福谢依认为,人的全部能力领域包括理智、情绪、社会、身体、审美和灵性等六个方面。为此,"学校必须设置并行课程(parallel curriculum),一方面接受系统的知识,另一方面探讨现实中直接提出来的社会的、人类的问题"。并行课程由课程1、课程2、课程3三部分组成。课程1包括正规的"学术性课程"及有计划的课外活动。课程2是一种突出"参与集体与人际关系"的"社会实验课程",它以学生的现实生活问题为主题选择课程内容,不强调现成知识的记忆,而注重探究、比较、阐释、综合的过程。课程3是旨在唤起儿童对于人生意义的探求的"自我觉醒和自我发展的课程",它为学生人格的解放与发展提供经验,从而促进学生的人格成长及其自律性的确立。按照福谢依的观点,学校要培养自我实现的人,其课程就应由知识课程、情意课程和体验课程组成。福谢依的观点表明,他所理解的课程结构主要是学校课程的类别结构,而不是某一具体学科的内部结构。这与布鲁纳和施瓦布的观点显然大不相同。

2. 苏联学者的研究

20世纪70年代末至80年代,苏联的课程理论研究十分活跃。在课程结构方面,比较有代表性的人物有莱纳和列德涅夫。

莱纳是苏联教育科学研究院普通教育研究室的研究人员。1983年,他提出了一个"三相体"的课程结构模型。该模型基于这样一个基本观点,即学校课程来源于社会经验。莱纳认为,社会经验由四个基本因素构成:一是关于自然、社会、技术、活动方法的知识;二是实现一定方法的经验,它与知识一道共同体现为个人的技能和技巧;三是创造性活动的经验,它体现为特殊的智力程序;四是情感、评价、态度方面的经验。对应于这四个基本因素,他提出了课程结构的"三相体"。课程结构的第一个维度,也是最为重要的维度,就是课程结构的实质部分,即学校课程必须体现社会经验的结构特点。莱纳认为课程结构还有两个维度:一是课程的形式结构,它包括学科、公益工作和课外活动,是"社会经验中的领域"的反映;二是体现于课程内部的"活动的种类",这包括物质实践活动、认识活动、交际活动、定向评价活动和文艺活动等。按照莱纳的观点,课程结构就是由这三个维度构成的"三相体"。

列德涅夫对课程结构的考察在苏联是最深刻和最有影响的。列德涅夫认为,教育内容的首要特征是它包含着若干完善的成分:各门学科及其相互关系、各门学科的结构和作为其结构部分的各门课程的结构、按学年分配的教材等。对学校课程既可以作为一个体系进行综合考察,也可以分析它的各个方面。前者得到的是课程的总体结构,后者得到的是局部结构。构成课程总体结构的各个成分是相对独立的,这些成分的综合体包括了整个学校教育的内容。因此,他重点分析的是课程的总体结构。

列德涅夫认为,课程结构包括以下四个基本层次。一是教学科目系列。这是课程结构的第一个层次组。由于它可按不同标准划分,且划分是相对的,又是相互交叉的,因而它们不能透彻地说明教育内容。二是学科。这一层是教育内容的最重要的结构要素,教育教学秩序基本上是根据它们来安排的。因此,"学科及其相互关系"可以看作课程的最基本和最主要的结构。三是各门具体课程。这些课程之间也有一定的结构。四是各门课程中的具体内容。

列德涅夫认为,制约学校课程的因素也有四个:个性的结构、学习客体的结构、从抽象到具体运动的原则、个体间的个性差异。从这些因素出发,列德涅夫详细分析了普通中等教育内容的结构问题。

很明显,列德涅夫对课程结构的分析仅局限于学科课程,但他的分析已不是一种简单的直观描述,而是以个性结构的研究和科学知识结构的研究为基础,其深刻性已超出以前的众多学者。

3. 日本学者的探讨

20世纪70年代以来,日本学者对课程结构问题有所关注,其中井上弘的观点最为引人注目。井上弘认为,当时对课程结构的诸多理解有着很大的局限性。他认为,课程结构至少包括三个层次:一是教材单元范围内的结构化,如戚勒的"方法单元"、杜威的"问题单元"和克伯屈的"单元作业";二是一门学科或一个生活领域的结构,如布鲁纳的学科结构思想和西德范例教学中的教材结构化;三是广义的课程结构,即所有课程作为一个整体而具有的结构,威勒的中心综合法和塞茨的合科教学就是为实现这种结构而进行的早期努力。

井上弘认为,学校课程的结构化更应着眼于广义的宏观层次。一门学科的结构化、一个单元的结构化的尝试,只有当它在整体结构中也处于适当地位时方才有效。真正的教材结构化不限于一门学科,而应当追求贯通所有学科及一切教育活动的结构化。因此,满足于学科或活动内的结构化的观点是鼠目寸光的。

4. 我国学者的研究

20世纪80年代以来,在课程改革实践的推动下,我国的课程理论专家也开始从理论上研究课程的结构问题。早在1989年,华东师范大学钟启泉教授在谈到西方的课程结构思想时,便将西方出现的课程结构区分为三个层次:微观结构论、中观结构论、宏观结构论。可惜的是,他没有阐明课程结构的本质是什么,也没有深入分析课程结构各层次的内部构成和建构策略。

1991年,华中师范大学廖哲勋教授在《课程学》一书中设专章对课程结构进行了深入分析,提出了课程结构"表层—深层说"。他认为,课程结构是课程内部各要素、各成分、各部分之间合乎规律的组织形式。课程的整体结构由表层结构和深层结构组成。表层结构是一定学段课程的总体规则的结构,深层结构是教材内部各要素、各成分的组合以及各类教材之间的整体组合。以此为基础,他进一步分析了结构的特性和课程结构与课程功能的关系。

国内还有学者将课程结构分为教育结构、课程结构、学科结构三个层次。教育结构即各级各类教育机构的纵横关系、比例关系、衔接关系等,主要体现在国家层面的学校教育制度中;课程结构规定的是各种内容、类型、形态的课程的比例和相互关系,主要体现在国家颁布的课程设置方案、课程标准中;学科结构指各门课程的具体内容,主要体现在教科书和各种教学资源中。这三者相辅相成,共同构成了一个完整的体系。

(三)课程结构的内涵

20世纪60年代以来,虽然东西方学者都对课程结构问题做了持续不断的研究,但到底什么是课程结构、对课程结构的层次应如何划分才比较恰当,仍是当前课程结构理论亟待解决的问题。

系统论认为,结构是指组成有机整体(即系统)的各要素、各成分、各部分相互结合的内在组织形式,它是由各要素、各成分的特殊本质共同决定的,是按照其自身发展规律逐步形成的内在联系。课程作为一个整体也是由不同要素、不同成分组成的。课程结构就是课程内部各要素、各成分的内在联系和相互结合的组织形式。

层次性是任何系统结构都具有的共同特征。课程结构包括哪些层次呢?从目前的分析看,参与该问题讨论的学者仁者见仁、智者见智。理论上对课程结构层次的划分要有利于课程设计才具有实际意义。基于这一认识,课程结构可以分为宏观、中观和微观三个层次。

1. 宏观课程结构

宏观课程结构,即学校课程的类别结构,其基本构成成分是各种类型的课程。在课程设计中涉及三个基本问题:首先是国家课程、地方课程和校本课程的关系;其次是显性课程

(学科课程、活动课程)和隐性课程的完备性及其相互关系;最后是选修课和必修课的关系。

2. 中观课程结构

中观课程结构即课程的学科类别结构,它涉及以下四个问题:① 学科课程中工具科、社会科、自然科、体艺科之间的关系,以及各科课程内部各门具体课程之间的关系;② 活动课程中各类活动项目之间的关系,以及各具体活动项目之间的关系;③ 构成隐性课程的各成分,以及各成分内部各要素之间的关系;④ 限定选修课程与任意选修课程的比例关系。

3. 微观课程结构

微观课程结构即各科目(或活动项目)内的结构以及潜在课程各构成要素内的结构。

(四)课程结构的属性

1. 客观性

从性质上看,课程结构是人工结构,是课程设计者根据一定原理设计出来的。但是,精神世界的结构性是物质结构性的反映,课程结构不是课程设计者主观臆造的产物,课程结构具有客观性。

首先,课程作为一种文化现象,其内容来源于社会文化和社会生活。关于课程内容的来源,理论界曾有多种解释。列德涅夫主要看重个性经验和科学知识对学校课程的影响。美国学者泰勒把社会生活和学科看作课程内容的两个重要来源。还有学者将科学知识、社会生活经验和学生的学习活动当作学校课程内容的决定性因素。这些观点虽然各有差异,但有一点是共同的,即都承认课程内部各要素、各成分的来源是客观的。

其次,课程内容各要素、各成分间的结构关系反映的是科学知识间的关系、各种社会生活经验间的结构关系以及不同学习活动间的结构关系。课程发展的历史表明,学校课程结构的演变往往是科学结构演变的结果,不同社会历史时期人类社会生活经验的构成关系的改变也往往导致学校课程的结构性改变。

最后,人们在设计课程结构时必然要考虑学生的身心发展水平和学习规律,而这两者都是客观存在的。不同历史时期的儿童往往表现出不同的发展特点和发展要求,这使学校课程结构必然带有时代特点。

2. 有序性

有序性是描述客观事物之间和事物内部要素之间关系的范畴,指事物内部的要素和事物之间有规则的联系或转化。课程结构的有序性就是指课程内部各要素、各成分之间相互联系的规则性。

课程结构的有序性首先表现为空间上的"有序",即从横向上看,课程内部各成分的空间构成是有规则的,例如,在宏观层次上,学科课程、活动课程和潜在课程总是顺序性地排列在一起。在中观层次上,工具科、自然科、社会、体艺科等学科课程总是有机地排列在一起。各类活动课程和构成潜在课程的各成分之间也是按一定的规则相互联系的。

课程结构的有序性还表现为时间上的"有序"。学校课程的展开和实施是一个依次递进的过程,在这个过程中,课程内部各成分、各要素的呈现有一定的时间顺序。例如,每一学段的教学计划必须设计好学段内各门课程的开设顺序,每个具体教学科目(或活动项目)都必须安排好各单元的先后关系。时间序列和空间序列结合在一起构成时空序列,它们共同说明课程结构的规则性和顺序性特点,是课程结构存在的基本方式。良好的课程结构都应具备一定的有序性。

3. 转换性

著名认知心理学家皮亚杰认为,转换性是结构的三个根本特性之一,一切已知的结构都是一些转换体系。事物的"共时态结构"是其深藏于内部的各要素的组合形式,这些要素及其关系在不同条件下可以发生一定的变化。正是通过这种转换,事物才构成一个丰富的整体系统,才有能力适应环境的不断变化。例如,语言中的语法结构是一定的,但它具有转换的功能。正是这种转换,才使人的语言变得丰富多彩。转换性是结构存续的基础。

课程结构也具有转换性。这种转换性就是课程内部各要素间的构成关系能依地区、学校和学生等条件的变化而进行相应调整的属性,正是由于这种转换,中小学的课程也能因地制宜,适应不同地区、不同学段、不同学生的特点和需要,实现课程模式的多样化发展。

4. 可度量性

课程内部各要素、各成分间的联系和结构方式往往可以用数量关系来说明,这表明课程结构具有可度量的特性。分析学校课程的结构可以从考察以下几方面的比例关系入手:① 学科课程与活动课程的比例关系;② 必修课程与选修课程的比例关系;③ 学科课程内部工具类课程、人文类课程、自然类课程和体艺类课程之间及其内部各具体科目的比例关系;④ 活动课程内各类活动项目间的数量关系;等等。

(五)课程结构的特点

1. 古代课程结构的特点

首先,在古代,人们将教学内容分门别类,初步形成学科体系。我国早在西周时期就开设了礼、乐、射、御、书、数"六艺"课程,孔子将其发展为诗、书、礼、乐、易、春秋六科。古希腊倡导"三艺":文法、修辞学和辩证法三门学科。柏拉图提出军人所必需的"四艺":算术、几何、天文和音乐,与"三艺"合称"七艺"。到了封建社会,儒家思想逐渐成为中国封建社会的教育核心,汉唐两代重视的"五经"与宋代增加的"四书"形成了一套比较完整的课程体系。尽管当时对课程的认识还比较肤浅,还未形成专门的研究,但当时的课程结构在一定程度上符合了统治阶级对人才的需求,也在一定程度上促进了人们德智体美等方面的均衡发展。

其次,存在重文轻理的倾向。我国古代的"六科"偏重文事,轻视科技,教材内容多是社会历史、政治伦理方面的文化知识。

最后,脱离生产劳动,缺乏职业训练科目和劳动技术教育。

相比较而言,古代社会的课程结构比较单一,基本上以学科类课程为主,间或有些活动,但未上升到活动课程的高度;课程类型上是单一的必修课;内容缺乏职业训练科目,基本已做到德智体美兼顾均衡。

2. 近代课程结构的特点

总体上来说,近代世界各国的课程设置在政治、经济、科技、历史、文化等多种因素的作用下,始终处于一个调整、变化的发展过程。初等教育得到迅猛发展,宗教教育淡出,自然科学、数学和应用性学科的比重增加,课程走向世俗化,贴近自然,满足社会的发展需要。

从课程内容上看,随着人们对自身和世界认识的逐步加深,学科种类日益增加,学科内容也逐渐繁多、复杂,日趋完整。自然科学、数学和应用性学科的地位在上升,艺术类、体育类学科包括绘画、文学、诗歌、音乐、雕塑和体育学科等开始受到重视。另一重大飞跃是加入了劳动教育和职业训练的科目。学习和接受教育，不再仅仅是文雅生活的需要，而是为将来的工作、就业做准备。

从课程类型上看，此时已经有了选修课和必修课之分。课外活动与学科类课程并列。20世纪初，美国率先把课外活动与正规课程联系起来。选修课起源于19世纪初德国的大学，进入中学是从美国首先开始的。我国则在1922年实行的新学制中正式确立了选科制。

3. 现代课程结构的特点

现代的课程内容、课程类型呈现整合化的趋势，课程结构更加灵活。协调整合课程的横向类别有所增加，虽然学生的学习基本上还以单一的学科课程为主，但是综合性课程也呈现出日益增多的趋势。既有双科或双科以上结合起来的课程（如：英语、历史），也有把多种相近学科内容的课程结合在一起的广域课程（如阅读、文学、语法）、核心课程、融合课程等。在课程内容方面，越来越多的课程突破了原有的学科壁垒，内容涉及面越来越广，理科课程、实用性课程、职业技术类课程、信息技术类课程日益受到重视。例如，工程、电力、航空航海、汽车工程、网络技术等受到现代学生的拥趸。

二、我国中小学课程结构的沿革

新中国成立以来，我国中小学课程结构变革大致经历了三个时期，基本特点可以概括为：课程门类从单一的课程结构走向均衡与多样的课程结构；课程管理从国家集中统一管理转向国家、地方、学校的三级课程管理；课程内容从注重学科知识转向注重人的全面发展的需要，特别是转向提升人的核心素养发展等。这种变化顺应了社会发展的趋势，符合历史发展潮流，实现了课程结构变革对人关心的回归，回归到了从人的成长与发展的立场来设计课程结构。

（一）全面学习苏联的课程结构时期

从时间上来看，这一时期是从1949年到1956年，我国在教育领域全面借鉴苏联教育模式。1950年召开的第一次全国教育工作会议，提出人民政府应有计划有步骤地改革旧的教育制度、教育内容和教学方法。结合当时的国情，提出以老解放区的新教育经验为基础，吸收旧教育中有用的经验，借助吸纳苏联的经验，建设新民主主义的教育，对现有课程进行改造。

新中国成立初期，我国对苏联的中小学课程结构与设置及国情研究不够，同时也对国内基础教育状况缺乏全面研究，导致基础教育课程学科门类设置过多，且均为必修课和进行分科教学；强调中央集权与统一，导致中小学课程结构单一。由于盲从苏联教学大纲及学科内容，脱离了我国实际，学习苏联的教育理论与经验在我国不过几年的时间，从实际效果上来看，应当说对中国教育事业的发展和教育质量的提升起到了一定的有益的作用。同时，苏联的教育理论与经验本身的缺陷，再加上我们学习过程中生搬硬套、过于机械的学习方式，自然也产生了不少问题，导致中小学课程难以适应新中国的建设发展和人才培养需要。

（二）独立探索自己特色的课程结构时期

这一时期历时比较长，由于没有可以借鉴的模式，也没有科学的理论引导，探索中走了不少弯路,积累经验的同时也付出了沉重的代价。

第一个阶段是1956—1965年。这一时期的基础教育课程结构最突出的表现是,课程以生产劳动课程为主线,形成了以生产劳动为中心的课程结构。中学阶段,在课程与教学计划中规定开设生产劳动课和体力劳动课。小学阶段,也设置了大量的生产劳动课或劳动常识课程等等。受"教育与生产劳动相结合"的"左"倾思想影响,学校教育一度变成了生产劳动教育,常常与地方相联系,以增加地方社会收益。例如,在城市学校,中小学学生在校办工厂中制作的变压器部件或晶体管变成商品出售,增加了地方工业的生产和收入,这也反过来更加刺激了办学者增加劳动教育的热情。类似的是,在农村,学校通过种植蔬菜、大米或谷类作物,增加了地方社会和学校的收益。

第二个阶段是1966—1976年,这一时期的课程结构具有以政治为中心的特点。

第三个阶段是1977—1991年,这一时期的课程结构具有以自然科学为中心的特点。1978年,教育部研制并颁发《全日制十年制中小学教学计划试行(草案)》,对中小学课程结构进行整体规划和调整。对中小学任务、学制、制订教学计划的基本原则、主学与兼学的安排、活动总量、课程设置及说明做出规定。

针对基础教育课程结构及设置问题,1981年,教育部相继研制并颁布《全日制五年制重点中学教学计划(修订草案)》和《全日制五年制小学教学计划(修订草案)》,对中小学课程进一步规范,调整了基础教育课程设置和课时。同年,教育部颁布《全日制六年制重点中学教学计划试行草案》和《全日制五年制中学教学计划试行草案的修订意见》。这些文件的颁布,其目的是希望通过改革与实验,以改变课程单一化的结构,减少必修课时,增设选修学科和课外活动等,以适应人才培养,促进学生在全面发展的基础上获得个性成长。

1984年,教育部颁发《全日制六年制重点中学教学计划(修订草案)》《全日制六年制城市小学教学计划(草案)》《全日制六年制农村小学教学计划(草案)》等文件,对中小学课程进行进一步调整与规范。这些文件对城市、农村分别提出要求,城市小学总课时为4 964~5 168,农村小学总课时为4 930。1986年《义务教育全日制小学、初级中学教学计划(试行草案)》公布,其中,保留选修课,还相应地增设了课外活动。

1985年,国家教育委员会成立。1986年,我国颁布了义务教育法,开始实施九年制义务教育。由于实施了九年制义务教育,初中、高中的课程分开设置。1988年,国家教委颁发的"五四"学制和"六三"学制中小学教学计划(试行草案)规定小学设置思想品德、语文等9门课程,同时,开设活动课,包括自习、班团队会、体育活动、兴趣活动等。初级中学设置思想政治、语文等13门课程,同时,开设选修课、活动课。

为了研究部署制订高中教学计划的工作,国家教委基础教育司组织开展国际高中比较研究,形成了《普通高中课程计划中外比较研究报告》。1990年,国家教委颁发了《现行普通高中教学计划的调整意见》,对高中阶段的课程进行初步调整,调整后的课程结构由学科课程和活动两部分组成。必修课程开设政治、语文等11门课程。选修课分两类,一种是单科性选修,另一种是分科性选修。

(三)中国特色形成和完善时期

这一时期从时间上来看,是从1992年至今。这一时期,具有中国特色的课程结构日益凸显,去课程中心化与课程综合化的特色日益明显。

1992年，国家教委颁布《九年义务教育全日制小学、初级中学课程方案(试行)》，规定中小学课程类型分为活动课程和学科课程两类，将课外活动纳入基础教育课程体系，课外活动成为中小学课程重要的组成部分；将"教学计划"改为"课程计划"，标志着我国基础教育从重视教学转向重视课程，重视课程结构与设置，标志着我国教育改革已经从课程结构与设置变革的角度来调整人才培养质量和人才培养目标。

1998年，国家教委更名为教育部。1999年，教育部颁布《面向21世纪教育振兴行动计划》。同年，中共中央国务院颁布《关于深化教育改革全面推进素质教育的决定》，开始调整和改革课程体系、结构、内容，建立新的基础教育课程体系；试行国家课程、地方课程和学校课程，开始实施国家、地方、学校三级课程管理体制，真正赋予地方基础教育课程管理权。在此政策的推动下，各地基础教育课程设置进行改革与调整，出现了综合课程、活动课程等，同时，必修与选修相结合，结合地方基础教育情况，降低了难度，更新了课程内容。

这个阶段的基础教育课程改革的视野扩大了，并主动借鉴国际上的基础教育课程先进经验，开始关注地区差异，逐步实施基础教育课程三级管理。在教科书编写方面实行国家教材审定制度，确立了"一纲多本"的教材编写制度。在课程结构方面，增加了选修课、活动课等，不再以某一门学科为中心，课程结构走向多样化、去中心化，打破了单一学科课程结构模式。

为了培养创新型、复合型的个性化人才，加强课程综合与开展综合教学，2001年6月，教育部颁布《基础教育课程改革纲要(试行)》，拉开了又一轮课程改革的帷幕。这次课程改革力度之大、范围之广、影响之深远超过了前面的任何一次课程改革，被称为"新课程改革"，这也是新中国成立以来的第八次课程改革。其中，将课程结构改革作为课程改革的六大目标之一。整体设置九年一贯的义务教育课程。在基础教育课程结构调整的过程中，注重课程的均衡性、综合性和选择性。小学阶段以综合课程为主，初中阶段注重分科与综合相结合，积极倡导各地选择综合课程，学校应努力创造条件开设选修课程。高中以分科课程为主，积极试行学分制管理。农村高中试行"绿色证书"教育及其他技术培训。城市普通中学逐步开设职业技术课程。同时，强调从小学至高中一体化设置"综合实践活动课程"，内容包括：信息技术教育、研究性学习、社区服务与社会实践以及劳动与技术教育等。

为了全面深入推进基础教育课程改革，教育部研制了《普通高中课程方案(实验)和语文等十五个学科课程标准(实验)》，并于2003年3月31日颁发，规定普通高中课程结构由学习领域、科目、模块3个层次构成。学习领域共设置8个。科目由每一领域中课程价值相近的若干科目组成，共分12~13个科目，每一科目由若干模块组成等。基础教育课程结构逐步健全。

2014年，教育部在《关于全面深化课程改革落实立德树人根本任务的意见》中提出"核心素养"的概念。2016年，教育部正式发布《中国学生发展核心素养》，并以此理论为指导，开发与设计中小学课程，变革课程结构，以更好地适应人才培养。如2016年，教育部等11个部委联合颁布的《关于推进中小学生研学旅行的意见》将研学旅行列入中小学课程体系之中，将校内外教育资源进行整合，开发以育人为本的课程体系。为了实现科学世界与教育生活世界的统一，让学生适时走出校园，将研学旅行变成学校的课程，才能使学校教育充满生机与活力。2017年，教育部印发《普通高中课程方案和语文等学科课程标准(2017年版)》，规定核心素养理念下的普通高中课程结构类型有必修、选择性必修、选修三种类型,进一步优化了高中阶段的课程结构。2019年,国务院办公厅颁发《关于新时代推进普通高中育人方式改革的指导意见》,进一步调整高中阶段的课程结构,推进高中阶段课程更为合理化设置,提出强化体育锻炼、加强美育工作、重视劳动教育,以进一步完善与全面推进高中阶段课程建设。2019年6月23日,中共中央国务院发布《关于深化教育教学改革全面提高义务教育质量的意见》,强调要优化综合实践活动课程结构,确保劳动教育课时不少于综合实践活动课程的一半等具体要求,为进一步完善中国特色的基础教育课程结构指明方向。

纵观八次基础教育课程改革,我国学校课程结构不断走向多样化、综合化和个性化。三级课程管理体制的实施使得学校有了一定的课程自主权,为学校自主规划学校课程创设了制度政策空间。在课程设置上,进一步关注人与自然、与社会和谐相处,注重育人为本,开发与设置具有中国特色的课程结构体系,促进了基础教育的健康发展。

第二节 课程标准

如果说课程是教育的"心脏",那么课程标准就是课程的核心。课程标准属于国家的课程文件,规定的是国家在某课程或某学科的基本性质、教学内容、培养目标等,是基础教育课程改革的灵魂,对教材编写、教学实施、教学评价等方面具有指导意义,是教材编写、教学改革和评价的出发点和归宿。

一、课程标准的含义

课程标准,简单地讲,就是以纲要的形式规定有关学科教学内容的标准性文件。它是课程计划的具体化,规定了学科的教学目的与任务,知识的范围、深度和结构,教学进度和有关教学法的基本建议以及质量考核办法和要求等。它体现了国家对每门学科教学质量的统一要求,是编写教科书和教师进行教学的直接依据,也是衡量各科教学质量的重要标准。

具体来讲,可以从以下几个方面来理解。

第一,课程标准主要是对学生在经过某一学段学习之后的结果进行行为描述,而不是对教学内容的具体规定(如教学大纲或教科书)。

第二,它是国家(在部分分权制的国家中,课程标准也可以由地方教育行政部门,甚至学校自己拟定)制定的某一学段的共同的、统一的基本要求,而不是最高要求。

第三,对学生学习结果的行为描述应该尽可能是可理解的、可达到的、可评估的,而不是含糊不清的、可望而不可即的。

第四,它隐含着教师不是教科书的执行者,而是教学方案(课程)的开发者,即教师是"用教科书教,而不是教教科书"的内涵。

第五,课程标准的范围应该涉及作为一个完整个体发展的三个领域,即认知、情感和动作技能,而不仅仅是知识方面的要求。

第六,课程标准作为教材编写、教学、评估和考试命题的依据,要具有可评估性、可理解性、可完成性和可伸缩性等性质。

二、课程标准的作用

（一）指导教材编写

我国教材编写传统上实行的是"一纲一本"模式，教材编写和出版由国家专业机构垄断。2001年推行的基础教育课程改革逐步开放了教材编写市场，实行教材国家审订制度和教材由学校自主选用的制度。开放教材编写市场，不是无原则的开放，而是有章可循。课程标准就是教材编写要遵循的规矩。在编写某一学科的教学材料之前，应结合时代深入理解这一学科的课程标准。每门学科的课程标准均阐述了这门课程的性质、基本理念、教学要点、教学建议以及学业质量检测要求与考核办法等，并单独开辟一部分阐述教材编写建议，为教材编写者提供更加明确、具体的指导。

（二）指导教师的教学

教师教什么？如何教？教到何种程度？课程标准给出了答案。所以说，课程标准是指导教师教学工作的最直接的政策文件。每一位教师在开展教学之前都要非常熟悉课程标准的内容和要求，将自己的教学理念自觉地统一到课程标准上来。观念的转变要与教学实践相结合，教师只有结合具体的教学实践、运用新的教学方法，才能彻底转变观念。课程标准有助于教师树立新的教学观。课程标准不仅规定了教师所要教授的内容，还告诉教师应该如何教。教师可以参考课程标准中的教学建议来理解课程改革的理念、实施新课程。比如义务教育数学课程标准编制得就较为详尽，在教学建议部分给出了多条指导性策略，还附加了许多例题。这些都为教师组织教学指明了方向。课程标准吸取了教育学、心理学专家的智慧，听取了各方面的意见，从一般的教学规律、教学要求出发研究制定。课程标准中的规定既能体现社会发展对人才的需求，也反映了人自身发展的规律性特征。教师只有将自己的教学实践经验与理论要求相结合，才能更便捷地、有效地达到教学目标。教师在教学实践中能发挥自己的主动性和创造性，但如果脱离课程标准的指导作用，会使教学带有较大的盲目性，既误导学生的发展，又浪费了教学资源。

（三）指导课程和教学评价

这里说的评价包括两个方面：一方面是指对课程实施过程的评价，评价的对象是课程本身，即课程评价；另一方面是指对课程实施结果的评价，也可以理解为教学评价，评价的对象是学生的学习结果。两种评价都要以课程标准为基础，课程标准不仅影响评价的理念，也影响评价的方法。

三、课程标准的结构

我国2011年颁布的《义务教育语文课程标准（2011年版）》由"前言""课程目标与内容""实施建议"三大部分以及附录组成。2022年颁布的《义务教育语文课程标准（2022年版）》则清晰与规范地由"课程性质""课程理念""课程目标""课程内容""学业质量""课程实施"等六大部分以及附录组成。

课程标准的一般结构由前言、课程目标、内容标准、实施建议和附录构成。前言部分主要是对课程的性质、价值与功能做定性的描述，阐述本课程领域改革的基本理念，对课程标准设计的思路做详细的说明。如高中物理课程标准阐述的物理课程基本理念是：注重学生发展,改变学科本位;从生活走向物理,从物理走向社会;注重科学探究,提倡学习方式的多样化;注意学科渗透,关心科技发展。

课程目标是指课程本身要实现的具体目标和意图。它规定了某一教育阶段的学生通过课程学习以后,在品德、智力、体质等方面期望发展的程度,它是确定课程内容、教学目标和教学方法的基础。我国目前的课程目标从三个方面进行设定,简称"三维目标",即知识与技能、过程与方法、情感态度与价值观三位一体的课程目标。把过程与方法作为课程目标之一是我国新课程标准的突出特点之一。

内容标准是要求学生学习所要达到的掌握学习内容的程度。每门课程的学习内容不同、学习方式不同,课程标准中的要求也不一样。比如生物课程标准中就包含如下内容:科学探究,生物体的结构层次,生物与环境,生物圈中的绿色植物,生物圈中的人,动物的运动和行为,生物的生殖发育与遗传,生物的多样性,生物技术,健康的生活。对学生需要达到的掌握程度,要用尽可能清晰的、具体的、可以操作的、可以衡量的行为动词,从知识与技能、过程与方法以及情感态度与价值观三方面进行描述。

实施建议是就教学、评价、教材编写、课程资源开发和利用提出建议,并提供案例,便于使用者(如教师、教材编定人员、教育管理者等)准确理解课程标准,减少课程标准在实施过程中的落差。

附录部分是对课程标准中出现的一些主要术语进行解释和说明,便于使用者更好地理解和把握。

目前我国的这种课程标准框架是学习和借鉴各国的课程标准,并结合我国的教育传统以及教师的理解和接受水平反复研究形成的,将课程目标、内容及要求、课程实施放在同等重要的地位。

四、课程标准与教学大纲

1952年以后改用教学大纲,这是我国学习苏联教育模式的一个重要表现。那么教学大纲与课程标准之间有什么关系呢?为什么现在要恢复课程标准?这里我们要了解一下课程标准与教学大纲之间的关系。

(一)教学大纲的含义

教学大纲是指国家教育行政部门规定的学校各门学科的目标任务、教材纲目和教学要点的指导文件。以纲目形式规定这个学科的知识、技能、技巧的范围和结构,体现着国家对各学科教材与教学的基本要求。它根据教学计划,规定每个学生必须掌握的理论知识、基本技能和操作能力,同时也明确了教学进程、教学方法的基本要求。一门课程的教学大纲反映了该门课程在教学计划总体中的地位、作用及与其他课程的关系。同一门课程由于在不同专业教学计划中的地位、作用不同,就会有不同的教学大纲。如大学物理课,在物理专业、工科专业、文科专业中,由于要求的深度、侧重点不同,就有不同的教学大纲。

教学大纲一般由三个部分组成:说明、本文和附录。说明部分阐明本课程的教学目的、基本要求、教材编写的原则、教学方法的提示等。本文部分是根据学科本身的逻辑,系统安排教学的章节、要目、基本论点和教学时数,有的还规定练习、作业、实验等教学环节。本文部分是教学大纲的基本部分。附录部分列举主要参考书目和参考资料。

教学大纲是课程教学的指导性文件。它是选编教材和参考书的依据,是教学顺序、教学工作的指南,也是考核学生成绩、检查教学质量和评估课程建设水平的依托。教学大纲也是指导学生自学和培养学生能力的纲要。教学大纲阐明了教学的重点、难点和基本要点,使学生明确了学习的主要内容和需要掌握的程度;教学大纲理清了先行课程和后续课程的关系,介绍了基本的学习方法,有利于提高学生的自学能力。

教学大纲的编制,第一,要根据社会的实际要求,处理好理论与实践的关系,具有针对性;第二,要根据专业计划的总体要求,详略得当,具有协调性;第三,要依据学科的知识体系,具有系统性;第四,要依据学生的身心发展和认识规律,具有适应性。教学大纲在编制过程中要遵循五大原则:第一,目的性原则。要明确教学大纲规定的学习内容在专业课程体系中的地位、作用和与社会需要的关系,具有明确的目的性。第二,前沿性原则。应不断吸收当代科学发展的新成果,删除陈旧过时、庞杂繁复的内容,修正不确切、不科学的概念、原理和规则。第三,思想性原则。坚持历史唯物主义和辩证唯物主义的立场和观点,贯彻科学的自然观、人生观、价值观。第四,启发性原则。要求把结论产生的过程交代清楚,向学生展示学习与研究问题的思路和方法。一是选择综合性较强的思考题和难度较大的练习题;二是适当介绍本学科的研究现状、发展方向和研究方法、参考资料。第五,逻辑性原则。一要符合科学知识结构的内在逻辑;二要遵循学生的认识规律,做到起点适当、重点突出、难点分散,注意与其他课程的衔接。

目前,我国中小学都已经有了各门课程的课程标准,而在高校本科教学中依然采用课程的教学大纲模式。这些教学大纲有的是由国家统一编写的;有的是由国家制定最低标准,由学科研究会、各高校联合或各校单独编写的;有的是高校自行编写的。因此,大学教师不仅应当了解教学大纲编写的原理和方法,还要具备编写教学大纲的技能。

(二)课程标准与教学大纲的区别

1. 定位不同

课程标准是国家对学生接受一定教育阶段的之后的结果所做的具体描述,是国家教育质量在特定教育阶段应达到的具体指标,具有法定的性质。因此,它是国家管理和评价课程的基础,是教材编写、教学、评估和考试命题的依据。课程标准与教学大纲相比,在课程的基本理念、课程目标、课程实施建议等几部分阐述得更为详细、明确,特别是提出了面向全体学生的学习基本要求。课程标准主要是对学生在经过某一学段之后的学习结果的行为描述,而不是对教学内容的具体规定,这是与教学大纲的最主要区别。由于课程标准规定的是学生在某方面或某领域的基本素质与能力要求,因此,无论教材、教学还是评价,出发点都是为了课程标准中所规定的那些素质与能力的培养,最终的落脚点也都是这些基本的素质与能力要求。可以说,课程标准中规定的基本素质要求与能力要求是教材、教学和评价的灵魂。这也正是各国极其重视课程改革,尤其是极其重视课程标准研制工作的重要原因。可以说,无论教材怎么编,无论教学如何设计,无论评价如何开展,都必须围绕着基本素质与能力要求,都不能脱离这个核心。但是,课程标准对教材编制、教学设计和评价过程中的具体问题(如教材编写体系、教学顺序安排及课时分配、评价的具体方法等),则不做硬性的规定,给教师发挥个人的教学智慧留出了一定的空间,促使教师逐步完成由"教书匠"向"教育者"角色的转变。

2. 关注点不同

教学大纲强调的是知识和技能目标,课程标准关注的是学生学习的过程、方法、情感、态度及价值观。教学大纲的重点是对教学工作做出规定,主要表现的是基本的教学目标、教学内容、教学要求及若干教学建议,使教师更加关注知识点,关注学习的效果,忽视学习过程与方法,忽视情感、态度、价值观的培养。与教学大纲相比,课程标准最显著的变化是课程目标发生了根本改变。过去,课程目标侧重于学生的认知发展水平,如今,课程的功能由过去单纯强调知识和技能转向同时关注学生学习的过程和方法、情感、态度、价值观。因此,新课程标准不仅对学生的认知发展水平提出要求,同时,对学生学习过程和方法、情感、态度、价值观方面的发展也提出了要求,这是一个根本性的变化,对培养新时期具有良好素质和竞争力的一代新人具有重要意义。

3. 对于教学的意义不同

教学大纲是对各学科教学进行规范的纲领性文件,其主要任务是指导教学工作的开展。因此,教学大纲不仅对教学目标和教学内容做出清晰明确的规定,还规定了知识点的具体要求、深度、难度指标。多数教学大纲还规定了详细的教学顺序(有的甚至以章节或第几课的形式出现),以及各部分内容分别占几课时等。但是,这些对一线教师的教学有直接的指导作用,但由于规定得过于具体细致,不利于教师创造性地开展教学工作,尤其对教材的多样化发展没有留下足够的弹性空间。课程标准适应普及义务教育的要求,所提出的要求是基本的,是绝大多数学生经过努力都能够达到的,而教学大纲规定了教材、教学和评价的最高要求,无论是教材、教学还是评价都不能突破这一上限,如果突破了,则被视为超纲。由此可以看出,教学大纲对教材编写、教师教学和学业评价的影响是直接的、严格控制的、硬性的,而课程标准的重点是对国民素质的基本要求做出规定,因此对教材编写、教师教学和学业评价的影响是间接的、指导性的、弹性的,给教材编写和教学留有一定的空间。

五、我国当前的课程标准

我国第八次基础教育课程改革于1999年正式启动。2000年1—6月通过项目申报、评审、复审等程序,成立了由数百名专家组成的18个课程标准研制工作组。2000年7月至2001年2月,各标准研制工作组在专题研究的基础上形成了课程标准初稿,并在内部征求意见。2001年3月,教育部基础教育司在9个地区向当地教研员、优秀一线教师和专家学者征求意见,同时,向几十位大型国有企业、中外合资企业、国外独资企业、民营科技企业的高层领导(董事长、总经理、总工程师、总经济师等)征求意见。在充分吸收各方面意见的基础上,各学科课程标准进一步修改完善。2001年5月,教育部邀请了中国科学院院士、中国工程院院士、文史学家、艺术家及教育专家等对18科课程标准进行审议,专家对课程标准的改革与创新给予肯定。2001年7月,教育部印发了18个学科课程标准(实验稿)。2002年初,教育部正式颁布了义务教育阶段各科课程标准。2007年,教育部在前期大规模调研的基础上,开始筹备推进义务教育阶段各科课程标准的全面修订工作。到2012年初,经过5年的系统修订,2011年版课程标准正式颁布实施,义务教育阶段大多数学科教材也依据课程标准完成了全面修订。2021年4—12月,国家教材委及其专家委员会审议审核通过了义务教育课程方案和语文、数学等16个课程标准,并规定于2022年秋季学期开始执行。国家课程标准无论从目标、要求还是结构、体例上都是全新的,蕴含着素质教育的理念,体现着鲜明的时代气息。

（一）我国课程标准的特点[①]

随着课程改革的深入,原有的教学大纲已不足以完整地体现课程的变化,必须寻求一种新的完整体现课程改革理念的表现形式。

1. 体现国家对未来国民素质的要求

新一轮课程改革中,人们重新思考,在国家的课程标准中,究竟应当规定些什么？经过反复酝酿讨论,众多专家、学者、一线教师一致认为,面对21世纪科学技术的迅猛发展和经济的全球化,为培养新时期具有良好素质和竞争力的新一代,在国家的课程标准中应当首先规定国家对未来国民各方面素质的基本要求,而不是过多地规定通过怎样的教学过程达到这一要求。为此,对未来国民素质的目标要求和各学科应达到的标准,应当成为各学科课程标准的核心内容。

正是基于上述考虑,课程标准规定了国家对不同阶段的学生在知识与技能、过程与方法、情感态度与价值观等方面的基本要求,规定了各门课程的性质、各学科应达到的标准以及内容框架。学科的性质与地位、课程目标、课程内容及各学段安排构成课程标准的核心内容。另外,课程标准对教材编写、教学要求、教学建议、教学评价等也都做出相应的规定和要求,不再包括教学重点、难点、时间分配等具体内容。这是课程标准与直接指导教学工作的教学大纲的本质区别。

2. 突出三位一体的课程功能

课程标准力图在课程目标、内容标准和实施建议等方面全面体现知识与技能、过程与方法、情感态度与价值观三位一体的课程功能,从而促进学校教育重心的转移。尤为重要的是,在学习知识的过程中潜移默化地培养学生正确的价值观、人生观和世界观,引导学生在学习知识的过程中,形成正确的价值选择,具有社会责任感,努力为人民服务,树立远大理想。这种过程将深刻地影响学生思想道德的形成,影响他们人生的抉择。

比如,历史课程标准让学生收集过去的一些购物票证,如布票、粮票、油票、副食本等,以及在报刊上的广告资料,感受计划经济向市场经济的转变。地理课程标准让学生认识世界气候的地区差异,初步学会分析影响气候的主要因素,认识气候与人类生产、生活的相互关系,形成保护大气环境的意识,养成收听、收看天气预报的习惯。数学课程标准要求学生通过统计家庭每天丢弃的垃圾袋的数量,经历数据收集、处理、呈现的过程,体会塑料垃圾对人类生活产生的危害。艺术课程标准要求学生在唱歌、绘画、制作的过程中,共同分享创作的乐趣和喜悦,体会怎样表达对祖国、对亲人的爱。

课程标准用尽可能清晰的行为动词从知识与技能、过程与方法、情感态度与价值观三方面对学生的学习结果进行描述,具体分为结果性目标和体验性目标。结果性目标分为知识目标和技能目标。知识目标要求"了解""理解""应用",对"了解"的具体描述为说出、背诵、辨认、列举、复述等；对"理解"的具体描述为理解、说明、归纳、概述、整理等；对"应用"的具体描述为设计、辩护、撰写、检验、计划、推广等。技能目标要求"模仿""独立操作""迁

[①] 田慧生.新课标准修订的基本精神与主要特点[J].中国教育学刊,2014(11):34-39.

移",对"模仿"的具体描述是模拟、再现、例证、临摹、扩(缩)写等;对"独立操作"的具体描述是完成、制定、解决、绘制、尝试等;对"迁移"的具体描述为联系、转换、灵活运用、举一反三等。

3. 跨学科设计学习领域

此次各科课程标准在研制过程中,首先根据基础教育的性质和时代的特点,确定哪些基础知识和基本技能是学生终身发展必备的,同时,重新界定新时期基础知识与基本技能的概念,如英语的基本能力、信息意识与能力也成为当代公民必备的素质。课程标准中的内容标准部分,按照学习领域或主题组织学习内容,突破学科中心,精选终身学习必备的基础知识和技能,改变课程内容繁、难、偏、旧的现状,密切教科书与学生生活以及社会、科技发展的联系。例如,语文课程标准加大语文阅读量和口语交际环节,重视培养语感,降低对语法、修辞、逻辑的要求。历史课程标准通过主题的方式,让学生具体地感受历史,把握历史发展脉络,而不要求学生死记硬背繁杂的历史知识。数学课程标准增加了对日常生活和社会生活中图形与空间、统计与概率等现实问题的探究,降低对运算速度、证明技巧的训练。地理课程标准加强地理基础知识与人口、资源、环境的密切联系。生物课程标准反映现代生物技术的发展,削弱传统生物学按类群详细介绍生物体外部形态和内部结构的知识。化学课程标准加强化学与社会技术生活相联系的内容,降低了化学计算(化学方程式配平、浓度计算等)的要求。

4. 突出学生的学习主体地位

以往教学大纲更多地强调教师的教,如今课程标准着眼于学生的学,对每一个阶段学生发展应达到的目标都提出具体的要求,做出详尽的规定。从这一点也可以看出,课程标准与教学大纲有着本质上的差别,从注重教师的教转向注重学生的学,强调学习的过程与方法。以往更多关注的是学习的结果,而忽略了学生是通过什么样的学习方式和策略来学习的,死记硬背、题海训练得到的高分,掩盖了学生在学习方式上存在的问题,所以关注学生学习的过程与方式是引导学生学会学习的关键。

尤其值得注意的变化是,以往教学大纲对知识的要求是"了解、理解、应用";如今,课程标准同时强调学生"经历了什么""体会了什么""感受了什么",有了过程性目标和体验性目标。确立体验性目标,是课程标准与教学大纲的显著不同,体验性目标分为经历(感受)、反映(认同)、领悟(内化),对"经历"的具体描述是参与、寻找、交流、分享、访问、考察等;对"反映"的具体描述是遵守、接受、欣赏、关注、拒绝、摈弃等;对"领悟"的具体描述是形成、具有、树立、热爱、坚持、追求等。与此同时,课程标准还提出发展性目标,为学生的发展提供了空间。

各学科课程标准力求通过加强过程性、体验性目标,以及对教材、教学、评价等方面的指导,引导学生主动参与、亲身实践、独立思考、合作探究,发展学生搜集和处理信息的能力、获取新知识的能力、分析解决问题的能力以及交流与合作的能力。比如,生物课程组织学生通过各种途径调查、收集生物圈的相关资料,模拟召开"国际生物圈"研讨会,结合本地实际讨论如何保护生物圈。数学课程通过探索平面图形的镶嵌,知道任意一个三角形、四边形或者正六边形可以镶嵌平面,并能运用几种图形进行简单的镶嵌设计,强调数学学习经历"问题情景—建立模型—求解—解释与应用"的基本过程。

5. 提出了多元评价建议

课程评价更加关注人的发展过程,并呈现出多元化的趋势。课程标准将学生的发展、教师的发展与课程的发展融为一体。各学科课程标准普遍淡化了终结性评价和评价的筛选评判功能,强化了过程评价和评价的教育发展功能,尤其是在过程评价和自我评价的方式方法上有许多新颖、活泼、可操作的创新之处。比如成长记录、测验与考试、答辩、作业(长周期作业、短周期作业)集体评议等。还有通过学习档案促进学生自我评价,比如,化学课程标准要求学生的学习档案中可收录的重要资料包括作业的样本、自我小结、活动的设计方案与过程记录、活动成果、研究报告、贺卡、自编的故事、手工制作、摄影作品等,以及他人评价结论、自我评价结果。评价不仅考查学生对知识的掌握,而且重视学习过程和体验,比如,设计实验探究哪些垃圾可能被自然降解、哪些垃圾不能被自然降解。在家长的帮助下,学生收集和称量每天垃圾的重量,估算一个城市或一个乡镇每周生活垃圾的总量。组织学生设计问卷,调查每个家庭对生活垃圾中可再生利用的垃圾的处理方式,并写出调查报告。教师根据完成情况评价学生能否实事求是地分析调查活动的数据,能否积极主动地完成收集一周垃圾的任务,能否独立思考,提出与他人不同的见解,是否在调查报告中表现出对社区垃圾污染环境问题的忧虑,能否在调查报告中积极提出垃圾处理方式的建议。

6. 为教材编写者、教师教学留出创造空间

由于课程标准所规定的是学生素质应达到的基本要求,是对不同阶段目标的描述,以及对实施过程的建议,它的重点不是对教学过程进行规定或要求,因此,课程标准不直接对教学具体内容、教材编写体系、教学先后顺序等问题做出硬性的、统一的规定,只是对这些问题提供可行性建议、指导和多种可供选择的设计模式。所以,它对教材编写、教师教学和学业评价的影响是间接的、指导性的、具有弹性的,而且,教学大纲以知识序列为主,而课程标准则是规定教学所要达到的阶段性目标,不强调知识点的先后顺序,只要能达到规定的目标,对先学什么、后学什么没有严格的规定。这样就给教材的多样性和教师教学的创造性提供了较大的空间。比如语文课程标准要求一至二年级认识常用汉字 1 600~1 800 个,课外阅读总量不少于 5 万字;七至九年级认识常用汉字 3 500 个,课外阅读总量不少于 260 万字。至于第一年学多少、第二年学多少不做具体规定,只要在规定的时间内达到标准即可。数学课程标准规定数学一至三年级会口算百以内的加减法,有从报刊等媒体获取数据的体验;四至六年级在解决问题的过程中养成估算的习惯,能根据方向和距离描述简单的路线图。

这样的设计便于教师准确把握国家课程标准,增强课程意识,提高对教材的驾驭能力,降低对教材的过分依赖,有利于拓展课程资源、创造性地开展教学。这是课程标准和教学大纲的又一个重要区别。

(二)2022年版课程标准的特点

与2001年颁布实施的义务教育课程方案相比,修订后的义务教育课程方案的主要变化体现在三个方面。

① 完善了培养目标。全面落实习近平总书记关于培养担当民族复兴大任时代新人的要求,结合义务教育性质及课程定位,从有理想、有本领、有担当三个方面明确义务教育阶段时代新人培养的具体要求。

② 优化了课程设置。整合小学原品德与生活、品德与社会和初中原思想品德为"道德与法治",进行九年一体化设计;改革艺术课程设置,一至七年级以音乐、美术为主线,融入舞蹈、戏剧、影视等内容,八至九年级分项选择开设;科学、综合实践活动开设起始年级提前至一年级;落实中央要求,将劳动、信息科技及其所占课时从综合实践活动课程中独立出来。

③ 细化了实施要求。增加课程标准编制与教材编写基本要求;明确省级教育行政部门和学校课程实施职责、制度规范,以及教学改革方向和评价改革重点,对培训、教科研提出了具体要求;健全实施机制,强化监测与督导要求。

修订后的各学科课程标准的主要变化体现如下:

① 聚焦学生核心素养。各课程标准基于义务教育培养目标,将党的教育方针具体化、细化为本课程应着力培养的学生核心素养,体现正确价值观、必备品格和关键能力的培养要求。例如,道德与法治课程明确了政治认同、道德修养、法治观念、健全人格、责任意识等培养要求。

② 优化课程内容结构。基于核心素养要求,遴选重要观念、主题内容和基础知识技能,精选、设计课程内容,优化组织形式。涉及同一内容主题的不同学科间,根据各自的性质和育人价值,做好整体规划与分工协调。设立跨学科主题学习活动,加强学科间相互关联,带动课程综合化实施,强化实践要求。

③ 研制学业质量标准。依据核心素养发展水平,结合课程内容,整体刻画不同学段学生学业成就的具体表现,形成学业质量标准,引导和帮助教师把握教学深度与广度,为教材编写、教学实施、考试评价等提供依据。

④ 增强了指导性。各课程标准针对"内容要求"提出"学业要求""教学提示",细化了评价与考试命题建议,注重实现教、学、考的一致性,增加了教学、评价案例,不仅明确了"为什么教""教什么""教到什么程度",而且强化了"怎么教"的具体指导,做到好用、管用。

⑤ 加强学段衔接。注重"幼小衔接",基于对学生在健康、语言、社会、科学、艺术领域发展水平的评估,合理设计小学一至二年级课程,注重活动化、游戏化、生活化的学习设计。依据学生从小学到初中在认知、情感、社会性等方面的发展变化,把握课程深度、广度的变化,体现学习目标的连续性和进阶性。了解高中阶段学生特点和学科特点,为学生进一步学习做好准备。

第三章 课程目标与课程内容

在整个教育系统中,确定课程目标具有举足轻重的意义。课程目标有助于指明课程编制工作的方向,有助于课程内容的选择与组织,并可作为课程实施的依据和课程评价的准则。只有解决了课程目标是什么或为什么而教的问题,才能解决应该教什么的问题即课程内容问题。无论什么时候,课程内容都是为课程目标服务的。因此,怎样确定课程目标,怎样选择课程内容,这是课程论和课程改革的基本问题。

第一节 课程目标

从静态上来看,课程是一系列文件的组合;从动态上来看,课程可以说是一种具体化的、活动形态的教育进程。从这个意义上看来,课程目标是课程构成的首要成分。课程目标是教育目的的具体化,缺乏课程目标,教育目的就是悬置着的,不能落地。课程目标又是课程内容的选择和确定依据,缺乏课程目标,课程内容的选择就会流于盲目,陷于混乱。所以,在讨论课程理论之前,首先要搞清楚课程目标的概念、课程目标的确立依据、课程目标的设计的表述,以求正确地认识和把握课程目标。

一、课程目标概述

(一)课程目标的含义

课程目标是指课程本身要实现的具体目标和意图。它规定了某一教育阶段的学生通过课程学习以后,在发展品德、智力、体质等方面期望实现的程度,它是确定课程内容、教学目标和教学方法的基础。从某种意义上说,所有教育目的都要以课程为中介才能实现。事实上,课程本身就可以被理解为使学生达到教育目的的手段。所以说,课程目标是指导整个课程编制过程最为关键的准则。确定课程目标,首先要明确课程与教育目的和培养目标的衔接关系,以便确保这些要求在课程中得到体现;其次要在对学生的特点、社会的需求、学科的发展等各个方面进行深入研究的基础上,才有可能确定行之有效的课程目标。课程目标有助于澄清课程编制者的意图,使各门课程不仅注意到学科的逻辑体系,而且关注教师的教与学生的学以及课程内容与社会需求的关系。[①]

关于对课程目标的理解,不同的学者有不同的观点。美国学者博比特认为课程目标是指那些人们需要掌握和形成的能力、态度、习惯、鉴赏和知识的形式。也有学者认为课程目标是根据教育宗旨和教育规律而提出的课程的具体价值和任务指标;课程目标是对教育方

---

① 全国十二所重点师范大学联合编写.教育学基础[M].北京:教育科学出版社,2013:148.

针和教育目的的反映,每一门课程既具有一般性的总体目标,又具有具体化的学段目标。由此看来,要全面准确地理解课程目标,必须能够区分与之相关的其他概念。

作为国家统治和治理的重要手段,教育是一种有目的、有计划的、有系统的社会活动,因而任何国家的教育系统都有一个庞大的目标体系。这个目标体系从宏观的理念层面到微观的课堂教学,分别由教育宗旨(教育方针、教育目的)、培养目标、课程目标、教学目标等不同的概念构成。因此,也可以说目标体系就是概念体系,课程目标是这个目标体系中的重要一环。

教育宗旨是指国家或政党在一定历史阶段提出的教育工作发展的总方向、总要求。它与教育方针、教育目的有一定的区别和联系。教育宗旨的内容一般包括规定了一个国家的教育性质、目的及实现目的的基本途径等。其中以教育目的最为重要。各国社会政治、历史文化背景不同,关于教育宗旨的制定和提法也各异。有些国家(如法国)以中央政府颁布教育法令或执政党发布指令、决议等形式提出;有些国家(如美国)没有官方规定的全国一致的教育宗旨,而由各地方政府以州或县宪法的有关教育条款加以规定。我国使用"教育方针"以代替"教育宗旨"的说法。

方针是引导事业前进的方向和指针。教育方针则是国家或政党在一定历史阶段提出的有关教育工作的总方向和总指针,是教育基本政策的总概括。教育方针与教育目的是既有区别又有联系的两个不同概念。教育方针和教育目的都是由国家规定的,全国都必须统一执行。它们都是对教育的基本要求,但是二者又有一定区别。这主要表现在:教育方针是对教育工作的总体规定,它包括对教育性质和方向、教育的目的和道路等总的要求;教育目的仅是对人才的质量标准和培养规格的专门规定,即培养什么样的人的问题。因此,完整的教育方针包括教育目的,教育目的是教育方针的重要内容之一。2015年新修订的《中华人民共和国教育法》把我国现阶段的教育方针明确规定为"实施素质教育,提高教育质量,使适龄儿童、少年在品德、智力、体质等方面全面发展,为培养有理想、有道德、有文化、有纪律的社会主义建设者和接班人奠定基础"。2021年修订为"教育必须为社会主义现代化建设服务、为人民服务,必须与生产劳动和社会实践相结合,培养德智体美劳全面发展的社会主义建设者和接班人",这里面就包括我国的社会主义教育目的是"培养德智体美劳全面发展的社会主义建设者和接班人"。

如果说教育宗旨、教育方针、教育目的属于宏观层面的概念,那么,培养目标就属于中观层面的概念。培养目标是对各级各类学校培养人才规格和质量的具体要求,是根据国家的教育目的和学校的性质及任务,对培养对象提出的特定要求。所以,教育目的与培养目标没有实质性的区别,只是概括性的程度不同。教育目的是整个国家各级各类学校必须遵循的统一的质量要求;培养目标则是某级或某类学校的具体要求,后者是前者的具体化。也就是说,培养目标要根据教育目的来制定,而教育目的又只有通过各级各类学校的培养目标才能实现。培养目标的实现,主要是通过学校所设置的课程而达成的,但培养目标通常不涉及具体的学习领域。因此,为了使课程编制工作切实有效,我们还必须使培养目标具体化,即要确定课程目标。

课程目标是指导整个课程编制过程的最为关键的准则,是指特定阶段的学校课程所要达到的预期结果。它有四个方面的规定性:第一,时限性,即课程目标要同特定的教育阶段相联系,不是对所有教育阶段预期结果的笼统规定;第二,具体性,即课程目标要详细描述学生身心发展的预期结果,明确学生所要达到的发展水平;第三,预测性,即课程目标所描述的结果是预期性的,不是实际的结果,是学生发展状态的理想性规划;第四,操作性,即课程目标是明确的,可以付诸实现,不是一般性的规划,与教育目的不同。而教学目标是课程目标的进一步具体化,是指导、实施和评价教学的基本依据,是师生的学科教学活动中预期达到的教学结果和标准。相比较课程目标,教学目标具有这样几个特征:首先,教学目标具有一套可操作的指标体系;其次,教学目标体现的是学生学习行为及其变化;最后,教学目标具有灵活性,教师可根据教学实际情况进行调整。

宗旨、目的、目标具有内在的联系,从宗旨到目的再到目标,是一个从宏观到中观再到微观的过程,越来越具体。在教育系统中,教育宗旨、教育目的、教育目标、课程目标、教学目标等构成一个有机整体。宗旨是指最终的价值追求,具有较强的理想色彩,一般体现为宏观的理念。教育宗旨常以教育方针的形式贯彻、落实。教育方针是国家根据政治、经济、文化发展的要求,为实现教育目的所规定的教育工作总方向,是教育政策的总概括,内容包括教育指导思想、培养人才的规格及实现教育目的的基本途径。

(二)中外学者对课程目标的研究

课程目标问题,有着与课程一样悠久的历史,但是作为专门的范畴则是20世纪的事情。至今,人们对课程目标的含义和实质的认识,仍然处于变化发展过程之中。实际上,从学校课程产生那天起,人们就已经开始认识和处理课程目标了。不过,早期阶段人们只是从教育宗旨或教育目的的层面来认识和处理的,没有把课程目标的问题单列出来。直到现在,国外仍然有不少人是以教育目标的概念来认识和处理课程目标问题的。

最早直接提出课程目标概念的学者应该是美国的课程论研究者博比特。1918年,博比特的《课程》一书出版,这是教育史上第一本课程理论专著,也标志着课程作为专门研究领域的诞生。在这本书中,他提出教育应该关心现实世界中那些有意义的实际活动,人类生活无论多么复杂多样,都必然是由某些基本的、特定的活动所构成的。教育者应该识别出这些活动,并根据这些活动创造出一套教育经验,使学习者通过这些经验为将来完美的成人生活做准备。这些活动无论社会阶层多么不同、差异有多大,都是可以发掘出来的。这只需要我们置身于事物的世界,并发掘出这些事物所包含的特别成分,它们就将显示出人们需要的能力、态度、习惯、鉴赏和知识的形式。这些就是课程的目标(the objectives of the curriculum)。1924年,博比特的《怎样编制课程》一书出版,在这本书中,他把课程目标作为课程编制的重要一环。他认为课程编制可以归纳为五个步骤:一是对人类经验的分析,包括语言运动、健康活动、公民活动等十大领域;二是工作分析,即把人类经验的主要领域再进一步分解为一些更为具体的活动;三是确定课程目标,帮助课程编制者确定要达到哪些具体的教育结果;四是选择目标,从上述步骤中得出的众多目标里选学校教育相关的目标,以此作为课程计划的基础和行动方针;五是制订详细计划,即设计实现课程目标所需要的活动、经验和机会。

20世纪70年代,蔡斯在课程目标上区分出了三个层次,它们是课程宗旨、课程目的和课程目标。进入20世纪80年代,奥利瓦则进一步分出五个层次:教育宗旨、课程目的、课程目标、教学目的和教学目标。这种划分和今天我们理解的目标体系基本一致。现在,人们对课程目标含义的揭示越来越深入、越来越全面。课程目标是用具体化的、可以测量的术语表述的取向或结果,即课程规划者希望学生在完成了一个特定学校教学系统的课程计划的部分或全部后,达到这一取向或结果。这样,课程目标实际上是课程规划者预设的学生学习的取向或结果,学生需要按照课程计划完成部分或全部的学习,课程目标分别表现为用一般性的、抽象的或具体化的、可以测量的术语的表述。

我国教育界历来重视目的和目标问题,但是长期以来研究的重点大多是在宏观的教育层面,而不是在课程的层面进行探讨、认识和处理问题。蒋素静在 20 世纪 80 年代初就对课程目标进行了专题研究;黄政杰 20 世纪 90 年代初在其著作中列有专章论述课程目标,他概括地认为,课程目标是课程设计的方向或指导原则,是预见的教育结果,是学生经历教育方案的各种教育活动后必须达成的表现。李子建和黄显华对课程目标问题进行了比较深入的研究,他们在著作中也列专章讨论了课程目标。华中师范大学的廖哲勋教授借鉴国外发展的趋势,从国内课程改革涉及更新目标的实际出发,比较早地研究了课程目标问题。他著有《课程学》和《课程新论》等,并在其中列有专章讨论课程目标问题。他认为,课程目标是一定教育阶段的学校课程力图促进该阶段学生的基本素质在其主动发展中最终可能达到国家所期望的水准。简言之,课程目标是一定学段的学校课程力图最终达到的标准。他的这一定义包含四个要点:一是时限,这里指的是"一定阶段或学段";二是学生通过学习相关课程最终达到的发展状态与发展水平;三是国家对人才规格的预设和期待;四是强调学生的主动发展,不是被加工的对象。西南大学的靳玉乐教授和华东师范大学的施良方教授也在他们各自的著作中列专章讨论了课程目标。靳玉乐教授在课程目标内涵的认识上与廖哲勋教授不谋而合,也认为课程目标就是指一定教育阶段的学校课程力图促进该阶段学生的身心发展所要达到的预期程度。

中外学者立场不同,所指称和研究的课程目标有国家间、地区间和学校间的以及不同层面的巨大差异,因此对课程目标的含义和实质的理解、阐释必然出现不一致的情况,不过,在不一致中也有一致的地方,这就是把课程目标均理解为"学生学习所要达到的结果"。

(三) 我国课程目标存在的问题及改进

1. 我国课程目标存在的问题

比较而言,由于历史的和现实的原因,我国的课程目标还存在如下问题,需要进一步改进。

首先,最为突出、最为明显的弊端就是过分重视课程目标中的学科知识方面的目标,忽视其他目标,忽视学生的需要。

我国课程目标体系直到 20 世纪 80 年代才得以恢复确立。由于特殊的历史背景,这个体系是在力图改变以往忽视学科学习局面的背景下形成的,目标直指知识教学质量的提高,这就决定了我国课程目标体系在形成之初就有明显的学科知识偏向。虽然以后的课程目标也增加了提高学生基本能力和发展学生个性等内容,但实际上,基础知识始终是被置于最重要的位置上,其他目标都处于学科知识目标的附属地位。即使是在重视学科知识方面,课程目标的确定也是存在问题的,最典型的就是过分重视学科知识的单一功能,未能体现出学科发展的整体目标。我国基础教育课程目标的确立虽然十分重视来自学科知识发展方面的依据,但严格说来,并没有全面体现出学科发展的需求,而是过于关注学科知识的衔接性能,将学科知识发展限定在适应高一级学校需要的范围内,仅为学生的进一步学习提供了知识和技能上的保证,造成学科内容偏深、偏难,脱离学生的生活实际。这种课程目标体现了与高等教育精英化时代相适应的基础教育的价值取向,是为培养未来的"英才"或"专才"服务的,是为少数人奠定知识基础的,大部分不能升学的学生得到的只是片面的知识"基础",学到的是不完整的知识,这些基础知识是不能直接在生活中应用的。不少学生的学习志趣都在这种偏执地、片面地追求以知识作为唯一课程目标的过程中被泯灭了。从这个意义上说,我国基础教育课程目标所体现的学科发展需求是不完整的。

其次,是课程目标过于重视未来生活的需要,而忽视了学生的现实社会生活。

虽然我国也将社会生活需求作为确定课程目标的重要来源,但在对社会生活需求作选择时,过分偏重于未来社会生活需要,在一定程度上忽视了现实社会生活需要。这表现为在制定课程目标时,往往以成人的需要作为重心,以成人的思维、经验来组织和选择课程内容,造成学校课程与学生现实生活经验相脱离。基础教育课程目标只指向虚无缥缈的未来生活,远离了学生的现实生活世界,忽略了学生作为一个完整的人的现实生活。实际上,课程不纯粹是为儿童的未来生活做准备,它本身也是儿童的一种生存方式。课程目标不仅应重视学生未来生活需要,还应帮助儿童体验到生活和存在的现实意义,体现出学生的现实生活需要。从某种意义来说,现实生活对于儿童来说比未来生活更重要。

最后,课程目标侧重教师的教,忽视了学生的学;注重了"教程",忽视了"学程"。

有学者对我国长期以来惯行的课程编制过程和特点进行了考察,使用了"传统模式"一词来概括其特征。所谓"传统模式"就是指以"教学论"概念系统表达的课程编制模式。这种模式的课程编制过程是:第一,确定"教学目标"(相当于课程目标);第二,根据教学目标选择教材(相当于学习经验);第三,依据教材决定所采用的教法(相当于学习经验的组织);第四,以考试(相当于评价)来衡量学与教的效果,从而衡量教学目标实现的程度。具体来说就是,确定培养目标;根据培养目标编制"教学计划";按照教学计划,编制"教学大纲",规定教学目标、教材体系、教学进度等;根据教学大纲编写教科书;根据教科书来编制试卷,考试就是考教科书上的知识。虽然从过程上来看,和泰勒的课程开发模式有相似之处,但是又比泰勒的做法更为狭隘。

2. 我国课程目标的改进

我国传统课程目标存在问题,迫切需要改进。2001年,教育部颁布《基础教育课程改革纲要(试行)》,提出要改变课程过于注重知识传授的倾向,强调要让学生形成积极主动的学习态度,使获得基础知识与基本技能的过程同时成为学会学习和形成正确价值观的过程。由此提出知识与技能、过程与方法、情感态度与价值观"三位一体"的课程目标。

① 知识与技能目标。这里主要指学生要学习的学科知识(教材中的间接知识)、意会知识(生活经验和社会经验等)、信息知识(通过多种信息渠道而获得的知识)。所谓技能是指通过练习而形成的对完成某种任务所必需的活动方式。

② 过程与方法目标。学习过程的本质是以学生认知为基础的知、情、意、行的培养和发展过程,是以智育为基础的德、智、体全面培养和发展的过程,是学生的兴趣、能力、性格、气质等个性品质全面培养和发展的过程。所谓方法,是指学生在学习过程中采用并学会的方法。比如通过学习,采用并学会自主学习的方法(或问题探究的方法,或问题的观察方法,或思维发散的方法,或合作交流的方法,或解决问题的方法等)。

③ 情感态度与价值观目标。所谓情感是指人的社会性需要是否得到满足时所产生的

态度体验。所谓态度,这里不仅指学习态度和对学习的责任,它还包括乐观的生活态度、求实的科学态度、宽容的人生态度等。所谓价值观,本指对问题的价值取向的认识,这里也可指学生对教学中问题的价值取向或看法。

之所以说"知识与技能、过程与方法、情感态度与价值观"是"三位一体"的课程目标结构,是因为这三者之间存在着不可分割的逻辑关系。首先,知识与技能目标是达成过程与方法目标、情感态度与价值观目标的基础,是学生经历、体验学习过程,掌握学习方法的前提,也是提高能力、酝酿情感、形成态度和价值观的载体。知识与技能的获得,是学生发展的基本条件,贯穿整个教学过程的始终。在教育教学过程中,学生总是从学习具体的知识与技能开始,在学习知识与技能的过程中,逐渐形成各方面能力,领悟其中的过程与方法,培育和发展个体的情感、态度和价值观。其次,过程与方法是掌握知识与技能以及形成情感态度价值观的中介机制,也是实现三维目标的关键。它贯穿知识与技能、情感态度与价值观形成的全过程,使学生既可以着眼于知识与技能形成的过程,又可以学会掌握这种知识与技能的方法,既知其然又知其所以然。在这个过程中,既能牢固掌握知识与技能,又可孕育积极的情感、态度和正确的价值观。离开了过程与方法,知识与技能就成为外在于人的知识,学生就变成被动装载知识的容器,当然也谈不上情感、态度和价值观的培养,而导致人的片面畸形发展。情感态度与价值观是掌握相应的知识与技能、方法,逐步形成实效性过程和科学性方法的动力,它对前两个目标具有明显的调控作用,积极的情感与态度能在探索知识与技能的过程和方法中起到巨大的推动作用。

三维目标是一个整体。三维目标是对学生发展要求的三个维度,是一个教学目标的三个方面,而不是三个目标。它们是统一的整体,是相互依存、互为基础、你中有我、我中有你的关系。如同一个立方体的长、宽、高缺一不可一样,三维目标的三个方面是学生发展必不可少的。学生要学习知识与技能,就必须运用一定的方法,不管是科学的方法还是不科学的方法;也必须要经历一个过程,可能是主动探究的过程也可能是被动接受的过程;在学习的过程中肯定还会伴随着一定的情感和态度,不管是积极的情感还是消极的情感,不管是认真的态度还是敷衍的态度,总会有一定的价值取向,不管是正确的还是不正确的。所以说,三维目标不是独立的三个目标,是三位一体的,是立体的,不可分割的,不能完成了一维目标再落实另一目标,就像拿一个立方体,不可能只拿起"高"而不拿起"长和宽"一样。如何在教学中全面落实三维目标?如何将这种追求统整于课堂之中呢?这是一个需要教学智慧的问题。

课程目标是教育理想、教育目的的体现,是培养目标在特定课程门类或科目中的具体化、操作化表述。在现行的国家课程标准中,已经用"课程目标"的概念代替了"教学目标"的概念。与教学目标相比,课程目标要求全面体现素质教育的精神,从知识目标的一维表述发展成为三维呈现。在国家课程标准中,各课程门类或科目在课程目标的规定上,总体上降低了知识性的要求,但由于课程目标表述的是一种公民素养的基本要求,因而更重视和关注非知识性的要求,从人的发展角度来看,应该是提高了要求,或者准确地说,是对课程实施和教学提出了适应时代需要的新要求。

二、课程目标的取向与类型

如何把教育目的转化为课程目标,是课程领域中非常重要的研究课题。课程目标是一定教育价值观（教育宗旨、教育目的）在课程领域的具体化。明确课程目标的基本价值取向，有助于提高制定课程目标的自觉性、自主性。

（一）课程目标的取向

1. 课程目标的价值取向

每一种课程定义，都渗透了某种哲学假设和价值取向，隐含着某种意识形态和教育信念。一般来讲，社会、学生和学科是课程目标形成的源泉。确定合理的课程目标，应当从整合的角度全面考察学科的发展状况和未来发展趋向、学生的发展状况和需要、社会的发展状况和需要。但是，在具体的课程实践中，人们制定课程目标往往强调其中的一个因素，而忽视了其他因素，从而出现了不同的课程目标价值取向。当前，影响较大的课程目标价值取向主要有以下三种。

（1）知识本位的价值取向

培根提出的"知识就是力量"口号，斯宾塞提出的"什么知识最有价值"的追问，彰显着人类对知识的关注。人类自身在发展过程中，也越来越感受到知识的重要性，形成了主知主义、要素主义、永恒主义、结构主义等不同的流派，这些流派虽然名称不同、观点各异，但是都关注学科知识本身，重点探讨学校教育应该选择什么知识、如何组织知识的问题。课程目标主要反映学科的固有价值，如强调以学术为中心的学科课程理论认为，人类文化遗产中最具学术性的知识是课程中不可缺少的因素，学术性是课程的基本形式。它从概念界定、理论推演到框架建构都具有严密性和有效性，为学科课程奠定坚实的理论根基，其课程体系体现了课程知识的整体性，以保证各学科知识有利于教师的教与学生的学，是在有效的时间内很好地完成课程目标与教学任务的重要保障。然而，其对知识严密的逻辑性与系统性的强调也带来了诸多现实困境，如过分强调知识的学术性、专门化与结构性，将知识奉为实践之本，在一定程度上削弱了教育教学中教师与学生创造课程资源的能动性与主动性。

（2）学生本位的价值取向

人的发展是人类自身的核心任务，所以人类创造的一切都应该是为人类发展服务的，当然，知识也不例外，所以课程目标应该反映出课程促进个体成长的价值。基于这些认识，形成了自然主义、经验主义、人本主义等观点，它们都强调根据学生的兴趣和需要来组织课程和教学；强调儿童与知识、社会相关联的课程设计，注重儿童的现实生活和直接经验；主张"主动作业"与"问题解决"的学习方式；实行内在价值与工具价值相统一的课程评价；等等。例如，强调以学生发展为中心的人本主义课程理论认为，课程的核心是情感（情绪、态度和价值观等）与认知（知识和理智技能）和学生行动的整合；以满足学生自我发展和自我实现需要为课程目标；主张"有意义的学习"和"颈部以下的学习"，促使学生的行为、态度、情感发生变化；倡导以学生为中心的"非指导性教学"；实施学生自我评价和鼓励性评价相结合的课程评价；等等。学生本位的价值取向突破了知识中心、引入了学生的兴趣与爱好、强调课程内容要切合学生的实际生活、深入关注学生作为完整的个体存在而具有的生命价值、重视学生的学习动机与学习兴趣之间的关系、关注学生对实践意义的创造等。然而，学生本位课程价值取向过于强调以学生为中心，在一定程度上会削弱教师的地位和作用，容易形成学生的放任自流；在课程目标、内容、进程和评价等方面都以学生为中心，很可能影响学生系统知识的接受,使学生在学习上走弯路,浪费学习时间。此外,由于学生本位课程价值取向是针对知识本位课程价值取向的不足与缺陷而提出的,因而变化的仅仅是形式,其实质依然是围绕着知识观而展开的探讨,根本上并没有改变课程的含义与实质。

(3) 社会本位的价值取向

课程目标主要反映课程的社会价值,如强调以社会问题为中心的改造课程理论认为,应该围绕当代重大社会问题来认识课程,帮助学生学会如何参与制定社会规划并将它们付诸社会行动。社会改造主义课程理论于20世纪30年代产生于美国,主要代表人物是康茨、拉格和布拉梅尔德等。他们认为改造社会才是课程的终极目的,要以社会问题为中心来组织课程,打破学科界限,树立整体课程观。该理论倡导民主的学习过程,包括证实、交流、协商和行动阶段;实施"劝说式"的教学方式,劝说学生参与改造社会;认为教师不是单纯的"教书匠",应担负改造社会的一定责任。毫无疑问,社会本位的价值取向过于夸大了学校课程的社会功能,容易忽视系统知识的学习和传播,而走向极端就会弱化课程的个体发展功能。

在课程领域的价值关系中,价值主体是人和社会,价值客体是满足人成长和社会发展需要的整个课程体系。课程的价值应该体现为社会发展价值和个人发展价值的辩证统一。把课程价值划分为知识本位、学生本位和社会本位这三种基本价值取向,主要是出于理论分析的需要。在实践中它们是一个统一的整体,不可能将其僵硬分开。所以,任何将三者分离或对立的课程价值取向都是片面的,在实践中是站不住脚的。

2. 课程目标的形式取向

根据美国课程论专家舒伯特的观点,课程目标的形式取向主要有四种类型,即普遍性目标、行为性目标、生成性目标和表现性目标。

(1) 普遍性目标

普遍性目标是根据一定的哲学或伦理观、意识形态、社会政治需要,对课程进行的总括性和原则性规范与指导目标,一般表现为对课程有较大影响的教育宗旨或教育目的。它对各门学科都有普遍的指导价值。《大学》中提出"格物、致知、诚意、正心、修身、齐家、治国、平天下"以及"大学之道,在明明德,在亲民,在止于至善"的教育宗旨,即为典型的"普遍性目标"取向。在古代西方,采用普遍性目标取向的也大有人在,如柏拉图提出的培养"哲学王"(理想国的统治者),视"有德行的生活"为教育的终极目的,亚里士多德认为教育的终极目的是"幸福",他们为教育实践所设置的科目就直接指向"有德行的生活"和"幸福";洛克提出的"绅士教育",要培养社会契约的履行者;斯宾塞提出的教育为完满生活做准备等。我们现行教育方针规定的目标为"德智体美劳全面发展的社会主义建设者和接班人";各学校的校训都是普遍性目标。某门课程也有普遍性目标,如高中生物课程标准中规定"获得生物科学和技术的基础知识,了解并关注这些知识在生活、生产和社会发展中的应用,提高对科学和探索未知的兴趣,养成科学态度和科学精神,树立创新意识,增强爱国主义情感和社会责任感"。普遍性目标取向仅体现为课程目标的一般性原则,这为教育工作者的创造性工作提出了广阔的背景,可以应用于不同的具体教育实践情境。

但是,普遍性目标的含义比较模糊,不够清晰,有一定的随意性,使人容易模糊或因模棱两可而产生歧义,不具有可操作性。

(2) 行为性目标

行为性目标是以设计课程行为结果的方式对课程进行规范与指导的目标,它指明了课程结束后学生自身所发生的行为变化。它的基本特点是:目标精确、具体和可操作。如高中生物课程标准中规定,能够简述核酸的结构和功能,说出水和无机盐的作用,等等。

行为性目标取向克服了"普遍性目标"取向模糊性的缺陷,适用于基础知识和基本技能的表述,保证一些相对简单的课程目标的达成,是有益的。行为性目标具体、可操作、容易评估,但它也有一定的局限性。第一,只强调可以明确识别的要素,忽视了难以测评、难以转化为行为的目标,如人的情感、态度、价值观、审美情趣等。第二,把学习分解成各个独立的部分而非一个整体,不利于促进学生全面发展。行为性目标具有还原论取向,把人的高级心理能力和素质加以分解,支解了"完整的人",背离了教育的本性。第三,教育活动是实现明确规定的课程目标,有"控制本位"的倾向。人的行为是主体的行为,带有很大的创造性,具有很大程度的不可预知性。行为性目标把目标与手段、结果与过程间的有机联系割裂开来,抹杀了对课程目标体验的创造性和主体性。

(3)生成性目标

生成性目标又称"形成性目标""生长性目标""展开性目标"等,它是在教育情境中随着教育过程的展开而自然生成的课程目标。如果说行为性目标关注的是结果,那么,生成性目标注重的则是过程,它强调教师根据课堂教学的实际进展情况提出相应的目标。生成性目标萌芽于杜威的"教育即生长"的命题,他认为,目标不应该是预先设定的,而应该是教育经验的结果;课程的目的就是促进学生成长。英国课程论专家斯滕豪斯认为,学校教育的真正目的是使人类更加自由、更富于创造性,因而教育的本质是引导。课程不应以事先规定的目标或结果为中心,而要以过程为中心,即要根据学生在课堂上的表现而展开,在课程与教学的开发过程中,教师并不是把一些规定的东西作为教育目的或结果来评价学生,而是在处理这些事情的过程中,对学生的发展持一种审视、研究和批判的态度,从而使教师和学生都成为创造的主体。人本主义课程论是生成性目标发展的极端。人本主义课程强调学生个人的生长、个性的完善;认为课程的功能是为每一个学生提供有助于个人自由发展、有内在奖励的学习经验。2001年开始的第八次课程改革中设置了受重视的"综合实践活动课程",较明显地体现了生成性目标的特点。伴随着活动的不断展开,新的目标不断生成,新的主题不断生成,学生的认识和体验不断加深,课程目标的生成性在此得到了集中体现。如"调查当地的主要自然资源,列举合理或不合理利用方面的事例,并撰写简要报告";"查阅资料说明现代通信技术对科学、技术和社会经济发展的影响"。生成性目标的优点是强调教育过程中学生在与教育情境的相互作用中所产生的属于自己的目标,它不是教育者代表社会所强加给学生的。学生有权力自己选择要学的东西,同时,教师也被从目标中解放出来而成为研究者,教师的主动性得到调动和发挥,学生的主体地位得到实现。

这一目标的缺陷在于,面对这种教学,在教学方法的选择、教学时间的控制、教学时机的把握、社会和家长对学生学习的各种要求等方面,始终存在较多的不确定性,而这种较多的不确定性与教育教学的本质存在严重冲突,势必导致教学的实施变得非常困难。

(4)表现性目标

表现性目标是指每一个学生在具体的教育情境中的个性化表现,它追求的是学生反应的多元性,而不是反应的同质性。它关注的是学生在活动中表现出来的某种程度上首创性的反应形式,而不是事先规定的结果。一般来讲,它只为学生提供活动的领域,而结果则是开放的。因此,表现性目标的特点是个性化、开放性。美国课程论专家艾斯纳认为在课程计划中存在着两种教育目标:"教学性目标"和"表现性目标"。教学性目标是在课程计划中预先规定好学生在完成一项或几项学习活动后所应习得的具体行为,旨在使学生掌握现成的文化,通常从既有文化成果引出并以适合儿童的方式进行表述。表现性目标主要描述儿童在教育中作业的情境、儿童将要处理的问题、儿童将要从事的活动任务等,旨在培养儿童的创造性与个性。表现性目标意在成为一个主题,围绕这一主题,学生可以运用已经学到的技能。通过主题活动,学生可以进一步发展那些技能和加深理解,并使其带上个人特点。

秉持表现性目标的教师有时会使用一些粗略的、一般性的术语来陈述课程目标,用来表示学生将要发生哪些变化。譬如,通过义务教育阶段的数学学习,学生能够初步学会运用数学的思维方式去观察、分析现实社会,去解决日常生活中和其他学科学习中的问题,增强应用数学的意识;体会数学与自然及人类社会的密切联系,理解数学的价值,增进对数学的理解和学好数学的信心。

四种课程目标取向各有特点和优势。一般来说,普遍性目标与行为性目标是"以社会为本的",属于控制本位,普遍性目标采用经验描述法,实施定性控制,行为性目标借助科学手段,实施定量控制;生成性目标与表现性目标是"以人为本"的,以人的个性解放为最高追求。人本主义学者认为,教育的目标就是个人的成长、完善和自主。它强调学习者与情境的交互作用,强调目标与手段的连续性、过程与结果的连续性,强调教师和学生在课程与教学中的主动性和创造性表现。从实质来看,"普遍性目标"取向和"行为性目标"取向都推行一种"普遍主义"的价值观,都是控制本位的,只不过"行为性目标"取向借助了科学的手段,而"普遍性目标"是前科学的,是课程目标初期发展阶段的典型表现形式。"生成性目标"取向与"行为性目标"取向、"普遍性目标"取向存在本质区别,"生成性目标"取向追求"实践理性",强调学习者与具体情境的交互作用,主张目标与手段的连续、过程与结果的连续,放弃预定目标对实际过程和手段的控制,对学习者、教育者在课程与教学中的主动性给出了应有的尊重。"表现性目标"取向是对"行为性目标"的根本对立,它比"生成性目标"更进一步,它追求"解放理性",强调学习者和教育者在课程与教学中的主体精神和创造性表现,它以人的个性解放为根本目的。所以,以上四种课程目标的形式取向各有其存在的价值及合理性,但又不可避免地存在一些弊端。每一种目标形式在解决某类问题较为有效的同时,也必然产生一些副作用,我们应该综合利用、扬长避短。

不同的课程目标已经拥有各自的地位,正在发挥各自的作用;复杂的课程目标问题的解决需要运用多元价值这个"利器",多元的课程目标在课程活动中存在着很多切合点和融合点。

(二)课程目标的类型

课程目标是教学活动中的重要组成部分,它是指教师在教学过程中所要达到的预期效果。根据不同的分类标准,课程目标可以分为多种类型,也形成了不同的课程目标分类理论。

在英语国家中,"教育目标""教学目标""课程目标"常常是通用的。1920年前后,鲍比特和查特斯试图通过对"成人社会"的"活动分析"来确定课程目标。后来,经过查特斯的门生泰勒和泰勒的门生布卢姆的发展,形成了完整的教学目标分类理论。布卢姆为他出版于

1956年的著作所定的书名就是《教学目标分类学》，并于同年率先发表了认知领域的教育目标分类系统的研究成果。1964年，克拉斯沃尔等人发表了情感领域的教育目标分类系统。鉴于动作技能领域目标的复杂性及研究成果不太丰富，直至1965年和1972年，才由辛普生和哈罗分别提出了各自的动作技能领域目标分类提纲。此外，加涅的学习结果分类理论、梅瑞尔的教学目标分类理论也都很有代表性。

1. 布卢姆的教学目标分类理论

教学目标分类理论是20世纪50年代以布卢姆为代表的美国心理学家提出的。在这个理论体系中，布卢姆等人将教学活动所要实现的整体目标分为认知、动作技能、情感等三大领域，并从实现各个领域的最终目标出发，确定了系统的目标序列。

（1）认知学习领域目标分类

布卢姆将认知领域的目标由低到高分为识记、领会、运用、分析、综合和评价六个层次。识记指对先前学习过的知识材料的记忆，包括具体事实、方法、过程、理论等的记忆。领会指理解知识材料意义的能力，可以通过三种形式来表明对知识材料的领会：一是转化，即用自己的话或用与原先不同的方式来表述所学的内容；二是解释，即对一项信息（如图表、数据等）加以说明或概述；三是推断，即预测发展的趋势。运用指把学到的知识应用于新的情境和解决实际问题的能力，包括概念、原理、方法和理论的应用。运用的能力以知道和领会为基础，是较高水平的理解。分析指把复杂的知识整体分解为组成部分并理解各部分之间联系的能力，包括部分的鉴别、部分之间关系的分析和认识其中的组织结构。例如，能区分因果关系，能识别史料中作者的观点或倾向等。分析代表了比运用更高的智力水平，因为它既要理解知识材料的内容，又要理解其结构。综合指将所学知识的各部分重新组合，形成一个新的知识整体。它包括发表一篇内容独特的演说或文章，拟定一项操作计划或概括出一套抽象关系。它所强调的是创造能力，即形成新的模式或结构的能力。评价指对材料（如论文、观点、研究报告等）作价值判断的能力。它包括对材料的内在标准（如组织结构）或外在的标准（如某种学术观点）进行价值判断。例如，判断实验结构是否有充分的数据支持，或评价某篇文章的水平与价值。这是最高水平的认知学习结构，因为它的实现不仅需要明确相应标准，还需要超越原先的学习内容，综合运用多方面的知识。

（2）动作技能学习领域目标分类

动作技能涉及骨骼和肌肉的运用、发展和协调。在实验课、体育课、职业培训、军事训练等科目中是主要的教学目标。1956年布卢姆等人在创立教育目标分类理论时，仅意识到这一领域的存在，但未能制定出具体的目标体系。后来，辛普森（Simpson）等人提出了几种不同的分类方法，但尚无公认的最好分类。这里将三种分类法分别做一简介，以便在编写教学目标时加以选择和综合运用。

第一个是目前应用较广泛的一种分类体系，由辛普森等人于1972年提出。他们将动作技能目标由低到高分成感知、准备、有指导的反应、机械动作、复杂的外显反应、适应、创新等七级水平，也可以理解为掌握动作的七个阶段。感知阶段主要是运用感官获得某种动作技能的有关知识、性质、功用等信息以指导动作。准备阶段是对固定动作的准备，包括心理定向、生理定向和情绪准备（愿意活动）。有指导的反应阶段包括模仿和尝试错误，通过教师评价或一套适当的标准判断操作的正确性。机械动作阶段指学习者的反应已成习惯，能以某种熟练和自信水平完成动作。这一阶段的学习结果涉及各种形式的操作技能，但动作模式并不复杂。考核复杂的外显反应的熟练性常常以精确、迅速、连贯协调和轻松稳定为指标。适应阶段指技能的高度发展水平，学习者能修正自己的动作模式以适应特殊的设施或满足具体情境的需要。最高层次就是创新阶段，学习者能够创造新的动作模式以适应具体情境，要有高度发展的技能为基础才能进行创新。

除此之外，哈罗于1972年提出了一个新的分类系统，把动作技能由低级到高级分为反射动作、基础性动作、感知能力、体力、技能动作、有意交流六级水平。此后，基布勒等人于1981年提出一个分类系统，把动作技能分为全身运动、细微协调动作、非言语性表达、言语行为四类。

（3）情感学习领域目标分类

情感学习事关态度的形成和改变、鉴赏能力的提高、价值观念的更新以及高尚情操的培养。然而，由于人的情感反应更多地表现为一种内部心理过程，具有一定的内隐性和抽象性，所以这个领域的学习目标相比其他领域更难编写。1964年，克拉斯伍（Krathwohl）等人制定了情感领域的教育目标分类，他们依据价值内化的程度，将情感领域的目标共分为五级水平。

第一级是接受或注意水平。这一层级学习者愿意注意某特定的现象或刺激。例如静听讲解、参加班级活动、意识到某问题的重要性等。学习结果包括从意识到某事物存在的简单注意到选择性注意，是低级的价值内化水平。

第二级是反应。学习者能够主动参与，积极反应，表示出较高的兴趣，例如，完成教师布置的作业，提出意见和建议，参加小组讨论，遵守校纪校规等。学习的结果包括默认、愿意反应和满意的反应。这类目标与教师通常所说的"兴趣"类似，强调对特定活动的选择与满足。

第三级是评价。学习者用一定的价值标准对特定的现象、行为或事物进行评判，它包括接受或偏爱某种价值标准和为某种价值标准做出奉献，例如，欣赏文学作品，在讨论问题中提出自己的观点，刻苦学习外语等。这一阶段的学习结果所涉及的行为表现出一致性和稳定性，与通常所说的"态度"和"欣赏"类似。

第四级水平是组织。学习者在遇到多种价值观念呈现的复杂情境时，将价值观组织成一个体系，对各种价值观加以比较，确定它们的相互关系及它们的相对重要性，接受自己认为重要的价值观，形成个人的价值观体系。例如，先处理集体的事，然后考虑个人的事；或是形成一种与自身能力、兴趣、信仰等协调的生活方式等。值得重视的是，个人已建立的价值观体系可以因为新观念的介入而改变。

第五级水平是价值与价值体系的性格化。学习者通过对价值观体系的组织，逐渐形成个人的品性。各种价值被置于一个内在和谐的构架之中，并形成一定的体系，个人言行受该价值体系的支配；观念、信仰和态度等融为一体，最终的表现是个人世界观的形成。达到这一阶段以后，行为是一致的和可以预测的。例如，保持谦虚态度和良好的行为习惯，在团体中表现出合作精神等。

克拉斯伍等人的分类启示我们，首先，情感或态度的教学是一个价值标准不断内化的过程。教师或教科书上所介绍的价值标准，对学生来说是外在的，学生必须经历接受、反应和评价、组织等连续内化的过程，才能将它们转化为自己信奉的内在价值。其次，情感或态度的教学不只是政治课或道德与法治课的任务，各门学科都包含这方面的任务，因为任何知识、技能或行为、习惯都不能离开一定的价值标准,例如,个别理工类、工程类专业的学生存在"重技术轻理论"的学习倾向,就反映了学生在知识、技能的学习中对某种价值观的接受或排斥。

2. 加涅的学习结果分类系统

继布卢姆之后,美国当代著名教育心理学家加涅是又一位对目标理论有重大影响的心理学家。西方教育心理学界认为,布卢姆的教学目标分类系统和加涅的学习结果分类系统都是指导学习目标设计的实用学说。加涅在教育学、心理学方面颇有建树,在著作《学习的条件》一书中,加涅对学习结果进行了分类,提出了言语信息、智力技能、认知策略、动作技能和态度五种学习结果,这也可以理解为课程学习追求的五种目标。

(1) 言语信息

言语信息作为一种学习结果,是指学习者通过学习以后,能记忆诸如事物的名称、符号、地点、时间、定义、对实物的描述等具体的事实,能够在需要时将这些事实陈述出来。虽然言语信息的学习主要涉及的心理过程是记忆,但并不能就此轻视这类学习结果,它同样是一种重要的能力,因此也是课程目标之一,而且是基础性的目标。判断学生是否获得信息主要看他们是否能把获得的信息表述出来。

(2) 智力技能

智力技能又称为智慧技能或心智技能(intellectual skill),它是一种借助于内部语言在人脑中进行的认知活动方式,如默读、心算、写作、观察和分析等技能。智力技能作为一类学习结果,是指学习者通过学习获得了使用符号与环境相互作用的能力。智力技能与言语信息不同,言语信息与知道"是什么"有关,而智力技能则与知道"怎样做"有关,例如通过计算将分数化为小数、在英语的造句中能够使单数动词与单数主语保持一致等,都是相关动作技能习得的实例。智力技能并不是单一形式的,它有层次性,由简单到复杂,包括辨别、概念、规则和高级规则四个层次。较简单的是辨别技能,进一步是形成概念,在形成概念的基础上学会使用规则。智力技能的最高形式是高级规则的获得,这与解决问题的能力有关。

(3) 认知策略

所谓认知策略,是学习者借以调节自己的注意、感知、记忆和思维等内部心理过程的技能,是学习者加工信息的一些方法和技术,有助于有效地从记忆中提取信息。其基本功能有两个方面:一是对信息进行有效的加工与整理;二是对信息进行分门别类的系统储存。在学习过程中,学习者针对所学内容画出网络关系图,这种策略就属于认知策略。

认知策略可以具体地分为复述策略、精加工策略和组织策略等。

复述策略是指在工作记忆中为了保持信息,运用内部语言在大脑中重现学习材料或刺激,以便将注意力维持在学习材料上的方法。

精加工策略是指把新信息与头脑中的旧信息联系起来从而增加新信息意义的深层加工策略,比如说出大意、总结、建立类比、用自己的话做笔记、解释、提问以及回答问题等。组织策略是将经过精加工提炼出来的知识点加以构造,形成知识结构的更高水平的信息加工策略。

组织策略主要有两种:一种是归类策略,用于概念、语词、规则等知识的归类整理;另一种是纲要策略,主要用于对学习材料结构的把握。随着学习者不断学习和发展智力及其他技能,他们也发展了用以自我调控内部学习过程的方式,这便是认知策略的习得。认知策略的习得使学习者学会了如何反省和分析,最终学会了如何学习。

(4) 动作技能

虽然在有些课程的学习中,动作技能没有被放在中心位置,但学校的学习中总是包含各种各样的动作技能,从入学儿童学习使用铅笔和纸写字到学习绘画、唱歌、舞蹈、打球、竞走、跨栏,从学习实验操作到学习语言的发音等。我们说个体获得某种动作技能时,不仅仅指他完成某种规定的动作,而且指这些动作组织起来,构成连贯的、准确的、合规则的整体行为。动作技能操作的流畅与时间的精确性能够反映行为表现的内部组织程度。动作技能的学习往往与认知学习交织在一起,因为动作技能通常由一套序列步骤或动作构成,学生在学习某个动作技能时,必须知道或掌握动作技能组成的程序及相应的规则,以便随着练习的继续,动作的水平有所提高。

(5) 态度

除了动作技能,学习还会导致影响个体行为选择的内部状态的建立。这便是加涅所谓的学习的第三类结果——态度。态度是习得的、影响个人对特定对象做出行为选择的有组织的内部准备状态。影响个体行为选择的内部状态既有认知成分,又有情感成分。同智力技能、动作技能相比,态度与个人行为的关系不那么直接,态度并不决定特定的行为,它以行为的倾向或准备状态对行为产生间接影响。态度的习得有多种形式,有些可能是源于个别的事件,也可能源于个体对某种事物的成功与欢乐的体验,有些则可能是常常模仿或观察他人的行为而获得对事物的态度。虽然个体的很多态度是在家庭、社会中获得的,但学校在个体的态度培养上仍有非常重要的作用。

加涅的目标分类和布卢姆的有异曲同工之处,概括地讲,也对应了布卢姆的知识、技能和情感三大领域。

3. 霍恩斯坦的教育目标分类理论

1998年,美国学者霍恩斯坦经过多年的研究,推出了一个全新的教育目标分类体系,这个分类体系是对布卢姆教学目标分类的进一步发展。这个分类将全部教育目标划分为四个领域:认知领域、情感领域、动作技能领域和行为领域,每个领域又包括五个类别的目标。

(1) 认知领域

认知领域是关于知识、心智能力与技能发展的领域,它包括以下五个层次或类别的目标:一是概念化(conceptualization)。概念化是指在一个特殊的情境中认出、定义、概括一个思想的能力。

二是理解(comprehension)。理解是翻译和解释一个思想以及推断内容信息的能力。

三是应用(application)。应用是澄清一个问题或一种情境,并用适当的原理与程序解决一个具体问题或情境的能力。

四是评价(evaluation)。评价是分析和描述信息、资料或情境以进行评判的能力。

五是综合(synthesis)。综合是假设或解决产生新的办法或答案的复杂问题的能力。

(2) 情感领域

情感领域是关于情感、价值和信仰对个体行为的影响的领域。这个领域的目标分为以下五个层次或类别:

第一是接受(receiving)。接受是觉察、愿意和注意的意向。

第二是反应(responding)。反应是默认、遵从和评价一种反应情境的倾向。

第三是价值评价(valuing)。价值评价是认可(accept)、更喜爱和证实(confirm)一种价值的倾向。

第四是信奉(believing)。信奉是相信并将一种价值作为指导原则的倾向。

第五是举止(behaving)。举止是遵照一种价值或信念显示和改变行为的倾向。

（3）动作技能领域

动作技能领域涉及发展身体的动作、能力和技能。这个领域的目标包括以下五个类别或层次：

第一是知觉(perception)。知觉是接受和认识到关于概念、思想(idea)、物体和现象的详情的能力。

第二是模仿(simulation)。模仿是激活、模仿和协调(coordinate)自然能力以形成一种符合一般模式或情境的行动或行为样式的能力。

第三是整合(conformation)。整合是将适当动作整合起来并达到技能认定的质量和特征的能力。

第四是创作(production)。创作是保持并调适能胜任的、有效的技术和技能以执行指定的职责的能力。

第五是熟练(mastery)。熟练是指追求能力与技能的精纯化以达到出色，它意味着优越的举止、综合和创造的能力与技能。

（4）行为领域

行为领域是一个综合性的领域，是认知领域、情感领域和动作技能领域的综合。与前面三个领域一样，行为领域也包括以下五个层次或类别的目标。

第一是获取(acquisition)。获取是在特殊的情境中接受、知觉并使一个概念、思想或现象概念化的能力。

第二是同化(assimilation)。同化是在一种情境中理解并适当反应的能力，是将概念、思想和观念改变或转换为类似情境的能力。

第三是适应(adaptation)。适应是改变与指定的质量、根据和标准相符合的知识、技能和性格的能力。

第四是施行(performance)。施行是对情境进行评价和产生结果的能力。

第五是达成(aspiration)。达成是综合知识和精通技能并将这些表现在行为中的能力。

和布卢姆的分类理论相比，两种目标分类理论不仅仅表现为领域数和类别数不同，而且它们所依据的理论基础也不同。布卢姆教育目标分类受到行为主义心理学的深刻影响，可以说是以行为主义心理学为理论基础的，而霍恩斯坦研究新的教育目标分类时，正是建构主义学习哲学流行的时候，因此他的教育目标分类受到建构主义的深刻影响，以建构主义为理论基础。此外，布卢姆教育目标分类分裂了人的行为，而霍恩斯坦教育目标分类体现了人行为的整体性。另外，布卢姆教育目标分类在一定程度上体现了过程性，而霍恩斯坦教育目标分类更突出了这一点。

4. 我国对课程(教学)目标的分类研究

20世纪80年代，布卢姆的教学目标的分类理论传入我国后，国内一些教育工作者为了使教学目标的编写更加科学化，以符合我国教育国情，他们结合我国教学实际，提出了一些目标分类的设想,进行了可贵的尝试。基于布卢姆等人研究,他们对各个领域中的亚领域进行了调整,并对各个部分所达到的结果做出了具体的规定。

除了教学领域对教学目标的分类研究外,近些年我国部分教育技术理论研究工作者针对教育目标分类研究中存在的不足,以及目标分类研究无法有效地指导高层次能力(如问题解决能力、创新能力)培养的弊端,提出了有助于意义建构和能力生成的教学目标分类。

李文光、何克抗以梅瑞尔的"表现—内容"认知学习结果二维矩阵模型为基础,结合对加涅的五种学习结果分类中关于言语信息、心智技能和认知策略的划分的分析以及其他国外教学设计专家提出的各种认知目标分类理论,提出了以知识建构与能力生成为导向的认知目标分类理论。其中,知识类型维度用来描述认知教学目标中学习内容的类型,它包括事实性知识、概念性知识、过程性知识、原理性知识以及策略性知识。技能类型维度用来描述在学习活动的执行环节中起控制活动程序执行作用的各种心理操作和动手操作,它主要包括表象化、理解、记忆、运用、发现和创建。技能类型维度用来描述在学习活动的执行环节中起控制活动程序执行作用的各种心理操作和动手操作类型。一般完整的学习者心理操作过程由表象化、理解、记忆、运用、发现这五个方面组成,它与学习者的信息加工过程(识别、转化、加工、存储、使用、改造与创新)基本一致,不同之处在于更加强调实践活动在学习者心理操作中的作用。该目标分类框架比较突出的特点是在理论上将知识建构的过程和能力生成的过程分开讨论,在技能轴上把各类技能分为两个层级——知识建构和能力生成,层级之间具有先决和后继的关系,即知识建构层级的目标是能力生成层级目标的先决目标。区分两个层级的目的是要告诉设计者,不同层级的教学目标所需要的教学策略或教学模式是不同的,不同层级的教学目标对应着不同的学习活动,需要设计不同的学习环境。①

三、课程目标的编制

(一) 制定课程目标的基本原则

课程目标的制定既要受到学生需要、社会生活需求和学科知识发展三方面因素的制约,同时,也受到课程制定者认识水平和工作方式的制约。课程目标的制定应当遵循如下基本原则。

1. 社会需求与学生个体需要相统一原则

个体总在一定的社会中实现自己的发展,社会的发展也必须以个体发展为基础。课程目标的制定在满足社会需求和学生需要方面要充分考虑两者的有机统一。一方面要充分认识到社会是由具有个人需要的成员组成的,承认个体在社会中所承担的社会权利,反对片面地强调个体对适应社会要求,并在此基础上对社会的性质进行分析;另一方面,也要反对只把社会看作个体的简单集合,反对只承认社会要为个体生存和发展服务,把个体凌驾于社会之上,并在此基础上对学生的需求进行分析。为使社会需求与个体需要在课程目标里成为相互依存、相互制约的内在构成,应注重开发社会需求和学生需要方面的分析技术,使两者最大限度地统一起来。

---

① 何克抗,林君芬,张文兰.教学系统设计[M].北京:高等教育出版社,2006:32.

2. 基础性和发展性相统一原则

树立课程目标的层次性意识,将基础教育课程目标分为基础性目标和发展性目标两个层次。基础性是基础教育的显著特征。课程目标的制定首先应当注重基础性目标。基础性目标旨在使学生在知、情、意、行等方面得到全面的发展,养成学生参与未来社会生活的基本素质,为学生的后继发展奠定基础。基础性目标面向所有学生,是统一和最低限度的,要求全体学生都能达到。发展性目标则从人的可持续发展的战略着眼,以开发学生潜能、促进学生充分发展为宗旨,把培养学生的创新精神和创造能力放在首位,让学生自主、多样、持续地发展,是多元、开放和灵活的,不对全体学生作统一要求。发展性目标注重将变化着的人类社会的新知识和新认识不断地、迅速地融合进来,是对基础性目标的拓展和延伸。

3. 适应性和超越性相统一原则

课程目标既要适应现实,又要超越现实,将两者辩证地结合起来。目标的适应性意味着课程的设置要立足于社会现实,适应社会现实的需要。建立贴近社会现实的课程系列应成为课程目标的重要内容之一,而忽视现实社会生活的需要是我国课程设置长期存在的一个问题,应着力加以解决。但是,现实的发展并不代表未来的发展,未来的发展有赖于对现实的超越。突出目标的超越性,有助于把握时代脉搏,也是课程目标不可或缺的重要方面。就学生层面而言,学生现有的发展水平是其进一步发展的基础和起点,在制定课程目标时要了解并充分地利用这个基础。同时,又要准确地估量学生发展的可能性,课程目标只有从现实基础与发展潜能两方面反映学生的发展素质,才有可能使学生得到充分的、最大限度的发展。

4. 外显性和过程性相统一原则

课程目标的表述通常包括内容和行为结果两个维度,这是通用的"行为目标"的表述方式。不过,正如前文已做的分析,行为目标也有自身的不足,不能涵盖所有的教育内容,如人的情意因素、个性品质等隐性或生成性目标都不是这一表述方式所能概括的。因此,课程编制应在目标行为化的基础上,特别关注教育过程中的那些隐性目标和生成性目标(即过程性目标)。实际上,我国对课程目标的研究起步较晚,长期满足于课程编制的"传统模式",无论是以"行为目标"来详细界定学生的结果,还是关注过程性目标促进学生的自主学习和个性发展,都值得我们进一步思考和研究。

5. 学科特殊功能与课程整体功能相统一原则

学科的教育功能包括学科的一般教育功能和学科的特殊教育功能两个方面。学科的特殊教育功能是其他学科不具备或者较弱的教育功能。它不但表现在对本领域专业人才培养的特殊功用上,还表现在对非本领域专业人才和一般社会成员的特殊培养功用上。只有注意发挥各学科在促进学生发展方面的特殊功能,学科课程才有其存在的价值,课程整体功能也才能实现。课程整体功能是建立在所有课程都能恰当地发挥自己的功能,并且相互配合、相互补充、相互促进、相互协调的整体性之上的。片面地强调个别学科的功能,会影响课程整体的功能,妨碍学生的全面发展。因此,在制定课程目标时,要注意发挥学科特殊功能与课程整体功能的统一。

（二）确定课程目标的主要依据

课程目标的确定，需要考虑各种依据。一般而言，大家比较认同的确定课程目标的依据主要有三个方面：学习者的需要、当代社会生活的需求和学科的发展。

1. 学习者的需要

课程的价值在于促进学习者的身心发展，因此，学习者的需要是确定课程目标的基本依据。学生的需要是"完整的人"身心发展的需要，即儿童全面发展的需要。应当很好地研究学生的兴趣、认识发展和个性形成的特点，明确学生发展的要求。根据泰勒的观点，了解学习者的需要应调查其健康、直接的社会关系、社会公民关系、职业生活、娱乐活动等不同生活方面。

2. 当代社会生活的需求

学校课程要反映社会政治、经济、文化发展的要求。当代社会生活的需求是课程目标的基本来源之一。当代社会生活的需求可以从两个方面来理解。就空间维度看，它指学生生活于其中的社区、民族、国家乃至整个人类的需求；就时间维度看，它既指当前现实的社会生活需要，又涉及社会生活的发展趋势和未来需要。如何将社会生活的需要确定为课程目标呢？其基本的方法是进行调查分析，了解社会生活需求，并根据以下三个原则从社会生活需求中推导课程目标。

第一，民主性原则。当前已进入大众主义时代，课程目标应该体现民主与公平的原则。第二，民族性与国际性相统一原则。国际化的社会趋势要求课程目标既要具有国际视野，又要坚持民族传统的个性特色，把本社区、本民族、本国的需求与整个人类的需求统一起来。第三，教育先行原则。教育不能被动地适应社会生活的要求，而应超越当前的社会现实，走在社会发展的前面。总体上说，人的发展与社会的发展（学校强调的发展）在本质上是一致的，学生个体的发展总是与社会的发展交织在一起的，学生发展过程就是个体社会化的过程。社会对学生的要求在任何时候都有一个共同的内容：把社会文化遗产传递给青少年一代或者引导学生关心当前社会紧迫的事情。在传递社会文化遗产和关心社会紧迫事情的过程中，学校教育的文化功能、政治功能、经济功能才能得到实现。

3. 学科的发展

学科是知识的最主要载体。正是通过学科的方式，人类的知识才得到最系统、最有规律的组织。学科知识及其发展是课程目标的基本来源之一。以学科的发展作为确定课程目标的依据之一，主要包含两层含义。

一是从学科知识传递与发展的需要中推导出课程目标。学科知识及学科的逻辑体系，包括学科的基本概念和基本结构、研究方式、该学科与相关学科的关系等。学科知识的典型类型有三种，一种是自然科学，比如物理学、化学、生物学等，旨在通过一定的概念符号和数量关系，反映不同层次自然界所存在的一些"事实"和"事件"。一种是社会科学知识，如语言学、历史学、经济学、教育学、人类学等，它所涉及的知识是一种"规范性知识"和"策略性知识"，旨在借助一定的理论传统和价值立场，对"社会事实""社会事件"的现状和发展趋势进行系统化、类型化和模型化的分析，并得出或暗示有关的实践建议或策略。还有一种是人文科学知识，如哲学、文学、艺术学等，它是一种"反思性知识"，旨在通过认识者对历史上与亲历的价值实践的总体反思呈现出其人生意义的体验。

二是以学科专家提出的建议作为确定课程目标的基本依据之一。不同学科的专家对课程领域的基本概念、逻辑结构、探究方式、发展趋势比较熟悉,大多数课程的教科书多由学科专家编写。

在从学科发展角度确定课程目标时,应注意三个问题:一是知识的价值何在?知识的价值究竟是理解世界,还是控制世界?人们创造知识的目的是提升生活的意义,还是人的功利需求?二是什么知识最有价值?这个命题自斯宾塞提出后一直没有一致的答案。人们逐渐认识到,最有价值的知识是使生活的意义得以提升的知识,是使人获得自由解放、社会不断趋于民主公正的知识,这类知识是科学精神与人文精神的整合。三是谁的知识最有价值?任何知识都负载着一定的社会意识形态,负载并衍生文化、种族、民族、阶级的差异和不平等。因此,确立课程目标,应当考虑知识所负载的价值观是推进社会民主和公平,还是维持社会的不平等。

(三)确定课程目标的基本环节

确定课程目标的方法有很多种,不同方法的实施步骤也不一样。比如筛选法,这是美国北加州大学课程开发中心研制的方法,多年来被许多教育机构模仿。筛选法的具体步骤如下:第一,预定若干项课程目标,涉及课程的各个方面。如"培养阅读、写作、说、听的技能""培养艰苦的性格和自尊心"等。第二,书面征求有关人员对预定课程目标的意见,允许他们补充其他课程目标。第三,把原先预定的课程目标和补充的其他课程目标汇总在一起。第四,请有关人员根据汇总的课程目标,依次选出若干项最重要的课程目标。第五,根据统计结果,确定名次靠前的若干项课程目标。

目前,我们可以将确定课程目标的过程理解为根据教育目的和培养目标,结合学生、社会和学科等方面的要求,采用恰当的目标取向,运用需要评估模式,对学校课程的要求进行分析与判断的过程。

确定课程目标的第一步是明确教育目的和培养目标。前文已经介绍过,教育目的或教育宗旨是课程的终极目的,是特定的教育价值观的体现,它制约着课程目标的提出。培养目标是根据各级各类学校、各专业所担负的任务和学生年龄、文化知识水平而提出的,它对各个不同教育阶段的课程目标具有直接的决定作用。

第二步是分析课程目标的基本来源。课程目标的基本来源是特定教育价值观的具体化,即如何看待学生、社会与学科三方面的关系,把哪一方面放在优先考虑的位置,怎样处理处于优势地位与从属地位的目标来源的关系,对以上问题的不同回答将形成不同的课程目标,这是确定课程目标的关键。例如,学科中心论主张儿童要服从分门别类的教学科目,儿童完整而统一的经验被支解;儿童中心论则提出相反意见,认为课程要满足于儿童兴趣和能力的自发性,撕裂了学科知识的完整性;杜威则企图把儿童和课程统一起来,消解二元论倾向,认为教育即生长,即经验的不断改造,教师的使命就是根据儿童的生活经验来学习、解释教材,并指导儿童的经验不断生长。

第三步是选择课程目标的基本取向。关于课程目标的取向和类型,前面已有阐述。这一环节要求在"普遍性目标""行为性目标""生成性目标""表现性目标"之间做出抉择。目标取向的选择为课程内容的选择和陈述奠定了基础。需要指出的是,每一种课程目标取向都有其特点。"普遍性目标"有利于教师对目标做出创造性的解释,可以适应各种具体教育实践情境的特殊需要,但这类目标往往以指令的形式出现,有一定的随意性,含义不够清晰,常常出现歧义。"行为性目标"具体明确,便于操作和评价,但一些内隐的目标,如思想品德很难用外显行为方式来表述。"生成性目标"考虑到学生兴趣的变化等内隐方面,但在班级授课制大班上课的条件下很难落实。"表现性目标"考虑到学生的独特性,但很难保证使所有的学生达到课程计划的基本要求。选取哪种取向的课程目标,应依据课程所要解决的具体问题而定。一般来说,若要传授基础知识和基本技能,"行为性目标"较为合适;若要培养学生解决问题的能力,"生成性目标"比较合适;若要鼓励学生的创造性精神,"表现性目标"较为有效。

第四步,运用需要评估模式。需要评估模式是通过学校行政人员、教师、学生、家长以及课程工作者,对学生的教育需求进行调查评估,以便了解学生的教育需求,并确定各种需要之间的先后顺序。该模式一般经历四个阶段:首先,系统阐述实验性的目标。全面系统地确定大多数人所觉察到的问题,并围绕这些问题来确定学生需要达到的课程目标。其次,确定优先的课程目标。根据对学生教育的重要性程度将课程目标加以排序,确定目标的主次。再次,判断学生达到每一种课程目标的可能性。对学生目前达到这些目标的可能性程度评出等级。最后,根据目标优先程度的顺序编制课程计划。

第二节 课程内容

在某种意义上说,课程问题就是内容问题,所以可以说课程内容是课程的核心。课程设计、课程目标、课程评价以及课程实施,都可以理解为围绕课程内容的安排而展开的。课程设计是关于课程内容的组织安排,课程目标是选择和决定课程内容的依据,课程评价是判断课程内容产生的结果,课程实施是课程内容的逐步实现。

一、课程内容的含义

简而言之,课程内容是指各门学科中特定的事实、观点、原理和问题以及处理它们的方式,是一定的知识、技能、技巧、思想、观点、信念、言语、行为、习惯的总和。具体可以从以下几个方面来理解课程内容的含义。

(一)课程内容是人类文明成果的精华

教育是人类社会组织帮助个人习得人类经验以缩小个人发展与人类群体发展之间差距的专门活动,有计划、有组织地传递人类经验是教育活动的基本规定性。在教育活动中所传递的人类经验具体化为课程内容。在人类通过教育传递人类经验的过程中,存在着人类经验的无限丰富性和个人学习人类经验的时间、精力的有限性之间的矛盾。课程内容必须要经过选择,即课程内容不可能包括人类社会的所有经验,人们只能选择出那些对于个体的成长和社会化来说最有价值的、最基本的和最需要的经验,把这些选择出来的内容传递给下一代,从而为他们从事社会生活和生产活动提供最一般的帮助。而对个人成长最有价值的、最基本的和最需要的经验,从教育的视角看,无疑是人类文明成果的精华部分。这些内容主要包括基本的社会生活规范、科学知识和活动技能等。

(二)课程内容是学生学习的对象

人类文明成果往往是以知识体系、技术体系和规范体系(价值体系)的形式存在的,不一定能为学生直接理解和接受。人类文明成果只有经过加工改造才能适合学生的学习。也就是说,在教育活动中人类文明成果的表现形式和组织方式,必须符合学生认识的水平和特点。如由简单到复杂、由低级到高级、前后呼应和互相衔接等。事实上,在教育活动中传播的人类文明成果,都是经过了一定的加工改造的。从教育角度出发改造加工人类文明成果的过程,是依据教育目的和学生身心发展规律,构造学生学习对象,从而确定课程内容的具体过程。课程编制就是从总体上设计一种便于学生学习的教育内容体系,即把人类文明成果转化为供学生学习的课程和教材。

（三）课程内容是影响学生发展的材料

教育活动的宗旨是促进学生发展。学生在教育活动中获得发展,主要是通过学生的主体活动实现的。在教育活动中,学生的主体活动主要是围绕课程内容的学习而展开的,是认识课程内容、把课程内容内化为自身的知识和技能,并通过这种过程提高能力和思想境界的过程。教育活动能否对学生发展产生积极促进作用,与课程内容的性质和特征密不可分。

概括起来看,课程内容就是为了促进学生发展而精心选择出来的人类文明的精华成果,是经过改造加工符合学生认知的水平和特点,适合于学生学习的教育材料。在不同时代和不同地区,由于社会生产力水平、政治体制与教育目的不同,课程内容也不相同。社会主义社会学校的课程内容,要求学生继承人类文化遗产的精华,充分发展智力和体力,完善道德品质修养,为社会主义现代化建设做好准备等。

二、课程内容选择的取向

课程内容是根据特定的教育价值观以及相应的课程目标而选择出来的。如前所述,学科的发展、当代社会生活的需求和学习者的需要是确定课程目标的三种基本依据,相应地,课程内容也有三种基本取向。

（一）学科取向

这种取向由来已久,而且到目前为止也是占支配地位的取向。捷克教育家夸美纽斯从其"把一切事物教给一切人"的泛智教育论出发,提出百科全书式课程的观点。德国的赫尔巴特强调知识传授以学科教学为核心,以掌握学科的基本知识、基本规律和基本技能为目标的理论理念。直到今天的通过课程标准、教材等来呈现课程内容,都是学科取向的表现。这种观点之所以影响深远,是因为其本身具有无可比拟的优点。一是所学的各门学科知识具有清晰的逻辑性和系统性。二是在各种有形文本的帮助下,教师与学生有明确的教与学的内容,容易把握和评价,从而使课程教学工作有据可依。今天,学科取向的课程内容一般表现为课程计划、课程标准和教材三种形式。课程计划需要考虑各类课程应当有什么样的比例关系,具体的课程门类、开设顺序、时间分配等,即人们以往所说的教学计划。课程标准即原来所说的教学大纲,是单科课程的总体设计,它从整体上规定某门课程的性质及其在课程体系中的地位,规范和确定某学科的教学目标、内容范围、顺序等,是编写教科书的指南。教材是按照课程标准的规定,分学科门类和年级编写的教学材料,有文字教材和视听教材等形式。

要选择恰当的学科知识作为课程内容,应处理好以下两对关系:科学与技术、社会的关系，科学与道德、艺术的关系。

（二）活动取向和社会取向

课程内容即当代社会经验的取向，最明显的表现是把课程内容看作学习活动，看作社会经验，这是对"课程内容即学科知识"的挑战。活动取向的重点是放在学生做些什么上，而不是放在教材体现的学科体系上。它关注的不是向学生呈现什么内容，而是让学生积极从事某种活动。以活动取向的课程，特别注意课程与社会生活的联系，其主要代表人物是杜威。他将课程内容看作学习活动，认为"课程的最大流弊是与儿童生活不相沟通，学科科目相互联系的中心点不是科学，而是儿童本身的社会活动"。博比特、查特斯和塔巴等人认为，课程应该对当代社会的需要做出反应。他们通过研究成人的活动，识别各种社会需要，把它们转化成课程目标，再进一步把这些目标转化成学生的学习活动，强调学生在学习中的主动性。课程内容的活动取向，往往注重学生外显的活动，而忽略了学生深层次的学习结构。由于对系统学科知识的不重视，导致仅关注外显活动而忽视深层次学习，最终教学质量不升反降。

（三）儿童取向

学习者经验取向强调的是，决定学习质量的是学生而不是教材，学生是一个主动的参与者，教师的职责是要构建适合于学生能力与兴趣的各种情境，以便为每个学生提供有意义的经验。18世纪法国的卢梭、20世纪美国的杜威和20世纪70年代流行的人本主义经验课程理论等都把学习者的经验置于课程内容的核心。这一取向最大的特点就是尊重学习者的个性差异。具体来说，它强调课程选择要真正尊重学习者的个性差异，形成丰富的、人性化的课程，认为学习者经验的选择过程实质上是学习者的自我选择过程，从而确立学习者在课程开发中的主体地位。它还强调课程结构要适应学生的个别差异。为了给学生提供更多的选择性，就必须充分发挥学生在课程资源开发中的主体作用，引导学生利用已有的知识和经验，根据自己的需要和目标，主动地探索知识的发生与发展，与教师和其他学习者共同开发自己的课程。除此之外，还需要关注学习者的社会生活经验。学习者通过日常生活、班级与学校交往，生成自己的个人知识和同伴文化，这是重要的社会生活经验，也是课程内容选择必须考虑在内的。这种取向降低了教师在教学中的主导作用，实践也证明，过于强调以学习者为中心，于教育质量提高无太大益处。

三种课程内容取向实际上是不可分离的。学科知识和当代社会生活必须转化为学习者的经验，才能成为相应的课程内容。同时，离开了学科知识和当代社会生活的价值，学习者的个体经验将毫无意义。

三、课程内容选择的原则

知识的无限丰富性与学习者学习时间和精力的有限性之间的矛盾要求选择课程内容要遵循如下原则。

（一）注重基础性原则

基础教育是为每一个学生今后的发展和从事终身学习打基础的教育，是提高整体国民素质的教育，因此，课程内容应该是基础的、有限的和具有发展性的。从具体内容看，课程应该包含以下促进学生发展的基础内容：① 系统知识的基础，即基本知识和技能。② 一般学习能力基础,即组织学习和查找资料的能力。③ 方法的基础,即科学探索方法和学习方法。④ 使用工具的基础,即手工工具及计算机操作与技能的基础。⑤ 做人的基础,即正确的价值观、人生观和现代文明习惯。⑥ 艺术鉴赏的基础,即鉴赏力与艺术技能。⑦ 健身的基础,即身心健康的知识、能力和习惯等。需要指出的是,强调课程内容的基础性,并不是不让学生了解学科前沿,只是高阶知识和技能的掌握要建立在牢固掌握各门学科的基础之上。

（二）贴近社会生活和尊重学生经验的原则

在课程内容的选择上,应当在保证课程总体稳定的同时,力求开放课程的结构,及时将具有时代性的新知识、新技能纳入课程内容中。比如,当前社会所倡导的学会学习、学会创造、学会使用各种帮助自己提高的工具,包括图书馆、计算机、因特网,都是社会生活的新要求。也就是说,为适应信息化社会,儿童必须具备相应的信息素养。但是,课程内容并不是越先进越好,如果不顾学生的实际和接受水平,一味地追求课程内容"现代化",也会走入误区。因此,课程内容不仅要贴近社会,还要贴近生活,贴近学生。"贴近社会和生活"指的是学生的现实生活,课程应该是沟通学生的现实生活世界和可能生活世界的桥梁。遗憾的是,当前课程内容指向的是"科学世界",而不是学生的"生活世界"。因此,课程内容应加强综合性,通过各类课程、各种领域内容的统整,来满足学生生活的需要。"贴近学生"是指尊重儿童经验,将儿童从成人世界解放出来,真正从学生的角度选择课程内容。总之,要强调课程与儿童现实生活的联系,增强学生对生活的感受、体验与领悟。

（三）强化价值观和道德教育的原则

教育从来都不是价值中立的,作为学校教育核心的课程,必然体现出一定的价值倾向和道德要求。课程内容必须传递国家和民族核心的价值观,帮助学生提升人格品质。课程内容应渗透爱善憎恶、崇尚公正、珍惜生命、尊重人权等道德伦理精神和社会奉献精神,渗透社会主义核心价值观,为学生身心健康成长提供良好的文化氛围。

四、课程内容的组织与实施

课程内容组织首先要明确需要选择的构成要素,这些要素可以分为概念和主题、原理知识、技能、价值观等。概念是课程内容的最基本构成部分,每一门课程都由若干概念和概念群构成,如物理学中的声、光、电、磁,化学中的分子、原子、质子,生物学中的细胞、器官、系统等。原理是具有普遍意义的最基本的规律或道理,是在大量观察、实践的基础上,经过归纳、概括而得出的,既能指导实践,又必须经受实践的检验。技能是个体运用已有的知识经验,通过练习而形成的一定的动作方式或智力活动方式,如读写算的技能、实验技能、资料搜集与解释技能、各种专业技能等。价值观是基于人的一定的思维感官而做出的认知、理解、判断或抉择,也就是人认定事物、辨别是非的一种思维或取向,如人类应与自然和谐共存,经济、社会的发展应以人为本等,它是支配行为的基本理念,是支配课程的核心因素。

课程内容要采取何种组织形式进行编写,直接影响课程内容结构的性质和形式。一般来讲,课程内容可以分为两类:一类是系统地组织起来的知识,特指学科知识和技能;另一类是没有经过学者系统组织和处理的实际知识。有人认为学校应该只关心学科知识,有人认为实际知识具有更大的价值,折中的看法是小学阶段的课程所包含的知识大多数是实际知识,中学阶段则兼有两类知识。

(一)课程内容组织的原则

在课程论发展史上,课程论专家对课程内容的组织问题提出了许多有创建性的观点。被誉为"现代课程之父"的美国学者拉尔夫·泰勒是其中最杰出的代表。在1949年出版的《课程与教学的基本原理》一书中,泰勒着重从学生学习的有效性角度来思考"学习经验的选择准则",提出了选择学习经验的10条原则。

① 学生必须具有使他有机会实践目标所蕴含的那种行为的经验;
② 学习经验必须使学生由于实践目标所蕴含的那种行为而获得满足感;
③ 使学生具有积极投入的动机;
④ 使学生看到自己以往反应方式的不当之处,以便激励他去尝试新的反应方式;
⑤ 学生在尝试学习新的行为时,应该得到某种指导;
⑥ 学生应该有从事这种活动的足够的和适当的材料;
⑦ 学生应该有时间学习和实践这种行为,直到成为他全部技能中的一部分为止;
⑧ 学生应该有机会循序渐进地从事大量实践活动,而不只是简单重复;
⑨ 要为每个学生制定超出他原有水平但又能达到的标准;
⑩ 使学生在没有教师的情况下也能继续学习,即要让学生掌握判断自己成绩的手段,从而能够知道自己做得如何。

泰勒进而将以上原则概括为课程内容组织的三条基本原则,即连续性、顺序性和整合性。

连续性是指直线式地陈述主要的课程内容,并且对其进行反复叙述,逐步加深。例如,对于某些重要的课程内容,要在教材展开过程中在其各个部分反复地、多次涉及并强调这些内容,而不只是在一个部分中集中出现一次。

顺序性要求每一后继内容应以前面的内容为基础,同时又对前面的内容加以深化、拓展。例如,对于某些重要的内容,在教材各个部分重复涉及时,要不断地增加其广度与深度,即后面出现的内容应该是在更高层次上进行探讨,而不仅仅停留于同一水平的重复。

整合性强调保持各种课程内容之间的横向联系,以便有助于学生获得一种统一观念,能够将看法、技能和态度统一起来,并且在能将所学的内容整合进个体的行为中。例如,当个体遇见某一问题时,能够联系到自己在所有领域所学到的东西并综合利用。

泰勒论述选择课程内容的原则时,关注学生方面的因素,认为学生应该是学习的积极参与者,而不是被动的接收者。这种基于其学习经验的取向,不免有偏颇之处。其他学者,比如麦克尼尔在《课程导论》一书中也提出了课程内容的选择准则,他称之为"选择学习活动的准则",包括哲学准则(价值观)、心理学准则(是否能引起最佳的学习)、教育技术准则(如何顺利达到目标)、政治性准则(体现平等、尊重所有人)和实践性准则(经济、有效)五种。这些准则范围更广,涉及课程内容选择、组织及实施等各个方面。博比特提出要制定详细计划,即对为达到教育目标而提供的各种活动、经验和机会加以设计。查特斯提出要根据儿童心理特征安排内容。

课程的三个基点是学生、社会和知识领域,这三个因素之间存在着复杂的交互作用,随着时代的发展,各个因素本身及三者之间的关系都在发生深刻的变化。选择课程内容不仅要考虑到各个领域的特点及变化,而且要注意到这种特点及变化的复杂性。

(二)课程内容组织的方式

1. 纵向组织和横向组织

纵向组织,又称垂直组织、序列组织,是按照学科知识的逻辑顺序,从已知到未知、从简单到繁杂、从具体到抽象等先后顺序来组织编写。这是教育史上最有影响的课程内容组织形式。例如,加涅的层次结构理论按照复杂性程度把人类学习分为信号学习、刺激反应学习、连锁学习、言语联想学习、辨别学习、概念学习、规则的学习、高级规则的学习(也称解决问题的学习)八类,他认为学习任何一种新的知识技能,都是以已经习得的或原有的知识技能为基础,也就是说复杂学习以简单学习为基础。从整体结构看,学科课程(语文、数学等)多为纵向组织。

横向组织,又称水平组织,指打破小学科的知识界限和传统的知识体系,按照学生发展的阶段,以学生心理发展阶段需要探索的、社会最为关心的问题为依据来组织编写教材内容,构成一个个相对独立的专题,各课程内容各要素按横向关系组织起来。例如,雾霾问题很严重,可以将能够解释雾霾的成因和解决此问题相关的知识(气象学、地理学、生态学、环境学等)组织起来呈现。

2. 直线式与螺旋式

直线式就是把一门课程的内容采取环环紧扣、直线推进、不予重复的方式进行排列。螺旋式又称圆周式,是针对学习者的接受能力,按照繁简、深浅、难易的程度,使一门课程内容的某些基本概念和基本原理重复出现,逐步扩展,螺旋上升。例如在初中物理课程中,通过伽利略的小车实验了解牛顿第一定律;在高中物理课程中,依旧通过伽利略的小车实验理解牛顿第一定律,认识惯性与质量的关系。

直线式和螺旋式互相弥补对方的不足,直线式可以避免不必要的重复,螺旋式考虑到了学生的认识特点,有利于加深对学科的理解。

3. 逻辑顺序与心理顺序

逻辑顺序是按照有关科学知识内在的基本逻辑程序组织课程内容。它强调较多的是学科固有的逻辑顺序排列,而不大考虑逻辑对学生有什么意义。心理顺序是按照一定年龄阶段学生心理发展的特点组织课程内容。它强调根据学生身心发展的特征,以及他们的兴趣、需要、经验背景来组织课程内容,而学科的逻辑则处于从属地位。

(三)课程内容实施的取向

在课程内容实施过程中,存在三种基本取向,即忠实取向、相互调适取向和课程创生取向。

1. 忠实取向

忠实取向即视课程实施为忠实地执行课程方案的过程。衡量课程实施成功与否的基本标准是课程实施过程中实现预定的课程方案的程度。这种观点强调课程设计的优先性与重要性,强调事前规划的课程方案具有示范作用,教师应当不折不扣地执行。忠实取向的课程实施适用于某些特定的课程情境,特别适用于课程内容极为复杂、困难且不容易掌握精熟的新课程方案,或是学生的理解有赖于配合课程内容的特定安排。因此,课程实施的顺序有必要在事前加以规定。

2. 相互调适取向

相互调适取向即把课程实施视为课程设计人员与课程实施者双方同意进行修正调整，采用最有效的方法以确保课程实施的成效。相互调适取向强调课程实施不是单向的传递、接受，而是双向的互动与改变。课程方案有必要因应学校教育的实际情境而加以弹性调整。事实上，所有的课程方案在实施过程中都必须经过修正调整才能适用于特定而变化的课堂情境。唯有如此，教师才能使学生的学习获得最大的效能。

3. 课程创生取向

课程创生取向即把课程实施视为师生在具体的课堂情境中共同合作、创造新的教育经验的过程。真正的课程并不是在实施之前就固定下来的，它是情境化、人格化的。课程实施本质上是在具体的课堂情境中"创生"新的教育经验的过程。既有的课程方案不过是一种供这种经验创生过程选择的工具而已。

上述三种取向从不同侧面揭示了课程实施的本质，各有其存在的价值。从忠实取向到相互调适取向，再到课程创生取向，意味着课程变革从追求"技术理性"到追求"实践理性"，再到追求"解放理性"，体现了课程变革的发展方向。

第四章 课程实施与课程评价

课程实施是将设计好的课程计划和方案付诸实践的过程。无论课程方案如何完美,如果在实践中得不到实施,那么它仅仅是方案,是理想中的课程,只有付诸实施的课程才具有实践意义。课程实施作为课程设计过程中的一个实质性阶段,它关注课程论专家们对课程实施的解读、课程实施取向、受哪些因素影响以及实施的程度如何、如何测量等问题。课程评价是与课程实施紧密相连的一个重要阶段,课程实施过程如何依靠课程评价做出评判。随着课程改革的不断发展,课程评价已成为课程研究领域中较为活跃的部分,有其独特内涵、功能、要素、取向和模式,并呈现出新的特点与发展趋势。

第一节 课程实施

课程实施是课程改革实践的重要环节与关键所在,是课程研究领域的一个重要的概念。尽管有经验的课程工作者都意识到,课程实施是整个课程编制过程中的一个实质性的阶段,但是直到20世纪70年代课程实施才成为大家所关注的焦点,课程实施研究才逐渐成为课程与教学研究中的一个重要领域。[1]

一、课程实施的内涵解读

课程实施研究早期,许多学者将"课程实施"(curriculum implementation)与"课程采用"(curriculum adoption)作为同义词使用。随着研究的深入,在二者关系上才逐渐达成共识:学校课程改革过程分为动员、使用和制度化三个阶段,课程采用指做出使用一种课程计划的过程,是学校课程改革过程的动员阶段,而课程实施则是将课程计划付诸实施的过程,属于使用阶段。即便如此,二者的区分并没影响学者对课程实施内涵的多元解读,在这一概念的理解上仍存在很大分歧。目前来看,关于课程实施的解读可以概括为以下三种观点。

(一)课程实施是关涉变革的过程

在关于课程实施的诸多定义中,这种观点是人们普遍接受的一种。1976年,莱斯利·比肖(Leslie Bishop)在研究教职员工发展与教学改革时就对课程实施进行了解读,他认为课程实施意味着要做出调整与替换。它要求调整个人习惯、行为方式、课程重点、学习空间,以及现有的课程和时间安排。总之,它意味着教育工作者要做出改变。奥恩斯坦(Ornstein)和汉金斯(Hankins)则从课程活动的整体意义上阐述了对课程实施实质的认识。

---

[1] 施良方.课程理论:课程的基础、原理与问题[M].北京:教育科学出版社,1996:128.

他们将课程活动看作一种变革活动,认为不管在何种层面上,课程编制的目的是要促进变化,是要使学生们达到学校和社会的要求,达到自己的目标。课程实施是课程编制的必要组成部分,它给现实带来期望的变化。加拿大学者富兰(Fullan)也指出,课程实施是指任何课程改革的实际使用状态,或者说是在实际运作中所包括的一切。我国很多学者认可这一观点。"课程实施不只是研究课程方案的落实程度,更要研究学校和老师在执行一个具体课程的过程中是否按照实际的情况对课程进行调适。"[1]按照这种观点,课程实施是一个动态的过程,它强调实施者要根据具体的情境对原计划做出一定的调适和改变。

(二)课程实施即课程方案的执行

这种观点认为,课程实施的研究重点就是考察课程方案中所设计内容的落实程度。虽然"落实"有动态意蕴,但重心不在于"动"而在于"不变",这种观点将课程方案看作固定的、不可变更的,实施就是执行的过程[2]。学校和教师,应当很好地理解和运用课程,忠实地执行课程方案中规定的项目或内容。课程实施的效果取决于课程执行者对课程方案的理解水平和落实程度。按照这种观点进行课程实施,从形式上看是严格执行课程计划,但由于课程计划不可能完全、准确地反映课程变革过程中复杂多变的具体情况,所以往往会导致课程改革的失败或达不到理想的效果;同时,这种对课程实施内涵的解读会忽视或抑制教师进行课程开发的主动性和创造性,忽视师生与课程计划设计者之间的差异。20世纪50年代末至60年代初,美国的课程改革就是最具说服力的证明。

(三)课程实施即创生新意义的过程

这种观点的解读视角与前两者不同,它打破"变"与"不变"的樊篱束缚,依据哲学解释学的视域来认识和理解课程实施,认为课程实施的目的不再是恢复或符合课程设计者的意图和主旨,也不是重建或符合文本的原意,而是相互之间的对话、理解和视界融合,是课程意义的创生和师生精神的成长。按照这种观点,课程实施是课程设计者、教师和学生三者之间相互体认、理解和平等对话的"视域融合"过程,因为他们都有自己的知识背景、生活阅历以及思想观念等[3]。这种观点在国外早已存在,如日裔加拿大学者 Aoki(2005)用现象学和批判理论来分析课程实施,依据教师和学生共同生活的经验的世界,试图将"课程实施"概念化,将课程实施视为教师的情境性实践(situation praxis)[4]。这种对课程实施的理解更加强调师生的课堂生活以及在课堂生活中的创生,更有利于发挥师生的主动性和创造性,具有后现代主义色彩;但是,课程实施不仅是一个技术问题,更要考虑社会文化背景,每一种课程实施观都需要考虑其所处的文化背景。

基于以上各种对课程实施含义的理解,我们认为,课程实施是实施者将自身理解的、依据具体情境进行调适的课程方案付诸师生创生的实际教学行动的动态过程,是课程制定过程的有机组成部分。

---

[1] 马云鹏.课程与教学论[M].北京:中央广播电视大学出版社,2004:142-143.
[2] 李定仁,徐继存.课程论研究二十年(1979—1999)[M].北京:人民教育出版社,2004:9.
[3] 张增田,靳玉乐.论解释学视域中的课程实施[J].比较教育研究,2004(6):1-5.
[4] 欧用生.课程实施的叙说研究[J].全球教育展望,2006(10):12-19.

二、课程实施的基本取向

课程实施的取向是对课程实施过程本质的不同认识以及支配这些认识的相应的课程价值观。[①] 在课程实施过程中,对于课程到底如何实施、谁是实施者、课程实施与课程计划的关系等问题的认识和理解不同,将对其取向产生不同的思考方式,在实施过程中存在不同的做法。

目前,有关课程实施取向主要有两种比较有代表性的理论:一种是以加拿大的富兰(Fullan)为代表的课程专家根据北美课程改革的实际情况,概括出的得过且过取向、忠实取向和调适取向。这一观点于20世纪90年代在辛德(Snyder)等人的研究下得到新的发展,他们舍弃了得过且过取向,新增了缔造取向。另一种是侯斯(House)在回顾教育改革文献的基础上,总结得出的课程实施的科技取向、政治取向和文化取向。此外,随着对课程实施研究的深入研究,又涌现出了实践取向和关怀取向分支。

(一)富兰-辛德课程实施取向

1. 得过且过取向

这一取向出现较早,做法保守,对课程计划的重要性和人们共同为实现预设目标而努力持有消极悲观的态度。在课程实施过程中,持有这种取向的人大多抱有得过且过心态,不是力求达到课程预设的目标,而是致力于避开问题。即便开始行动,课程的具体实施也是临时起意,并未有详尽策划和缜密的思考,因而课程实施的结果也是无法预计的。

2. 忠实取向

课程实施的忠实取向是指课程实施过程中,忠实地执行课程改革计划,反映课程设计者的意图,以便达到预设的课程目标。这一价值取向存在这种假设:课程计划是预设的,它独立于实施过程之外,不能随意改变;预设的课程计划适用于任何学校、教师和学生;课程实施过程是可是控制的;课程计划是由课堂之外的学者和专家制订的,课程实施者要做的就是忠实地按照原定方案具体操作,尽管有时会作局部变动,但要尽可能严格执行。课程评价主要依据课程实施的忠实程度展开,也就是说,课程实施者严格、忠实地执行了预设的课程计划,课程实施与课程计划之间的符合程度越高,实施就越成功,反之,则认为课程实施失败。因此,这种课程实施取向关注两个问题,一是测量具体的课程实施符合课程计划的程度,另一个则是确定影响课程实施的相关因素,用意仍在于确保课程计划被精确地执行。

持这种价值取向的学者,对课程实施进行评价时多采用量化的方法,注重课程方案设计的重要性,编制出的课程是"提防教师的"——课程材料具体规定了教师必须知道、讲解和要做的每一件事,以及学生需要做出的各种反应,在课程实施时教师几乎没有改动的余地。

3. 调适取向

这种价值取向存在这样的基本假设:课程设计者不可能也不应该预先规定精确的实施程序,而应该让实施者来决定如何实施,因为只有对实际情况最熟悉的课程实施者,才有可

---

① 张华.课程与教学论[M].上海:上海教育出版社,2001:335.

能做出恰如其分的选择并据此行动。持有调适取向的学者们根据这一假设认为,课程实施者可以根据具体情况采取三种做法:课程计划与具体实施之间是局部适应、相互适应或是全面修正,这三种做法中相互适应最受关注。20世纪70年代,伯曼和麦克劳夫林在主持兰德变革动因研究时发现,成功的课程实施的主要特征在于它是一个相互调适的过程。既然课程不是固定不变的,预设课程与实际实施的课程就可能会不同,可能会局部调整,也可能是全面修订,既可能是课堂水平的调适,也可能是整体的教育系统的调整。在这一价值取向中,实施中的调适成为课程实施的重要组成部分,并且是成功的课程实施所必需的。

调适取向认可课程实施的调适特性,认为课程实施过程离不开课程制定者与实施者的相互影响、相互协调,并关注实施者在具体的操作过程中是如何对课程方案进行调适的以及调适结果如何。在课程实施的评价上,既有量化方法也有质的评价,个案研究、参与式观察、访谈、问卷调查以及文献分析都可以是了解实施过程的有效手段。

4. 缔造取向

课程缔造取向是课程实施的具有后现代倾向的取向。这种价值取向认为,知识是在具体情境中通过个体的活动生成的,课程并不是预先固定下来的,课程实施是教师和学生在具体的教育情境中联合缔造的教育经验或结果,教师成为课程开发者,师生可以根据自己的具体情况来确定课程的目标和内容,预设的课程计划只是经验缔造过程中可供选择的媒介之一。持缔造取向的研究者关注师生如何缔造经验、课程缔造的影响因素以及缔造课程对学生的影响等问题。

课程实施缔造取向的目的在于把握教师和学生从事课程缔造过程的真实情况,所以在研究方法上,很多研究者以质性研究为基础,通过访谈、个案研究以及行动研究等来理解课程实施。

就课程实施的以上取向来看,除得过且过取向逐渐淡出研究者视野外,其他三种取向从不同角度揭示了课程实施的本质,都有其存在的合理性。忠实取向突出课程专家和课程政策的主导作用,调适取向关注课程规划者与实施者的协调,缔造取向则解放了教师和学生。但三者的局限性也很明显,忠实取向将教师看成操作机器的"技术员",限制了教师作用的发挥;调适取向具有折中主义之嫌;缔造取向则具有理想主义色彩,夸大了教师和学生的作用。

(二)侯斯课程实施取向

同样是在20世纪70年代末期,侯斯(House)提出了一种理解课程实施取向的分类视角,他将课程实施分为技术取向、政治取向和文化取向。

1. 技术取向

技术取向将课程实施视为一种技术,认为实施只是预定计划的执行过程,其成效以目标达成程度为衡量标准。技术取向存在这样的假设:人们在变革中具有共同的价值体系和变革目标,无论是课程设计者还是课程实施者都致力于变革目标的达成。在实施策略上,技术取向强调以"研究—发展—传播"模式,把变革方案转化为可应用的技术和知识,由教师贯彻执行。课程实施的关键在于实施者对变革的必要性与重要性有无充分认识,同时需要对其培训以增强实施效能。除了把课程实施假设为一个生产过程外,技术取向还关注课程变革本身的成果与效率问题。

这种价值取向主张以理性的系统分析来处理变革的实施问题,因此主要通过改革教材、方法,引进新技术来提高教学质量和实施成效,在研究方法上则倾向使用成就测验、态度量表或标准化调查问卷等量化方法开展研究。

2. 政治取向

课程实施的政治取向否认技术取向所假设的人们存在共同行动目标这一观点,它有自己的假设,认为即便人们共享一套价值体系,人们所生活的社会因为群体的利益不同也存在诸多问题和冲突,对立方之间为了达到自己的目的常常讨价还价、相互妥协,因此课程实施更像一个协商的过程。课程实施的政治取向涉及权威、权力的运用,以及不同团体之间利益的竞争和妥协。出于自身利益的考虑,不同群体对课程变革会产生不同的态度,有些态度之间甚至是对立的。因此,变革在某些人看来是值得质疑的,并不一定都会产生正面的效果。政治取向论者认为,一些人(如校长或教育行政管理者)在实施变革的过程中往往会利用自己的制度优势,通过法律或行政命令迫使无权势的一方顺从。相应地,这种做法通常会受到显性或隐性的抵制。当然,这种群体矛盾所产生的阻力并不一定完全阻碍课程实施的开展,学校成员通过协商仍然可以达成共识,课程实施的具体操作是各方协商和博弈的结果。

在评价方面,政治取向提倡以半结构化的问卷和访谈作为研究方法。

3. 文化取向

文化取向假定了一个更为支离破碎的社会,在这个社会中有很多亚文化群体,群体内部具有价值共识,但群体之间缺乏一致性。这种差距使群体很难采取共同行动。在课程变革中,外部设计的课程方案所代表的研究者文化和教师群体所代表的实践者文化之间存在着诸多冲突。侯斯认为,这两种文化之间的冲突涉及沟通、诠释、融合以及一种文化适应行动。因此,文化取向将课程变革的实施视为一种文化再生的过程,其目的在于促使学校成员重新思考课程、教学以及学校教育的本质和目的等问题。

文化取向将学校看成一个社区,社区存在学校、教师、学生、家长以及社区人士等不同群体,而不同群体拥有的亚文化不同,课程实施的成功需要共同体的构建作为保障。所以,文化取向持有者认为,课程实施需要关注教师的情绪、理解、价值观等因素,通过为教师提供更多的专业发展机会和额外的规划时间,促使他们形成共同体意识;还期望包括家长和社区人士在内的改革参与者对课程变革的本质有较深刻的理解;同时期待不同的亚文化群体之间保持良好的沟通与合作。在评价方面,文化取向注重寻求内部信息,尊重本土概念和价值观,重视"局内人"的见解,所以质化研究手段如参与式观察、个案研究等成为其常用的研究方法。

侯斯概括的三种课程实施取向从不同的学科视角出发审视课程实施的结果。正如侯斯指出的那样,技术取向来源于经济学,关注的是效率,因此以生产作为其隐喻;政治取向来源于政治科学和社会学,关注的是权威系统的合法性,因此协商是其基本意象;文化取向来源于人类学,关注的是意义和价值观,共同体则是它的基本意象。

(三)课程实施取向新发展

随着课程实施研究的不断推进,我国学者不断反思和探索,在课程实施取向方面逐渐形成新的见解。

1. 实践取向

实践取向的课程实施最早由美国课程论专家施瓦布提出,但当时的实践取向仅是针对传统的"理论"式课程探究而提出的,并未展开完整、详尽的论述。我国学者姜勇结合我国课程实施的具体情况,对实践取向进行了深入探讨。他认为,课程实施的实践取向指的是从教育场出发,根据教育场中发生的实际情况,作为课程实施者的教师应与课程设计者展开对话、沟通和交流,在此基础上达成共识,并在课程教学实践中不断修改与完善课程实施的一种过程。不难看出,这一取向倡导课程设计者与教师进行现场研究、提倡实施者与设计者进行对话与沟通。

2. 崔允漷课程实施取向

2009 年,崔允漷在教学范畴中探讨了课程实施的三种取向[①]。一是基于教师经验的课程实施。这种课程实施取向中,教师凭借自身所具备的知识和所信奉的理念开展教学,"教什么"和"怎么教"主要依赖于教师自身的经验。二是基于教科书的课程实施。崔允漷认为在教科书不断完善运用、极大改变教学面貌的情况下,教科书越来越成为课程实施的主要依据,对"教什么"和"怎么教"起着决定作用。基于教科书的课程实施,课程几乎等于教科书,大家把教科书视为唯一的课程资源;教师在基于教科书的课程实施中成为照本宣科的"教书匠",而学生则成了一个被不断灌输的容器,他们视教科书的内容为定论的知识。三是基于课程标准的课程实施。这一价值取向认为,随着教师专业化程度的不断提高,人们已经不满足于教师即"教书匠"的形象,希望教师拥有部分课程权力,除了关注"教什么"和"怎么教"之外,还需要关注"为什么教"和"教到什么程度"等问题。基于课程标准的教学就是教师根据课程标准对学生规定的学习结果来确定教学目标、设计评价、组织教学内容、实施教学、评价学生学习、改进教学等一系列设计和实施教学的过程。

3. 关怀取向[②]

课程实施的关怀取向以关怀教育理论为基础,与侯斯一样从课程领域外部出发,借助德育学视角来理解课程实施。这一价值取向认为,真正的课程实施处于师生对话和理解的环境中,课程实施的目的是培养有能力、关心人、爱人、被人爱的人,为了实现这一目的,关心必须主导学校课程。教师在对学生的关心中实现课程实施,衡量课程实施成功与否的标准在于学生是否学会了关心,是否获得了关心的能力。在关怀取向看来,课程实施指导目标应该具有连续性和关心性,课程实施应成为师生相互关心的过程。

三、课程实施的影响因素

课程实施涉及政治、文化、技术层面的诸多因素。作为课程实施研究的一个重要方面,其影响因素研究早在课程实施研究的早期就备受学者关注。

(一)国外学者的因素分析

国外学者富兰最早对课程实施的影响因素做了比较系统的论述,将影响课程实施的因素分为三类共九种因素。后来,辛德等人在富兰研究的基础上,将影响课程实施的因素增

---

① 崔允漷.课程实施的新取向:基于课程标准的教学[J].教育研究,2009(1):74-79.
② 李明铭.关怀取向:课程实施的一种新视角[J].教育理论与实践,2012(25):57-60.

至四类共十五种因素(见表 4-1)。

表 4-1　影响课程实施的因素

四类十五种因素	变革因素	(1) 变革的需要和迫切性
		(2) 变革目标的明确性
		(3) 变革的复杂性
		(4) 质量和可行性
	学区因素	(5) 学区试图改革的历史
		(6) 采纳过程
		(7) 地方行政支持
		(8) 教员发展与参与
		(9) 时间系列和信息系统
		(10) 董事会和社区的特点
	学校因素	(11) 校长角色
		(12) 教师与教师之间的关系
		(13) 教师的性格和取向
	外部因素	(14) 政府机构
		(15) 外部支持

（二）我国学者的因素分析

我国学者施良方在前人研究课程实施及其影响因素的基础上，将影响课程实施的因素归纳为五大方面。

一是课程计划本身的特性，包括可传播性、可操作性、和谐性（与流行价值的取向和行为方式之间的一致程度）、相对优越性。

二是交流与合作。相关课程各方的交流对于课程实施来说极为重要，各方通过交流，互通有无、取长补短，促进课程实施。

三是课程实施的组织和领导。西方有些学者认为，课程实施的最大障碍是教师的惰性，所以课程实施的各种规章制度是实施成功必不可少的保证。

四是教师的培训。教师是课程实施过程中的参与方和重要的执行力量，课程实施能否顺利开展，教师的素质、态度、适应和提高是一个关键因素。

五是各种外部因素的支持。新的课程计划的实施，需要得到新闻媒体、社会团体、学生家长等社会各界的理解和支持。

黄甫全把影响课程实施的因素概括为六个方面，分别是实施的文化背景（包括流行价值取向、课程实施态度和学校及社会的历史文化等）、实施主体（教师、学生和校长）、实施对象（课程自身清晰程度和质量等）、实施的管理（当局管理的态度和方法）、实施的环境（科学馆、博物馆等）以及实施的理论基础。

汪霞则认为课程实施的主要影响因素有课程计划的特征、教师特征、学校特征和校外环境特征四个方面。

蒋永贵构建了影响课程实施的三级因素，Ⅰ级因素为教师、学校和社会，在对Ⅰ级因素剖析的基础上深化为Ⅱ级、Ⅲ级因素，详情见表4-2。

表4-2 影响课程实施的三级因素

Ⅰ级因素	Ⅱ级因素	Ⅲ级因素
教师	教师的知识	学科内容知识；学科教学知识；实践性知识
	教师的信念	关于学科的信念；关于教学的信念；关于学生的信念；关于教师的信念；教学效能感
	教师的心理	教师的情感；教师的动机；教师的态度；教师的心理挫折
学校	学校文化	办学理念；校本教研；备课；公开课；听课；评课；测验与竞赛
	学校课程资源	实物资源；信息材料；交流渠道
	学校对教师的关照	对教师工作量的认可度；提供的专业发展机会；对教师生活的关心
	学校成员的个人因素	校长领导风格；教师人际关系；学生反应
社会	评价机制	对教师的评价；对学生的评价；对课程的评价
	课程标准	目标与理念；内容与标准；实施建议；附录案例
	教材及教参	教材内容选择；教材内容整合；教材呈现方式；教参内容；教参设计；教参附录
	教科研活动	专题研究；公开课；教科研评比；专家讲座等

从以上因素的分类中不难看出，影响课程实施的因素复杂多元，虽然学者们各自研究的视角和思考方式不同，但所研究的课程实施的影响因素既有不同之处，也存在交叉融合的部分。即便影响课程实施的因素会因国别、文化环境和时代变迁而产生变化，但诸多因素主要集中在课程方案、实施主体、实施环境和外部支持等方面。

四、课程实施的程度与测量

课程实施研究作为课程改革的一种重要范畴，除了需要研究其内涵、取向、影响因素外，实施程度的评鉴和测量也备受关注。具体来说，这一问题的研究主要围绕两个方面，一是何为课程实施程度，二是课程实施程度如何测量。

（一）课程实施程度

一般说来，对课程实施程度的理解受制于学者对课程实施内涵的解读，研究者大多遵循各自对课程实施的研究思路来不断推进其课程实施内涵、取向、实施程度研究的。

课程实施研究先驱富兰等人对课程实施程度的理解基于其课程实施忠实取向理解的基础。他们认为，课程实施程度是指某种新课程的实际使用与原本计划使用互相符合的程度，也就是说，新课程的实施过程中，在教学目标、教学策略、教学内容等方面，多大程度上与预设课程要求的内容相吻合。吻合度越高，课程实施程度越高，反之，课程实施程度低。

美国学者比格另辟蹊径，从课程实施的水平来理解课程实施程度。他立足教学过程的分析提出了四种水平——自主发展水平、记忆水平、说明性理解水平以及研究性理解水平。这一思考方式得到后来学者的认可，最终将这一研究简化为三种水平，即记忆水平、理解水平和创造水平。三种水平的划分恰好对应了课程实施的三种程度：课程实施忠实于预设课程内容,对应的是记忆水平;在实施过程中如果调适或改编预设课程内容,则对应的是理解水平;如果实施过程中强调生成目标的达成,具有缔造意蕴,就说明课程实施已达到创造水平。

蒋永贵综合分析以上含义,从广义和狭义两个层面来界定课程实施程度。广义来说,是指新课程实施过程中对规划课程内容使用的水平,从低到高主要表现为记忆、理解和创造三种水平,使用水平越高,实施程度就越强;狭义来说,是指新课程实施的真实过程与规划课程内容相符合的程度,与规划课程内容吻合得越多,实施程度就越高。

(二)课程实施程度的测量

课程实施程度需不需要测量?如果测量又如何测量?这些问题的回答直接关系到课程实施程度研究能否顺利开展。

1. 课程实施程度需要测量

对课程实施程度的全面了解是课程实施顺利开展的必要保证,而了解课程实施程度则离不开对课程实施程度的测量。加之课程实施不是可有可无的简单现象,在有无两极之间存在不同的程度,就越发彰显了对课程实施程度进行测量的必要性。

首先,对课程实施程度进行测量可以提供数据和反馈信息。课程编制者需要通过课程实施程度的测量来全面了解课程实施的具体信息,了解课程实施主体对课程的理解、态度以及接纳程度,从而评鉴预设课程。

其次,对课程实施程度进行测量是课程实施研究的必要组成部分。通过测量,可以分辨课程实施的有利因素、不利因素或无关因素,从而为课程实施取向、见解甚至策略研究提供数据或说明。

最后,对课程实施程度进行测量还可以协助做出有关问责的决定,是判断某课程需要延续、扩展或终止的基础。

2. 课程实施程度测量的方法

课程实施程度研究的关键,在于如何测量课程实施程度。关于如何对课程实施程度进行测量呢,学界一般采用以下几种方法。

(1) 行为观察法

行为观察法是研究者使用较多的一种测量方法,其研究程序是这样的:首先依据新课程的原本意图,列出将要被观察的教师和学生行为、班级布置与设备、教材性质与使用形式等项目,然后设计一套评分或编码系统,以便量化观察所得资料。例如,格斯坦(Gerstan)等人观察了42位教师的课程实施情况,他们的观察表预先列出了六项重要的教师或学生行为,观察员以12分钟为一时间段进行观察,记录教师和学生正确行为出现的次数。

使用行为观察法,必须要有针对某门课程设计的观察表。在具体的观察过程中,为了保证行为观察的信度和效度,必须多次重复观察教师和学生的相似行为,所以这种方法费时费力。并且难以直接测量出师生对课程的态度,往往会高估课程实施的程度。

(2) 问卷调查法

像教育研究的其他领域一样,课程实施程度测量使用问卷调查法的前提也是编制适用的调查问卷,检验信度和效度后展开实测。例如,1985年,美国明尼苏达大学的金斯顿(Kimpston)设计了两份问卷,第一份问卷的目的是调查教师有没有关于不同年级语文学科的学习目标,而目标数目多达 25～35 个。第二份问卷测量教师有没有参与实施 28 项以课程目标为本位的工作,并搜集教师对 28 项工作的重要性的意见。问卷调查法在一定程度上可以弥补行为观察法的不足,也成为学者测量课程实施程度的选择之一。它不仅可以节省时间,还可以抽取较大和具有代表性的样本。问卷调查法也有自身的局限性,其信度和效度往往会受到质疑。

(3) 访谈法

访谈首先以一些开放式问题为起点,然后通过一系列有次序的问题,深入探究课程实施程度。一般说来,访谈时间不要太长,最好控制在 20 分钟左右,在允许的前提下,辅以录音做记录。1977 年,霍尔(Hall)和 Loucks 使用访谈法对 1 381 位教师进行了访谈,来了解这些教师实施课程的情况。与行为观察法相比,访谈法节约时间,使用灵活,不必全天候跟随教师进行观察,访谈提纲的设计和良性谈话氛围的创设是访谈法有效运用的前提条件。

第二节　课程评价

课程评价是课程乃至教育领域中教育管理工作者或课程研究人员的常规工作之一,其目的在于依据一定的标准对课程的价值做出判断,以保证课程的有效性和合理性。随着我国课程改革的深入推进,课程评价越来越受到学者和管理人员的重视,同时也成为教师的日常工作。无论是身处教师岗位还是为走向教师岗位做准备的在校生,都有必要了解课程评价的含义、功能、要素与模式等问题。

一、课程评价的内涵、功能与要素

(一) 课程评价的内涵

评价问题是哲学关注的重要内容,一般定义为判断事物的价值。据此,课程评价则可以理解为研究课程价值的过程。虽然课程评价直指课程价值,但由于对课程价值、主体、关注点的理解不同,就造成了内涵各异的"课程评价",使得课程评价就像"课程"本身一样难以界定,也成为课程领域最难理解的概念之一。

1. 西方学者的思考

有着"当代教育评价之父"美誉的美国课程论专家拉尔夫·泰勒认为,评价从本质上讲,"就是判断课程和教学计划在多大程度上实现了教育目标的过程"[①]。他把课程与教学评价看作对课程与教学目标实际达成程度的描述,强调评价以目标为中心,注重结果与目标的对比。美国著名教育评价专家斯塔弗尔比姆(Stufflebeam)认为,评价的目的不是证明而是改进。所以评价应该是为做出关于教育方案的决策,搜集和使用信息的过程,是一种划定、获取和提供叙述性信息的过程。在他看来,形成性评价(信息反馈机制)的作用远比总结性评价更重要。桑德斯在《国际教育百科全书》中对课程评价下了一个简明的定义,认为课程评价指的是研究一门课程某些方面或全部的价值的过程。美国教育评价标准委员

---

① [美]拉尔夫·泰勒.课程与教学的基本原理(英汉对照版)[M].罗康,张阅,译.北京:中国轻工业出版社,2014:113.

会在1981年对评价下了一个更为简明的定义:"评价是对某些现象的价值如优缺点的系统调查。"这一定义的影响很大,在一段时间内确实左右了教育评价学界。很显然,这些定义都强调评价的判断属性,普遍关注评价的价值判断过程。以贝蒂斯(Bates)等为代表的学者则提供了课程评价理解的另一视角,将评价视为一种政治活动。

2. 国内学者的见解

古往今来,我国学者往往把评价看作评定价值的简称,普遍认为"从本质上说,评价是一种价值判断活动,是对客体满足主体需要程度的判断"。就课程评价内涵的理解来说,黄政杰认为,课程评价是判断各个层次课程价值优劣,提出缺陷或困难所在,做出行动决定的过程;施良方认为,评价的直接目的是要确定课程计划实施的效果以及效果与预设目标的吻合度;廖哲勋认为,课程评价是根据一定的标准和系统的信息对一定课程产生的效果做出的价值判断;钟启泉认为,所谓课程评价,意味着牵涉课程优劣的判断,亦即价值判断;等等。由此可知,我国学者倾向于把课程评价看作一种在广泛收集必要的事实信息的基础上,依据一定的标准,对课程编制、实施过程中的各个环节、各种因素,以及对教学系统的整体或局部进行价值判断的活动。

在分析以上见解的基础上,我们认为,课程评价是指检查课程目标、编定和实施是否实现教育目的或实现何种程度教育目的,以判定课程设计的效果,并据此做出改进课程决策的过程。要想准确把握课程评价的内涵,除明确其功能和作用外,还需弄清其取向、设计要素与方法等问题。

（二）课程评价的功能

课程评价的必要性主要体现在课程评价的功能上。起初,人们关注课程评价的判断功能和改进功能,随着课程领域研究的不断深入,课程评价的发展功能越来越受到重视。

1. 判断功能（甄别功能）

课程评价的一个重要表现形式就是价值判断,课程是充满价值的活动,课程评价本身就蕴含着依据一定标准对课程活动和现象进行好坏优劣及其程度的判断。所以,所谓判断或甄别功能就是指通过课程评价,甄别课程方案,对课程实施效果与预设课程方案之间的吻合度进行判断,从而起到断定课程方案优劣与实施程度作用的功能。

2. 改进功能

对于课程活动来说,判断和甄别不是目的,真正目的在于促进课程质量提高。在全面收集信息和判定功能发挥的基础上,课程编制者或研究者要了解课程方案的优劣,查找问题,并不断改进课程方案,提升其价值以更好地促进课程活动的顺利开展。

3. 发展功能

课程评价活动是不断追寻和实现人的存在价值的过程。从表面上看,对课程实施活动的评价,是为了确保课程方案的有效价值、确保课程设计在实施中高度符合预设目标。但追根究底,这两个"确保"实则为人的发展保驾护航,课程评价的最终目的是促进学生发展,这也是课程改革与设计的初衷与核心诉求。

（三）课程评价的要素

要素是事物不可或缺的组成部分,课程评价的要素则是在课程评价活动中不可缺少的因素。一般来说,课程评价的要素有评价主体、评价对象与评价方法。

1. 评价主体

评价主体主要涉及课程评价的"人"的要素。从课程活动设计到活动实施的进程来看,课程评价所涉及的"人"的要素有课程编制者(或研究者)、教育管理者、教师、学生和家长。

(1) 课程编制者(或研究者)

课程编制者或研究者是课程活动的推动者和设计者,他们推动着课程改革的启动和运行。他们的工作不是设计好课程方案就结束了,课程改革的顺利进行需要他们参与整个课程活动过程。他们往往与受评机构或人员紧密接触,了解乃至理解他们的做法、想法,甚至构建评价指标体系来评价一门课程、一位教师、一种方法或一所学校的课程实施状况。他们冷静、仔细、审慎且尽量全面地收集受评对象的相关资料和信息,以期课程与教学评价更为真实和客观。

(2) 教育管理者

评价是教育管理者发现问题的主要措施,也是其随后调整、改革管理手段的依据,此所谓"以评促管"。因此,课程与教学评价对于教育行政管理人员而言非常重要,几乎是常规性的工作。评价几乎发生在教育实践中的任何时刻,作为管理人员,他们都必须现场评价、现场决策。然而,公正、系统、全面的综合评价往往需要相对专业的知识,需要公开、公正和公平的指标体系,因此,这项专业性很强的工作往往让渡给专业评估机构实施,如德国的行业协会、国内各省教育评估院所(中心)之类的机构。

(3) 教师

教师是课程实施活动的具体推动者,对课程实践有着更实在、更理性、更深刻的感受,对课程内容的开展和课程目标的达成状况有更专业、更直观的认识。所以课程评价越来越注重教师队伍的参与。事实上,无论何种类型的课程评价模式或是评价过程,教师都扮演着非常重要的角色。只有这样,才能发挥教师的专业性和主动性,让课程实践变得更为流畅。

(4) 学生和家长

学生是课程内容学习的主体,对课程的实施状况有着更为深切的感受,因此,他们在课程评价中有依据自身感受表达意见的权利。学生参与评价,有助于增强他们的学习主动性,培养他们的自主意识和独立性,并为整个评价提供真实可靠的资料和信息。关注学生学业进展的家长对课程的实施状况也具有不可剥夺的话语权,他们心系子女成长,从而关注教育,关注课程改革,从关心子女学习的角度出发,感受课程实施。所以从这个意义上讲,家长也是课程评价的主体之一。

2. 评价对象

作为一种价值判断活动,有评价主体的存在,必然就存在着评价客体——评价对象。

(1) 宏观层面

宏观层面的课程评价着重评价人才培养方案的社会调研、课程效果与课程管理的情况。社会调研是课程决策的基础,社会调研的深度和广度、问卷设计及座谈规划等直接影响到社会调研的力度和效度。课程效果评价是课程决策、课程改革的基础,有利于完善课程结构和顺序,培养出符合教学目标需要的人才。课程管理是直接规定课程行为的管理活动,是教育管理工作中最为重要的工作。对课程管理成效的评价,有助于衡量学校的管理水平、课改理念和对社会经济发展的应变态度、能力等。

(2) 中观层面

中观层面的课程评价涉及某一学科的课程开发评价和所有学科的课程体系评价。课程开发包括地方课程开发和校本课程开发等,评价要求对课程开发过程中所采取的一切步骤的合理性加以验证。从目前的情况看,这方面的研究还不够丰富。课程体系评价是学校教育认可制度的一种体现,它要求全面评价学校的课程计划,包括课程计划与培养目标的一致性、学校课程与社会要求之间的符合程度、学校课程与学生的身心发展和课程教学的组织安排,等等。对这些方面的评价所得到的反馈,有助于改进系统本身,并为它的连续性及逐年的发展奠定基础,使之保持系统整体的活力。①

(3) 微观层面

微观层面的课程评价涉及具体学科的课程目标、课程内容、课程实施及其效果等方面的评价。课程目标评价主要是看它是否符合国家的教育宗旨和学校的培养目标,表述是否清晰,是否适合于特定的教育水平和智力发展阶段学生的学习,并使之通过努力能够达成目标,是否能促进学生的进一步学习,等等。课程内容评价最主要的是对教科书评价,包括评价教科书中学科体系的安排、具体学习活动的编排、图片版式的选择乃至其中所蕴含的课程理念等,评价其是否科学合理。课程实施评价包括实施过程中的问题,如影响课程实施的因素、课程实施结果等。

3. 评价方法

课程评价方法是指评价过程中资料收集与分析的具体技术与方法。自教育评价产生以来,欧美课程评价领域中各种评价模式相继出现,评价方法与技术也多种多样,归纳起来大体可分为两类②:一类是量化课程评价,另一类是质性课程评价。使用不同的评价方法意味着受不同的评价观念支配、追求不同的课程价值观。

量化课程评价方法是一种运用数学、统计学工具,收集处理课程评价资料,力图把复杂的教育现象和课程现象简化为数量,通过数量化的分析和计算,进而对评价对象做出价值判断的评价方法。它认为,只有定量化研究、量化的数据才是科学的,才能得出客观可信的结论,在认识论上是科学实证主义的。课程评价自产生之日起,就与整个教育对科学化的追求联系在一起。以量化形式表征事物的性质也被认为是科学化的特征之一,因此,在很长一段时间内量化评价方法一直占据着评价领域的主导地位。

常用的量化方法有观察法、调查法、实验法与测量法等,量化评价方法如果使用恰当,确实能凸显教育现象和教育问题,提供具有说服力的证据。

质性课程评价方法是指以人文主义为认识论基础,力图通过文字、图片等描述性手段,充分揭示课程的各种特质,以彰显其中的意义,从而促进理解的评价方法。质性评价方法,也被称为自然主义评价方法,它在认识上反对科学实证主义的基本观点,反对把复杂的教育现象和课程现象简化为数字,认为这种做法提供的只能是歪曲的教育信息,且有可能丢失重要信息。它主张评价应全面反映教育现象和课程现象的真实情况,为改进教育和课程

---

① 钟启泉.课程与教学概论[M].上海:华东师范大学出版社,2004:201.
② 李雁冰.课程评价论[M].上海:上海教育出版社,2002:8.

实践提供真实可靠的依据。质性评价方法是自20世纪六七十年代起,随着评价领域对传统以量化为特征的评价方法的反思批判而发展起来的,它也是科学研究中的质性研究方法在评价领域渗透的结果。目前常用的质性课程评价方法有档案袋评定和苏格拉底式研讨法,常借助于社会测量图示、兴趣调查表、等级量表、非干扰性技术、语义分化和论文测验等技术手段。

量化评价方法与质性评价方法出现在评价发展的不同时期,代表着不同的认识理念,作为具体的评价方法,二者各自具有不同的特点,分别适用于不同的评价目标和对象。比如,量化评价方法具有简单、明了的特点,能够直接反映评价对象的特质,适用于某些简单的教育现象和课程现象。质性评价方法具有全面、深刻的特点,在某种程度上,它是评价者对教育现象和课程现象的深度解读,它更适用于复杂现象的评价。因此,从实践出发的教育评价和课程评价,应该把二者有效地结合起来,按照评价目的与评价对象的不同特点,选择适当的评价方法,以获得全面、准确的评价信息。

二、课程评价的取向

课程评价是研究课程价值的过程。有学者认为[1],受不同理性支配相应形成三种取向,即基于"技术理性"的目标取向、基于"实践理性"的过程取向、基于"解放理性"的主体取向,这三种取向表征评价者对评价本质的理解,决定着课程评价采用的具体操作模式。

(一) 基于"技术理性"的目标取向

"技术理性"是通过符合规律的行动对环境加以控制的人类的基本属性,其核心在于"控制"。它首先将环境作为客体,进而将人也视为客体,主要目的在于对环境和人实施有效的控制。目标取向课程评价的哲学基础为"技术理性",强调"自然科学范式",追求评价的客观性、准确性和科学化,强调课程评价目的在于分析课程目标的达成程度,依此对课程实践进行有效控制与管理,反映科学主义取向,推进了课程评价的科学化进程,但忽略了人的主体性、创造性和不可预测性,忽略了活动过程本身的价值,对应古巴、林肯所指的"第一代评价"及"第二代评价"。"第一代评价"亦称为"测验和测量时期",其核心理念是评价即测量,评价者的工作类似于测量技术员。"第二代评价"亦称为"描述时期",其核心理念是:评价的关键在于确定明晰的行为目标,评价过程将结果与预定目标进行比较。第一代评价尽管未明确提出目标概念,但可视为目标取向的初始阶段。基于"技术理性"目标取向的研究方法为量化评价。

以泰勒为代表的目标评价模式是目标取向的典型评价模式。目标评价模式强调用明确和具体的行为方式来陈述目标。评价是为了找出实际课程实施效果与目标之间的差距,并基于差距完善课程计划或修订课程目标,但目标评价模式只关注预期的目标,忽视了过程因素,且对目标本身的合理性未进行判断。

(二) 基于"实践理性"的过程取向

"实践理性"是建立在对意义的"一致性解释"的基础上、通过与环境的相互作用而理解环境的人类的基本理性,其核心是"理解",注重人与世界的相互作用的过程。过程取

---

[1] 肖凤翔,马良军.课程评价的三种取向及对我国高职课程评价的启示[J].江苏高教,2013(2):130-132.

向课程评价的哲学基础为"实践理性",课程评价目的是对课程实施予以理解,过程本身的价值应纳入评价范畴,将人在课程开发、实施及教育活动中的具体表现作为评价的主要内容,开始认识到人的情感、需求、价值观等方面在评价中的重要作用,但对人的主体性肯定仍不够彻底,对应古巴、林肯所指的"第三代评价"。"第三代评价"亦称为"判断时期",其核心理念是评价是价值判断的过程,评价具有过程性,评价不应受目标限制,过程本身的价值应纳入评价的范畴。基于"实践理性"的过程取向的研究方法为量化评价与质性评价的结合。

以斯塔弗尔比姆为代表的CIPP评价模式和以斯塔克为代表的外观评价模式是过程取向的典型评价模式。CIPP评价模式包括四个阶段,即背景评价、输入评价、过程评价及成果评价,重视情境和过程因素的影响。外观评价模式强调课程评价应基于两个维度(描述与评判),从前提条件、相互作用、结果三个主要方面进行评价。

(三)基于"解放理性"的主体取向

"解放理性"是人类指向"解放"和"权力赋予"的基本理性,是通过对社会构建的批判性分析与研究而形成自主的行为,兼具自主与责任双重属性,其核心是对主体给予"权利"。主体取向课程评价的哲学基础为"解放理性",课程评价克服"过分依赖科学范式""管理主义倾向""忽视价值的多元性"等问题,对评价过程中人的主体性、评价者和被评价者的关系等重要问题做了重新诠释;课程评价过程是基于"多元主义"价值观支配下进行民主协商、主体参与的共同心理建构过程,被评价者既是评价的客体,又是评价的主体,评价是在自然状态下进行的。此评价反映社会学追求自然和非常规的发展思想,体现了课程评价的时代精神,对应古巴、林肯所指的"第四代评价"。"第四代评价"亦称为"建构时期",其核心理念是:课程评价过程是基于"多元主义"价值观支配下进行民主协商、主体参与的共同心理建构过程,而不是评价者对被评价者的硬性控制过程,被评价者不仅是评价的客体,也是评价的主体,评价是在自然状态下进行的。基于"解放理性"的主体取向的研究方法更趋向质性手段。

自然探究模式是这一评价取向的典型评价模式。自然探究模式是建立在现象学、解释学等理论基础上的,注重自然情境的研究,注重个案分析,注重缄默的或不言而喻的知识。

三、课程评价的主要模式

(一)目标评价模式

目标评价模式,也称泰勒模式,是在泰勒的"评价原理"和"课程原理"的基础上形成的,针对20世纪初形成并流行的常模参照测验的不足而提出,以目标为中心开展,旨在评价课程方案达到目标的程度。泰勒认为,教育的根本宗旨是使学生的行为发生变化,评价就是来判定学生的这些行为变化实际发生的程度,通过预先明确并设定行为目标来设计课程、评价课程。受其思想影响,目标评价模式分为七个步骤或阶段:

① 确定教育方案的目标;
② 根据行为和内容对每个目标进行界说;
③ 确定应用目标的情境;

④ 设计学生能表现目标达成度的情境；
⑤ 选择和编制评价工具或技术；
⑥ 确定评价方式。
⑦ 将收集到的信息与行为目标进行比较。

目标评价模式是课程评价中产生最早也是影响最大的评价模式。目标评价模式的进步在于把评价与课程开发紧密地结合起来。在此以前，测验只是关注学生本身，在此以后，评价者首先关注的是课程方案。而泰勒首先界定课程方案的目标，并以目标为中心开展评价，然后再将评价结果反馈给课程方案的参与人员，这样就使课程评价成为课程开发的有机组成部分。另外，目标达成模式通过对目标的细化和行为化的表述，使评价者能清晰和准确地判断目标达成的情况，因而具有很强的可操作性且容易见效。这一评价模式从美国传播到欧洲、亚洲、大洋洲等许多国家和地区，后来产生的任何一种评价模式在世界上所造成的影响都远不及目标评价模式。其影响之大、范围之广，从侧面也证明了其存在的合理性。不过，这并不代表它没有缺陷，恰恰相反，后来许多评价模式都是在批判这一评价模式（评判焦点集中在只关注预期目标、忽视目标以外相关因素）的基础上发展起来的，有些是在此基础上加以改进，有些则完全走到了它的反面。即便如此，我们也要客观地对其加以评价。在课程评价研究中，目标评价模式的重要性在于它提出了一种评价规范，人们可以批判它、赞扬它，但绝不能无视它，这正是目标评价模式的价值所在。

（二）目标游离评价模式

目标游离评价模式是20世纪70年代由美国学者斯克里文针对目标评价模式的弊病提出来的。在这之前，他曾提出过"消费者导向评价模式"，时隔十年左右的目标游离评价与消费者导向评价模式实际上是一脉相承的，二者都以"需要"为基础开展评价。目标游离评价模式是针对目标评价模式过于关注预定目标、对于目标以外的副效应（非预期效应）没有给予应有的重视而提出的。斯克里文认为，对目标的考虑和评价并不一定是必要的，相反，可能有害。在这一观点的基础上，他批判目标评价模式太容易受课程方案限制，也容易受课程方案的使用者和设计者影响，主张把评价的重点从"课程计划预期结果"转向"课程计划实际结果"上来，主张评价除了要关注预期的结果之外，还应关注非预期的结果，对预期结果和非预期结果一并进行考察和分析。他认为评价的指向不应该只是课程计划满足目标的程度，更应该考虑课程计划满足实际需要的程度。

斯克里文提出的目标游离评价模式对于如何开展评价并没有提出一个详细的程序，也没有提出操作化的规则。但是，斯克里文以需要为基础的评价模式有两个方面值得我们学习。一是以需要为基础的评价是每个评价者应有的基本态度，这样的评价结果更易于被人们接受和认可；二是合理处理形成性评价与总结性评价的关系，在倡导形成性评价时要保持清醒的头脑，不至于从一个极端走向另一个极端，评价不应有失偏颇。

（三）CIPP评价模式

CIPP评价模式即"背景评价—输入评价—过程评价—结果评价"模式，是美国教育评价学家斯塔弗尔比姆倡导的课程评价模式。斯塔弗尔比姆认为，评价不应局限在评定目标达到的程度，而应该是为课程决策提供有用信息的过程，因而，他强调为课程决策提供评价材料。该模式包括以下四个步骤。

1. 背景评价

该步骤要确定课程计划实施机构的背景,明确评价对象及其需要,明确满足需要的机会,诊断需要的基本问题,判断目标是否已反映这些需要。背景评价强调,首先应根据评价对象的需要对课程目标本身做出判断,看两者是否一致。背景评价采用的主要方法包括系统分析、调查、文献评论、听证会、访谈以及诊断性测验等。

2. 输入评价

这一步骤主要是为了帮助决策者选择达到目标的最佳手段,而对各种可提供选择的课程计划进行评价。这个步骤关心下列问题:目标陈述恰当与否?课程目标与教育目标是否一致?课程内容与目标是否一致?使用的策略是否有助于达成目标?能成功达到目标的理由是什么?等等。输入评价采用的方法有文献调研、访问、试点实验等。

3. 过程评价

过程评价主要是通过描述实际过程来确定或预测课程计划本身或实施过程中存在的问题,从而为决策者提供如何修正课程计划的有效信息。其评价的范围包括实施步骤、教学方法和学生活动等。过程评价包括三个策略:一是探究或预测课程设计或实施过程中可能出现的疏漏;二是为决策者提供信息;三是坚持记录在各实施阶段的情况。通过这种评价,使项目决策者获得自己期望获得的信息,克服困难并做出相应的决策。

4. 结果评价

结果评价就是测量、解释和评判课程计划的成绩。它要收集与结果有关的各种描述与判断,把它们与目标以及背景、输入和过程方面的信息联系起来,并对它们的价值和优点做出解释。结果评价所提供的信息有助于课程决策者对课程计划做出继续、中止或修订的决定,并且能够使决策者把试验阶段的行动与整个课程变革的其他阶段联系起来。

CIPP评价模式仍是局限于目标的评价模式,其重点是为决策者提供信息,其首要任务是更好地反映社会对评价的要求,使评价过程变得温和、有人情味,再加上它系统性较强、比较全面,因而在实践中弥补了其他模式的不足。

(四)外观评价模式

外观评价模式是由美国教育评价专家斯塔克提出的。他批判当时的课程评价只重视测验,强调结果而忽视先在因素、过程因素和结果因素之间的关系,认为课程评价应该从前提条件、相互作用和结果三个方面综合考虑。前提条件是指课程实施之前业已存在的、可能与结果有因果关系的各种条件,如学生的兴趣、经验、教师意愿、课程内容特点、社会背景等;相互作用是指课程实施的过程,主要是指师生之间和学生之间的关系,如课程设计者与课程实施者的沟通、师生关系、师生交往、课堂的氛围等;结果是指实施课程计划的效果,如学生的成绩、态度、动作技能、对教师和学校的影响等。斯塔克指出,对于上述三个方面,都需要从描述和评判两个方面做出评价。描述包括"课程计划打算实现的内容"和"实际观察到的情况"两方面,评价包括"既定标准的评判"和"根据实际情况的评判"两种,具体如表4-3所示。

表 4-3 斯塔克外观评价模式①

领域	描述矩阵		评判矩阵	
	打算做的	观察到的	标准	判断
前提条件 (教师与学生的特征、课程内容教材、社会背景等)				
相互作用 (交往流程、时间分配、事件序列、社会气氛等)				
结果 (学生成绩、态度、动作技能、对教师及学校的影响等)				

由此可见，外观评价模式中课程评价活动贯穿整个课程实施过程，它不仅要检查课程实施效果，还注重描述和评判课程实施过程中的动态现象，因而比较全面周到。但在观察、描述和判断中容易带有主观性，从而影响评价结果的可靠性和可信度。

（五）CES 评价模式

CES 是美国加利福尼亚大学洛杉矶分校评价研究中心的简称，该中心自 20 世纪 60 年代以来一直为研究、实践和推广 CES 评价模式而努力。CES 评价模式包括下面四个步骤。

1. 需要评定

所谓需要评定，就是调查人们有何种需要，核心问题是确定教育目标，主要为决策者设定目标而服务。决策者要从以下问题中进行选择，例如，自己感兴趣的问题、课程实施中遇到的难题、自己说不清楚的问题、学生与教师看法不一致的问题、教师意图与课程实施效果不一致的问题等。

2. 方案评定

这一步的核心是对各种备选方案达到目标的可能性做出评价，它包括对课程内容与教育目标一致性方面的分析，以及对设备、资金和人员配置方面情况的研究，目的在于在各种方案中选择一个能够满足教育需要的计划。

3. 形成性评价

这一步的重点在于发现教育过程的成果和不足之处，修正教学活动中某些偏离预期目标的地方，从而保证教育目标的实现。

4. 总结性评价

总结性评价是对教育质量的全面调查和判断，然后对所评价的计划做出推广、保留、修正还是放弃的最终选择，这一阶段又称为计划的批准或采纳阶段。

CSE 评价模式是一种服务于课程改革的综合性评价模式，在该评价模式中，评价的形成性功能与总结性功能得到有机统一，评价活动贯穿课程改革的整个过程，根据课程改革需要提供评价服务，是一种动态的评价，在课程评价中的运用相当广泛。

---

① 施良方.课程理论：课程的基础、原理与问题[M].北京：教育科学出版社，1996：159.

(六)自然探究评价模式

自然探究评价模式是以当代哲学如现象学、解释学、符号互相作用理论为基础的,采用自然主义思想与方法进行课程评价的一类模式。它提倡在评价中顺应人类本性,在评价过程中尽可能与评价有利害关系的人建立一种平等关系,形成稳定交流和沟通的渠道。这一模式的典型代表是美国学者古巴和林肯。

自然探究评价模式不主张采用固定的研究方法,而要根据实际情况而定,在评价中具有注重自然情境、定性方法和个案研究、从事实归纳中获取理论、注重如直觉和感受等缄默或不言而喻的知识等特征。在评价过程中,它强调收集与评价有利害关系的主导者、受益者和受害者这三类人的信息。评价的主导者是指评价的资助者、推动者、决策者、评价工具的提供者、评价结果的使用者以及评价人员;评价受益者包括直接受益者和间接受益者;评价受害者是指在评价活动中受排斥者、评价的副作用的伤害者、为评价活动付出机会成本的人等。对每种类型的人员,自然探究评价模式都要收集三种信息:需求、关注和问题。在这里自然探究评价模式提出了"解释性辩证环"这一核心概念,其运作原理是:尽可能吸收各方对评价活动的意见和见解,各方可以根据自己的观点对其他人的观念进行分析和评论,目的在于形成一个各方都能接受的意见,形成"共同建构"。在评价者与各方人员进行交流的同时,通过其他渠道获得的信息还应源源不断地进入这一"解释性辩证环",成为达成共识的"催化剂"。"共同建构"不一定要使各方统一认识,在某些问题上可能还会有分歧,甚至相互之间有冲突,关键在于使对话各方通过相互作用对已有的建构产生影响,而且这些分歧和冲突也可以成为进一步协商和收集资料的基础。

上述六类课程评价模式各有其长处和不足,有些模式便于操作,但往往只注意近期的、可观察到的效果;有些模式比较周全,但实施过程往往比较复杂,而且我们很难对研究过程中渗入的主观因素做出明确判断。所以,在课程评价的具体过程中,需要根据具体情况选择合适的评价手段。

四、课程评价的历史发展与展望

(一)课程评价的历史发展[①]

课程评价的发展经历了以下三个阶段。

1. 前课程评价阶段

现代课程评价产生于"八年研究",但在现代课程评价产生之前,并不是完全不存在课程评价,至少它以萌芽和片段的形式存在和发展了很长时期。因此,"八年研究"以前的课程评价统称为前课程评价时期。这一时期可以上溯到中国古代学校中存在的考试制度。

我国很早就有关于考试的尝试和记载。我国最早的教育典籍《学记》中曾记载:"比年入学,中年考校。一年视离经辨志,三年视敬业乐群,五年视博习亲师,七年视论学取友,谓之小成。九年知类通达,强立而不反,谓之大成。"这些描述虽稍显粗略,但这是我国最早反映学校考评制度的文字记载,随着时间的推移,这一制度也从各方面逐步发展和完善起来。我国自汉代以来,各级学校都有着严格的考试制度,考试形式多种多样,有一年一试或两年

---

① 刘志军.发展性课程评价研究[Z].上海:华东师范大学博士后研究工作报告,2002:94-95.

一试的学年考试,有单科结业考试,也有日常考试如旬试、月试、季试。每次考试结束后依据考试结果给予相应奖罚,优秀的甚至直接授予不同官职,考试成绩低下者则令退学。如西汉时,太学中的岁试中就规定,能通一艺以上者,授文学掌故,成绩优异者,可任郎中,才能低下,考试又不能通一经,则令退学。明朝时,岁试后按成绩把学生分为六等:第一、二等奖赏,第三等如常,第四等挞责,第五等降级,第六等除名。考试制度的严格性与考试方法的完善性是联系在一起的。在中国古代学校考试发展过程中,考试方法也处在从粗略到精细的不断完善之中,其中主要的考试方法有以下几种。

设科射策:始创于西汉,是一种口试方法。把题目按难易和范围分为不同科,考题挂起后,考生用箭射,射中后回答。后来演变为题目写于纸上密封,学生随意抽取后,口头作答,类似今天的抽签考试。

帖经:从唐代开始,考试由口试转为笔试,帖经是笔试最早的一种形式,即在经书中帖字若干,再由学生写出,类似今天的填空题。

墨义:由于帖经强调单纯记忆,为了改进考试方法而提出墨义,墨义是对有关经义的注疏问题,考试时要求学生简单作答,类似于今天的简答题。

策试:是考试的更高级的形式,要求学生结合现实问题对题目进行论述性回答,类似于今天的论述或作文。

中国古代考试形式和方法传入西方之初,对西方学校考试的影响并不大。18世纪以前,西方学校考试一直采用的是口试形式,教师对各个学生口头提问,对不同的学生提出不同的问题,根据学生回答的情况来判定学生的学习程度,但是由于口试对各个学生不能问同样的问题,衡量学生掌握知识的程度便没有固定标准,加上口试法向学生提问的题目较少,无法全面考查学生的学习水平,随着学生人数的增多,单纯的口试法越来越难以适应学校教育的发展。直到此时,西方学校才开始借鉴中国的考试形式,自18世纪起,他们才出现笔试法。至19世纪后半期,以班级授课制为代表的课堂教学在西方成为主要的教学组织形式,此时受教育者数量激增,再像以往一样一一对学生进行口试几乎不可能了。这种情况下,笔试的优势越发凸显出来,它不仅可以进行集体测试,同时相比口试还具有客观性、可靠性和节约性,测试结果大大优于口试。因此,笔试才逐渐取代口试成为考试的主要形式。

从19世纪末开始,由于受实证主义追求客观、科学的思想影响,笔试中的问题受到人们的关注。由于当时的笔试一般都是由论文式试题组成,评分时易受主观因素影响,而且试题太少,不足以反映学生学习程度的全貌。为矫正这种弊端,教育测验方法开始出现。

教育测验虽然在理论上受实证主义哲学和社会思想的影响,但在技术上具备了三个前提,一是现代实验心理学周密的试验计划和测量方法的启示,二是统计测量技术的相继问世,三是心理测量的直接推动。正式的教育测验运动开始于20世纪初,在美国的两位教育测验运动的先驱卡特尔和桑代克的带动下,教育测验在美国迅速开展开来。1904年,桑代克发表了《精神与社会测验学导论》一书,在这本书中他明确提出"凡存在的东西都有其数量,凡有数量的东西都可以测量",这一口号激励了众多的教育研究者从事教育测验运动。在20世纪前30年内,教育测验运动迅速从美国蔓延到世界其他各地,形成了声势浩大的教育测验运动。

这次的教育测验运动有两个特点:一是测验范围广、类型多样。有智力测验、学业测验,也有测验学生品德、观念、态度和性格的个性测验,有人统计,在1909年到1928年间,美国出现的各种类型测验高达3 000多种。二是把测验的科学性与客观性推到了极致。由于受桑代克思想的影响,当时人们普遍相信,只要经过不懈的努力,学生学习发展的全部都可以客观地转为数量,只有这样,才能使教育教学建立在更科学的基础上,很多教育家也认同这一点。

前课程评价时期在经过了漫长的发展之后,从手段和方法来看,已经从最初的模糊逐步走向了清晰,从追求公正性走向了追求客观性和科学性,成为教育追求科学化运动中的重要力量,人们有理由相信,教育测验的思想方法必然会成为教育科学化的重要里程碑。

2. 课程评价的产生与发展时期

这一时期从"八年研究"开始,至20世纪70年代中期止,这一时期是现代课程评价从产生到繁荣发展的一段时间,在课程评价方法上,仍是客观的实证主义方法占优势的时期。

现代课程评价始于"八年研究",在"八年研究"开始前的1929年,时任俄亥俄州州立大学教育研究部成绩测验室主任的泰勒就开始对当时还在全盛时期的教育测量运动进行了反思。他认为,以往的测验仅考查学生对课本规定内容的机械记忆,并不能考查学生是否掌握了运用课本知识的复杂性为和技巧。虽然学生在测验中能获得好成绩,但仍缺乏实际动手能力。针对这种情况,他提出了评价这一更广泛的概念来代替测验,其核心就是以教育目标来指导的测验。

在长达八年的课程改革实验研究中,泰勒有了把这一设想变为现实的条件,他在提出课程评价的基本原理和思想之外,还从教育目标的界定出发,认为评价的方法和手段应服从和服务于教育目标的达成情况。为此,泰勒明确反对把评价等同于纸笔测验,认为纸笔测验只是知识评价的重要手段之一。在测验之外他提出了观察、交谈、问卷和收集学生作品的评价方法。通过"八年研究"的课程改革实验,泰勒不仅创造性地提出了课程评价的概念及其相关原理,还突破了原来测验方法的局限,把19世纪以来逐渐发展成熟的社会科学研究方法引入到课程评价之中,使它们成为课程评价收集资料的有力手段,这应该是泰勒的又一个创举。

第二次世界大战结束后到20世纪50年代末,课程评价的理论基本沿用泰勒模式,但在评价方法和技术上则有两个重要变化。一是以布卢姆为首的研究者编制出了教育目标分类学,二是标准化测验的迅速发展。以行为目标分析为特点的教育目标分类学的出现,对泰勒的目标导向的课程评价是一个强有力的支持,它为稳固泰勒的目标模式在课程评价中的地位起到了至关重要的作用。标准化测验的发展为教育目标分类学更好地运用到课程评价中提供了技术支持。

20世纪60年代,在课程实践的推动下,课程评价得到了迅速发展。一个重要特点就是突破了泰勒模式独霸天下的状况,形成了多种评价模式并存的局面。随着课程评价模式的多样化,评价方法在这一时期也出现了一些变化,但总体上并没有一个根本性的突破,其基本思路仍未脱离泰勒初创课程评价时的设想,在某些评价模式中反而有更极端化的表现。其中最明显的表现是系统分析评价模式。这一模式的具体评价方法有两个重要特点:一是强调科学实证的方法,要求在评价分析过程中所使用的材料必须是能证实的。二是强调使用定量的资料和数学技术,如线性回归、回归分析、计算机技术等。可见在系统分析评价模式中,客观性和数量化技术被提到了前所未有的高度,这为后来的课程评价研究者的批判提供了理由,为课程评价的重建埋下了伏笔。

3. 课程评价的批判与重建时期

从20世纪70年代开始直到现在,主观主义的研究范式逐步影响了课程评价的研究,并出现了一批以批判传统课程评价、重建课程评价理论为标志的课程评价模式。我们称之为课程评价的批判和重建时期。

从20世纪60年开始,对泰勒模式的批判几乎成了课程评价发展的主旋律。最初的批判只是对泰勒模式本身的批评,从该模式的适用性、目的与功能等角度进行批判,对其基本思路并没有太大的触动,20世纪60年代产生的一些评价模式总体来说仍可以看作对泰勒模式不同程度的改进。从20世纪70年代开始,对以泰勒模式为代表的传统评价的批判进入了新阶段,由原来的局部的批判发展为全面的批判。

提出课程外观评价模式的斯塔克早年受到过严格的数学、统计和测量的训练,并获得了心理测量方面的博士学位。20世纪60年代,斯塔克在伊利诺伊大学"教学研究与课程评价中心"工作期间,开始以受过系统量化训练的专家的身份批评课程评价过度量化的倾向。1973年,斯塔克在外观评价的基础上提出应答评价,并系统地比较了预定式评价与应答评价的不同,在其中的方法选择上,他认为预定式评价更加强调实验设计、假设、随机取样、客观测验、统计等方法,而他提出的应答评价则强调观察、解释和叙述,并明确提出应答评价是"以牺牲某些测量上的准确性换取评价结果,对方案有关人员来说具有更多的实用性"。

20世纪70年代初曾提出过阐释评价模式的帕洛特和汉密尔顿则把泰勒模式归结为农业——植物学范式进行批判。他们认为传统课程评价脱离了具体的教育情境而强求严格控制的客观性,并以客观性为标准尽可能收集量化资料,人为地限制了评价资料收集的范围;假定课程计划及其相关因素在前后测量结果之间没有变化,来保证测量的信度;用样本的统计数据推断总体,忽视了个别的、局部的和非典型的现象可能提出的问题。诸如此类的问题都与传统评价所选择的方法有很大的关系。

自然主义评价模式的代表人物古巴也有多年从事教育统计和测量的经验,他在转向人种学研究教育问题后,逐渐开始了对传统评价的反思。20世纪80年代中期以后,他和林肯一起开始批判过去的评价模式。他们认为,过去绝大部分课程评价模式属于强调价值中立的科学主义的范式,这些评价模式之所以存在这样或那样的问题,主要原因在于:

① 传统评价常常导致"背景脱离"。它假定在课程评价实施的过程中,被评价者只能存在于一个被严格控制的环境之中,而不是一个自然的环境。这样得出的评价结论反而无法解决真实情境下的问题。

② 传统评价常常过分依赖量化的统计测量方法,热衷于"硬"数据资料的收集,但是量化资料体现的预定的目的和可控制的行为,对于非预期的和不可控制的行为则无能为力。

③ 由于科学方法在传统评价中的绝对权威地位,不仅其他任何方法都被科学原则排除在外,而且作为评价者和评价的其他人员只能相信测量和统计得出的结果,无法对这一结果进行质疑和改造,也没有任何协商的余地。

④ 管理主义倾向。评价的权利常常掌握在少数的管理者手中,其他人甚至包括评价者也会受管理者控制,评价中所体现的价值也常常是管理者的一元价值标准,数量化的评价资料也常常是按照管理者的规定和意愿用实证方法提取的,它常常会扭曲评价的真实内涵。

综观对泰勒模式(传统评价)的批判,其核心在于对传统评价过分强调以统计、测量为代表的量化方法和以科学实验为代表的实证主义方法论的批判,并对方法运用过程中与评价中的价值及伦理问题的冲突进行了分析和批判。针对这些问题,从20世纪70年代开始,一些评价专家为课程评价方法乃至评价体系的重建进行了不懈的努力,提出了以下几种有影响的课程评价方法。

① 应答评价。这是斯塔克在1973年第一次提出来的,作为在此前提出的全貌评价的进一步发展。在方法选择上,应答评价比外观评价有了根本的改变。斯塔克认为,应答评价更多地以课程评价的具体活动为对象,而不是预先设计的课程计划,在评价活动中努力满足评价听取人对信息的需求,在评价报告中能够尽量反映评价参与人不同的价值观念。在具体的评价中,他更多地建立在以自然方式评价事物的基础上,即自然式观察以对人的需要、观点和价值等有效而即时地反应。应答评价强调适应性和灵活性,根据课程计划实施情况的变化而不断地变化,不墨守成规,在不断解决问题的过程中接受新的挑战。

② 教育鉴赏与教育评论。这是美国学者艾斯纳在20世纪70年代提出的一种独特的评价方法。艾斯纳也是一个对传统课程评价中的量化方法持反对和批判态度的人,他在批判传统课程评价的基础上,把艺术评论的方法引入评价中,作为课程计划的实施评价的重要方法。艾斯纳认为,用于艺术的鉴赏和评论的方法也可以运用到教育活动中来评价人的行为。教育鉴赏是有鉴赏能力的人对鉴赏对象内含的复杂的特性进行洞察、欣赏的过程。教育评论则是以教育鉴赏为基础,鉴赏人把教育活动中那些不为一般人所体察到的特性用语言或文字进行描述或解释。在这一方法中,教育鉴赏是基础,教育评论是具体实现这一方法的手段。

根据艾斯纳的解释,教育评论的文本应该有三个组成部分:第一部分是描述。描述就是评论者试图向人们提供一个对评论对象生动而详尽的描绘,目的在于使听者或读者能够如身临其境般深入洞察所描述的事物。第二部分是解释。解释就是评论者就一些关键事件运用理论知识和实践智慧进行分析和阐释,以寻求事物的深层结构和规则。用教育理论解释特定教育情境是促使教育理论与实践结合的有效方式。第三部分是价值判断。对描述和解释的事物进行价值判断,判断需要有相应的价值标准。艾斯纳认为,教育中有多种价值观点,不存在哪一种比另一种更好的说法,只有哪一种更适合特定的教育情境。因此,价值判断应根据不同的情况选择不同的标准,正如艺术中评判悲剧只能用悲剧的标准,而不能用喜剧的标准一样。最后,根据教育评论方法分析的报告内容和报告方式,因不同的评价听取人的需要不同也应有所不同,其目的在于从不同的侧面改进教育活动。

③ 共同建构。古巴和林肯在批判前三代评价的基础上,提出了他们自称的"第四代评价",其核心方法就是共同建构。共同建构并不是一种独立的方法,而是一系列方法的组合。它是在自然情境中进行的,主要采用质性方法,以人的感官为工具收集资料,如对活动的观察、与人谈话、阅读文献、关注人的非言语行为等,在不断地与外界信息交换的基础上与各评价主体进行调整、检验和协商,逐步达成共识,形成共同建构。

以上三种新的课程评价方法分别从不同的角度对课程评价的实施做了进一步的发展,体现了近年来多元化为主要特征的政治、社会和哲学等思潮对课程评价的影响,它相对于过去的课程评价方法来说是一种再建构。

(二) 课程评价的未来展望

目前世界各国课程改革中,评价的甄别和选拔功能逐步淡化,目标取向的评价正在被过程取向和主体取向所替代,评价的方式进一步多样化,为学生提供致力于持续发展的评价体系,为教师提供致力于不断完善自我、提高教师专业化水平的途径,把促使学生和教师的互动发展作为评价的重要目标。课程评价总体上呈现以下发展趋势。

① 课程评价方法由自然科学方法转向人文科学方法,即由量化评价转向质性评价。教育活动不是精密的工业制造,自然科学方法的使用虽然彰显了课程改革的科学性,但却难以评价课程设计与课程实施过程中内隐、难以数量化的因素。从课程评价的发展历程中我们不难发现,量化评价和质性评价都是课程评价不可或缺的组成部分,量化评价转向质性评价,并不是完全舍量化评价取质性评价,恰恰是强调二者都是必要的和重要的,现代课程评价需要二者相结合。

② 在课程评价过程中,将课程实施过程中的诸多因素加以考虑,由目标定向评价转向目标游离评价,由注重结果评价转向同时关注过程。目标定向评价在课程评价发展历程中具有举足轻重的地位,但随着课程改革的发展其弊端也逐渐显露出来,成为学者批判和审思的对象,仅仅收集预设目标的信息进行评价必然是不全面的,不足以客观把握课程实施状况,所以现代课程评价强调结果和过程并重,静态评价与动态评价相结合,以全面把握课程实施过程。

③ 课程评价由单独考评某个单一变量转向描述和阐释课程方案实施的整体情境。课程评价对评价对象的某一时段、某一方面或变量的评价是局部评价,无法做出全面、全局性透视,课程评价应在掌握局部信息的基础上了解课程方案实施的整体状况,用全面、动态的视角对课程系统进行全面、多角度的评价。

④ 课程评价由关注课程方案客体转向关注受教育者主体。作为课程出发点和归宿的受教育者是课程实施过程中的重要因素之一,随着课程改革的发展,受教育者的课程意识不断觉醒,促使课程评价由关注课程方案本身逐渐转向兼顾课程设计方案与受教育者,受教育者参与课程评价也成为当前课程评价发展的主要趋势之一。

⑤ 课程评价由追求客观知识和技能的习得转向关注课程实施过程中的价值与意义。传统的课程评价关注课程方案和课程目标,通常以学生外显的知识和技能的获得作为评价标准,随着评价从目标评价转向过程评价、主体评价,其评价标准也逐渐由外显客观知识与技能转向课程实施过程中习得的内隐价值与意义。

⑥ 课程评价评价者与被评价者的关系由主客体关系转向主体间协商关系。课程评价者与被评价者的完全分离,使评价过程变成少数权威人士的活动,身处课程实施过程中的教师和学生往往被排除在评价主体之外。从课程评价的理论和实践来看,教师和学生理应是课程评价的主体,教师不仅是课程的实施者,也应是课程方案的制定和评价的参与者,像自然探究评价模式倡导的那样,课程方案设计和实施的各方"共同建构",达成协商关系。

第五章 课程资源与课程开发

新课程的实施,改变了传统的课程观念。教师不仅是课程的执行者和实施者,而且是课程资源的创生者和开发者。教师应该克服把教材作为唯一课程资源的认识偏向,教育教学过程中所有的因素都蕴含着课程资源。重视这些课程资源并注意进行有效开发,对于教学目标的达成和教学任务的实现,无疑具有极为突出的现实意义。

第一节 课程资源

课程资源是课程设计、编制、实施过程中可资利用的一切人力、物力以及自然资源的总和。它是课程开发的条件,是课程的来源和构成要素,是课程得以形成和发展的基本前提。课程资源为课程目标的实现提供了资源上的保证,为课程意义和教育意义的充分展现提供了背景和基础。

一、课程资源的内涵

所谓资源,是指一个国家或一定地区内拥有的物力、财力、人力等各种物质要素的总称。资源可分为自然资源和社会资源两大类,前者如阳光、空气、水、土地、森林、草原、动物、矿藏等;后者则包括人力资源、信息资源以及经过劳动创造的各种物质财富。社会资源同自然资源相比,具有以下几个突出特点。一是社会性。人类本身的生存、劳动、发展都是在一定的社会形态、社会交往、社会活动中实现的。劳动力资源、技术资源、经济资源、信息资源等社会资源无一例外。二是继承性。社会资源的继承性特点使得社会资源不断积累、扩充、发展。知识经济就是人类社会知识积累到一定阶段和一定程度的产物,这种积累使人类的经济时代发生了一种质变,即从传统的经济时代(包括农业经济、工业经济,农业经济到工业经济有局部质变)飞跃到知识经济时代,这是信息革命、知识共享的必然结果。三是主导性。一方面社会资源决定资源的利用、发展的方向;另一方面,在把社会资源变为社会财富的过程中,它表现和贯彻了社会资源的主体——人的愿望、意志和目的。四是流动性。利用社会资源的流动性,不发达国家可以通过相应的政策和手段,把他国的技术、人才、资金引进到自己的国家。我国改革开放、开发特区的理论依据也含有这方面的内容。五是不均衡性。社会资源的这种不均衡性主要是由自然资源、经济政治发展、管理体制、经营方式等原因形成的。

关于课程资源,泰勒在编撰"课程资源"词条时强调,设计课程及制定教学计划首先要圆满解答三个问题:帮助学生学什么;采用哪些教学活动才能达到目的;怎样组织教学才能取得最佳的效果。由此,泰勒引出"在寻求这些问题的答案以及制定评估方案的过程中,有多种资源可资利用。具体地,包括目标资源、教学活动资源、组织教学活动的资源和制定评估方案的资源"①。基于此,有学者对课程资源进行了相对宽泛的解读,认为"提供给课程活动,满足课程活动需要的一切"都是课程资源。② 有学者认为素材性和条件性课程资源构成了相对广义的课程资源概念,是指形成课程的因素来源与实施课程的必要而直接的条件。③ 有学者指出:"课程资源是课程设计、实施、评价等整个课程编制过程中可资利用的一切人力、物力以及自然资源的总和。"④ 也有学者认为:"课程资源也称教学资源,是课程与教学信息的来源或一切对课程与教学有用的物质和人力"。⑤ 这些定义主要是从课程资源的内涵和外延两方面进行概括,说明课程资源既是内容与实质,也是形式与支持,是二者的有机结合。

基于"教师—课程"的背景,从"教"与"学"互动的视角,课程资源的内涵不仅要从"教的视角"把握,更要从"学的视角"阐释,把学生作为学习发展的主体和开发利用课程资源的首要依据,"为每个学生提供适合的教育"和"促进学生的学和学生的终身发展"。课程资源是一切"适合学生"的资源,这里的"适合学生"的资源是发挥学生学习本质和维持学生积极的学习状态的各类课程资源的整体优化和有机统一。其中,既要注重有效地达成教学目标,将新的内容与学生已有的知识建立联系,也要注重促使学生全身心参与学习。"适合学生"的课程资源的开发利用就是将学生的行为、认知、情感都统一于课堂教学中,将课堂教学的主体与客体、内部与外部都统一于课程中的完整的统一过程。因此,课程资源开发利用的出发点就在于,不仅要关注学生已有经验和文化生活背景的适应性和连续性,而且要关注学科知识的逻辑,为学生"学"和"终身发展"的进程创设显性和隐性的资源支持。这种关注知识与技能、过程与方法、情感态度与价值观的学生全面发展取向的课程资源内涵,更有利于各学科课程目标的顺利达成。

二、课程资源的特征

课程资源既不同于一般社会资源,也不是现实的课程成分或运作条件,因而具有多样性、潜在性、动态性和多质性等鲜明特征。教师只有准确把握其特征,才能对之加以有效地开发和利用。

(一) 多样性

毫无疑问,教材是一种重要的课程资源,但课程资源绝不仅仅是教材,也绝不仅仅限于学校内部,它涉及学生学习与生活环境中一切有利于达成课程目标的资源,存在于学校内外的各个方面,表现出多样性特征。一方面,课程资源的客观状态具有多样性。不同地域、不同时代,可供开发和利用的课程资源不同,其构成形式和表现形态也各不相同;不同文化背景下,人们的价值观念、道德意识、风俗习惯、宗教信仰等具有差异性,其认定的课程资源也各具特色;由于学校性质、层次、规模、传统、所处地理位置以及教师素质和办学水平不同,可供开发和利用的课程资源亦不同;由于学生个体的家庭背景、智力水平、生活经历不

---

① 江山野.简明国际教育百科全书·课程[M].北京:教育科学出版社,1991:112-115.
② 范兆雄.课程资源概论[M].北京:中国社会科学出版社,2002:3.
③ 钟启泉,崔允漷.新课程的理念与创新:师范生读本[M].北京:高等教育出版社,2003:161.
④ 徐继存,段兆兵,陈琼.论课程资源及其开发与利用[J].学科教育,2002(2):1-5,26.
⑤ 张廷凯.影响课程实施的课程资源因素分析[C].杭州:第八届两岸三地课程专家论坛论文集,2006:10.

同,可供开发与利用的课程资源也必然千差万别。另一方面,课程资源主体的不同导致的结果也是多样的。不同主体具有各自不同的人生经历、学识水平及教育观、课程观等,势必导致对课程资源筛选和评价的不同,从而形成课程资源开发利用形态的多样性。除此之外,课程资源功能也具有多样性。课程资源是为实现广泛的课程目标服务的,因而课程资源实现的课程目标也是多样的。课程资源与社会资源具有同构性,其作为社会资源也有社会效益,即课程资源具有的功能并非仅仅局限于课程领域。

（二）动态性

课程资源作为一种社会资源,必须经过主体的意义筛选,它不仅涉及资源的客观性层面,而且包含着主体的主观意向性层面,表现出鲜明的动态性特征。一方面,课程资源存在的形态具有动态性。不同的主体对课程资源的理解不同,其规定和划分也不同,即课程资源的形态是富于变化的,随主体的意义选择而变化,表现出"人为命定"的性质。"人为命定"是课程资源进入课程领域的关键,取决于主体的课程观和课程意识,是主体有意识筛选课程资源的过程。只有主体对课程意义和课程可能性有高度的敏感性和自觉性,才能开发利用丰富的课程资源。另一方面,一个地区的课程资源在一定时间内总有一定的限度,但这个限度又具有很大的伸缩性,即"人为命定"的不确定性。区域的区位条件、自然环境、经济水平、民族文化和社会条件等,都影响着课程资源的客观存在和动态发展。除此之外,课程资源是一个与社会资源系统、人的主观价值系统和开发条件等相适应的子系统,因而不同主体在不同情境下面对和可能开发利用的课程资源是不同的,具有较强的情境性和动态开放性。

（三）潜在性

课程资源作为一种自然因素,在未被课程实施主体开发之前,并没有显示出其所具有的教育功用,只有经过课程实施主体自觉能动地加以赋值和利用,才能转化为现实的课程成分和相关条件,发挥课程作用和教育价值。也就是说,只有那些真正与教育教学活动联系起来的资源,才是现实的课程资源。从这个意义上来说,课程资源无论其存在形态、内容结构,还是其功能和价值,都具有潜在性和待开发性。对不同的课程目标而言,潜在课程资源的开发条件、价值效益不尽相同,在开发和利用实践中,人们往往需要根据课程目标选择具有较大价值且易于开发的资源。

（四）多质性

同一资源对于不同课程具有不同的用途和价值。例如,动植物资源既可以成为学生学习生物学知识的资源,也可以成为学习环境学、生态学知识的资源,还可以成为学生调查、统计的资源;学校附近的山川,既可以用于体育课程中的体育锻炼,也可以用于劳动技术教育中的植树绿化;既可以在艺术教育中陶冶学生的情操,也可以在生物课中调查动植物的种类。课程资源的这一特点,要求教师独具慧眼,善于挖掘课程资源的多种利用价值。由此可见,不同课程实践者对课程资源的理解各异,这属于正常现象,因为课程资源本身的多样化,可能导致课程实践者对课程资源的理解出现多样化。

三、课程资源的价值

在现代课程资源视野下,教育教学过程应该克服封闭性,保持开放性的品格,为教师转变传统教学观念的束缚开辟空间,为学生身心的全面健康成长提供根本支撑。

（一）保证教学目标的完整

传统教学观强调教学目标的知识与技能维度,对学生获得知识的过程、方法与情感体验却重视不够。学生作为一个正在成长的"人",是以鲜活的生命形式出场的,我们不仅需要考虑学生在教学过程中获得了什么样的知识,更要关注获得知识的过程、方法以及情感体验。这个过程本身就是学生人生的有机组成部分,只有关注学生当下的生活质量,才可能创造出学生美好的未来生活。要实现这个教学目标,忽略各学科知识间的相互渗透和融合,仅依靠以教材为主要载体的学科知识资源是远远不够的,需要学校和教师积极开发和合理利用校内外各种课程资源。课程资源的丰富性和适切性程度决定着课程目标的实现范围和实现水平。可以说,对素材性课程资源的重视,尤其是关注内在生命化形态资源在教学过程中的真正渗透,为实现课程教学的三维目标提供了基本保证。

（二）拓宽教学内容的范围

丰富多彩的课程资源能够合理合法地进入教学过程,使得教师在组织、选择、加工教学内容时具有更大的灵活性,而不必拘泥于统一教材等刚性框架的控制。传统教学中的教学内容主要包括教材、参考书、练习册等,学生学习的对象范围受到极大的限制。当把教材奉为经典时,教师就不能挖掘教材中存在的"空白"和弥补教材中出现的"缺陷"。课程资源理念的提出,超出了这一狭窄范围。首先,从教材本身的来源来看,可以发掘大量的、有价值的课程潜能。其次,教师、学生以及动态生成的课程资源,本身也是重要的教学内容。但在新的课程资源观看来,教科书只是课程资源的一种重要的非生命载体形式;具有生命载体形式的资源,如教师和学生的经验、智慧、感受等,也是重要的教学内容。这就确立了教师个人实践知识、学生的生活经验、互动知识等内容在课堂教学中的合法性地位。最后,在课堂之外,还存在着许多有待开发和利用的课程资源,如师生身边的日常事务、社区活动等。

（三）确立动态生成的教学过程观

一方面,学生的生活世界特别是他们的生活经验和学习经验作为一种课程资源,使课堂教学的动态生成性成为可能。生活世界是与科学世界或书本世界相对的一个概念。传统课堂教学中,学生是外在于教学过程的。但学生作为"人"的生活意义和生命价值不应该被学科结构、概念体系所淹没,而应该回归于生活世界。向学生生活世界的回归,强调生成性思维方式的形成,它能使在传统本质主义思维支配下以线性的、确定性的、控制取向为特征的知识传递过程得以解构,使课堂教学转为关注动态生成、注重个体体验的独特性的意义建构过程。另一方面,由师生互动、生生互动等形成的课程资源,使得动态生成的教学过程成为现实。在课程资源观的指导下,大量的素材性课程资源能够及时得以加工、转化,并进入实际的中小学课程之中。这种对动态生成性课程资源的重视,使得教学的生成性、过程性价值得到了应有的关注,使得课堂充满生命活力和激情,真正实现了对"考什么、教什么、学什么"这一传统思维方式的超越。

四、课程资源的分类

课程资源的分类,就是按照一定的标准把课程资源区分开来,以便更好地认识、开发和利用。由于课程资源具有多样性、潜在性、动态性和多质性的特征,因而也可以从不同视角对其进行分类。

(一) 依据资源所处空间分类

1. 校内课程资源

校内课程资源主要包括校内的各种场所和设施、人力和人文资源以及与教育教学密切相关的各种活动。校内课程资源是实现课程目标、促进学生全面发展的最基本和最便利的资源,课程资源的开发与利用首先要着眼于校内课程资源。

2. 校外课程资源

校外课程资源主要包括家庭、社区乃至整个社会中各种可用于教育教学活动的设施、条件以及丰富的自然资源。校外课程资源可以弥补校内课程资源的不足,充分开发与利用校外课程资源能为教育教学方式的转变和新课程的适应提供有力的支持与保证。

(二) 依据资源物理特性分类

1. 文字资源

文字的产生、纸张和印刷术的发明,促进了人类文化的传播和教育教学活动的发展。以教材为主的印刷品记录着人们的思想,蕴涵着人类的智慧,保存着人类的文化,延续着人类的文明,直到今天仍然是最重要的课程资源。

2. 实物资源

实物资源表现为多种形式:一类是自然物质,如动植物、矿石等;一类是人类生产生活过程中创造出来的物质,如建筑、机械、服饰等;一类是为教育教学活动专门制作的物品,如笔、墨、纸、砚、模型、标本、挂图、仪器等。实物形式的课程资源具有直观、形象、具体的特点,是常用的课程资源。

3. 活动资源

活动资源内容广泛,包括教师的言语活动和体态语言、班级集体和学生社团的活动、各种集会和文艺演出、社会调查和实践活动,以及师生之间、学生之间的交往等。充分开发与利用活动课程资源,有利于打破单一的课堂接受模式,使学生在掌握知识的过程中,增进社会适应能力和社会交往技能,形成健全的人格。

4. 信息化资源

以计算机网络为代表的信息化资源具有信息容量大、智能化、虚拟化、网络化和多媒体化的特点,对于延伸感官、扩大教育教学规模和提高教育教学效果有着重要的作用,是其他课程资源无法替代的。随着教育现代化进程的不断推进,信息化课程资源的开发与利用已势在必行,它将是最富有开发与利用前景的资源类型。

(三) 依据资源功能特点分类

1. 素材性课程资源

素材性课程资源主要包括知识、技能、经验、活动方式与方法、情感态度和价值观等方面的因素,其特点是作用于课程,并且能够成为课程的素材或来源。例如,知识、技能、经验、活动方式与方法、情感态度和价值观以及培养目标等方面的因素,就属于素材性课程资源。

2. 条件性课程资源

条件性课程资源主要包括直接决定课程实施范围和水平的人力、物力、财力、时间、场地、媒介、设备、设施和环境，以及对于课程的认识状况等因素，其特点是作用于课程却并不是形成课程本身的直接来源，但它在很大程度上决定着课程的实施范围和水平。

（四）依据资源载体形态分类

1. 以人为载体的课程资源

以人为载体的课程资源也称内生性资源，主要包括具有较高的思想道德素质、丰富的生活经验和广博的专业知识的各类人员，其最大特点是他们可以直接参与课程实施，并对其他资源进行深度加工。

2. 以物为载体的课程资源

以物为载体的资源主要是指以历史、现实和未来存在的物为载体的资源，即物化形态的资源。这类资源较多，只要是附载信息的事物，都有可能成为此类课程资源，关键是要根据需要灵活选用。

3. 以活动为载体的课程资源

以活动为载体的资源主要是指所有活动或特定的情景蕴含的丰富资源，表现为特定的机会或情景。这类资源有着艺术化的功效，具有动态性、随机性、即时性等特点，只在特定的时空条件下存在，是不能完全复制的情景性资源。

（五）依据资源与学习者的关系分类

1. 按是否专门为学习者设计分类

这类课程资源可分为两种：一是专门设计的资源，指为课程实施专门设计的、以社会资源为内容或条件的学习资源，即从无到有的资源，如主题活动设计的系列学习材料、综合实践活动资源包等，包括相关文字材料、录音带、录像带、多媒体课件以及相关活动场景和机会等多种形式；二是非专门设计的资源，指本来并非为课程实施直接设计而存在的且具有一定课程价值的相关资源，社会中广泛存在的具有多种特性和功能的社会资源都可看作这类资源。

2. 按距离学习者远近程度分类

这类课程资源可分为三种：一是直接的课程资源，泛指各种直接为学习者服务的课程资料和相关配套资料，不仅包括教材、练习册，还包括相关媒体和书籍；二是教学环境内的课程资源，指课程实施涉及的主要社会环境资源，其功能是呈现教学信息和提供活动空间，如课程实施涉及的课程、教具、传统游戏等；三是教育环境内的课程资源，指具有教育意义的广泛的社会环境，既包括以提供服务为主的支持系统，如乡村图书室、学习中心、电影院等，也包括科学技术、文化氛围等因素。

（六）依据资源管理层级分类

1. 国家课程资源

国家课程资源是指关系到国家教育发展和国家课程开发的课程资源，主要包括保证国家组织安全和发展的政治思想以及制度化的法律法规；培养增强国家竞争实力的人力资源需要的科学技术知识和创新能力的资源；保证民族文化延续和发展的民族文化课程资源。

2. 地方课程资源

地方课程资源是指地方拥有的课程资源。由于各地在政治、经济、文化、风俗习惯、自然环境等方面存在着巨大的差异,因此在课程资源方面也形成了各自的独特性。地方课程资源不仅是地方课程设置的必要前提,而且是地方课程生长发展的动力。

3. 学校课程资源

学校课程资源就是学校拥有的各类课程资源,包括教师经验、学生经验、教材、学校设施、教学时间。具体包括:一是教师经验课程资源,包括教师的思想观念、知识结构、教育教学的能力与素养;二是学生经验课程资源,主要是指学生的心智发展状况、知识程度、学习习惯、个性品质等;三是教材,它是学校最主要的课程资源,是学生学习的重要依据;四是学校设施,包括保证课程实施的各项必要的设备与条件;五是时间资源,即教师与学生进行课程活动的时间。

（七）依据资源基本属性分类

1. 自然课程资源

我国幅员辽阔,山川秀美,物产多样,可以开发和利用的自然课程资源极为丰富。例如,用于生物课程的动植物、微生物,用于地理课程的水温和地貌、天气和气候。

2. 社会课程资源

社会课程资源同样丰富多彩,除了为保存和展示人类文明成果的公共设施之外,道路的线条美、雕塑的造型美、音乐的节奏美等均可称为陶冶学生情操的课程资源,人类的交往活动也可成为课程资源,价值理念、风俗习惯等与教育教学活动也有直接的关系。

（八）依据资源存在方式分类

1. 显性课程资源

显性课程资源是指看得见摸得着,可以直接运用于教育教学活动的课程资源,如教材、计算机网络、自然和社会资源中的实物等。作为实实在在的物质存在,显性课程资源可以直接成为教育教学的便捷手段或内容,比较易于开发和利用。

2. 隐性课程资源

隐性课程资源是指以潜在的方式对教育教学活动施加影响的课程资源。例如,学校和社会风气、家庭气氛、师生关系等。与显性课程资源不同,隐性课程资源的作用方式具有间接性和隐蔽性的特点,它们不能构成教育教学的直接内容,但是他们对教育教学活动的质量起着持久的潜移默化的影响。所以,隐性课程资源的开发和利用更需要付出艰辛的努力。

五、校本课程资源的构成

校本课程亦即以学校为本的课程,它是基础教育新课程改革着力倡导和致力构建的一种课程资源。从教育教学实践来看,校本课程资源主要由以下一些方面构成。

（一）物力课程资源

物力课程资源主要由物质资源和财力资源组成。物质资源可分为自然物质资源和人造物质资源两大类。有效开发学校物质课程资源,能使学生的"学"和教师的"教"突破教材的局限,为学生提供更加广阔的学习空间,实现教学延伸;能够有效提高学生的综合素质,培养学生的创新能力。

财力课程资源按来源分为三部分:一是国家课程财力资源,指一个国家和各级政府可用于课程活动的最大财力的指标,它由国家的国民经济发展规模和水平所决定,是主要的课程财力资源;二是社会课程财力资源,指各种社会组织(企业、社会团体)提供的课程活动的财力支持;三是教育机构课程财力资源,指学校和其他教育机构用于课程开发、实施和评价的财力。学校课程财力资源的获得,一方面是国家和政府的拨款,另一方面是学费、社会捐助、校产收入等。

(二)人文课程资源

人文课程资源开发的理念在于体现学校的民主性、合作性、科学性和创新性,以人为中心,开发出人所具备并能进入课堂与教育教学活动发生联系的文化知识、技能、经验、情感和价值观、道德水平、创新意识、创造观念等。人是教育中最重要的资源,从人的角度出发,人文课程资源主要有学生、教师、家长和社会人士。

1. 学生

学生是教育的主体,也是教育的对象,是教育教学的最重要力量。如果失去了这个力量,教育也就失去了根本,因而学生本身往往就成为教育教学的重要资源。学生的经验、兴趣、需要、差异等,都是课程资源的表现形态,在教育教学实践活动中发挥着重要的价值作用。

2. 教师

作为一种课程资源,教师不仅决定着课程资源的选择,是素材性课程资源的载体,而且教师自身就是课程实施的首要的基本条件资源。教师要成为可开发的课程资源,必须具备以下素养:一是现代意识和时代精神;二是职业道德素养;三是科学文化素养,即教师应有扎实的基础知识、精深的专业知识、广博的相关学科知识、基本的科学知识,包括课程教学理论知识,教育学、心理学知识,教学艺术知识和美学知识等;四是能力素养,包括信息能力、交往能力、课程设计能力、教学能力、表达能力、组织能力、教育科研能力、学习能力以及全面创新的能力;五是良好的身心素养,即有健康的体魄和良好的心理适应能力。

3. 学生家长

目前学校虽然对学生家长越来越重视,但往往局限于家长对学校的评价和在各种办学方面家长能为学校提供帮助。在教育教学方面,学生家长主要还是处于配合者的地位。其实,在教育教学的很多方面,学生家长都是可以提供帮助的。对学生的发展最关心的莫过于家长,家长对子女的期望可为学校课程的开设提供参考。

4. 社会人士

社会上很多课程资源的拥有者缺乏为教育主动服务的意识,造成大量校外教育资源的闲置浪费。因此,全社会都应当树立为学校教育服务、为学生发展服务的意识。各种社会资源只有与学校教育特别是学校课程与学生学习有机结合在一起,才能发挥更大的功能和价值作用。

(三)文化知识资源

文化知识资源是指学校或社区在长期发展中形成的文化氛围和活动,包括校内人文资源,如教师群体、师生关系、班级组织、学生团体、校纪校风、校容校貌等;与教育教学密切相关的各种活动,如实验实习、座谈讨论、文艺演出、社团活动、体育比赛、典礼仪式等;还有社会生活中的风土人情、民风习俗、传统文化、文化遗产、生活方式、价值规范、行为准则、人际关系、社会风气、生产经验等。

第二节 课程开发

课程开发是指课程开发主体认识课程资源系统,并利用课程资源为课程实施服务的过程。课程开发是课程建设的重要组成部分,是课程目标顺利达成的必要条件,也是课程改革顺利进行的有力保障。教育教学中可以利用的课程资源丰富多彩,学校应充分挖掘、开发并有效利用校内外各种课程资源。

一、课程开发的价值取向

所谓价值取向是指课程开发者在价值选择和决策过程中表现出来的心理和行为倾向,也就是指开发者决定开发什么,怎样开发时所表现出的倾向性。学校和教师作为课程开发的主体,只了解课程资源的含义和种类是远远不够的,还要对课程开发的价值有深刻的认识,只有这样,才能获得科学、积极主动地开发课程资源的思想动力。

(一)着眼于学生的全面发展

课程开发的价值取向首先是学生的发展。这里包含两层含义:第一,大量丰富的、具有开放性的课程资源对学生发展的价值是不言而喻的,它给学生提供了教科书和配套教辅资料无法比拟的感官刺激、信息刺激、思维刺激;第二,学生也是课程资源开发的主体,学生的生活经验、感受、兴趣、爱好、知识、能力等是构成课程资源的有机成分。在以具体形象、生动活泼、亲自参与为特征的社会和自然课程资源面前,学生将从"被动地学"走向"主动探索",从而真正达到学会学习、成为有一定独立学习能力的人的发展目标。为学生提供丰富的课程资源,重在逐渐培养学生独立学习的意识、能力和习惯。面对丰富的课程资源,学生将面临如何获取信息,如何筛选信息,如何从这些信息中归纳出对解决问题有用的东西等问题。这些问题的解决过程就是信息处理能力的形成和强化过程。丰富的课程资源表现在不仅能够满足教师教学的需要,而且能满足学生学习的需要。只有当学生可以在任何需要的时候都能获取课程资源(包括教师曾经使用过的资源)来解决自己学习中的困难时,课程资源的作用才能充分得到发挥。所以,丰富的课程资源不仅是指学生所处的教育教学环境中客观存在着相当数量的课程资源,同时也指学生可以方便地使用这些资源。学生最终应该成为课程资源的主体和学习的主人,应当学会主动地、有创造性地利用一切可用资源,为自身的学习、实践、探索性活动服务。

(二)有利于教师专业成长

课程开发的价值还在于促进教师的发展。新课程对教师开发课程资源提出了明确要求,教师以往的专业发展主要集中于教学、教育手段和方式等,课程开发对教师提出了新的专业能力要求,即课程开发的专业素养和能力。从这个意义上说,教师本身构成课程实施中最有价值的课程资源。教师应该成为学生利用课程资源的引导者、开发者。教师要引导学生走出教科书,走出课堂和学校,充分利用校外各种资源,在自然和社会的大环境里学习和探索。教师必须具备根据具体的教学目的和内容开发与选择课程资源的能力,充分挖掘各种资源的潜力和深层次价值。教师在一定程度上决定着课程资源的鉴别、开发、积累和利用,是课程资源的重要载体。课程资源开发对教师的工作提出更多、更高的要求,教师在获得专业成长的同时,也要付出更多的心血和努力。课程资源扩展使教师选择的余地加大,选择的机会增多。这样的优势能够满足教学的多种需要,但同时也增加了选择的难度,对教师自身素质的提高是一个挑战。

(三)维护教育教学生态

生态价值观作为课程开发的价值理念和价值取向,为课程资源开发提供了全新的视野,并提供了许多有益的启示。首先,生态价值观是一种整体、有机的价值观。生态价值观认为,世界包括的自然、社会、人都应看作相互关联的有机生命体。人并非世界的主宰,而是整个有机关联的生态网中的一部分。世界包含于我们之中,我们也包含于世界之中。课程资源系统是由相互关联的复杂网络组成的有机整体。其次,生态价值观是一种民主、平等的价值观。在生态价值观看来,课程资源生态系统是价值复合体,不论何种课程资源,作为课程资源系统的组成部分都有价值,它们都是自然界强烈追求并加以转化的,以满足课程资源主体的需要。然而这种发现、认识、选择、加工的活动就是课程资源开发。换句话说,课程资源开发是指开发者在一定的价值理念引导下进行的化"自在之物"为"为我之物"的活动,将自在价值转化为自为价值的动态过程,是一种人为的、为人的教育实践活动。

二、课程开发的影响因素

从课程资源开发的微观层面来考察,教师课堂教学资源开发主要受以下一些因素的影响和制约。

(一)课程目标

所谓课程目标,是指课程实施所要达到的在质量和数量方面的预期水平。它是课程设计和课程实施的重要依据,对课程的开发具有导向作用。课程开发作为课程设计和课程实施中的重要环节,其开发水平会制约课程实施的效果,进而影响课程目标的实现程度。换句话说,一方面,课程资源的丰富性和适切性程度,决定着课程目标的实现范围和实现水平;另一方面,课程开发在很大程度上受到课程目标的制约和影响,在不同课程目标的指引下,开发出来的课程资源的种类就会出现差异。新课程改革(以下简称"新课改")倡导课程的三维目标,即知识与技能、过程与方法、情感态度与价值观。在不同课程目标的指引下,课程开发呈现出不同的状态。新课改以前只是强调知识与技能目标,教师主要进行知识资源的开发;在新课改理念的指引下,教师认识到了三维目标对于学生成长的重要性,在实际的课堂教学中不只注重知识资源,也注重活动、经验等资源的开发,力求做到关注学生的个体生命历程。总之,课程目标是课程开发的指导思想,在课程开发活动中,教师应该遵循目标导向性原则,让开发的课程资源能够更好地为课程目标服务,唯其如此,才能充分体现出课程开发的价值与意义。

(二)课程类型

所谓课程类型,是指课程的组织方式或指设计课程的种类。根据不同的分类标准,课程类型具有不同的表现形式。如果按照学生在课程中的主要学习方式,可以分为学科课程与活动课程;如果按照课程的目的任务,则可以分为新授课与复习课等。不同的课程类型有不同的授课方式,不同的授课方式决定了课程开发的不同侧重点。例如,学科课程强调系统知识的学习,知识资源会受到重视;活动课程强调学生的经验,学生方面的课程资源更容易被加以选用和开发。当语文教师讲授新闻单元时,他充分利用知识资源讲授"新闻的要素和写作手法";为了让学生更好地体会新闻的特点,他可能通过让学生举行新闻发布会的形式来进行课程设计,这种设计就充分考虑了学生方面的资源,充分发挥了他们的主体性和能动性。再如,新授课中教师方面的资源选用会比较多,教师的知识等各种资源会成为开发的重点;而复习课则会动用比较多的学生方面的资源,尤其是学生的错误,这是一种很重要的资源,针对性强。总之,课程类型是影响课程开发的关键因素,在课程开发活动中,教师应遵循针对性原则,针对不同的课程类型选用可以发挥最大效用的课程资源。

（三）课程特点

一方面,课程具有待开发性、多样性、动态性等基本特点;另一方面,不同种类的课程还具有不同的特点,它们会影响课程实施的效果,制约课程目标的实现。例如,文本型课程具有系统性、间接性和可传授性,适用于讲授系统知识时使用;实物型课程资源具有直观性和形象性,适用于年龄较小的学生、自然学科的授课,它可以作为文本型课程资源的辅助物;活动型课程资源具有体验性、感染性和不可替代性,适用于突出学生体验的课程;而信息型课程资源具有丰富性、虚拟性和不受时空限制性,适用于丰富学生知识的课程、自学课程,它可以作为文本型课程资源、实物型课程资源的辅助物。在明确课程目标的前提下,教师应认真分析与课程目标相关的各类课程资源,认识和掌握其各自的性质和特点,以保证课程资源开发的适切性和有效性。在考虑各类课程资源特点的同时,教师还应认识到课程成本的问题,遵循优先性原则。学生需要学习的东西很多,远非学校教育所能包揽,教师必须在可能的课程资源范围内和在充分考虑课程成本的前提下突出重点,并使相应的课程资源优先得到运用。

（四）教师特质

教师作为课程资源的生命载体,是课程开发的主体和基本力量,其能力、风格和课程哲学观等都会影响课程资源的开发。与此同时,在课程资源的开发和利用方面,教师具有极大的智慧潜能,是一个亟待开发的巨大资源宝库,应该加以高度地重视和充分地运用。例如,教师在教学方面存在能力差异,新手教师倾向于知识资源的开发,而专家教师倾向于开发多元的课程资源;教师的风格差异很大,具有不同教学风格的教师会根据教学内容的需要选择适合自己的课程资源,课堂驾驭能力强的教师可能会更加重视教师自身的资源、来自学生的资源和课堂中互动生成的资源;教师的课程哲学观也会制约课程资源的选用,具有不同课程哲学观的教师选用的课程资源会出现差异。当只把课程作为学科知识时,文本型课程资源选用的概率最高;当把课程作为学生的学习经验时,课程资源的选用会重视学生方面的经验;当把课程作为师生的对话时,动态的课程资源会被更广泛地加以利用。总之,教师的特质是影响课程开发的重要因素,在课程开发活动中,教师应遵循因人制宜原则,善于根据自己的特质去开发相应的课程。

（五）学生特征

学生是课堂的主体，课程开发的最终目的在于促进学生的全面发展，同时学生本身也是一种重要的课程资源。当选用和开发课程资源时，教师会考虑学生的特征，如学生的原有知识经验基础、思维水平和接受能力等。学生的原有基础是客观存在的，教师必须在学生的"最近发展区"内选用相应的课程资源；学生的经验是有阶段性的，当学生年龄还小的时候，必须借用形象的实物型课程资源去理解世界。教师面对不同基础、具有不同经验的学生时，一定要多加思考学习对象的特点，调查研究学生的兴趣类型、活动方式和手段，确定学生的现有发展基础和差异，选用合适的课程资源去有效地实现课程目标并促进学生的发展。总之，学生特征是影响课程开发的直接因素，在课程开发活动中，教师应该遵循适应性原则，根据学生特征去开发适应他们知识、技能和背景的资源，从而更好地促进学生的身心发展。

三、课程开发的原则

（一）开放性原则

所谓开放性原则，是指课程开发要以开放的心态对待人类创造的一切文明成果，尽可能开发有益于教育教学活动的一切可能的课程资源。课程开发的开放性不仅包括课程类型的开放性、课程空间的开放性，而且包括课程途径的开放性。所谓课程类型的开放性，是指不论以什么类型、形式存在的课程资源，只要有利于提高教育教学质量和效果，都应是开发的对象。所谓课程空间的开放性，是指不论是校内的还是校外的，城市的还是农村的，国内的还是外国的，只要有利于提高教育教学质量，都应加以开发。所谓课程途径的开放性，是指课程资源的开发不应局限于某一种途径或方式，而应探索多种途径或方式，并且能够尽可能地协调和配合使用。

（二）经济性原则

所谓经济性原则，是指课程开发要尽可能用最少的开支和精力，达到最理想的效果。课程开发的经济性不仅包括课程开支的经济性、课程时间的经济性，而且包括课程空间的经济性和课程学习的经济性。所谓课程开支的经济性，是指用最节省的经费开支取得最佳的效果，尽可能开发那些不需要多少经费开支的课程资源。不应借口开发课程资源而大兴土木，不计高昂的经济代价。所谓课程时间的经济性，是指应尽可能开发那些对当前教育教学有现实意义的课程资源。不能一味等待更好的条件或时机，否则就会影响新课程的实施。所谓课程空间的经济性，是指课程资源的开发要尽可能就地取材，不应舍近求远、好高骛远。校内有的不求诸校外，本地有的不求诸外地。所谓课程学习的经济性，是指尽可能开发能激发学生学习兴趣的课程资源。如果引入教育教学活动的课程资源晦涩难懂，不仅达不到预期的目的，反而还可能加重学生的学习负担。

（三）个性化原则

所谓个性化原则，是指课程开发不应强求一律，而应从实际出发，发挥地域优势，强化学校特色，区分学科特性，扬长避短，突出个性。课程开发本身就是一项极具创造性的实践活动。没有个性，也就失去了创造性，课程开发就会流于机械主义和形式主义，这是课程资源开发需要特别加以注意的问题。当前开发本地课程方面存在的问题是:视野比较狭窄,多是局限在介绍本地区物产资源、革命传统等方面;对本地课程资源的开发利用就是补充乡土教材,要么就是课堂、教室、实验室的搬家,少有考虑把本地课程资源作为课程实施的必要条件,或者把课程资源与学校课程有机地融为一体;在探索课程实施的新途径、新形式方面做的工作还不够,以至于课程实施形式单一、呆板、效果不佳。不同地区的课程资源是独特而丰富的,因为不同区域、不同民族的文化是有差异的。从本地课程资源中开发出更多的可资利用的教育因素,要保持文化的独特性,同时又要引导学生学会理解和尊重多样的文化。在组织综合实践活动时,教师可以让学生走入现实的社会生活,亲自去感受和体验本土文化的丰富性与深刻性,学会不同文化之间的沟通和理解,并逐步学会从不同文化中吸取营养。

(四)适度性原则

所谓适度性原则,是指课程开发要避免走马观花和浅尝辄止。课程资源是十分丰富而深厚的,在课程资源中可以根据需要开发出多种多样的教育内容和功能,关键在于不能把课程资源当作可有可无的条件,而应把它当作课程实施和课程目标达成的必要条件。因此,开发课程资源存在着开发广度与深度的问题,即需要考虑从课程资源中选择什么样的对象、提取什么样的内容以及内容所涉及的范围和呈现的方式等问题。一般而言,针对不同的目标,对课程资源开发的策略是有所不同的。若是要从课程资源中提取尽可能多的同类事物,那么提取的内容要有较大范围的覆盖面。若是要从课程资源中挖掘与某一内容相关的更深刻的内涵,那么对有关内容的挖掘就应该向纵深发展,透过表层的内容去揭示更深刻的内涵。例如,可以通过文化古迹这一客观事物,了解其中富有教育意义的历史典故、文化渊源等内容。

(五)针对性原则

所谓针对性原则,是指课程开发是为了课程目标的有效达成,针对不同的课程目标应该开发与之相对应的课程资源。一般而言,每一种课程资源对于特定的课程目标往往具有不同的作用和功能,而不同的课程目标就需要开发不同的课程资源。但是,由于课程资源本身的多质性,同一课程资源又可以服务于不同的课程目标,因而课程开发就必须在明确的课程目标的前提下,认真分析与课程目标相关的各种课程资源,认识和掌握其各自的性质和特点,这样才能保证开发的针对性和有效性,才能充分发挥和实现课程开发之于教育教学效果和学生发展的重要价值。

四、课程开发的步骤

课程开发是一个非常复杂的过程,教师需要把握课程开发的基本程序和一般步骤。根据课程开发的过程,教师进行课程开发的步骤可以从以下几个方面加以考虑。

(一)解读课程教学目标

课程教学目标不仅决定了课程教学内容、课程教学方式方法及课程教学评价等多个方面,而且决定了课程资源的选择与利用。课程教学目标的实现需要一定课程资源的支撑,课程资源总是服务于某一特定的课程教学目标,因而教师开发课程资源首先要从对课程教学目标的解读开始。对课程教学目标的解读应该是多维度的,每一维度的目标所需要的课程资源是不同的。新课程改革之前，人们往往根据美国教育心理学家布鲁姆的教育目标分类学，从知识、能力、情感三个维度加以解读。新课程标准颁布实施后，人们可以考虑从知识与能力、过程与方法、情感态度与价值观三个维度进行解读。这种解读会分解出许多具体目标，在此基础上需要考虑以下问题：为了实现具体和整体的课程教学目标，需要什么样的课程资源？需要多少课程资源？怎样开发这些课程资源？这些课程资源怎样进入课程教学过程？通过什么方式利用这些课程资源最有效？对这些问题的思考会为课程开发提供指导与定位。

（二）根据目标寻找资源线索

课程教学目标规定了基本的课程资源，也即课程开发必须针对课程教学目标进行。围绕课程目标的实现，教师应多方面寻找课程资源的线索。课程资源线索是开发课程资源的基本前提，教师应该知道从何处可以找到课程资源。课程资源线索具有多样性、差异性的特征。不同类型的课程资源、不同的教学需要、教师素养的不同等多重因素，决定了课程资源线索的多样性与差异性。因此，寻找课程资源线索的途径与方法因人因事而异。一般而言，课程资源的线索是比较丰富的，从学生的需要出发，从教学内容出发，从教学方式方法、教学策略出发等等寻找课程资源线索都是可以的。在寻找课程资源线索时，会出现线索中带出线索的情况，如查找某方面的文献资源，在某一文章的注释或行文中还会提及其他相关资源，这些注释或行文话语就成为寻找课程资源的新线索。如果需要更多、更详细的资源，可以根据新线索继续查寻。当然，课程资源线索也可能会在开发过程中断掉，这时就需要从其他方面想办法继续寻找该线索或重新寻找新线索，或寻找相关资源线索。

（三）依据线索多途径开发资源

课程资源线索只是一种起点，是一个引子。要开发出翔实、具体、丰富的课程资源还必须进行实际、扎实的课程开发工作。因此，在寻找到课程资源线索之后，教师就要通过鉴定、筛选、挖掘、捕捉等基本方式开发课程资源。具体到各种类型的课程资源的开发，还有多种多样的具体途径。例如，参观、访问、调查、文献检索、网络查寻以及活动实践等，都是基本的课程资源开发的有效途径。教师只有掌握不同类型课程资源的开发途径，才能合理而有效地进行课程资源开发。

（四）实现课程资源与内容结合

开发课程资源只是课程开发的一个步骤。课程资源毕竟还不是课程教学内容，从课程资源到课程教学内容还有一个转化过程。因此，面对开发出的课程资源，教师必须实现课程资源与课程教学内容的结合。这一工作至少存在两种情况：一是把开发出的课程资源直接转化为课程内容，如教师选择教科书之外的期刊或书籍上的文章进行某一课程教学目标的教学，教师对课文替代文章的选择过程即课程资源的开发过程，这一课程资源直接进入课程教学实施过程就实现了课程资源到课程内容的转变；二是教师对课程资源进行加工之后把它变成课程内容，即把课程资源与现有的课程内容进行结合，使课程资源对现有课程内容进行补充、替换、渗透等。如教师以课文为课程教学内容，同时又吸纳其他课程资源与课文内容共同构成课程教学内容。

（五）创造多种方式利用资源

课程资源的利用多种多样，课程资源的利用贵在创造性。掌握多种课程资源利用的基本方式对课程资源的利用是必需的,但通过教师的创造性劳动开创更多具体的、独具特色的课程资源利用方式才是最重要的。因此,教师应在掌握基本课程资源利用方式的基础上,开动脑筋,发挥聪明才智,创造性地利用各种课程资源。只有灵活多变地采取各种策略和措施,创造性地进行课程开发,教师课程资源开发的能力才能不断发展和提高,课程教学才能具有持久的生命力并逐步走向成功。

五、课程开发的策略

(一)基于地域特点进行课程开发

我国幅员辽阔,地域之间的各种资源在种类、数量、存在状态和内容结构方面存在很大差异。因此,课程开发就要因地制宜,体现地域性、民族性和文化性。同时,不同民族在价值观、生活方式、风俗习惯、宗教信仰等方面都有不同,课程开发要尊重民族差异,充分发扬民族文化的优良传统,保持民族文化的继承性和独特性,处理好不同民族文化之间的关系,保持多元文化的和谐共存,将不同文化的差异性转化为课程资源的丰富性、多样性和独特性,有效实现课程资源的特色开发。

(二)基于学校特色进行课程开发

学校特色就是学校的资源优势,这种优势既可以是精神文化等软件方面的,也可以是设施设备等硬件方面的。要充分利用好学校课程资源的优势,这也是对学校进一步形成和深化学校办学特色的促进。有的学校硬件条件相当好,设施设备现代化的水平非常高,计算机已经在全校普及,那么就可以在信息类课程资源开发方面,通过多种方式,让学生与信息技术紧密接触,使学校成为一所建构在信息技术基础之上的学校,不仅让学生掌握信息技术,更重要的是培养学生的信息素养。有些具有百年历史的学校,文化积淀很深,形成了与众不同的、悠久的人文传统,那么在课程资源的开发方面,学校就可以通过各种文字、图片、影像以及校友们的讲述,让学生了解学校辉煌的过去,让学生在浓厚的学校文化氛围中生活和学习,被这种多年形成的文化所熏陶和感染。因此,课程开发应该扬长避短,发挥优势,展现每个学校的特色,唯其如此,才能发挥不同学校的角色功能,为社会培养出高素质人才。

(三)基于学科特点进行课程开发

当前我国学校教育教学内容仍然主要是按学科的方式来呈现的,可以说,不同的学科都有实现其目标的"特效"课程资源。课程资源特色开发的一个重要方面,就是不同学科的课程资源的开发。一方面,既然不同的学科具有适合自身的课程资源,那么教师在课程实施过程中就要注意开发最适合各自学科特点的课程资源,实现课程资源与具体学科内容的有机整合;另一方面,由于课程资源的多质性,也就是说不同的学科可以运用同一种课程资源,因而树立课程资源共享的意识是现代学校教育的重要特点。

(四)基于教师特点进行课程开发

教师是课程的实施者和组织者,也是其他课程资源发挥作用的关键,教师的价值观、知识观、学生观、发展观等,都会影响他们对课程资源的认识水平、开发利用方式和开发程度。因此,教师必须善于根据自己的特点,最大限度地挖掘自身潜能,做到人尽其才,形成自己与众不同的教学风格和教学艺术。不仅如此,教师也要学习课程资源开发利用的新方法和新技术,努力掌握现代教育思想和教育技术,及时学习和吸收别人的经验,分享他人的创造性成果,取长补短,为我所用,成为不断实现自身专业成长的新型教师。

(五)基于学生现状进行课程开发

课程开发的最终目的要落实到学生身上,开发出来的课程是为学生服务的。为此,就需要从两方面入手进行分析:一方面,要对学生各方面的素质现状进行调查分析,实际上是对学生接受和理解课程资源能力的一种把握。不同学校乃至不同班级学生的水平都是不一样的,在课程开发时,必须对此进行考虑,这不仅影响到课程资源的内容选择,还直接关系到开发的深度和广度。另一方面,要对学生的兴趣以及各种他们喜爱的活动进行研究,在此基础上开发课程资源。从学生的兴趣着眼开发出来的课程资源,是学生自己的课程资源,从某种程度上说也是最适合他们的,这样可以充分调动学生参与的积极性。因此,在课程开发时,我们要更多地从学生的角度来看待周围的一切,努力寻找学生的兴趣所在,力求选择出"学生化"的课程资源,这样学生才能更好地融入进去。

(六)基于学生的积极性进行课程开发

学生是教育最重要的力量,也是课程开发的积极参与者。一方面,教师只有将学生已有的知识作为教学的起点,学生才能学有所得;另一方面,为使学生能够在独立自主能力、创造性和好奇心等方面得到培养,教师应在学校和周围环境间保持某种距离,以使学生有机会锻炼他们的批判意识。在弹性课程与多元教材出现的环境下,参与课程开发的主体由单一的课程与教学专家向多元主体发展,其中包括利用和消费课程资源的学生。在新课程实施过程中,教师常常会结合教学需要让学生在课外完成一些资料搜集、动手操作或调查访问等作业。因此,学生既是课程资源的消费者,又是课程资源的开发者。尤其是在现代信息技术广泛运用于教学与生活的各个方面的背景下,学生获取知识与信息的途径多元化,学生之间的相互交流与学习显得越来越频繁和重要了,他们本身就成了特殊的课程资源的开发者,他们已有的知识、经验、经历、兴趣等都可能成为课程资源。与此同时,学生的学习方式也发生了根本性的变革,学生在合作学习、探究学习、自主学习的过程中,相互交流、碰撞,形成了丰富多彩的课程资源。

(七)基于教材潜在价值进行课程开发

教材本身就是经过筛选了的课程资源,但教学不是教材内容的照搬,它需要教师的加工、创造,将教材内容变成有利于学生发展的教育内容。新课程要求教师要学会使用自己的权力,这种行使权力的意识以及课程开发的责任感和使命感不应是外力强加的,而应是教师自发的要求。它体现了教师与学生创造性学习教材的特点,充分说明了教师是在以教材教学生,而不仅仅是教教材,这就达到了课程开发的目的。实际上,教材作为丰富而重要的课程资源,蕴涵着或多或少、或深或浅的潜在价值,这就需要教师充分地对教材加以处理。传统的教学是"以本为本",过分地强调教材的绝对性,忽视了学生个体与教材的联系和相互作用。创造性地使用教材,挖掘其中潜在价值,应该使教材走近学生,把教材与学生的生活实践、实际问题结合起来。例如,数学新教材使学生有更多机会从周围熟悉的事物中学习数学和理解数学,像比一比、分一分、合一合、统计等都与种种生活情境有关,因此,教师在教学中就要联系生活实际,吸收具有时代性与地方性的教学资料来整理教材、重组知识。

六、课程开发的模式

（一）泰勒的目标模式

泰勒是美国著名的课程论专家，是现代课程理论的重要奠基者，是科学化课程开发理论的集大成者。由于对教育评价理论、课程理论的卓越贡献，泰勒被誉为"当代教育评价之父"和"现代课程理论之父"。

泰勒认为，如果我们要从事课程编制活动的话，就必须回答下列问题：① 学校应该达到哪些教育目标？② 提供哪些教育经验才能实现这些目标？③ 怎样才能有效地组织这些教育经验？④ 我们怎样才能确定这些目标正在得到实现？对应这四个问题，泰勒的目标模式（课程开发的经典模式）也分为四个环节。首先，确立课程目标。对于如何确立课程目标，泰勒总结为"三个来源"和"两个筛子"。所谓三个来源即对学习者本身的研究；对校外当代生活的研究；学科专家对目标的建议。两个筛子即教育和社会哲学、学习心理学。其次，选择学习经验。再次，组织学习经验。最后，课程评价。

（二）斯滕豪斯的过程模式

斯滕豪斯对于过程模式的建构是从对"泰勒原理"的批判开始的。他认为泰勒的目标模式对于训练行为技能是很实用的，但是对于知识的学习则是不适宜的。因为知识的本质在于可以通过知识的运用进行创造性思维。课程应该考虑到知识的不确定性，鼓励个体化、富有创造性的学习，而不是把知识及其学习作为满足预定目标的尝试。过程模式的特征是不以事先确定好的、由仔细分解一般目的而得出的目标系统作为课程编制的依据，而是关注整个课程展开过程的基本规范，使之与宽泛的目的保持一致。所以开发课程不是为生产出一套计划，然后予以实施和评价效果的过程，而是一种研究过程，期间贯穿着对整个过程所涉及的变量、要素及其相互关系的不断评价和修正。这个过程将研究、编制和评价合二为一，是一个连续不断的过程。与其说它是一个详细的编制步骤的模式，不如说它是一种编制的思路，一种编制的思想。

过程模式在一定程度上弥补了目标模式的局限。这一模式强调以确定知识与教育活动的内在价值为基础，鼓励学生主动探索具有内在价值的知识领域，并重视培养学生的思考能力和创造性，重视课程实施的复杂性，重视教师在课程设计与实施中的作用，提出了教师作为研究者的观点，是有创见的。"教师即研究者"的课程思想认为教师应当成为课程的研制者、开发者，而不仅仅是接受者、消费者，这为当今世界课程改革中重视教师主体作用的编制模式提供了理论基础。但是过程模式在课程开发的程序设计上并没有提出一个明确的方案，也没有从理论上系统概括不便于课程开发者采纳实施，因此缺乏一定的实际操作意义。同时，教师业绩和学生学业的评价也成为棘手的问题。

七、校本课程的开发

校本课程开发最早兴起于 20 世纪 70 年代的英、美等国，进入新世纪，随着新课程改革的实施和推进，校本课程开发在我国开始得到重视。校本课程开发意味着课程决策机制由集权制走向决策分享，它展示出强劲的灵活性、多样性和可选择性，对培养具有创新精神和实践能力的创新型人才具有极其重要的意义。

（一）校本课程开发的内涵

校本课程开发是一个在课程研究领域探讨颇多的概念。对于什么是校本课程开发，不同学者有不同认识和理解，其中代表性观点有：第一，校本课程开发意指参与学校教育工作的有关人员，如教师、行政人员、家长与学生，为改善学校的教育品质所计划、指导的各种活动。第二，校本课程开发是由学校教育人员负责学生学习方案的规划、设计、实施和评价。第三，校本课程开发是一种过程。在这种过程中，学校运用有关资源，通过合作、讨论、计划、实验、评价来开发适合学生需要的课程。第四，校本课程开发是以学校为中心，以社会为背景，通过中央、地方与学校三者权力责任的再分配，赋予学校教育人员权责。由学校教育人员结合校内外资源与人力，主动进行学校课程的计划、实施与评价。第五，校本课程开发是一种强调"参与""自下而上的民主决策"的课程开发口号，是一种重视师生共享决定，共同建构学习经验的教育哲学，也是一项需要课程领导与组织变革的技术。对于上述这些定义，学者们虽然强调的侧重点不同，但也存在着一些共识：即校本课程开发的场所是在学校，开发主体是校长、教师、校外机构或学生家长，主要开发活动是制定学校课程计划、实施课程并评价课程。

校本课程开发从字面上理解包含着两个层面：一是"校本课程的开发"，即把校本课程看作与国家课程对应的课程板块，把校本课程开发活动限定在允许的有限课程范围之内。国家授予学校一定的自由或自主性，允许它们决定部分在学校中实施的课程。这个部分是国家课程、地方课程以外的领域。二是"校本的课程开发"，它的重心在"校本"上，其权限和范围要远远大于前者，既指根据本校实际，对国家课程和地方课程进行"再加工与整合"，从而"校本化"地实施；又指根据学校实际，开发出与国家课程、地方课程相对应的"课程板块"，即学校按照自己的教育哲学思想对学校的部分或全部课程进行不同程度或层次的开发。

基于上述思考，我们认为，所谓校本课程开发，是指为满足本校所有学生学习的需求，以国家及课程政策为指导，基于学校自己的办学理念、特点和条件以及体现学校特色的课程资源，由学校成员自愿、自主、独立或与校外机构合作进行的课程规划、设计、编制、实施和评估活动。

（二）校本课程开发的理念

1. 基于学生的实际发展需要

新课程改革设置校本课程的一个重要指导思想，就是增强基础教育课程对学校和学生的适应性。从三级课程管理来看，国家课程和地方课程在很大程度上满足了学生的发展需求，但由于各级各类学校和学生之间的多样性和差异性，具体到某一学校学生群体时，若仅靠国家课程和地方课程仍然有相当一部分发展需求不能得到很好的满足。但这些特殊的发展需要对于学生的成长和发展来说却是非常重要的，只有学校最有条件和可能去了解与满足，这恰恰就是校本课程的优势所在。

因此，校本课程开发一定要基于学生的实际发展需求，学校如果脱离了本校学生的实际发展需求去进行课程开发，就等于放弃和否定了校本课程开发的特点和优势，背离了校本课程开发的初衷。为了更好地满足学生的实际发展需求，促进学生的健康成长和健全发展,学校要适时和有针对性地对学生的实际发展需求进行评估和研究,并尽可能地在课程层面上予以满足。

2. 校本课程开发的主体是教师

三级课程管理政策赋予学校教师开发校本课程的专业自主权力,因而校本课程开发的主体只能是教师。学校教师之外的其他机构和人员,可以参与和协助教师开发校本课程,但却不能取代教师的工作。国家课程和地方课程的开发主体可以而且常常是专家,但校本课程的开发主体则必须是教师,而不是专家。否则,校本课程是很难真正满足学生实际发展需求的。当然,三级课程管理只是学校教师成为校本课程开发主体的必要条件,要真正成为校本课程开发的主体,教师还必须在实践中不断提高自身的专业自主意识和能力。校本课程开发将有助于校长和教师加深对课程的理解,拉近他们和学生的距离,丰富他们对学生发展的看法;也有助于增进他们对国家课程和地方课程的理解,从而更加富有创造性地实施国家课程和地方课程。

3. 要善于利用各种课程资源

校本课程开发要更加善于利用蕴藏在当地社区和学校师生中的各种课程资源,更好地反映学生的实际生活。因此,校本课程开发可以根据具体实际情况,在满足学生实际发展需求的前提下有所侧重地展开。例如,根据学生的兴趣和爱好以及学校的资源条件,发展学生的个性和特长,形成学校的特色。像有些学校开发的足球、国际象棋等课程,就属于侧重于培养学生特长和学校特色的课程。此外,还可以根据社区的生计教育需求进行校本课程开发,如黑龙江省宁安市海浪镇一中实施的"绿证教育"课程,以及宁夏回族自治区灵武市东塔中学设置的"食用菌与蘑菇种植"课程,就属于侧重于生计教育的校本课程。

4. 必须纳入国家基础教育课程计划

国家基础教育课程体系是由国家课程、地方课程和校本课程共同构成的有机整体,校本课程是我国基础教育课程计划中的一个组成部分,因此,校本课程开发必须纳入国家基础教育课程计划中予以通盘考虑。一方面,基础教育课程计划为校本课程开发预留应有的时间和空间;另一方面,校本课程开发也要与国家课程和地方课程的实施协调和互补,不能脱离国家的课程计划来理解校本课程,不能把校本课程开发看成独立于国家课程计划之外的孤立的课程行为。

(三) 校本课程开发的类型

校本课程开发的类型因选取角度、划分方法的不同而有多种类型。从不同的角度对校本课程开发活动的类型进行分析,才能更清楚地把握校本课程开发活动的特点与范围,更好地推动校本课程开发的顺利运行。如果按照主体参与的程度不同,校本课程开发可分为课程选择、课程改编、课程整合、课程补充、课程拓展和课程新编等六种类型。

1. 课程选择

课程选择是一种参与程度最低而又最为普遍的校本课程开发类型。它是从众多备选的课程方案中选出一种更为适合学校付诸实施的课程计划的过程。在校本课程开发能力比较弱的情况下,人们经常采用这种方式。在决定教什么的问题上,教师能够发挥自主权,多采用移植或选用等方法,而无须寻求、整合和交换信息。课程选择至少需要满足两个条件:一要赋予教师选择课程的权力;二要有可供选择的空间。一般而言,具备校本课程开发机制的教育系统都能为学校提供一系列可供选科目清单,学校要确定选择标准,并运用这些标准对全部科目中的各个子项目进行评估,最后把这些评估综合起来形成课程决策方案。

2. 课程改编

课程改编是指学校和教师对已有的课程(自己的、他人的)进行修改,以形成一门适合自己实际需要的课程。课程改编主要是指教师对一些正式课程的目标和内容加以修改、重组以适应具体的课堂情境。此外,它也包括对国外引进课程的翻译和本土化改造。进行课程改编需要综合考虑目的、内容选择、内容组织、学习经验、学习资料等因素,通过增加、删减和重构对已有学校课程进行修改、改编,使之适应变化的教育情境,更好地促进学生的健康发展。

3. 课程整合

课程整合是指按照某个重要的主题将两门及以上学科知识体系或技能体系组织成一门新的课程。它意在减少知识的分割和学科间的隔离,把学习者所需要的各种知识体系联结起来;可以减少因知识增加对课程数量的影响,防止学生的课业负担过重;能使校本课程引进最新的主题元素,弥补以分科为主开发的国家课程的不足,形成跨学科或超学科的校本课程。课程整合的常用方式有开发关联课程和跨学科课程两种:开发关联课程时要对科目间的相关问题进行协调,把握学科间的相对联系;跨学科课程是把不同的学科作为一门课程来组织。

4. 课程补充

课程补充是指针对原有课程门类和内容不足而进行的课程材料的补充,以形成一门新的校本课程。课程补充可以是对国家课程的补充,如英语会话、作文写作指导等;也可以是对地方和校本课程的补充,补充材料可以是矫正性的,也可以是补救性的。这些材料有助于实现内在于正规课程中的课程目标。课程材料可以分为四种类型:一是布置课外练习,为了达到课程目标,需要补充一些练习,不能仅靠课堂练习;二是补充必备的知识,为那些难以学习课程单元的学生,进行相应的知识和技能补充,使之建立必需的学习基础;三是把复杂问题细化为若干问题,从简单的基本问题逐渐过渡到那些复杂的综合问题;四是为学生解决一些特定的问题,提供可供选择的指导。

5. 课程拓展

课程拓展是指在充分考虑新的课程目标、新的学习需求的基础上,以拓宽课程的广度为目标而进行的课程开发活动。课程拓展就是拓宽正规课程,为学生提供获取知识、内化价值观、转变情感态度和掌握技能的机会。这些材料无疑与所学课程专题有关,包括内容范围的拓宽,内容深度的挖掘。课程拓展包括正规课程的延伸和个别化拓宽。课程延伸时必须考虑两个问题:一是延伸的材料是否有利于学生发展,是否体现出学校的文化;二是拓展性专题为什么比它所替代的专题更为重要。进行个别化拓宽时必须意识到:拓展材料不是为全班,而是为班上挑选出来的个别人准备的。这些人要么天资高,要么对与某一科目相关的专题或技能表现出特殊的兴趣。

6. 课程新编

课程新编是指按照学生课程需求的评估以及可得到资源的分析,在学校教育哲学的影响下,确定开发一门全新课程板块和课程单元。所谓新编,只是一个相对概念,越个性化的课程就越能体现新编。突出学校特点的特色课程、地方性专题课程以及时事专题课程,就可以归为这一类型。此外,学校还可以开发新兴的专题或学科领域,以适应飞速发展的社会变革和科技进步,这也属于课程新编活动。这种课程新编活动大大提高了课程与生活的联系。

（四）校本课程开发的流程

1. 明确校本课程开发理念

校本课程开发不仅是一种方法或技巧,而且是一种理念,这里涉及教育哲学的问题。在校本课程开发理念的问题上,存在着几种不同的认识:一是学生发展为本的课程取向;二是教师主体的开发程式;三是全员参与的合作精神;四是民主公平的教育观念;五是个性化的价值追求以及广泛多样的课程资源观。正确的理念能够指引校本课程的开发方向,形成教育合力,凝聚学校特色,促进学校的优势发展和学生的全面和谐发展。

明确校本课程开发理念的方式包括以下几个方面:一是概念化,即通过概念界定把一些模糊、笼统的理念明晰化和概括化;二是总结法,即把一些散乱杂芜的课程理念通过总结、归纳,使之纯化和结构化;三是提升法,即把一些停留在感性或经验阶段的理念进行提升,使之理论化和特色化;四是引入法,即把一些教育理论家的富有创意和智慧的理念引进学校。在明确理念的前提下,学校自主决策,教师参与课程设计,学校和教师在集体合作、探究与共享中进行校本课程开发。

2. 学校内外部情况分析

校本课程的开发既要科学规范,又要符合实际,因而应在先进的办学理念指导下对学校内外部的情况进行详尽的分析。外部情况分析主要包括社会和地区文化的变迁、社会和家长的期望与价值观、课程政策的改变、教师培训机构和研究中心等的潜在作用、地方和社区的课程资源存量等。内部情况分析则主要包括学生的资质、知识、习惯、兴趣、能力、已有经验与需要,校长和教师的价值观、兴趣、技巧、知识和经验、优势与缺陷,学校的氛围、权力结构以及课程的信息资源、能力资源和物质资源。只有把学校的资源条件分析透了,才能决定做何种程度的开发。

3. 制定校本课程开发目标

在分析与研究校内外实际情况的基础上,通过学校课程审议委员会的审议,制定校本课程的目标,以便引领校本课程开发扎实有效地加以推进。校本课程开发的目标是有层次的,主要包括一般目标与特殊目标,前者是指教育的价值或哲学,后者是指学生参考相应的课程之后,所应获得的价值观和具体的知识与能力。

4. 设计校本课程开发方案

课程目标的制定为课程方案的设计指引了方向,在课程目标基础上进行其他因素的分析研究,从而确立学校层面的校本课程开发方案。校本课程的开发方案一般包括两种:一是学校层面的校本课程开发方案,它属于学校校本课程开发的整体方案;二是教师层面的校本课程开发方案,它属于具体某一门类的课程方案,其主要议题包括课程目标、课程内容、参考资料、教学组织方式、课程实施说明、考核评价说明等。

5. 校本课程开发的实施

校本课程开发的实施是一个连续的、动态的过程。作为课程实施主体的学校、教师和学生个人，一定要强化新的课程理念和特色意识，努力创造条件和良好的氛围，合理地利用教育资源，支持校本课程的有效实施。课程主体不仅要研究校本课程方案的落实程度，还要研究在执行一个具体课程的过程中，是否按照实际情况对课程方案进行了一些调适，并关注影响课程管理的相关因素。

6. 校本课程开发的评价

由于具体的学习情境千差万别，因而应拟定校本课程开发的评价标准，并根据评价的反馈重组和修订校本课程方案。正如有些教师所认为的那样：从操作方式看，校本课程开发的评价可以分为准备阶段的背景性评价、编制阶段的实质性评价以及使用阶段的诊断性评价；从操作层次看，校本课程开发的评价则有学校层次的监控、用户取向的评价和教育系统层次的评价。

（五）校本课程开发的条件

校本课程开发的条件分为软件和硬件，前者主要包括资金、人力、物资等；后者则主要包括学校教育哲学和组织机构系统、教师的教育观念和专业技能等。

1. 校本课程开发的硬件

（1）财政经费

校本课程的根本特征在于"学校本位"，因而进行校本课程的开发必须考虑学校自身的经济状况。教育经费是否充足直接制约着校本课程开发活动的开展，只有充足的教育经费才能为校本课程的开发提供强有力的经济支持。校本课程开发过程中，课程资源的建设与利用、课程实施、课程组织、课程推广、课程编制人员的薪酬等方面都是需要资金支持的。没有充足的资金支持，就不可能进行真正意义上的校本课程开发。

（2）人力资源

校本课程开发是一项牵涉面广、要求高的综合活动，需要大量的人力投入，拥有高素质人员的参与才能开发出高水平的校本课程。因此，校外课程专家、校长、教师、社区人员等都必须是某一方面的专业人员，还必须是懂得课程理论和有实践经验的人员。而我国在长期的、单一的国家课程政策下，缺少这方面的人才储备。培训和建立课程人才资源库，全方位推进广大一线教师尽快掌握课程理论就成为当务之急。

（3）物质保证

校本课程的开发过程中必然涉及物质问题，如合理开发和利用课程资源；对于时间、场所和资金的优化配置；从大学等教育机构和社区中获得资源支持等。这些都得到保证，校本课程开发才能顺利进行。

2. 校本课程开发的软件

（1）学校的教育哲学思想及相应的组织机构

学校要根据具体的师生特点、教育资源以及办学者的旨趣，确立自己学校独特的发展方向。学校独特的教育哲学思想和办学理念要尊重文化的多样性和学生的个性发展，这是学校立足于社会，具有长久生命力的基础。这种教育哲学思想体现在课程设置和实施的校本化之中，没有明确的教育哲学思想是没有可能进行校本课程开发的。校本课程开发是自己学校教育哲学的产物，它只有在学校自愿的基础上，通过横向交流体制发挥作用。这种横向结构具备广泛而通畅的交流渠道，能够分散权力，有利于课程开发小组沟通与合作。人们沟通与合作的基础是对彼此专业能力的认同，而不是借助于权力。因此，必须建立体现学校教育哲学思想的组织机构，群策群力，分工协作，共同致力于校本课程的开发。应规范评价，不断反思、纠正和改进，保证校本课程开发的顺利进行，真正达到促进学生发展的目的。

（2）教师的教育观念和专业技能

就学校内部而言，教师是校本课程开发中最主要的参与者。教师的教育观、人才观、课程观等直接影响着校本课程的开发，教师的专业化发展水平直接制约着校本课程开发的质量。教师成为研究者，具有研究意识和能力，才能运用科研成功解决教育实践过程中的问题。教师要具备专业知识和技能，要有专业精神才能担当起校本课程开发的重任。教师必须具备具体的学科知识和课程理论知识，掌握课程编制技术，同时还要有充足的精力和时间来从事课程开发活动。

（3）社区的心理氛围

任何一种理论的落实都需要具有一定的理论基础和群众基础。社区对课程和教师的看法会通过各种途径传达给学校，只有通过社区认可的活动才能在社区内存在下去。社区可以作为中介，联系中小学和其他的社会机构，解决校本课程开发中出现的各种各样的问题。

（六）校本课程开发的支持策略

1. 校本课程开发的硬件支持策略

（1）课程政策的支持

新中国成立以来，我国推行的是自上而下的课程开发模式，由国家课程一统天下，几乎没有给学校留下什么空间，学校是课程政策的被动执行者，而非主动开发者。学校和教师关注的是怎么教"必须教的"，而非怎么教"应当教的"。这就是说，课程问题是专家学者们考虑的理论问题和政府决策的问题，而不是学校和教师考虑的实践问题。因此，对教师而言，课程往往是一个离自己十分遥远、与己无关的事情。1999年6月，《中共中央国务院关于深化教育改革全面推进素质教育的决定》明确规定："调整和改革课程体系、结构、内容、建立新的基础教育课程体系，试行国家课程、地方课程和学校课程。""三级课程"政策意味着原来属于国家的课程开发的权力，部分地下放给了学校，学校及教师拥有了部分的课程开发的权力，教师也成为课程开发的主体之一，这样就为校本课程开发提供了政策的保障。

（2）师资培训制度的支持

政策保障只是给校本课程开发提供了一种可能而不是现实。因为校本课程开发的主体是教师，但教师是否具备校本课程开发的能力则是一个关键问题，因而就需要进行相关的培训。我国的职前师资培训机构的教学计划中关于课程方面的知识很少，至于校本课程开发方面的知识与技能就更为缺乏。职后培训机构则更多的是关注学科知识的加深，而很少以教育学、心理学理论为中心，对课程方面知识与技能的培训则相对更少。因此，为保证校本课程开发的有效运行，必须在政策和制度层面上对师资培训的内容和方式作一个限定。一方面，可以建立有效的课程教材培训中心，有目的、有步骤地培训处于一线的教师，使他们具有基本的课程开发能力;另一方面,也可以转变现有的师培中心的职责,在现有的师资培训内容中加入课程编制的内容,将校本课程编制的技术尽快传授到广大教师手中。

(3) 考试制度的支持

即使在课程政策层面和教师培训制度层面都有了保证,仍然不能保证校本课程开发能够在实践中有效地运行。因为升学考试的主导作用,教师、学生、家长都把考试成绩看得十分重要。如果各级各类学校的考试与招生制度不改变,校本课程开发很难得到认可。因此,各级政府在考试政策上应有一个明确的限定,规定校本课程、发展学生个性的课程所占考试内容的比例。建立一种国家课程与国家统一考试选拔人才、校本课程与高校自主招生选拔人才相结合的考试招生制度,是校本课程有效开发的重要支持条件。

(4) 其他相关制度与政策的支持

一是学校评估政策。如果上级主管部门只是将升学率作为评价学校的唯一的指标,学校就没有开发校本课程的积极性。因此,对于由于校本课程开发而建立的学校特色,也应该纳入学校评价的视野。二是教师职称评定政策。如果校本课程的开发只是增加了教师的负担,而没有与相应的薪酬和专业技术的评定挂钩,那么教师就没有开发校本课程的动机。另外,教育经费的分配政策、教育成本补偿费的收取政策、教育经费的使用政策、校长、教师和学生的权限与职责、地方教育行政部门的权力与职责、人事政策等,也都应做出相应的调整。

2. 校本课程开发的软件支持策略

(1) 课程开发理论层面的支持

对于我国绝大多数教师而言,只知教学,而不知课程。教师所拥有的知识大多是学科知识,而课程方面的知识并不多。由于缺乏相应的课程知识,尽管三级课程政策的试行给教师提供了参与课程开发的机会,但他们却不知道该如何进行课程开发,因而往往采取抗拒排斥的态度,或者是退却的态度。课程知识与能力方面素养的缺乏,往往成为教师参与课程开发的最大障碍。为此,中小学教师必须了解目前世界上有影响的课程与教学流派、课程与教学设计的一般原理与技术、课程与教学评价的一般原理与技术等,通过对课程理论的学习与理解,形成一定的课程意识(明确课程是什么,课程在学校教育中的地位与价值,课程开发的主体,谁决定课程,如何对课程的优劣做出评价),并据此形成相应的课程观念。

这些课程观念包括:一是课程制度观,课程是由国家统一,还是由地方自主,或者是由中央与地方一起共同管理;二是课程价值观,课程是为了升学的需要,还是为了满足当前社会的需要,或者是满足学生个人的需求;三是课程类型观,学校中国家、地方、校本课程三种课程并存;四是课程开发观,课程是有计划地安排学生学习的过程,它是一个动态的过程,因而教师必须改变单一教授者、课程消费者的角色,要把自己定位为既是教授者同时在某一程度上又是课程的开发者和创造者。

(2) 课程开发技术层面的支持

校本课程开发在我国来说还是一个新事物,绝大多数教师可能并不太清楚,甚至是闻所未闻,因此有必要给教师提供校本课程开发方面的技术支持。例如,关于学生需求的调查与分析技术;教师现状与需求的分析技术;课程方案的编制技术;课程的实施与管理技术;与学生沟通的技术;课程评估技术;反馈与沟通技术;协调与合作的技术;等等。校本课程开发要求教师从"教育方法"时代进入"教育内容"时代,就是说教师不仅是一个课程的使用者,同时还是一个课程的开发者。教师既是一个教育教学的实践者,同时又是一个课程的研究者,还是一个对自己实践不断反思的"反思性实践者"。作为一个研究者,教师至少应掌握如下一些基本技能:科研论文写作的技能;教育实验设计的技能;教学经验的概念化加工能力;教育行动研究的知识与技能。

(3) 课程开发的信息支持

在当今社会,信息在我们的生活中具有非常重要的作用,它不仅能使人们了解本领域的最前沿的基本情况,掌握兄弟单位研究的进展情况,给自己提供一个参照系,使人们知道自身所处的相对位置,而不至于夜郎自大、坐井观天。同时,人们也可以从中获取一些可用的教育资源方面的信息,确定自己以后的发展方向。例如,课程与教学理论的最新进展、课程改革的前沿信息、国外校本课程开发的最新动向、国内校本课程开发实践的发展动向、我国课程改革的信息、中考与高考的最新情况、学科教育发展的最新走向等。中小学教师的信息源主要有三个渠道:一是在阅读报纸、杂志、书籍、文件、档案等书面材料中获得;二是通过电视新闻、电脑网页等途径获得;三是通过听专家学者、政府官员的讲座或报告获得。

(4) 课程开发的资源支持

首先,可以开设校本课程开发教育网。现代社会已进入了网络时代,因此学校可建立一个专门的网页,介绍校本课程开发的相关情况以及校本课程开发的最新动态,让教师尽可能多地接收相关的信息。其次,可以建立课程资源中心。校本课程开发要求有相关的课程资源可以利用,而仅靠一所学校的资源是有限的,因此一个社区或一个行政区都应建立一个课程资源中心,把各个学校开发的校本课程全部集中起来,分类归档,供社区内的各个学校参考,或供条件相当的社区外的学校参考。最后,可以编辑出版校本课程开发案例。由于校本课程开发追求满足学校、社区、学生的需要,因而各校课程开发的实际状况必然千差万别,但其课程开发的经验是可以互相借鉴的。为了更好地进行校际交流,可以介绍各校的校本课程开发的具体案例,以便相互借鉴,取长补短。

第六章　课程研究与课程变革

　　课程,作为独立的研究领域虽然年轻,但却有着悠久的思想发展历程。在其发展和演变过程中,课程研究发挥着重要作用,推动课程领域不断地完善和成熟。而演变和发展就意味着变革的发生,所以课程变革与课程研究相伴相生,课程研究推进课程变革,课程变革又带来了新的要求和挑战,需要人们不断地进行课程研究。

第一节　课 程 研 究

一、课程研究的内涵

（一）国外学者的界定

　　像本书前几章介绍的那样,课程本身的内涵解读多种多样,其本身定义的复杂性,加之研究者所具有的不同研究取向,"致使学者们对什么是'课程研究'以及怎样才算是'课程研究'等问题持有不同的见解"[①],存在很多分歧。课程存在已久,可谓随着学校教育的产生而产生,又伴随教育的发展而发展,但将课程作为一个专门的研究领域,从教育教学中分离出来进行系统研究则始于1918年美国学者博比特《课程》一书的出版,如此算来,课程作为一门独立的学科诞生才不过百年。那么持有不同见解的学者又如何看待作为一门既年轻又古老学科的重要概念之一的"课程研究"呢?

　　起初,很多学者基于课程界定的复杂性和研究取向的不同意识到"课程研究"的范围是很难界定的,故而,多采用谢弗勒(Scheffier)所谓的"约定式"定义和"规划式"定义,前者是指学者自行界定课程研究的范围,后者是指课程研究蕴含的行动建议。虽然这一界定在一段时间内避免了直接给"课程研究"下定义的困难,但由于不同学者对"课程研究"内涵的理解不一,致使"课程研究"的对话平台不同,一定程度上影响了课程研究的沟通与交流。

　　从学者高达(Gundem)对课程史的分类中可窥其对课程研究的理解。他将课程史分为课程理论、课程思想、课程运动史,课程"法规"及潜在的课程原则的发展史,学校学科发展史,课程指导思想和大纲的管理史,课程实践和课程改革史。[②] 从分类中不难看出高达将课程研究分为了课程理论、课程思想、课程运动、课程法规、课程原则、学校学科发展、课程指导思想、课程管理、课程实践和课程改革等几部分,无意中划定了课程研究的范畴。

（二）国内学者的界定

　　钟启泉教授认为课程研究大体可以分为两类:一是具体地就学校中应当编制怎样的内

[①] 王牧华.课程研究的生态主义向度[D].重庆:西南师范大学,2004:14.
[②] 刘徽.概念史:当代课程研究历史回顾的新路径[J].全球教育展望,2008(11):22-27.

容与活动的、有现实影响力的"决策"问题的研究;二是超越这种决策,探讨课程的历史的、社会的意蕴和主观意蕴的研究,前者是实践取向的,后者是理论取向的,①并指出其编著的《现代课程论:新版》中关于课程研究的论述是基于理论取向的。

靳玉乐和黄清总结分析了课程研究的性质,他们认为围绕课程研究是理论性抑或是应用性问题,大致存在三种观点。第一种观点认为,课程研究应当是应用性研究,具有实践性和技术性的特点。第二种观点认为,课程研究应该走理论化、学术化道路,跻身于科学的学术殿堂。第三种观点认为,课程研究是理论性与应用性的统一,既关注课程实践,又重视理论探讨。在分析的基础上,他们将课程研究归属于社会科学研究的范畴,既有理论性,又具实践性。②

学者王牧华认为,任何研究都源于问题,没有了要解决的问题,任何研究都失去其价值和意义。在他看来,课程问题不仅是课程研究的对象,也是课程研究的起点和焦点,是课程研究的目标和终点,它对于课程研究具有特别重要的意义。在此基础上,他界定了"课程研究"——课程研究实质上是以课程问题为研究对象,以认识课程现象,解释课程规律,指导课程实践为目的的一种理性探究活动。③

从上文的叙述中我们可以看到,随着对课程研究的不断深入,学者们对课程研究概念本身的理解也越来越清晰,课程研究在课程领域中是一个不断发展的概念,其范围之广可以涵盖课程领域的诸多问题,例如,课程设计问题、课程目标确定问题、课程资源与开发问题、课程实施问题、课程流派争鸣问题等等。但课程作为一门独立的学科,很多课程问题各有框架和体系,在本书的前文已单独论述,故而在本节中仅梳理前文未涉及的内容。

二、课程研究的发展历程

课程实践源远流长,随着教育活动的出现,人类就开始了课程内容的思考,但系统的、理论化的课程研究却历史短暂。为了全面、深刻理解"课程研究"丰富的内涵,我们有必要站在历史发展的角度,跟随其历史演变的脚步,凝视其萌芽、成长和发展进程,把握课程发展的走向。虽然自觉、学科化的课程研究仅短短百年,但多数学者认为课程研究这百年的发展,大致可以划分为以下三个阶段。④

(一)前学科化研究时期(1890—1917年)

课程研究具体开始于何时何地、由何人最先发起,目前难以考证,但许多课程学者一致认为课程研究运动最早兴起于美国。起初,受欧洲影响的美国课程也是按部就班进行的,并没有萌发研究意识。直到19世纪初,随着美国都市化进程的加快,学校课程不再由单个教师自由掌握,学校开始根据学生年级制定层次不同的学习内容。如此一来,为了适应学生、学校和社会的发展需要,学校就不得不重新组织课程,学者对课程的关注和研究兴趣也随之浓厚起来。

从19世纪90年代到20世纪初,美国发生了许多重大的教育事件,这些事件的发生进

---

① 钟启泉.现代课程论(新版)[M].3版.上海:上海教育出版社,2015:42.
② 靳玉乐,黄清.课程研究方法论[M].北京:人民教育出版社,2012:23.
③ 王牧华.课程研究的生态主义向度[D].重庆:西南师范大学,2004:14.
④ 靳玉乐,黄清.课程研究方法论[M].北京:人民教育出版社,2012:41-51.

一步引发了人们对课程研究的关注。例如1893年,以哈佛大学校长埃利奥特为首的"十人委员会"发表了一份以探讨大学和中学课程衔接问题为主的著名研究报告,试图解决高中课程与大学入学标准不相适应的迫切问题。随后在1895年,该委员会又向美国教育协会递交了一份充分反映委员哈里斯的课程主张的教育报告,哈里斯致力于为传统课程制定基本原理,推崇像算术、地理、历史、语法和文学艺术等传统学科。与哈里斯观点相左的是当时力主改革的"赫尔巴特协会",其成员之一的杜威于1896年在芝加哥大学创办实验学校,开设像手工训练、工厂实习、缝纫、烹饪等课程。以上教育事件的出现和理念的实践都推动了美国课程研究的发展。到1910年以后,受到教育测验运动、实验方法等影响,美国的课程研究开始逐渐由哲学思辨向实证研究转向,影响较大的事件当属1910—1917年"新课程委员会"的成立以及成立后所发表的四册研究报告。报告内容主要探究"教什么"的问题。在课程的分科研究方面,这一时期人们关注的焦点是字汇研究、文法语言研究、数学研究和社会科学研究。此外,在此时期的课程领域还出现了保守派和革新派之争。前者主张保存传统文化,重视研究先行课程;后者主张从现实生活出发,研究新材料,创造新课程。不同观点的辩驳争鸣对课程研究热潮的兴起起到了推动作用。

在前学科化研究时期,学者的课程意识已经觉醒并日渐增强,课程问题已经备受关注,课程研究之风也悄然兴起,课程实践已付诸实施,但由于研究方法的简单化和研究成果的独木之态,课程研究尚未形成学科化的专门领域。

(二)学科化研究的形成时期(1918—1948年)

20世纪早期,美国许多课程研究者深感传统课程内容盲目堆积、庞杂臃肿,且与现实生活相去甚远,因而纷纷探索科学研制学校课程的新途径。其中,以"科学的课程制定者"研究团体为主要代表,1918年出版的《课程》的作者、拉开"课程"这一专门研究领域帷幕的博比特是该团体的成员。自博比特之后,美国的教育理论家和实际工作者编写的有关课程问题的著述开始涌现,例如,1923年俄亥俄州州立大学查特斯的《课程编订》一书出版,1924年博比特的著作《如何编制课程》出版、1926年全美教育研究协会发表了关于课程运动的全面评论。与此同时,出现了一批像贾德、鲁格、康茨、卡斯韦尔、坎贝尔、克伯屈、哈拉普等课程研究专家,在他们的推动下,课程研究学科化的进程得以加快,课程学科化研究的局面才得以最终形成。

从历史背景分析,课程论学科化研究的形成,不仅与课程变革的内在要求息息相关,而且还深受工业科学管理的影响。第一次世界大战结束后,美国的工业获得了良好的发展契机,规模扩大,技术更新,整个社会都对经济和效率表现出前所未有的关心。一些课程研究者看到泰勒"科学管理原理"在企业取得巨大成功,开始思考课程编制是否可以从中得到启示。结果,他们认为教育过程与工业生产过程比较相似,在教育工程中可以借鉴"科学管理原理",课程编制也可以追求"效率"。博比特就是一位将科学管理模式运用到课程编制中的积极探索者,他有意识地把行为主义与科学管理方法运用到课程编制之中,从而建立了"目的—手段"课程研制范式。这种以科学主义为取向、强调目标具体化、标准化和手段技术化、精确化的研究范式,使得课程研究具有了体系化、科学化的倾向,同时也开创了课程论独立化、学科化发展的道路。此后,查特斯关于理想目标与系统知识的研究,卡斯韦尔关于地区性课程研制和教师参与学程编制的研究,以及泰勒关于理性的课程编制的研究,基本上都是沿着博比特所铺设的课程研究路线前进的。另外,在课程研究的学科化发展中,有一部权威著作是不容忽视的,那就是卡斯韦尔和坎贝尔合著的《课程发展论》。

1918—1948年,美国教育界发生的一系列课程事件也显示了课程研究成为独立学科领域的发展足迹。首先,有"课程意识"的地区和学校创设了各自的课程修订方案。例如,丹佛市于1922年推出了整个系统范围的课程改进方案;圣路易斯市于1925年出台了由上百名教师和众多课程顾问共同参与制定的综合课程修订方案。这些课程方案的设计几乎都包含了科学制定的原则,在当时是非常新颖的。其次,大学课程实验和课程与教学系建立。1926年,哥伦比亚大学师范学院率先建立了课程实验室。1937年,哥伦比亚大学师范学院设立了第一个课程与教学系,使课程研究的学科专业性质得以进一步确认。再次,全美教育协会所属的"教学视导与课程编制协会"发展成为全美公认的课程研究学术权威组织,它使课程作为专业研究领域的地位得到了行政上的支持和认可。值得注意的是,在此期间,对课程学科化专门研究影响最大的课程事件,当属全美教育研究学会第26期年鉴的编写出版和"进步教育协会"发起的历时八年的课程实验研究。

1927年,全美教育研究学会编出了第26期两卷本《年鉴》——《课程编制:过去与现在》和《课程编制的基础》,对当时课程研究的各个方面做了详细而系统的探讨,为课程的专门化研究提供了理论基础和合理说明。这一期《年鉴》的撰稿人大都为当时课程领域的带头人,如鲁格、巴格莱、博比特、查特斯、康茨、贾德、克伯屈等,他们畅所欲言,各抒己见,全面展现了当时人们在课程研究领域的先进思想和最新成就。该部《年鉴》的第一卷《课程编制:过去与现在》主要就传统教育中的分科课程、机械学习、强迫训练等提出了尖锐批评,并在此基础上总结了进步教育的实践与计划,提出了组建一支骨干队伍研究每个城市和州的课程,以推进课程改革的主张。第二卷《课程编制的基础》描述了当时课程编制技术的进展情况,强调了课程编制对课程改革的重要性,勾勒出理想课程的主要特征:集中于人类生活的现实事务;处理国家、地方和社区的现实问题;让学生对政治制度进行批判性思考,形成和发展一种开放的态度;考虑学生的兴趣和需要,处理现代生活和社会文化史方面的问题;考虑、选择和解决问题的能力以及课程组织要强调的问题和实践等。

这一时期课程研究已有专门的研究人员、专门的学科专业、专门的著述甚至专门的实验,较上一阶段有了质的进步。但在取得可喜成果的同时还存在一定的问题,如学者们关注的是课程编制的技术与方法,在课程基本范畴上未达成共识,这一时期课程研究的理论框架还未完全架构,学术水平仍然不高,离课程理论研究还有很大距离。

(三)理论体系的建构与发展时期(1949年以后)

1949年,泰勒的《课程与教学的基本原理》一书出版,这是课程发展史上具有里程碑意义的专著,1981年与杜威的《民主主义与教育》一起被美国《卡潘》杂志评为1906年以来对学校课程领域影响最大的两本著作,是现代课程理论的经典著作。就是在这本著作中泰勒提出了编制与教学设计时必须回答的四个基本问题,由这四个基本问题引出了课程编制的四个要素,即确定教育目标、选择学习经验、组织学习经验、评价学习结果。这四个要素构成了现代课程研究领域最具有影响力的理论框架,被学术界誉为"泰勒原理"。瑞典学者胡森等人主编的《国际教育百科全书》中对其这样评论:"不管人们是否赞同'泰勒原理',不管人们持什么样的哲学观点,如果不探讨泰勒提出的四个基本问题,就不可能全面地探讨课程问题"。

随后,美国课程研究深受"泰勒原理"影响,大致分为两种研究思路。一是沿着"泰勒原理"研究的思路延伸,一是对"泰勒原理"的补充和深化,发展的大致情况见表 6-1。

表 6-1 泰勒原理的演变

学者	对应"泰勒原理"的研究点	新发展
布鲁姆及同事	教育目标	将教育目标划分三个领域:认知领域、情感领域、动作技能领域
塔巴	学习经验	1. 区分学习经验与学习内容; 2. 扩展课程编制步骤(诊断分析—形成具体目标—选择内容—组织内容—选择学习经验—组织学习经验—建立评价标准并进行评价—检查平衡性与顺序性)
惠勒	泰勒原理直线模式	密合成圆圈式,强调目标与评价之间的关系 1.目的、目标 → 2.选择学习经验 → 3.选择内容 → 4.组织学习经验 → 5.评价
比彻姆	理论体系构建	1961 年《课程理论》出版,指出课程理论的任务是对课程事件和课程关系进行必要的描述、解释和预言
伊丽莎白·梅夏、乔治·梅夏	理论建构模式	把课程理论分为四种类型:形式理论、事件理论、评价理论和人类行为学理论

20 世纪 70 年代以后,西方课程理论流派竞相发展,形成了百家争鸣、百花齐放的多元化发展态势,打破了泰勒的课程原理一统天下的格局。这种多元发展是在对传统课程研究的批判和反思基础上进行的,传统课程理论流派以"泰勒原理"为代表,本时期课程发展的多元流派以重建主义课程研究学派、自然主义理论流派、社会改造主义流派和人本主义理论流派为主要代表。西方课程流派关系如图 6-1 所示。

尽管 20 世纪 70 年代以来的各种课程理论研究学派思路不同、观点各异,但随着课程理论与实践的发展,他们之间正在加强对话,求同存异,互补互激,共同推动课程理论研究工作的不断发展。随后,美国课程研究方面的进展对其他国家也产生了很大影响,如中国、日本等。后来,在吸收、模仿和借鉴之后,世界各国都致力于课程研究的本土化和民族化,努力探索符合本国实际的课程研究与发展之路。

三、课程研究的对象与任务

(一)课程研究的对象

课程研究对象是每位课程研究工作者首先要面对和确定的问题,只有确定了研究对象才能推动研究进程。回顾课程研究发展历程,我们发现,在课程研究对象这一问题上学者

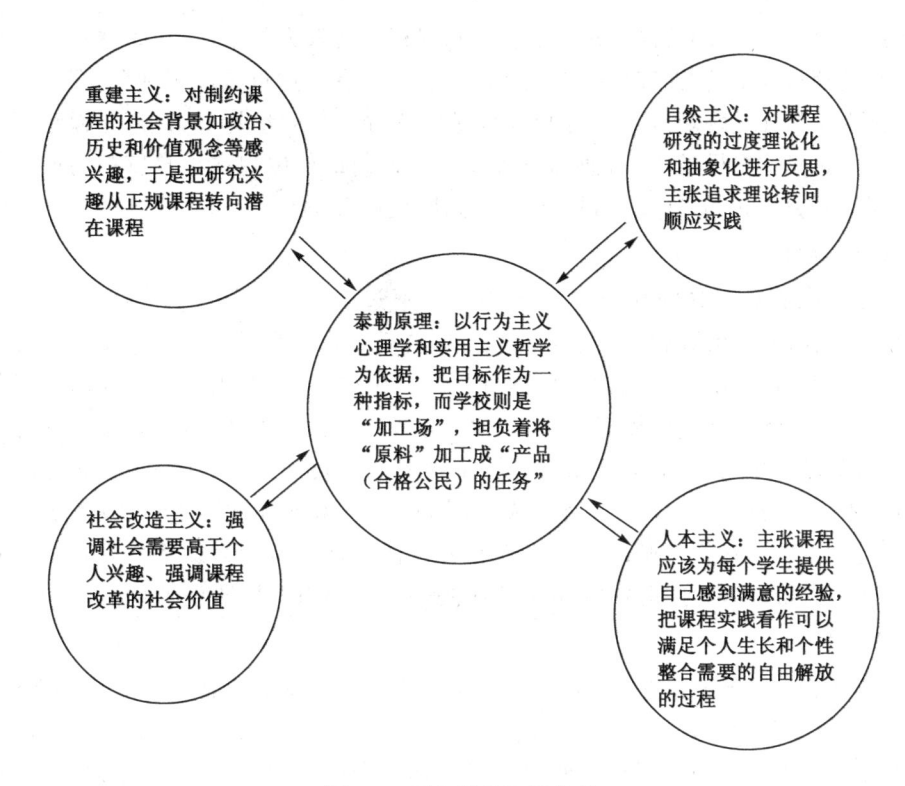

```
     重建主义：对制约课              自然主义：对课程
     程的社会背景如政治、            研究的过度理论化
     历史和价值观念等感             和抽象化进行反思，
     兴趣，于是把研究兴             主张追求理论转向
     趣从正规课程转向潜              顺应实践
           在课程

              泰勒原理：以行为主义
              心理学和实用主义哲学
              为依据，把目标作为一
              种指标，而学校则是
              "加工场"，担负着将
              "原料"加工成"产品
              （合格公民）的任务"

     社会改造主义：强                人本主义：主张课程
     调社会需要高于个                应该为每个学生提供
     人兴趣、强调课程                自己感到满意的经验，
     改革的社会价值                  把课程实践看作可以
                                    满足个人生长和个性
                                    整合需要的自由解放
                                           的过程
```

图 6-1　西方课程流派关系

们存在分歧，从而导致课程研究对象长期存在混乱和困惑。故而，在进行课程研究时，人们各自制定不同的研究方案，构建不同的课程理论，导致分析课程的角度和内容往往相去甚远。[①] 所以，不仅为了满足同一研究领域学者之间交流话语的需要，也为了课程研究领域的范畴和发展，有必要对课程研究对象进行深入分析和思考。

那么，课程研究的对象应该是什么呢？大部分具体课程开篇便会阐明该课的研究对象，例如，机械学的课程研究对象为机械，建筑学的研究对象是建筑，数学的研究对象是数量关系和空间形式等，这些都是具体课程的具体研究对象。我们此处所要讨论的课程研究的对象是透过不同课程的具体研究看到其背后共同的实质，就数学来看，课程研究的是数量关系客观存在的事实还是数量关系背后的冲突，抑或是数量关系之间存在的规律呢？在此基础上模糊具体课程继续思考，课程研究的是课程现象、课程问题、课程规律还是课程实践呢？下文将加以分析阐述。

1. 课程现象

现象是事物的外部联系和表面特征，是人们的感官所能够直接感知的事物的外在表现。[②] 课程现象是课程活动所表现出来的能被人们直接感知到的外部形态，具有外在性、易变性和可以感知等特点，它普遍存在于教育活动中。例如，2022 年我国教育部印发了义务教育课程方案和课程标准（2022 年版），各地系统推进新方案和新课程标准的落地实施，这

[①] 靳玉乐,黄清.课程研究方法论[M].北京:人民教育出版社,2012:18-19.
[②] 李本先.马克思主义哲学基础[M].武汉:武汉大学出版社,1989:131.

就属于课程现象；再如，随着课程理论的普及和课程开发权力的下放，校本课程开发已深入万千学校，教师从原来的"课程执行者"变为"课程开发者"，这也是课程现象；课程思想源远流长，但课程作为独立领域进行研究却是自博比特《课程》问世算起，这还是课程现象。可见，课程现象是具体多样的，是可感知和多变的。人们认识课程往往自感知到课程现象开始，它是课程研究的起点，感知不到或意识不到课程现象就无法开展课程研究。

2. 课程问题

问题是现象背后存在的冲突或矛盾，是人们通过思考对现象产生的疑问，当人们面对现象时脑海存在问号，问题就产生了。课程问题是反映到研究者脑海中需要探明和解决的课程矛盾或疑难困惑，研究者意识到课程现象并产生疑惑，想要进一步探究课程现象背后的原因，进而寻求解决之道或探索本质联系时，课程研究就开始了。所以，课程问题普遍存在于研究者的动念中，如果对上文所述的课程现象产生疑问，我们就得到了相应的课程问题。例如，为什么我国教育部2022年印发了新版义务教育课程方案和课程标准？为什么要下放课程开发权？为什么教师成为校本课程开发的主体？为什么课程作为独立研究领域的时间较短？等等。课程问题往往以发问的形式存在，只有开展课程研究才能答疑解惑。

3. 课程规律

规律是事物存在的普遍的、本质的、客观的必然联系。课程规律是课程内部普遍的、客观的必然联系，是隐含在课程现象背后的本质，呈现课程系统要素发展的必然趋势，具有内在性和稳定性特点。作为客观存在的课程规律，其本质联系和必然趋势是内在的、不以人的认识和作用为转移的。课程研究工作者以揭示课程规律为己任，已经走过一段很长的探索之路并继续求索着，如"课程研究的产生和发展受多种因素制约""中小学课程设计应以育人为中心，以人才培养为根本出发点""学生对课程的需要是全面的"等都是课程规律探索的结果。课程建设须遵循课程规律，在课程规律指导下进行，否则会事倍功半，甚至适得其反。

4. 课程实践

实践就是人们能动地改造和探索现实世界一切客观物质的社会性活动。课程实践是人们能动地通过改造课程材料提升课程研制和实施质量的教育活动。就课程研究的性质来看，虽然课程研究注重理论研讨和探索，但绝没有也不可能完全脱离课程实践，它兼具理论性与实践性，是建立在课程实践基础之上并指向课程实践的活动，学习掌握课程理论和规律，目的就是用于指导和服务课程实践。像教育行政部门对课程进行管理、规划和评估，课程专家和教师等专门人员有组织地编制课程材料、设计课程计划，教师、学生根据课程计划，基于课程材料开展的教育活动等都属于课程实践的范畴。

综上，课程现象作为客观存在是课程研究的起点或素材，意识到课程现象的存在并非开启了课程研究，能否基于课程现象产生疑问进而形成和提出问题，是课程研究工作者与非课程研究工作者的重要区别。换句话说，很多人都能感知到课程现象，但并非所有人都进行了课程研究，只有课程研究工作者对课程现象发问后，课程研究才成为可能。所以说，课程问题才是课程研究的对象，或者说，基于课程现象形成的课程问题才是课程研究的对象。课程规律为什么不是课程的研究对象呢？将课程规律看作课程研究对象的人混淆了研究对象与研究目的，显然，课程规律是课程研究的结果和目的，它不是课程研究的对象。

课程实践同样也不是课程研究的对象,因为基于课程现象进行课程问题研究的目的在于揭示课程规律,进而指导课程实践,课程实践是教育活动,不断改善课程实践、促其不断提质发展是课程研究的最终目的。

(二)课程研究的任务

研究任务往往与研究对象密切相关,课程研究对象决定了课程研究所肩负的任务。从课程研究活动的纵向发展来看,首先要意识到课程现象,进而形成课程问题,经过探索发现课程规律,最终用以指导课程实践。所以,课程研究所承担的任务就是认识课程现象、提出课程问题、揭示课程规律和指导课程实践。

1. 认识课程现象

上文提到,作为客观存在的课程现象是人们可以感知到的,但是并非所有人都关注课程现象并进行深入思考,即便是感知到课程现象,也不一定能准确辨认,往往将其与教学现象或教育现象混淆。作为课程研究工作者或学校教师,仅仅感知到课程现象还不够,需要进一步辨识和认识课程现象。系统学习课程论相关理论与知识,明确课程研究对象和研究范畴有助于课程现象的正确辨认。例如,课程标准的变更属于课程现象,具体学科的课堂教学则属于教学现象。

2. 提出课程问题

作为课程研究对象的课程问题既不是凭空产生或凭主观臆断的,也不是纯粹客观存在的,它是人们面对课程现象这种客观存在时,主体思维发现客观现象背后的冲突和矛盾进而提出的疑问,是主观见之于客观的。所以课程问题的提出既离不开对课程现象的正确辨识,也离不开专业素养基础上的深入思考。西方哲学家波普尔(Popper)指出,科学与知识的增长永远始于问题,终于问题[①],问题推动科学研究不断发展,课程问题推动课程研究的不断发展,形成和提出课程问题是专业学习的素质体现,也是课程研究工作的一项重要任务。

3. 揭示课程规律

科学研究的一个重要目的就是要寻找和发现事物的规律,以指导人们的实践活动。课程研究也是如此,课程规律之所以不是课程研究的对象,是因为作为课程内在规定性的它是课程研究的目的。课程研究工作者透过现象,结合思考和深入研究的目的在于发现和探索课程规律,用以指导课程实践。因为合乎规律的课程活动才能有效甚至高效,反之,不遵守课程规律的课程活动低效或无效,甚至消磨原有的发展成果。如此重要的课程规律不能自彰自显、难以不言自明,这就需要课程研究工作者潜心思考,敏锐感知课程问题,持续不断地探索,从而揭示其本质、必然的内在联系。故而,揭示课程规律成为课程研究的另一重要任务。

4. 指导课程实践

由课程现象到课程问题再到课程规律,课程研究活动看似形成一个闭环,完成其使命,深究之下却发现并非如此。就像赫尔巴特理论学派的重要代表人物赖因评价教学理论那

---

① 卡尔·波普尔.真理·合理性·科学知识增长[C]//纪树立.科学知识进化论:波普尔科学哲学选集.北京:生活·读书·新知三联书店,1987:184.

样(即使是最好的理论,如果它仍然是抽象的,那么肯定不可能对课程教学产生多大影响[①]),完全脱离实践的理论研究必然走向高阁,关注并指向实践的理论方得以流传并持续发展。所以,课程研究不能也不是纯粹的理论研究,兼具实践的性质使其必然肩负指导课程实践之任务。

四、课程研究取向

研究取向是指研究者对研究所持的信念和价值倾向,它主导着各自领域研究开展的方向、左右研究主题并影响研究方法的选择。研究取向在任何研究领域都是一项基本议题,课程研究领域也是如此。由于研究者基于不同学科背景、知识体系和研究立场,各自形成了对课程研究的不同认识,从而也产生了多种课程研究取向。任何一位课程理论与实践工作者,不管他是否意识到,都必然会有左右自己教育行为的课程取向[②],课程取向将体现在其课程设计和课程实践活动的各个环节上。所以,为了更好地指导课程实践,课程研究工作者和教育工作者有必要了解不同的课程研究取向并做出恰当选择。

(一)依据对课程问题的不同认识倾向区分

美国学者米勒认为,人们对教育目的、学习者、学习过程、学习环境、教师作用等有关课程问题所持态度并不相同,基于此,便会产生不同的认识倾向,根据这种不同的认识倾向可以将课程研究取向划分为行为取向、学科取向、社会取向、发展取向、认知过程取向、人本主义取向、超个人或全观取向七种类型。行为取向的课程研究注重通过结构化和系列化的课程训练学生行为,学生行为培养是其主要目的;学科取向的课程研究重视课程内容选择和组织编排,从而帮助学生掌握学科的基本知识和基本技能;社会取向的课程研究关心政治变迁、环境变化和公共事业等社会问题,主张向学生传递社会文化,促其社会化;发展取向的课程研究强调课程设计要遵循学生身心发展规律,目的在于促进学生身心健康发展;认知取向的课程研究主张循序渐进安排好课程内容,以帮助学生认知技能的发展;人本主义取向的课程研究强调课程设计要重视学生的参与和体验,促进学生形成完整人格;超个人或全观取向的课程研究重视学生内在生活与周围环境的联系,强调课程要以促进学生的自我完善为目标。整体看,这七种课程取向排成了一个序列,自学生外在行为向内心活动演进,中间的课程取向则兼具了外部行为与内心活动的综合倾向。

(二)依据课程研究目的区分

20世纪70年代,美国的派纳等学者对传统的"泰勒原理"提出了尖锐的批判,在课程研究领域掀起了"概念重建"运动。他们把20世纪70年代之前看作课程开发的时代,并明确表示"课程开发生于1918,卒于1969年"[③],从而将课程研究分为两种取向——课程开发取向和课程理解取向。在派纳看来,课程开发取向以泰勒原理为主要代表,研究的目的在于进行课程开发,研究结果往往呈现为课程开发原则或课程开发程序,大多数课程工作者成为简单的操作者、执行者或实施者,只需要熟练掌握开发技术并执行课程政策即可。派纳

---

① 李允,周海银.课程与教学原理[M].济南:山东人民出版社,2008:203.
② 靳玉乐,黄清.课程研究方法论[M].北京:人民教育出版社,2012:24.
③ 派纳,等.理解课程:历史与当代课程话语研究导论(上)[M].张华,等译.北京:教育科学出版社,2003:6.

认为课程开发时代已成为过去，在批判的基础上提出了自己的观念。他认为，课程研究领域采用语言并由语言构成，理解课程领域需要密切关注研究者所运用的语言和表达的观念；而语言和话语传统受所处世界影响，所以他主张将课程研究放置于广泛的社会、政治、经济、文化、种族等背景中加以理解，进而联系个人深层次的精神世界和生活体验来寻找课程的意义。可见，开发取向致力于课程设计的从无到有，生产"程序"和"规则"；而理解取向则注重课程现象、课程文本、课程事件的意义解读，探寻课程文本所承载的价值观念。

（三）依据提出解决问题的假设区分

在课程研究中，人们不断提出有关课程的各种问题，并提出解决这些问题的假设，从假设入手开展研究。艾斯纳和瓦兰斯对学者们提出的假设进行了归纳，以此为标准概括出五种课程研究取向：认知过程取向、技术取向、自我实现取向、社会改造取向和学术理性取向。认知过程取向关注的课程问题是学生的智力发展和认知技能培养，关心课程内容对学生的影响，认为课程实施者的任务就是鉴别出最有效的智力活动过程，为学生的认知发展创造合适的条件；技术取向认为课程的作用在于探寻有效的技术手段，完成课程承载的任务，故而关注课程实施过程而非课程内容的设计和组织，指向课程目标或任务的技术运用是其研究焦点；自我实现取向着眼于学生个性发展和整体人格成长，设想课程应该为促进学生发展提供完全的经验，相较于前两种课程研究取向，它更关注课程内容（经验）；社会改造取向认为学校应该成为社会变革的机构，课程编制者应根据社会问题检查和遴选课程内容，把学生培养目标与国家和社会发展目标相结合；学术理性取向认为课程最不可或缺的要素是知识，课程研究首先要研究知识并以合理的课程结构加以整理，才能达到促进学生心智发展的效果。

五、课程研究的范式

"范式"概念是20世纪60年代由科学哲学家托马斯·库恩（Thomas Kuhn）在《科学革命的结构》一书中提出的。他认为，"范式"是指科学共同体的共有信念，这种共有信念建立在某种公认的并成为传统的重大科学的基础上，为科学共同体成员提供一种把握研究对象的概念框架、一套理论和方法信条、一个可供效仿的解题范例，它规定并表征了一定时期内某一科学的发展方向和研究途径。根据这一理解，课程研究范式被界定为课程研究人员在课程研究过程中所形成和建立的关于课程问题的一些共同信念，这种信念规定了他们共同的基本观点、基本理论、基本方法和基本价值取向，为他们提供了大致相同的课程理论模型和解决课程问题的框架，从而成为课程研究的一种共同传统，对课程理论和实践具有重要的影响。

西方课程研究在不同的哲学思潮和社会思潮的影响下，表现出丰富多样的发展路径，形成了不同的研究范式，主要有科学分析课程研究范式、实践性课程研究范式、概念重建课程研究范式和后现代主义课程研究范式等。

在20世纪20年代，科学分析课程研究范式首先在美国比较完整地确立起来，其代表人物有美国学者博比特、查特斯和泰勒等人。博比特在《怎样编制课程》一书中具体阐述了其科学化的课程开发模式，具体包括以下五个步骤：① 人类经验的分析；② 工作分析；

③ 导出目标；④ 选择目标；⑤ 制订详细计划。科学分析课程研究范式在泰勒那里发展到顶峰，他撰写的《课程与教学的基本原理》被人们认为是"课程编制的圣经"，其基本理论被称为"泰勒原理"，是科学研究方法运用于当代课程研究的最佳范例。从历史发展的角度来说，科学分析课程研究范式具有明显的技术性和程序性特点，它大大推进了课程研究领域的科学化进程，使课程开发过程摆脱了主观臆断、盲目低效的弊端，这具有重要的历史进步意义。

美国课程专家施瓦布（Schwab）对以泰勒原理为代表的科学分析课程研究范式和自上而下的传统课程开发模式进行了批判，并提出了实践性课程研究范式，组织和发起了课程研究走向实践运动。实践性课程研究范式强调课程理论必须经过课程实践的改造，提倡尊重教师和学生的主体性和创造性，这样就把课程实践与课程理论有机地统一起来，从而在一定程度上使课程变得灵活化、情境化、生活化、个性化，体现了教育的人本思想。

20世纪70年代以来，美国的一些课程学者力图超越科学分析课程研究范式和实践性课程研究范式的束缚，强调对学校课程进行意识形态的社会学分析，建立了带有浓厚的人文色彩的概念重建课程研究范式。其发展线索主要有两条：一是坚持哲学—美学取向，关注个体自我意识的提升和存在体验的"存在现象学课程论"；二是坚持社会—政治取向，注重对社会意识形态的批判和社会公正的建立的"批判课程论"。

后现代主义课程研究范式是对以"泰勒原理"为代表的现代主义课程研究范式的反省和批判，倡导运用人文—理解的研究方法，更多地强调情境性、不确定性、主体性、建构性、动态性、差异性、多元性和开放性等特征。后现代主义课程研究范式的代表人物主要有卡普拉（Capra）、斯拉特瑞（Slattery）、多尔（Doll）等人。

美国课程学者肖特（Short）在1991年出版的《课程探究的形式》一书中对以往课程研究的不同形式进行了全面回顾和认真总结，提出了分析范式、演绎范式、思辨范式、历史范式、科学范式、叙述范式、美学范式、现象学范式、解释学范式、理论范式、标准范式、批判范式、综合范式、讨论范式和行动范式等研究范式。他认为，每一个特定的课程问题需要与之相适应的课程研究范式来解决，只有使课程问题与研究范式保持一致，才能有效地解决有关的课程理论和实践问题，否则将无助于课程问题的解决。因此，当代课程研究应该根据研究对象和问题的不同性质，采用多种研究范式，增强课程问题与研究范式的适切性，从而提高课程研究的科学化水平。同时，如果已有的课程研究范式不能解决新的课程问题，课程研究者还应该致力于探索新的课程研究范式。

第二节 课程变革

变革是人类社会发展的永恒问题，事物总是处在不断的变化之中，作为教育重要组成部分的课程也在不断地变革。独立的课程领域在课程思想的推动下，经过教育者的不断努力脱胎于教育教学，是一次挤进研究领域之列从无到有的变革；后续一次次课程思想的讨论与碰撞、课程内容遴选的争辩与更新、课程组织的斟酌与抉择、课程实施的破网推进等等，都是一次次追求完善并和社会发展保持律动的从有到好的变革。

一、课程变革的内涵

变革,意味着变化和革新,是事物从原有状态或形式向新的状态和形式的运动变化。变革发生了,会让人感觉到新意。课程变革意味着课程在对社会发展的变迁和内部变化的回应过程中发生新的变化,给受影响的人带来新意。课程变革是一个庞大的复杂性体系,涉及的问题十分广泛。由于课程涉及理论基础(如哲学、社会学、心理学等)、课程内容、课程实施方法和课程评价等内容,其中任何内容发生变革都属于课程变革的范畴。

《国际教育百科全书》阐明了课程变革的性质和课程变革的过程。由于人们经常交替使用变革、创新、改革或运动,致使描述课程变化的术语较为混乱。《国际教育百科全书》分析了相关概念属性,使用频次较高的课程变革有时用来表述宏观的课程发展趋势,有时又直接描述课程的具体变化。课程创新不仅包括单科的变革,也包括综合性变革,一般具有鲜明的目标、手段,与原有课程之间存在鲜明的分界线和明确的标志。课程改革通常指向更为广泛和基础的课程变革,一般包括学校课程体制的调整、课程的全面修订等相关变化,带有主观价值取向和方针变化,经常借助政策推动实施。从课程变革过程看,课程研究者经常将其分为开始、应用和评价三个阶段。开始阶段,往往涉及新课程(或方案)的编制、新课程信息的宣传、课程的具体规划和课程实施方案的选定与采纳。应用阶段的重点在于推进新课程的实施,实施包括完全接纳新的课程方案且严格推行和修订课程方案灵活推进两种具体方式。最后一个阶段是评价阶段,这一阶段最为重要的是新课程的制度化和评估,推动新课程进入教育制度并考察其变革效果是这一阶段的主要任务。

基于对课程变革性质与过程或阶段的考察,课程变革横向维度上涵盖课程变化、课程创新、课程改革、课程变迁或运动等活动;纵向维度上包括开始、应用、评估三个阶段。因此,课程变革可以被界定为:从研制到制度化的课程变化、革新、改革、变迁活动。①

二、课程变革的影响因素

从宏观看,课程系统处在社会大系统中,从中观看,课程系统是教育的子系统,加之自身也是一个较为复杂的系统,所以影响课程变革的因素颇多,归纳起来无外乎有所处社会、科学技术、学生和课程自身发展规律四大类。

(一)社会

因为社会是一个较为宽泛的概念,它包罗万象,所以对课程变革的影响是全方位的,也是极其复杂的。一般人们习惯于从政治、经济、文化等方面进行社会考察和分析。从历史发展看,社会制度和政治立场的变革一定会影响课程目的的确定,古代社会培养的多为统治阶级服务的人才,课程目标多为社会本位,且带有鲜明的阶级性和等级性,当社会性质发生变革,课程变革随之出现。现代社会的课程性质、课程目标、课程实施等都与古代社会大有不同,课程多以育人为导向,追求个人价值与社会价值的共同实现。经济发展不仅影响课程门类,一定程度上也制约着课程变革的财力、物力和人力的投入。例如,变革中的课程方案需要论证、实践、评估和检验,每个环节都需要配套的物质环境和人员投入,每一次课

---

① 韩晓霞.学校课程变革复杂性研究[D].南京:南京师范大学,2018:21.

程变革需要相应的经济支撑。具有民族性和历史传承特点的文化对课程变革也会产生一定的影响,就像欧洲一些国家的学校依然设有拉丁文和希腊文的课程一样,文化传统对课程内容的遴选、课程思想的传播和课程理念的制定都有一定影响。

值得注意的是,社会系统中的各种因素并不是独立地影响课程变革,而是相互影响、综合作用。在现代各国,学校的课程从门类、结构到内容都在持续发生变化,但这种变化并不是简单地与社会的要求直接对应,它往往还要经过许多中间环节,如该国制定的方针、政策,决策层的战略眼光,社会知识经验,人类认知的方式和能力,各国特有的民族文化传统、教育发展的水平及其内部各种因素所构成的课程实施条件等,其中任何一个因素都不可能孤立地对课程的发展起作用。这种综合的作用是极其复杂、极具个性的。因此,即使是经济、政治结构相近的国家,其课程模式也会存在很大的差异性。

（二）科学技术

科学技术是社会发展的推动力量,也是课程变革的重要助推器。社会政治、经济、文化和人们的生活方式等都以科学技术为基础,课程也必然以人类现有的科技积累和认知成果为前提,课程变革既受科学技术影响,又反映科学技术发展成果。敏锐的课程研究者总是选择那些具有高度科学价值和实用价值的内容纳入课程,将其编制成为课程的主要内容。具体来说,科学技术对课程变革的影响表现在三个方面:第一,科学技术的发展水平影响着课程的选择、组织及其存在形式的性质和特征,同时也影响着课程设计者的课程观;第二,科学技术领域中的知识分类及发展状况决定着课程分类的基本面貌、左右课程间的分类和界定;第三,各门科学的新发现、新发展对课程方向、内容、范围、分量、进程、结构和形式等的发展变化都有极其重要的影响。

（三）学生

课程是为学生而存在的[①],不以学生学习和使用为目的的课程算不上课程,定会被束之高阁进而被时间淹没。学生对课程变革的影响主要体现在身心发展规律与身心发展水平两个方面,前者制约着课程设置、课程目标设计、课程内容编制等方面,后者制约着课程内容的广度、深度和难易程度。所以,想要实现课程承载的目标,完成其肩负的任务,就需要合理组织课程内容,而课程内容的组织不仅要符合科学知识本身的逻辑,同时要遵循学生心理发展的逻辑,违背学生心理逻辑的课程很难被学生消化吸收,最终导致课程目标无法实现。所以在学生受社会、科技或文化影响以后,个体诉求或群体认知发生的变化必然影响到课程,促进课程变革。主要受学生这一因素影响产生的课程变革的焦点往往是学生发展,表现在:课程变革必须适应学生身心发展的特征、满足学生个体和群体需要,并着眼于学生的"最近发展区"。

（四）课程发展规律

就像万物发展都离不开内在力量的推动一样,课程变革的根本力量也在于自身,影响课程变革的外部因素,无论是社会政治、经济、文化还是科学技术发展,都需要通过课程自身的内在力量（如课程传统、课程理论与思想、课程发展的"钟摆现象"等）才能发挥作用。所以,课程变革受到课程传统、课程理论和自身发展规律的影响与制约,在不同课程理论和

---

① 庞守兴,广少奎.教育学新论[M].济南:山东大学出版社,2009:157.

课程流派的影响下,就会形成不同类型的课程模式,就会有不同的课程内容和组织方式。课程本身是具有历史传统的,任何一种模式的课程,都打上了历史发展烙印。课程编制有其自身的继承性,课程编订以原有课程为起点和基础,离开了原有的基础,也就难有进一步的发展。从课程自身发展规律看,课程变革既不是打碎,也不是废除或抛弃原有的一套内容,而是在继承中发展、辩证地扬弃。

三、国外课程变革概览

21世纪,高速发展的社会对人才提出更高要求,各国为了适应社会发展和提高国际竞争力都将教育重点放在人才培养上,而人才培养和社会发展诉求的变化都集中反映在课程变革上,由此,各国纷纷掀起课程变革浪潮。

(一) 美国课程变革

作为一个极具危机意识的国家,美国的教育发展一直伴随着课程变革,课程变革也一直是美国教育变革的核心问题。2014年,美国首次建立全国性的《共同核心标准》,拉开新一轮课程变革序幕。此次课程变革聚焦课程内容,为了培养适应21世纪飞速发展的学生,他们认为,学校课程目标和内容应该为学生应对当今社会和明日社会做准备,教育不再也不能单纯地传授信息,而要教会学生在飞速发展和快速变化的社会中生存和发展。所以,此次变革着力推动课程培养目标从传统读、写、算能力的培养向问题批判与解决能力、沟通能力、合作能力和创新能力的培养转变,并从四个维度重构课程框架体系。

第一,重视与真实世界相关的知识。学生所学的知识应包括传统学科、现代学科和全球素养、信息素养、设计思维等整合型的主题知识。虽然传统知识依然重要,但有必要调整和优化学科结构,有必要增加跨学科的联动机制。课程设置有必要反思教授内容的重要性和实用性,同时平衡其理论知识和生活应用。

第二,着重发展21世纪技能。21世纪需要问题批判与解决能力、沟通能力、合作能力和创新能力这样的高阶技能,此类技能不仅对深度知识学习具有重要作用,通过操作更能反映出学生的理解程度,并能帮助学生将所学知识顺利迁移至新情境。需要说明的是,如何将技能传授转化为课程,目前还未得到很好解决。

第三,关涉价值观和信念决策的品格。品格养成并不局限于校内,更多发生在校外,这增加了品格教育的难度。课程重构建议从教师、历史、公共支持、法律保障、文化标准和媒体影响、社会和个人的挑战、全球化调整等方面加以考虑。

第四,包含元认知和成长型思维的元学习。元认知是指学习者对自己的学习目标、学习策略和学习结果的反思,它有利于知识迁移的激活和终身学习习惯的养成。成长型思维以学习目标为努力方向,能帮助学习者战胜挫折,取得较高的学业成就。

从四个维度中,我们可看到,美国此次课程变革的目的在于通过提高知识的实用性培养学生的核心能力和公民品质,并通过元学习调控学习状态,课程强调知识和技能的应用性,以及学生学习的自主性,帮助他们更好地迎接未来社会的挑战。

(二) 英国课程变革

作为两大政党轮流执政的国家,由于执政政府的轮换,自21世纪以来,英国经历了5个不同政府执政,因而也产生了五轮课程变革。近年来,英国精心筹划的是2014年生效的课程变革。此次课程变革目标指向公民素质培养,认为课程应该向学习者提供成为有教养的公民所需要的核心知识,让他们在学习过程中接触世界优秀思想和知识,并学会欣赏人类取得的成就。在课程内容和结构上,国家课程包括英语、科学、数学三门核心课和计算机、地理、音乐、历史、艺术与设计、公民身份、设计与技术、语言、体育九门基础课。课程评价上简化流程、取消全国统一的考试,评价由学校负责(也可以向专门评价机构寻求帮助)。不过,取消全国统一考试并不意味着评价难度降低,相反,政府出台了提高难度的新评价标准。2019年,为了应对国际公共卫生事件的严峻形势,英国颁布了《提供远程教育:对学校的指导》[①],指导和要求学校提供远程教育课程,以满足学生的学习需求。学校不断调整课程内容,根据每个阶段和主题量身定制内容,寻求现有知识和新授内容之间的平衡。整体来看,英国的课程变革在政府主导下广泛征求课程专家和社会各方意见,课程理念随着社会发展迭变更新,以满足学生的实际需求。

(三) 日本课程变革

迈入21世纪,日本对人才培养提出更高的要求,基于已有改革成果,不断借鉴国外经验,开启了新一轮课程变革。就像致力于培养新世纪人才的其他国家的课程变革一样,日本新世纪课程变革也聚焦学生21世纪核心技能培养,培养学生包括基础能力、思维能力和实践能力的适应21世纪生存的核心能力。为达到这一目标,课程内容组织以"面向社会的课程"为理念,重视课程与社会、生活之间的联系,要求各学科相互关联,幼、小、初、高各学段保持一贯性,并将社会生活所必需的生存能力具体化为"资质与能力"[②],进而设计成便于理解和实施的课程框架。为了保证学生形成必要的资质与能力,课程设计面向实际的社会生活,不仅重视学科课程的独特功能,还重视跨学科课程的培养作用。在课程内容的编排逻辑上注意跨学年组织,学段之间注重纵向结构,采取一贯性设计,明确各阶段应具备的资质和能力水平,且注意衔接和连续性。课程实施方面基于学生立场探寻主体性、互动式的深度学习方式,以促进学生对课程内容的理解,提高学习质量。课程评价以资质与能力为基准,重在评价学生主体性学习的态度,要求学生为达自我学习目标不断调整学习,从而获得扎实的知识与技能的思考力、判断力和表现力。同时,为了确保指向资质与能力的评价有效进行,课程评价不局限于结果性评价和纸笔测验,更重视论述、报告、讨论和作品展示等多样化的过程性和表现性评价。

(四) 芬兰课程变革

芬兰教育因连续在国际学生评估项目(program for international student assessment, PISA)测试中取得绝佳成绩而备受世界瞩目,继而引来世界各国争相学习。然而,在2012年的PISA测试中,芬兰并未达到其期望值(从之前的连续第1名滑至第12名),这一结果引起芬兰政府的高度关注,并开始探寻成绩下滑的问题根源,寻求解决之道。在这种背景下,芬兰开启了课程变革。2014年12月,芬兰国家教育委员会发布了新一轮国家核心课程,国家和地方制定共同目标和指导方针,市政当局、学校校长、教师、家长甚至学生都全面

---

① 李祝杏.21世纪英国基础教育课程改革研究[D].桂林:广西师范大学,2022:33.
② 李婷婷,王秀红.日本新一轮基础教育课程改革新动向:文部科学省"学习指导要领"(2017)述评[J].外国教育研究,2019(03):103-116.

参与①。此次新课程实施仍以自2009年就开始使用的"学习晴雨表2030"(以网络数据系统的方式广泛收集课程改革意见并共享研究评估结果的新工具)为支撑,在较为开放和合作的过程中将课程变革聚焦于学校的价值观和目标、校外社会和环境、知识、技能和学习、学校文化和社会等问题上面。新课程目标指向21世纪技能培养,21世纪技能包括思考与学会学习的能力,文化认知、互动与表达的能力,照顾自己和他人的生活、管理日常活动与安全的能力,运用多种语言的能力,运用信息技术的能力,就业与创业能力,参与社会与持续发展的能力,涵盖了知识、技能、态度与价值观的七种能力。为了实现以上所述能力的培养,芬兰不仅纳入实用课程、艺术课程,增加了科目,扩充和深化学习领域,还进行了跨学科课程框架构建,在传统分科课程体系中以生活真实现象或话题打造各学科融合的主题课程。主题课程分年级设置特定主题,将各学科知识融于一体,突破分科课程弊端,实现综合素养的培养。相应地,课程评价不再以课程专家和教师为主,而强调学生自主自评。

(五)法国课程变革

作为一个民主共和制国家,法国的课程变革客观上受社会发展影响,主观上往往与政党工作和争取选票相关,总统会直接参与或高度重视改革的具体推行。21世纪法国课程变革以"促进平等,面向全体学生"为理念,强调课程内容要与时俱进、与世界接轨,逐步优化和完善课程设置,下放课程管理权限,调整课程评价方式,一切努力都是为了达到促进学生发展,培养学生能力的课程目标。那么,要培养学生什么样的能力呢?法国2005年颁布的《教育指导法》明确指出,知识的选项必须从知识与能力的共同基础出发,培养具有"共同基础"的学生。"共同基础"涵盖五个领域:思考与交流的语言、学习的方法与工具、人格与公民性的形成、自然与科技系统、理解世界以及人类活动②,每个领域又细致地划分培养目标。在此基础上,新课程面向全体学生而非少数精英。"为了全体学生"的课程理念指出,学生是一个独立存在的个体,而教学各个不同的学科都要在这独立的个体上得到综合,通过学生个体,将不同的知识与学科进行整合,在个体上达到统一③。课程内容方面,法国增设了社会法制与公民课、个别指导课,突出外语和信息技术在课程中的地位,推动课程数字化发展,积极推动课程内容与世界发展接轨。另外,法国新世纪课程变革还增加了辅导课时,针对不同学习阶段调整或增加课程门类,调整不同课程的课时数量,积极推动课程设置的优化发展。课程评价灵活多样,重视形成性测验,着重对学生知识体系和综合素质的考察。

四、我国课程变革历史与现状

新中国成立至今的70多年,社会主义建设和发展历经了不同阶段,表达了不同时期的探索诉求与希望所在,与此相应的基础教育课程领域也经历了8次改革。

第一次是新中国成立初期的1949—1952年,对旧有的教育制度、教育内容和教学方法进行改革,第一次制定了全国统一的教育政策。这次课改之后,我国步入了过渡时期社会发展的关键节点,主动适应该时期社会主义经济建设和文化建设的要求,服务党的教育方

---

① 丁慧琳.二战后芬兰基础教育课程改革与发展研究:从集权到分权,从公平到卓越[D].武汉:华中师范大学.2020:42.
② 罗杰-弗朗索瓦·戈蒂埃,赵晶.法国中小学的"共同基础"与课程改革[J].全球教育展望,2017(11):21-24.
③ 任俊蕾.新世纪以来法国基础教育课程改革及其启示[J].吉林省教育学院学报,2016(5):136-138.

针，构建较为全面的中小学课程体系。

第二次是1953—1957年，以全面学习苏联课程体系为主题的课程改革。

第三次从1957年开始，其目的是为了更好贯彻"教育为无产阶级政治服务，教育与生产劳动相结合"的方针。1961年，为纠正教育革命带来的严重后果，国家又以"调整、巩固、充实、提高"八字方针为指导，对中小学课改进行再调整、再统一，但最终未能有效调整。

第四次从1964—1976年，课改在纠正未果的情况下又遭遇"文化大革命"的影响，中小学的正常教育教学秩序受到严重干扰，整个改革也陷入非理性的无序状态。

第五次改革从1977年开启，全国科学教育工作会议的召开破除了前一时期课改存在的诸多困境。随后，教育部通过成立"教材编审领导小组"，重建人民教育出版社，确定中小学基本学制（十年制），使用第五套全国通用中小学教材等举措，实现课程领域的拨乱反正。随着"双基"任务的提出以及第五套全国通用教材全部编写完毕，第五次课改于1980年悄然结束。

第六次从1981—1984年，我国开始了第六次课改。这一时期，教育部先后颁发全日制六年制和五年制中学教学计划试行草案和修订草案，以及城市和农村六年级学生教学计划草案，对整个课程领域诸多内容进行了调适。与此同时，人民教育出版社开始组织编撰第六套全国通用的十二年制中小学教材，以期实现整个课改的顺利推进。

第七次课程改革始于1985年《中共中央关于教育体制改革的决定》和1986年《中华人民共和国义务教育法》的颁布，为教育事业发展提供了体制创新和法律保障，特别是后者的出台，确立了义务教育的性质和地位。为在全国有计划、有步骤地普及义务教育，当时的国家教委制定了课程教材发展规划、课程教材多样化和三级管理政策，确定了教材审定制。伴随第七套全国通用中小学教材的使用，"课程计划"也随之突破了教学计划的范畴应然而生，成为该时期课改的显著表征。

目前正在进行的是第八次课程改革。2001年6月，教育部颁布了《基础教育课程改革纲要（试行）》，掀起了以"为了中华民族的复兴，为了每个学生的发展"为目标的第八次课改的浪潮，素质教育下新课程体系建构是该时期课改的核心表达。2014年3月，教育部颁布了《关于全面深化课程改革落实立德树人根本任务的意见》，其中明确提出要"组织研究提出各学段学生发展核心素养体系，明确学生应具备的适应终身发展和社会发展需要的必备品格和关键能力"。同年12月，我国普通高中课程标准修订工作正式启动，其核心要义是要培养学生的学科核心素养和跨学科核心素养。

21世纪伊始，以政府主导、专家引领、教师参与等方式进行的基础教育课程改革以教育部颁布《基础教育课程改革纲要（试行）》为标志全部启动。教育部决定，大力推进基础教育课程改革，调整和改革基础教育的课程体系、结构、内容，构建社会发展和时代要求的基础教育课程体系。经过十年的实践探索，在课程取得成效的基础上，为调整和完善课程内容和结构，推动课程改革的深化发展，教育部印发了义务教育语文等学科课程标准（2011年版）。2014年，教育部召开基础教育课程教材专家咨询委员会和专家工作委员会，加强社会主义核心价值观，落实立德树人根本任务，全面深化课程改革。2022年，新的义务教育课程方案和课程标准出台，进一步明确了义务教育阶段培养目标，为培养时代新人奠定了基础。总的来说，21世纪以来，我国课程理念、课程目标、课程内容、课程实施与评价等方面都出现了系列变革。

（一）基本理念

理念是行为的先导，课程理念是制约课程改革实践的重要因素，是推动课程改革理论创新的重要前提和精神动力。没有思维方式的变革、没有课程观念的转型、课程理念不更新，课程改革其他内容就很难深入推进。

第一，新世纪课程改革的核心理念就是教育以人为本，即"一切为了每一位学生的发展"。这一理念体现了我国课程的价值取向从关注学科转变为关注人，以人为本、以生为本，着眼发展的课程取向意味着教学要关注全体学生的发展，关注学生的全面发展，关注学生的个体发展。这就需要将学生视为生动活泼、不断发展的独特个体，关心其情绪生活、情感体验、道德生活和人格养成。

第二，加强课程与生活的联系，实现"科学世界"与"生活世界"的和谐统一。课程要加强与生活的联系，重新回归生活，确立一种新的课程生态观，是当代课程发展的另一个重要理念，"增强课程的生活化、凸显课程的综合化"即是这一理念的体现。生活世界是建立在学生日常交往和人际交往基础之上的，是人与人、人与社会、人与自然互动过程中结成的丰富生动的真实世界。科学世界则是建立在学科逻辑结构基础上，由概念原理和事物运动规律构成的世界。教育培养的是生活于现代社会的全面发展的人，那么作为教育核心的现代课程必然要突破科学世界的束缚，回归真实生活世界。对于学生来说，科学知识的学习重要，对生活世界的探究和意义建构也同等重要。

第三，倡导自主学习，提升持续学习与持续发展的品质。作为学习理念和学习方式的自主学习也是课程改革的重要理念，课程改革提倡以弘扬人的主体性、能动性、独立性为宗旨的自主学习，并以此理念促进教学转变。在教学中，教师要积极转变角色，成为促进学生创新精神和实践能力生成的促进者，鼓励学生自主探索、开展合作，引导学生动手实践、乐于实践，切实提高学生的动手实践能力，并构建民主、平等、合作和对话的和谐的师生关系。

第四，教育面向未来，提高应对不确定性的能力。未来充满了不确定性，教育要培养的人不是回到过去，而要生活在当下，并能创造未来。因此，在一个关注人性发展、彰显个性的时代，课程必然走向人性化。在倡导合作、交流、对话的社会环境中积极构建以协作交往为核心素养的课程共同体，给予学生一个自由创造的生活方式。当然，在信息技术快速发展的今天，还需将信息技术和信息文明融于课程，从而实现跨越时空的交流。这些时代发展的新要求已渗透于课程改革，成为当前课程改革的重要理念。

（二）课程改革目标

我国新世纪课程改革目标的转变主要体现在2001年基础教育课程改革全面开启的相关文件中，经过20多年的发展，在2022深化课程改革中又有了新的变化。21世纪之初，我国致力于培养符合时代发展要求的一代新人，他们应具有爱国主义和集体主义精神，热爱社会主义，能继承和发扬中华民族的优秀传统和革命传统。他们应该具有社会主义民主法制意识，能遵守国家法律和社会公德。他们应该形成正确的世界观、人生观和价值观，同时具有社会责任感，努力为人民服务。他们还要具有初步的创新精神、实践能力、科学和人文素养以及环境意识，具有适应终身学习的基础知识、基本技能和方法，具有健壮的体魄和良好的心理素质。体现在课程中就是三维目标，即知识与技能、过程与方法、情感态度与价值观。受国家核心素养运动的影响，2022年，课程目标从"三维目标"走向"核心素养"，核心素养导向是课程建设的主旋律,坚持课程目标的素养导向,有助于确保课程实施学生发展导向。核心素养是对原有知识、技能和情感态度的超越与统整,是人在真实情境中做出某种行为的能力或素质。从"三维目标"走向"核心素养",实现了三维目标的融合和超越,对课程实施提出了更高要求。

(三)课程内容与结构

进入新世纪,我国课程改革在课程内容上加强了与生活和时代的联系,体现课程内容的现代化。改变课程原有内容"难、繁、偏、旧"和过于注重书本知识的现状,加强课程内容与学生生活以及现代社会和科技发展的联系,关注学生的学习兴趣和经验,精选适合学生终身学习必备的基础知识和技能。除此之外,调整和优化了课程结构,改变课程结构过于强调学科本位、科目过多和缺乏整合的现状,整体设置九年一贯制的课程门类和课时比例,并设置综合课程,以适应不同地区和学生发展的需求,体现课程结构的均衡性、综合性和选择性。

2022年课程内容和结构基于核心素养要求,遴选重要观念、主题内容和基础知识技能,精选、设计课程内容,优化组织形式。涉及同一内容主题的不同学科间,根据各自的性质和育人价值,做好整体规划与分工协调。例如,将原有的"品德与生活""品德与社会""思想品德"整合为"道德与法治",并进行了九年一体化设计;将舞蹈、戏剧、影视等内容融入音乐课和美术课,调整了艺术课设置;劳动课和信息技术从原有的综合实践活动课中独立出来,作为专门的学科门类。除了课程结构外,课程内容也被赋予新的内涵,且设立跨学科主题学习活动,加强学科间相互关联,带动课程综合化实施,强化了实践要求。课程以学习为中心,涵盖内容问题、过程方式问题和价值取向问题,彰显了"复合型课程内容观"。

(四)课程评价

促进学生发展的课程评价改变过去强调接受学习、死记硬背、机械训练的学习方式,倡导学生主动参与、乐于探究、勤于动手,培养学习搜集和处理信息的能力、获取新知识的能力、分析和解决问题的能力以及交流合作的能力。从评价方面改变课程过分强调甄别与选拔的功能,要求评价时不仅要关注学生的学业成绩,还要发现和发展学生多方面的潜能,了解学生发展需求,发挥评价的教育功能,促进学生发展。除此之外,强调教师对自身教学行为的分析和反思,建立多主体参与的评价制度,促进教师提高和改进教学实践的能力。近年来,核心素养导向下的课程评价更加关注核心素养形成的过程性评价,例如作业过程,从中不仅可以透视教师指导课程教学、指导学生自主学习的状况,还反映出学生的学习兴趣、自主学习能力、自控能力、专注力和时间管理等核心素养,作业具有培养学生核心素养、评价和诊断学生核心素养发展水平的双重功能。

(五)课程管理

2001年,教育部颁发的《基础教育课程改革纲要(试行)》中明确规定,"为保障和促进课程对不同地区、学校、学生的适应性,实行国家、地方和学校三级课程管理",课程管理自此实现根本转型。课程管理权限根据各级不同责任和需要科学划分,教育部总体规划基本教育课程,制定基础教育课程管理政策,确定国家课程门类和课时数量,制定国家课程标准并推动课程评价改革。各地在达到国家规定课程的基本前提下,依据国家课程管理政策和本地实际情况,制定本地区国家课程实施计划,规划、开发并管理好地方课程。学校在执行国家课程和地方课程的同时,应根据当地社会经济发展情况,结合学校办学传统和优势,照顾学生兴趣和需要,开发或选用适合本校的课程。

三级课程管理机制经过20多年的实践和探索,积累课程育人经验的同时也出现质量参差不齐、管理不到位、定位不准确等问题。所以,2023年《教育部关于加强中小学地方课程和校本课程建设与管理的意见》出台,进一步明确课程建设指导思想:加强课程整体统筹规划,省级强化规范与指导;规范开设地方课程,合理开发校本课程;建立课程审议审核制度、地方课程和校本课程建设的分级管理和备案制度;推进地方课程教学管理工作,加强课程教学管理和督促等。该意见旨在增强课程对地方、学校、学生的适应性,激发和调动地方、学校的积极性和创造性使得地方课程和校本课程建设有章可循、有据可依。

为适应不同时期的需求,应对社会发展带来的挑战,我国不断调整课程理念、重组课程内容、优化课程实施,课程变革一直与时代发展同频共振。作为国民教育基石的基础教育向来是课程变革的重点,基础教育课程变革对我国教育改革和发展带来深远影响。

五、课程变革的发展趋势

21世纪,世界许多国家在借鉴他国经验基础上不断反思自己国家的教育弊病,从而提出教育发展的新目标和新要求,通过变革基础教育课程设置、重新定位人才培养目标等措施,培养适应新时代发展、具有新时代要求的核心素养的人才。轰轰烈烈的全球课程变革在世界各国相互借鉴、取长补短的过程中呈现出以下发展趋势。

(一)课程目标从知识为本转向能力为本

课程目标是确定课程变革的关键所在,摆在各国课程变革面前的首要问题就是课程目标的重新定位。2012年,联合国提出的可持续发展目标的关键标志(公平、质量、可持续的相关性和终身学习)对课程提出了直接要求①,世界各国都在通过课程来确定和整合与其发展背景相关的各种能力。由此,课程目标从原有关注学生基础知识与基本能力的培养转向应对新世纪发展的核心素养和核心能力的培养。各国不约而同地关注学生的全面发展,既注重学生民族意识的培养,也重视全球视野拓展和国际精神的养成,通过整合学生的生活世界和科学世界,培养学生的创新意识与创新能力,帮助学生适应社会发展、学会生存和生活,并成长为兼具人文科学素养、具备应对21世纪挑战能力的时代新人。这是世界各国课程变革的共同追求。

(二)课程内容从单科走向跨学科综合设计

课程内容是课程变革的实质问题,课程变革必然伴随着课程内容的重新遴选、组合和统整。新世纪学生培养以核心素养和核心能力为导向,必然要求课程内容随之变化。人类知识的发展和应用很少是单科的,社会和生活中很多问题的解决和应对需要用到多学科知识和多种技能。无论是从学科本身发展来看,还是从社会发展需要来看,学科之间的相互交叉、渗透和融合都是人类知识发展的必然趋势。因此,各国课程变革在保证基本课程的基础上,通过课程的综合化和跨学科主题设计来整合丰富的课程资源。这样不仅能减少学科门类、建立相关学科的内在联系、促进课程内容融合发展,还能立足真实生活,反映实际

---

① 鲍东明.21世纪核心素养与课程教学改革[M].大连:辽宁师范大学出版社,2021:4.

问题并解决实际问题,从而锻炼学生的综合知识应用能力,达到提升核心素养和核心能力的目的。

(三)课程实施从"按照执行"走向"灵活创生"

进入21世纪,各国在进行课程反思时发现,之前的课程实施满足于课程计划的制定和执行而忽视了实施过程的动态关注和灵活应用。理论上学者将前者称为课程实施的"忠实取向",即在课程实施过程中最大限度再现课程编者的意图,忠实地执行课程计划,其衡量标准是课程实施过程实现预定课程计划的程度①。后者被称为"创生取向",即课程实施本质上是教师和学生在具体教育情境中创生新的教育经验的过程,既有课程计划或方案只是提供给教师和学生选择的课程资源而已。这一取向强调教师和学生在课程实施过程中所发挥的创造性作用,认为教师是决定课程变革成败的关键角色。这与21世纪为了学生全面发展,关注重点由学科或知识转向人本身的课程理念是一致的。所以,世界各国在课程变革实践中大力推动课程实施主体多元化,除了积极发挥教师在课程实施中的"创生"作用,还广泛吸纳课程专家、家长、社区人员、商业团体、社会部门等主体广泛参与到课程实施过程中,鼓励他们在充分考虑地方和学校的具体情况和实际需要的基础上,献计献策,灵活使用课程计划。

(四)课程评价从单一走向多元

在课程变革过程中,课程评价发挥着诊断、指导、激励、导向和质量监控作用,课程变革成功实施的一个必要条件就是建立与课程理念、课程目标相适应的评价体系。当前,各国课程评价一改甄别、选拔功能,越发注重以评价促进学生发展的作用,因而带动了评价主体、评价方法和评价内容等课程评价方面的多元变化。从评价主体看,世界各国都由原有的教师单一主体转向以教师为主、学生、家长、社区人员、课程或教学专家参与的多元主体,并强调各主体参与互动、实现自评和他评相结合。从评价方法看,各国课程变革都呈现出定量和定性相结合的趋势,关注质性分析与把握的同时并不否定量化手段的作用。从评价对象看,课程不再过分关注课程实施结果而关注课程实施过程和学生学习过程。评价内容也不再局限于刚性单一的知识掌握,而强调基于课程目标的弹性多元的能力促生,尤其是应对21世纪社会挑战的高阶能力。

(五)课程管理趋向权力分享与制衡

目前,从世界各国课程变革决策权力的分配调整来看,课程决策正在走向权力分享。一方面,原本课程决策权在地方的国家趋向于集中课程管理与课程改革的权力。例如,旨在统一各州课程标准的美国《共同核心州立标准》的出台,就是美国课程决策权从地方走向国家和地方分权的标志。再如,原本宪法没有赋予联邦政府课程管理权的澳大利亚提出"澳大利亚学校教育共同与一致认可的教育目的"②,用以积极指导国家的课程改革,最终形成国家、地方和学校三级课程趋势与管理态势。另一方面,原来课程决策权集中在中央的国家趋向分散课程管理权限,例如进入21世纪后,法国政府逐步下放课程管理权,地方可以根据具体情况设置课程,学校可以发挥特色,形成多样化课程体系,实现了责任分担和权力

---

① 陈晓端,张立昌.课程与教学通论[M].西安:陕西师范大学出版社,2017:163.
② 刘宗南.变革与执行:一个中层理论的课程研究[M].武汉:武汉大学出版社,2018:216.

共享。再如韩国,课程变革过程中首先将课程管理权下放[①],教育部以文件的形式规定国家层面的"教育课程基准",在此基准下各市、道教育厅可以制定符合本地区特点的课程,学校也可以根据本校特色和学生实际需求部署学校课程。我国长期以来实行的是高度集中的课程管理体制,21世纪以来,也确立了国家课程、地方课程与校本课程三级管理机制,课程权力从国家层面下放至地方和学校。

[①] 和学新,高飞.21世纪韩国基础教育课程改革及其启示[J].河北师范大学学报(教育科学版),2013(6):35-42.

第七章 课程领导与课程文化

20世纪70年代,美国管理学界新兴的领导理论代替了20世纪初发展起来的管理理论,人们认为一个成功领导者的角色不是去命令、控制、监督,而是倾听、合作、引导、协调,这种管理思想与当时社会中追求民主、公平、公正的社会思潮遥相呼应,广泛影响着社会变革。正是在这样的背景下,教育领域中也开始探讨管理者的角色向领导者的角色转型。

第一节 课程领导

一、课程领导的含义

课程领导是一种基于教育理念和课程策划来指导课程实施和运用的方式,它具有明确的内涵、理念、层次和内容。随着现代教育形势的发展变化,课程领导在促进课程改革的前提下发挥着越来越重要的作用,它可以有效地提高教学效果,引导学生实现全面发展。

课程领导是指为了实现课程目标,在一定条件下对课程领域的组织和人员施加影响的过程,具有决策、组织与引导等职能——课程领导是领导者和教师在校内围绕课程问题开展的一种持续变化、充满活力的互动过程。[①] 萨乔万尼(Sergiovanni)认为,课程领导应为学校成员提供必要的基本支持与资源,进而充实教师的课程专业知识和能力,发展优质学校教育方案,促进教师间的交流与观摩,促使学校形成合作与不断改进的文化,最后把学校发展成课程社群,达成卓越的教育目标。

课程领导意在摆脱传统的"管理"思想——自上而下的官僚体制的"监管"和"监控",倡导组织应该是一个既有纵向联系又有横向沟通和交流、合作的、民主的、开放的组织,它向对课程实施过程负有权职的学校和教师开放,确保他们有相当的权力进行课程决策;向实践开放,在与实践情景的互动中不断修正、完善课程决策内容;它偏重个人空间,通过领导者的影响和声望以及对下属积极性的调动、需求的满足、创造性的尊重,来引导下属为共同目标的达成而努力;它追求意义的创造,是过程取向的,是人类植根于生活世界的基本需要——"实践兴趣"的表达[②]。课程领导可以说是课程领导者发挥影响力和信赖权威,促进成员彼此合作,落实课程发展的行为和历程[③]。通过这一过程,激发教师参与课程变革的动机,提升教师参与变革的能力,促进学校民主、和谐、开放的教学文化,达到促进学校课程发展和提升学生学习成效的目的。

---

① 李定仁,段兆兵.试论课程领导与课程发展[J].课程·教材·教法,2004(8):3-7.
② 靳玉乐,赵永勤.校本课程发展背景下的课程领导:理念与策略[J].课程教材教法,2004(2):8-12.
③ 余进利.课程领导研究[M].上海:上海教育出版社,2009:8.

在学校中,校长和教师是课程领导的主体。根据以上关于课程领导的阐述,校长的课程领导力可以理解为校长领导教师团队,以课程标准和教材为蓝本,根据课程方案和学校的办学目标、办学理念,创造性地设计、编制、开发、实施课程,从而全面提升教育质量、办出学校特色品牌的能力。校长的课程领导不只是管理校本课程,也不只是研究学校的课程计划,而是要整合各种教学资源,全面统领课程改革在学校中的实施与创新,实现由教学领导上升到课程领导。校长课程领导要促进教师的专业化发展,进而改变课堂,改革教学。

在课程发展过程中,实行课程领导,实现对教学方法、课程设计、课程实施和课程评价提供支持与引导,以帮助教师提升教学效果和思维品质。课程领导能促进教师的专业成长,进而增进学生的学习成效,达成教育目标。欧美国家普遍重视课程领导,而我国则对"课程管理"更加熟悉。"领导"意味着民主的、内部驱动的统领行为,领导行为的发生往往依赖于领导者的专业权威和个人魅力,而"管理"则是强迫的、外部授权的行为,更多依赖于行政权威和法律法规的约束。课程领导是一件复杂的工作,并非单纯的课程发展问题。不仅需要深厚的课程发展知识作基础,还要运用领导者的观念与智慧扮演好技术的领导者、人际领导者、教育的领导者等角色。

角度不同,对课程领导的理解也就不同。可以把课程领导的定义从内容视角、特征视角、功能视角、过程视角和行为视角等方面进行全方位理解。

从内容视角理解课程领导,即通过对内容和要素的分析来理解课程领导。如克鲁格(S. E. krug)认为,课程领导包括五个元素:① 订立愿景;② 课程管理和教学;③ 监督教学;④ 监控学生的学习进度;⑤ 改善教学气氛。

从特征视角理解课程领导,把特征看作领导的核心,实际上并未揭示课程领导的实质。美国课程专家兰姆博特提出课程领导的内涵就是这一视角的代表性观点,他认为课程领导具有四个特征:① 课程领导是一个团体,而非个别的领导者(如校长),且组织中的每个成员都有成为领导的潜能和权利。② 团体内的所有成员一起学习,一起合作地建构意义和知识。领导是可以促使建设性转变的学习,学习具有共同的目的。③ 透过成员间的交谈,把观感、价值观、意念、信息和假设表面化;一起研究和产生意念;在共同信念和信息的情境下,反思工作并给工作赋予意义;促进有助于工作的行动。④ 要求权利和权威的再分配,共同承担或共享学习、目的、行动和责任。换言之,课程领导必须被理解为不是在"控制人",而是在"引导人"做出高层次的判断与"自我管理",激励相关人员投入持续成长的生活方式。

从功能视角理解课程领导,强调课程领导行为的作用,也就是通过课程领导来达到什么样的目的。它强调领导是整个制度和个人达成目标的过程。这些功能是有目标导向的,而不只是一些不必用心思考的例行活动而已,而且其最终的目的乃是提供高品质的学习内容,以增进学生的学习效能。这种观点的代表有欧维(Ervay)和罗奇(Roach)、格拉索恩等。欧维和罗奇认为课程领导是"结合学校的课程与教学,着重学生学习的改进,强调教师的专业发展"。格拉索恩把课程领导界定为"课程领导所发挥的功能在使学校的体系及其学校能达到增进学生学习品质的目标"。

从过程视角理解课程领导,这种观点认为课程领导重视领导的过程,强调课程领导通过课程实施中的活动来实现。例如,李定仁等认为,课程领导是指为了实现课程目标,在一定条件下对课程领域的组织和人员施加影响的过程,具有决策、组织和引导三个基本功能。

课程决策是课程领导的核心,课程组织是重要的功能,而引导主要是对课程建设的监督和检查。再如,萨乔万尼认为,课程领导是为学校成员提供必要的基本支持与资源,进而充实教师的考察专业知能,制定优质教育方案,促进教师间的交流和观摩,促使学校形成合作与不断改进的文化,最后把学校发展成为课程社群,达到卓越教育的目标。王月美认为,课程领导是指领导者具备的课程哲学和知识基础,运用领导行为,领导学校成员专业成长,共同积极进行的一系列课程发展与课程决定,包括课程规划、设计、实施、评价等过程,以提供学生适切的学习计划,目的在于促进学生学习效果并发挥其优势,以达成教育目标。

从行为角度理解课程领导,这种观点认为领导是一种行为,领导者以课程为中介,通过自己的一系列活动行为来实现课程领导理念。例如,郑先俐、靳玉乐认为,课程领导是在课程权利共享和民主参与的基础上,引导相关组织和人员做出高层次课程决策和自我管理,以达到提高教育内容的品质,增进学生学习成效的最终目的。杨明全认为,课程领导是课程实践的一种方式,是指引、统领课程改革、课程开发、课程实验和课程评价等活动的行为总称,它的目的是影响课程改革和发展的过程和结果,实现课程改革和课程开发的目标。张嘉育认为,课程领导即指引、统领课程发展与改革活动的行为,旨在影响课程发展与改革过程与成果,主动回应课程发展与改革的挑战,完成课程发展与改革的目标。

总而言之,与课程管理相比,课程领导具有以下显著特征:

第一,领导主体多元化。在传统的课程管理体制中,课程的管理权力集中于上层教育管理机构和管理者手中。而课程领导则注重课程权力共享,集权与分权的均衡,它把国家、地方和学校、课程管理人员、课程专家、教师、家长、社区代表和学生等与课程相关的组织和人员都看作课程领导的主体。

第二,决策过程民主化。传统的课程管理是一种集权式的管理,只有上层教育管理机构和管理者才有权参与到课程决策过程中。课程领导提倡课程权力共享、民主参与,在决策过程中,所有与课程相关的组织和个人都可以广泛发表意见,提出自己的看法和见解,上层教育管理机构和管理者在广泛听取与收集各种意见与看法,充分与各级组织和人员相互交流、相互协商的基础上做出决策。

第三,沟通模式网络化。课程管理中,上级和下级之间的交流以纵向的行政命令为主,上级做出的决策,以行政命令的方式自上而下推行。在课程领导中,上下级之间不仅存在着纵向的决策——执行关系,而且还存在着横向、斜向的沟通与协作,各级组织与人员之间都有相互交流、相互协商、相互合作的关系,使沟通模式走向网络化。

第四,重"引导"而非"控制"。课程管理多采用行政命令、规章制度等限制性手段控制下级机构,使下级机构只能在预定的决策范围内运作。课程领导则强调上级机构要采用多种方式引导下级机构自主做出决策及进行自我管理,充分发挥下级机构的主动性、积极性和创造性。

二、课程领导中的学校角色

从课程管理到课程领导,必然要求转变学校角色。课程管理实行的是中央集权式的自上而下的策略。在这种管理体制下,学校仅仅是完成游离于学校之外的上级管理机构所赋予的课程任务的工具,或者说是紧扣外在控制目标的执行系统,即学校扮演"工具型组织"的角色。并具有以下几个特点:第一,学校是一种外控式的组织,它没有自主决策权,只能无条件地服从上级管理机构以规章制度等形式规定好的权责。第二,学校只是课程任务与学生之间的中介,国家制定的课程任务、目标以行政命令的形式下达给学校,由教师在学校中实施,毫无更改地传递给学生。第三,学校内部是一个机械化的、分散的等级体系,校长的作用只是外在目标、任务的守望者和人力、资源的管理者,教师的角色只是课程政策的执行者,校长与教师之间是"权力—服从"的关系。

教育部在《基础教育课程改革纲要(试行)》中规定,学校在执行国家课程和地方课程的同时,应视当地社会、经济发展的具体情况,结合本校的传统和优势、学生的兴趣和需要,开发或选用适合本校的课程。而学校作为工具型组织,它不能履行新课程要求下的所有权责,阻碍了课程改革的进程,外在的权威控制使学校难以适应环境的变化,垂直的沟通模式致使教职员工之间协作的崩溃,教师的作用被忽视导致最低绩效水平等。从课程管理走向课程领导,实际是从作为工具型组织的学校转变为作为学习型组织的学校。课程领导背景下,作为学习型组织的学校具有以下特征:

(一)拥有共同的愿景

学校组织的共同愿景来源于组织成员个人的愿景又高于个人的愿景,它不是领导者强加于组织成员的,而是组织成员的共同理想,是集体的产物。这种愿景代表了学校群体对学校期望、信念和价值的共享,它把所有学校成员凝聚在一起,朝着共同的目标奋斗,从而使学校的管理由外在控制转变为由自身提供驱动力。共同愿景必将激励学校成员同甘共苦,承担应负的责任和艰苦的工作,努力达成学校成员共享的教育理想,推动学校工作的前进。同时由于共同愿景与成员个人的愿景是一致的,可以极大地增强成员的主体意识,更好地发挥其工作和学习的自觉性、主动性和首创性,为实现共同愿景主动而真诚地奉献自己的聪明才智。

(二)自主管理

学习型组织基于人力资源理论,认为人是组织中最为宝贵的资源,因此在学校管理中重要的工作就是开发具有主动性的人力资源。基于此,学校的管理风格强调以权力共享和民主参与为基础的自主管理模式。学校的校长不仅仅是管理者,更重要的是组织目标的筹划者和组织环境的塑造者;教师既是合作者,又是决策者和开发者,当然同时也是执行者。

(三)善于学习

学校要成为学习型组织,必须做到善于学习。学校的学习主要表现为以下特点:① 全员学习。学校中的每一个人都无一例外地是学习者。② 全程学习。学习与工作是密不可分的,教师边学习边工作,学习理应贯穿于教育教学活动的始终,并将"学会教学"与"学会学习"结合起来。③ 终身学习,终身学习一方面体现为学校的每一位教职工终身都要有学习的意识、能力与习惯,不断学习新知识,充实和完善自身的知识结构。另一方面也体现为学校教育者旨在为学生未来的终身学习奠定基础,使学生在未来复杂多变的社会生活中具备可持续发展的能力。④ 团队学习,团队学习是发展学校成员相互配合实现共同目标的能力的学习活动及其过程。团队学习中,学校成员要超越自我,打消防备心理,学会相互学习和工作,使团体智商大于个人智商,以形成共同的价值,达成共同的目标。

(四)组织结构扁平化

作为一个学习型组织,学校的组织结构是扁平式结构,即校长与教师之间的管理层次距离极少或没有。这样有利于上下沟通,教师能直接体察校长的决策思想,校长也能亲自了解教育教学第一线的动态,吸取第一线的信息。

(五)开放性

作为学习型组织的学校不是一个封闭的系统,而应是一个开放的合作系统。一方面,学校组织内部的成员——校长与教师、教师与教师甚至教师与学生之间存在着广泛的交流与合作。另一方面,学校与外部社会环境也存在着密切的联系。学校不仅鼓励校外人员,如家长、社区代表等参与其管理工作,而且能对所面临的环境做出适当的回应,进行必要的自我调节,以顺应外在环境正在开展的变革。

由此,改造学校,使学校从"工具型组织"走向"学习型组织",正是课程领导背景下学校角色的必然选择。

三、课程领导中的政府角色

中小学课程领导主要有政府的课程领导和学校的课程领导两个层次。从政府层面来看,政府通过以下途径来对课程改革加以领导:

第一,组织建构。成立直属的负责课程设置改革的专门机构,具体领导和组织地方的课程设置改革工作,其主要任务一般是组织开展包括课程分析和研究、课程设置改革服务和咨询在内的课程设置开发,课程设置开发研究成果的出版和信息服务。

第二,规划。提出国家和地方中小学课程设置的基本框架,各学校必须开设基本框架中所提出的有关内容,同时设立最低教学标准,并通过一定的考试制度检查学校是否达到政府规定的最低教学标准。

第三,编制。组织编写教学大纲、教材和教学参考资料,供学校和教师选用。

第四,实施和完善。要求学校必须把课程设置及课时分配的情况作为年度总结的一项重要内容,并定期组织专门人员对学校课程设置的情况进行检查,提出修改意见。就学校层面而言,无论是校长、主任或教师,都应担负起课程领导的责任,其层级包括校长的课程领导、教务主任的课程领导、学科组长的课程领导、年级组长的课程领导与班级的课程领导五个层面。这五个层级的课程领导者,分别就不同的职务分工,扮演不同的角色,执行不同的任务。

四、课程领导中的校长角色

校长课程领导是学校课程领导的重要层级,是指校长对学校课程的设计、发展、实施和评价所发挥的沟通协调和支持功能,其目的在于改善学校课程的内涵与运作机制,进而提升教师的教学技能以及学生的学习成效。它不仅包含行政事务和管理技术的运用,同时也促成学校课程发展组织和制度的建立。

(一)校长课程领导的内涵

校长课程领导的内涵主要表现为以下几个方面:

1. 行政与技术层面

校长的行政领导功能在于提供课程发展实施的有利条件,例如,争取较多的校内外资源、经费,与社会建立良好的互动关系,改善与家长的联系等。在管理技术方面,则运用行政沟通、协调和参与决策等方式来促进教师成立学习型组织，化解教学分工的争议，说服教师及家长进行课程与教学的评价工作。

2. 组织与制度层面

只有建立健全的组织或制度，才能使课程发展与实施成为可能，校长需要健全学校组织，如建立学校"课程发展委员会"、课程研究与发展单位以及成员的组成及分工合作的机制。此外，合理的教师奖赏制度、教师专业成长及进修办法的制定，这些都是组织和制度的内涵，校长课程领导皆需顾及。

3. 伦理层面

校长领导过去常被批评为过于"权威"或"冷酷"，最主要是传统的校园伦理或工作伦理太强调自上而下的威权管制，从"校长—教师—学生"，这种阶层性的服从关系，充分表现权力的支配。而现在，校长课程领导应属同级领导而非"长官式"领导。Blase 和 Anderson 指出，校长的领导不是单一的以"权力凌驾"教师的姿态出现，而提出"权力穿透"以及"权力共享"的概念，前者使全体教师对组织目标的达成能相互配合并激励教师参与的决心，而后者是让教师充分参与，并与校长全面协作努力达成目标，也即"增权赋能"的过程。

（二）校长课程领导的角色

美国教育行政学者萨乔万尼提出校长课程领导的五种角色，它们分别是文化的领导人、技术的领导人、象征的领导人、教育的领导人、人际的领导人。Bradly 依据各种不同的领导形态，指出课程领导者可以扮演教导者、问题解决者、倡导者、服务者和激励者五种角色。学者黄旭钧分析众多学者对领导者的角色的界定后，指出校长课程领导应扮演九种角色：趋势与新议题的感知者、课程任务与目标的制定者、课程事务的协调者、课程发展的管理者、成员进修的带动者、课程评价的实施者、课程改革的激励者、课程专业文化的倡导者以及各种势力的整合者。

就我国基础教育课程改革对校长的要求而言，校长在课程领导方面应扮演以下几方面的角色：

1. 课程趋势的感知者和课程愿景与目标的设定者

校长要了解未来课程研究与发展趋势以及目前重要的新兴课程议题，以便于引导学校教育的走向，带领组织成员进行学校教育发展相关资料的搜集与分析，倡导与建构学校愿景与中长期发展目标。

2. 系统改革者

校长在此层面既是课程改革的促发者，又是课程改革的协商者，还是课程改革的规划者。作为课程改革的促发者，校长首先要将课程改革相关信息传播给教师，然后将课程发展与改革的初步构想提出供教师思考、讨论及进一步规划。而任何课程改革对教师和其他利害相关者都会造成一定的冲击，校长此时就需要在纷争、冲突出现时扮演好协调者角色。最后，课程改革工作千头万绪，校长必须制订周全的计划与可行的步骤，扮演好课程改革规划者的角色，确保课程发展、设计、实施和评价等能按部就班有效执行。

3. 协同合作者

在这一层面校长既是课程合作文化的塑造者，又是课程信息的分享者。学校教师协同合作机制的形成有赖于校长的放权，作为课程合作文化的塑造者，校长需要与教师分享课程决定权,以塑造团队合作的文化环境。新信息的分享有助于改变成员的认知结构与观念,为了促进团队的深度合作,校长必须扮演好信息的分享者或传播者的角色。

4. 支持促进者

校长在此层面应扮演三类角色:一是课程发展的委托者,校长要信任教师并授予教师专业权能,赋予发展课程的自主空间。二是课程发展的支持者,校长授权教师进行课程发展与改革之余,还必须扮演后续支持者角色,激励教师从事课程革新。三是课程专业的促进者,校长需支持并协助教师提升课程专业素养。

5. 评估反馈者

校长在此层面应扮演三类角色:一是课程问题的诊断者,新的课程政策在落实过程中,难免遭遇一些执行上的问题,校长要善于发现课程问题并分析可能的原因,以供教师和决策单位改进参考。二是课程成效的判断者,课程发展或实施结果是否达成教育目的,校长必须扮演评价者并加以判断。三是课程评价的反馈者,课程评价是否有助于课程问题的改进与教育目的的达成,校长必须扮演反馈者,反映给决策当局以及学校组织权责单位,作为调整政策或提供下一阶段决策的参考。

(三)校长课程领导的责任

综观国内外对校长课程领导职责的研究,不同学者从不同的侧面研究了学校课程领导者的责任。

张树德对基于分权下的澳大利亚中小学的课程领导的权责进行了分析,从教学方式领导的权责、行政领导的权责、教师的专业发展领导的权责与变革领导的权责等四个方面总结出了该国校长的课程领导职责[1]。

陈伯璋指出校长课程领导具有学校任务与愿景的建立、学校组织运作的沟通与执行、支援系统的统筹与运用、课程管理与发展的策进和学校优质文化的塑造五项任务[2]。

傅建明认为校长应承担以下职责:① 确定学校发展的重点,保证学校特色的形成;② 制定相关政策,确保开发的学校课程与学校教育哲学一致;③ 给教师足够的时间;④ 实施校本教师培训,让教师在学校内获得专业成长;⑤ 提供各种机会让有关教师参加必要的校外学术活动及相关的学习培训;⑥ 为教师创造一个协同工作的环境;⑦ 引导教师从事教育行动研究;⑧ 鼓励教师参与课程决策;⑨ 创设一个教师之间、教师与行政领导之间自由对话的空间;⑩ 营造一个民主、宽松的学校文化;⑪ 争取上级领导部门的积极支持;⑫ 争取学生、家长、社会的广泛支持;⑬ 争取大专院校和科研机构的支持;⑭ 获得共享校内教育资源的机会与权利;⑮ 课程资源管理[3]。

黄旭钧认为校长要承担的职责主要有:① 学校环境的掌握与了解;② 校长课程领导角色的界定与感知;③ 学校任务与愿景的建立与设定;④ 学校、地方、国家课程的联结;⑤ 学校课程的管理与发展;⑥ 教师专业发展的规划与倡导;⑦ 学生进步的评价与监控;⑧ 学校课程专业文化的塑造与变革;⑨ 学校组织结构的再造与重组;⑩ 资源的争取与支持;⑪ 社

---

[1] 张树德.当前澳大利亚中小学课程领导的权责探析[J].石家庄学院学报,2006(2):99-103.
[2] 陈伯璋.课程研究与课程革新[M].台北:师大书苑,1986.
[3] 傅建明.校本课程开发中的教师与校长:面向21世纪基础教育课程改革[M].广州:广东教育出版社,2005:224-231.

区参与和公共关系的发展;⑫ 学校课程与教学的评价与改进。

(四)校长课程领导的职责

从兼顾形成领导和课程的专业性领导两个方面的要求出发,结合领导者的专业知识、领导素养、组织能力、资源配置等多种条件,以及众多学者对校长职能的阐释,校长的课程领导职责主要有以下几个方面。

1. 学校发展远景规划和学校课程的管理与设置

学校课程领导需要学校有一个明晰的办学目标,有中长期发展规划,这是学校课程建设的根本,是引导教师以新的观念、角色和视野审视课程与教学的法宝。传统的课程管理模式只需要学校成员在国家制定的统一的课程目标指引下忠实实施课程就足够了,不需要另外确立学校的课程目标。在课程领导之下,学校需根据本校的文化传统、办学理念和特色制定出学校的发展计划,校长要领导教师出谋划策,提供知识、智慧和远见,共创学校愿景。在课程管理上,校长要赋予教师更多参与课程设计开发、课程管理的权力,促使教师由课程改革的旁观者、被动的执行者转变为课程改革的主动参与者、课程的设计者和开发者;在课程设置上,校长要保证经验课程、综合课程、选修课程以及地方课程和校本课程落实到实际,改变课程结构单一的状况,使得多种类型课程的有机结合促进学生的全面发展。同时,校长可以在实行国家课程和地方课程的基础上,进行灵活性的校本课程开发,将统一性与灵活性、多样性进行有机统整。

2. 促进学校课程权力的分化和转换

课程领导倡导权力共享观念,包括校长、教师、学生、家长、大学教授、教育行政人员以及其他相关利益者都是课程的决策主体,彼此共同合作,一起探究、慎思、判断。分权的课程领导注重发挥下级领导和全体学校成员的积极性和能动性,充分挖掘教师的才能和智慧,校长和教师以及教师和教师是建立在平等的基础上的互相信任的合作伙伴关系,课程领导是课程权力的民主集中,体现的是一种民主的、合作的、互动的、和谐的、开放的、多元的、宽容的思想,所有课程利益相关者都可以参与讨论,发表意见,并共同解决问题和共同承担责任。同时,关注真实的教育情境,回应知识的革新和社会变迁的需要,整合个人、群体、组织、社区以及文化的需求,并重视教师的专业发展。它能够使教师在课程的政策制定和课程的领导决策上发挥更大的作用,使教师在一个教育团体中构建知识、达成共识,并朝着一个共同的目标前进。

3. 鼓励教师主导的专业发展

教师的专业发展是课程改革成败的关键所在,而课程的改革和发展也为教师的专业发展提供了有利的机会。校长的职责便在于以新的学校观积极引导并支持"教师主导的专业发展",从关注教师的工作效果,转变到关注教师的专业成长,把学校办成"教师发展学校",担负起培训教师的责任;让教师能集"实施者—研究者—专业者"于一身,愿意与同事进行专业对话与经验分享,共同探讨学校教育的实施与改进。学习型组织为教师的专业化发展创设了良好的学习环境氛围,校长需将学校营造成"学习型组织",鼓励教师个体的自我超越,运用愿景和现况之间的差距,激发教师提升动机的层次与成就的抱负水准;鼓励教师改善心智模式,提升创新能力,并在教育实践中转变教育观念,确立新课程理念;建立教师群体的共同愿景,即建立每一位教师都真心向往并愿意为之奋斗的目标,同时校长还要鼓励教师不断研究和进修,提高其自身能力,提倡教师团队学习,进行深度会谈。

4. 建立任务型课程组织

学校课程领导下的课程运行不是靠校长或教师"单兵作战"就能完成。如美国中学的课程领导机制提供了很好的一个范例,在学校中设由家长、教师、行政人员、社区人士和其他相关利益者组成的课程咨询委员会,下设常务小组,共同参与课程问题分析和研究、初步制定解决方案,为课程设置提供改革服务、信息和咨询服务,同时在学校课程框架的拟定与学校课程标准的制定等方面都有参与。课程组织的建立,为教师及其相关人员的课程参与提供实在的课程平台,校长要充分运用小组审议、论证、培训和指导的职能,开展学校成员之间的通力合作,通过其群策群力和精诚合作的作用,提高学校成员的整体课程参与能力和效率。此外,校长还应促进小组成员内部和成员之间的交流与合作,指导小组及时收集和整理有关课程任务的资料,并定期总结和评价,同时为教师的课程执行能力的提高采取对应的措施,为其提供理论培训和指导。

5. 提供、规划与统筹运用课程资源

课程资源是形成课程的要素来源以及实施课程的必要而直接的条件。校长要做到,一是了解所需的资源并提出取得资源的计划。校长应该了解所属资源,包括时间、经费、人力、物力以及专长的特点,并根据具体的运作要求合理配置。二是主动向政府合理争取资源,摈弃"等靠要"的思想,结合当地的实际,将政府的资源有效地利用到学校课程的运行中。三是向社会争取资源,校长应与学校教师通力合作,向社会争取诸如经费、设施、人力、物力等资源为学校课程服务,甚至还可以向一些社会团体、个人、家长以及一些协会等募捐。要加强与校外机构的交流和合作,积极利用校外的课程资源,如校外图书馆、博物馆、网络资源等。四是开发和高效利用学校资源,校长应首先合理开发和利用教师人力资源,并注重教师开发课程资源的积极性和主动性,提高教师开发和利用课程资源的能力,通过教师去发现和挖掘那些隐性的课程资源。此外,还可以利用学生为课程建设寻找素材等。

6. 发展性评价体系的建立与实施

《基础教育课程改革纲要(试行)》中明确指出,"要建立促进学生、教师和学校不断发展的评价体系,即建立发展性课程评价体系。"因此,作为校长必须熟知新课程倡导的发展性课程评价的基本特点,掌握发展性课程评价的基本内容和新课程评价的改革重点,积极参与学校评价改革的实践问题研究,建立有利于提高学校教育质量,促进学校不断发展的评价体系。具体来说,校长对学校实施新课程的评价应主要集中在三个方面:一是课程的整体设计,即新课程下的课堂教学是否体现了课程改革目标,是否合理安排、落实必修和选修课程,是否保证课程模块的整体性、基础性;二是教师的行为,即教师是否具有课程意识和课程能力,是否改善了自身的教学行为,是否关注学生的差异性等,要打破以"学生学业成绩"评价教师工作业绩的传统做法,建立促进教师不断提高的评价指标体系;三是学生的学习行为、状态,不仅关注学生的学业成就,更要注重学生的学习态度、创新精神和分析解决问题的能力。

7. 重建学校组织文化

学校课程权力的扩大,要求对旧有学校的组织、管理、人事等做出深层次的变革,形成一种新的学校工作方式,即学校组织文化的转型。这需要重建学校组织,形成新的组织共享哲学、价值观、信仰、期待、态度和规范,反映组织成员之间如何对待决策和问题的明确或含蓄的认同。学校课程领导需要教师的交流与合作,在分享经验的基础上共同成长,并实现对学校课程的领导,这是一种新型的学校教师工作方式。校长应通过各种方式为教师间的交流与合作创造条件,并予以制度化,以此来形成一种新的教师文化。优质的课程文化也是其重要的组成部分,校长应注重改变教师传统的课程与教学的思维方式,倡导合作、协商与平等,建立新型的课程文化,从而优化学校组织文化。

五、课程领导中的教师角色

教师课程领导是指教师需要参与考虑学校不同课程类型的整体均衡协调、优先顺序安排、循序改进方案,参与决定哪些课程应该保持、改善、重开、停止,并参与完善基于内在动机的课程教学评估机制。也包括教师在动态的课程与教学过程中阐明个人对课程的理解,共同建构学校课程的意义,形成教师敢于行使权力、承担责任、不断合作改进的组织文化。

(一) 教师课程领导的意义

教师课程领导是教师专业发展成熟的标志,也是教师专业发展的最高境界。人们总需要追求一种自我的持续成长和发展,如此才能有效地面对工作中层出不穷的事件。在教师的职业生涯中,能成为课程领导者是教师自我发展的结果,是教师专业发展的理想境界。通过课程领导,教师将有机会充分发挥自己的专业才干,并带动教师共同体的发展。课程领导角色的扮演,其实就是教师专业成长的动态历程与主要机制。教师从实习教师发展到课程领导者的角色,一般会经过教师的自我学习、反思,与其他教师互动切磋而凝聚共识,最终增进专业发展的广度、深度与厚度等阶段。

长期以来,顺从文化占据着我国的校园,教师被动地顺从校长的领导,学生被动地顺从教师的教导,教师被动地实施课程,学生被动地学习课程。遵守规定与政策,服从上级的指示是教师的工作准则。教师作为课程领导者打破了这种传统的被动文化,是一种新型的互动文化。它体现教师的主体性,教师从被动的员工变成课程领导的重要成员,与校长一起关心学校的发展,关心课程的开发设计、实施与评价。参与、倡议、协同、创新、团队合作等理念取代顺从、遵守、服从等字眼。教师课程领导把由上而下的领导观,转化为民主的、合作的、分享的领导观。传统的学校领导,是在校长的强势领导下,教师必须跟着做,而教师课程领导是给每一位教师赋权增能,使自我的课程意识觉醒,并能发现自己的课程权利,然后发展出属于自己的课程理论。

我国新课程实施需要由课程实施的忠实取向转变为创生取向,这种转型有赖于教师的课程领导。课程实施的忠实取向表现为课程实施过程中忠实地执行课程计划,其课程知识是由课程专家创造、选择并提供的,教师对课程知识的创造和选择没有真正的发言权。而课程创生取向认为,真正的课程是教师与学生联合创造的教育经验,课程实施本质上是在具体教育情境中创生新的教育经验的过程,已有的课程计划只是提供这个经验创生过程选择的工具而已。这种取向要求教师扮演课程开发者的角色。课程实施从忠实取向走向创生取向是课程变革的发展方向,并且我国新课程的实施急需最大限度地弘扬教师的主体参与。教师课程领导恰恰是教师在课程实施过程中主体性发挥的渠道与标志,是课程实施转向创生取向的需要。

(二)教师课程领导的角色

1. 课程意识的主动生成者

教师课程意识的觉醒,将有助于教师超越"教书匠"和"高级技师"的角色,愿意在课程与教学实践上积极发挥自主意识,承担专业职责,扮演课程领导者角色。教师课程意识,除了包括教师把内在实务知识转化成与外界互动及实务实践的思考,还包括对教学实践行动的缘由、价值和成效的深层批判反思。教师需要主动去生成如下三种课程意识。首先是课程专业意识,即教师具备相关的基本专业知识,包括内容知识、一般教学知识、课程知识、学科教学知识、对学生及其特质的了解、对教育环境的了解以及对教育目的和价值的了解。其次是课程批判意识,要求教师对预设课程进行批判,对生活与教学实践进行反思,重新创造教师自己所处的教学世界,重新塑造个人的专业生活,改进课程与教学实务,为学生营造出不同的学习机会与经验。最后是课程资源意识,指教师能创造性地利用教材,并利用与开发各种课程资源。

2. 新课程实施的引领者

教师是课程实施的关键人物,理想的课程需要通过教师切实的实施才能变成现实的课程。一般来说,教师对课程的实施是指对国家课程、地方课程与校本课程的实施。课程实施有忠实取向、相互适应取向和课程创生取向三种取向。当前的课程改革要求教师在课程实施过程中从忠实的执行者转变为课程的创生者,创造性地进行教学,教师要时刻联系着学生的生活经验和学生生活领域的各种有意义的背景,并以此去改造"给定的知识"。相应地,教师则要完成从消费者到生产者,从教书匠到研究员,从点菜者到菜单提供者,从施教者到指导者,从独奏者到协奏者,从执行者到决策者等方面的角色转换,承担起新课程实施先锋的角色,引领其他教师实施新的课程。

3. 学生课程学习的指导者

伴随着校本课程、研究性学习、选修课等课程在中小学的实施,学生的学习不再是仅仅坐在教室里学习同样的课程,"课程超市"出现在学生们面前,学生有选择课程的权利和机会。但如何选择,学生非常需要教师的有力指导。《基础教育课程改革纲要(试行)》具体指出,教师要"注重培养学生的独立性和自主性,引导学生质疑、调查、探究,在实践中学习,促进学生在教师指导下主动地、富有个性地学习"。这实际上要求教师成为学生自主学习的引导者与促进者,实施基于课程标准的教学,引导学生不但求"知",更要求"法",不但"学好",更要求"好学"和"会学"。

4. 学校教师之间的互助者

教师之间的相互影响与互动,是影响教师专业发展的重要因素。同伴学习、同伴发展是教师专业发展的途径之一。而教师在教师群体中承担课程领导任务,首要的是成为同伴教师的帮助者,需要那些同一学科或学习领域的教师、不同学科或学习领域的教师、同辈或不同年龄者,具有相同旨趣与教育信仰的教师,共同关心、积极参与课程改革与发展。同时,学校领导与普通教师之间往往存在一些距离,教师课程领导可以协调领导与教师之间的关系,沟通彼此的心声,缩短领导与教师间的距离。

5. 学习型组织的构建者

教师课程领导是基于分享与邀请,不是指派,也不是规定。"教师课程领导者最重要的不是在要求教师'应该'做什么,而是陪伴教师,与教师一起讨论'我们可以做什么,怎么做,给予支持,进而让每一位教师变得更强,能肩负责任,有自信';同时也很'柔软',能倾听别人,能感同身受,能观察学生的转变,发现别人的好,相互学习。"教师课程领导者要能够善于营造学习、合作、相互信任的组织气氛,与教师们一起构建学习型组织。学习型组织聚焦于成员间的承诺、责任与义务,依靠共同的规范、价值观、专业精神、团队精神以及成员间自然而然的依存性。

(三)教师课程领导的实现

我国长期形成的课程管理体制,造就了教师课程执行者和教书匠的角色,加之许多学校将升学率作为最高目标,应试文化根深蒂固,使新的课程理念落不到实处。这样的结果造成教师课程意识的严重缺乏和课程能力的相对不足,而学校的运行机制也强化了教师"封闭性"的文化定位,严重制约了教师课程领导的实现,要实现教师的课程领导,则需要赋予教师鲜明的角色任务和进行相应的保障机制,具体需要从以下几个方面进行。

1. 教师要自觉形成鲜明的课程意识

长期以来,我国教师只有教学意识,没有课程意识。换句话说,教师只关心自己所教授的学科,从不关心学校课程的发展。很多教师的工作仅仅停留在完成学校分配的教学任务上。同时,教师们课程参与意识也不强。很多教师习惯于按部就班地使用教科书和教学参考书教学,缺乏课程参与和课程开发的意识,习惯于服从上级领导,缺乏参与课程领导意识,不愿意承担更多责任和压力。解决这一症结的根本措施在于教师要加强自主学习,积极参与培训,切实转变课程观,适应新课程,确立整合的、生成性的、实践性的课程观。并通过个人日常生活与行为的哲学反思,通过与他人对话,通过叙述与分享自己的实务经验与生活故事,来提升教师的课程批判意识。另外,积极将新课程理念运用到教学实践中去,多维度地考察现行教材、学校与社区资源,以此为基础挖掘或开发校内外各种文本的或非文本的课程资源。

2. 国家要进一步完善课程领导机制

虽然在此次基础教育课程改革中,明确提出了国家课程、地方课程、学校课程三级课程管理,但实际上,总的来讲仍然是以国家及地方课程领导为主,学校层面的课程领导机制还有待进一步完善。至于教师课程领导机制更是没有提到日程上来。20世纪80年代后期以来,西方国家中小学课程决策机制改革的一个基本趋势是走向国家、地方、学校和课堂四级相结合的格局。也就是说,建立国家、地方、学校、教师四级课程领导机制是世界课程改革的共同话题。为切实保障我国中小学教师参与课程领导,需要进一步借鉴这种课程领导机制,尤其是教师的课堂领导。

3. 变革学校组织机构,建设教师团队文化

传统的学校结构呈金字塔的组织结构状况,是一种科层制度,等级极为明显。学校课程运行的阶段性、复杂性与任务多样性要求组建不同的团体,形成扁平化的组织结构,团体是其基本单位,每个团体以及团体中的个人都是课程领导的主体,都成为领导者获取信息、处理信息、反思经历与分享课程经验的场所和对象。我国新课程改革为学校课程领导模式的建构提供了契机,三级课程实施赋予了学校更多的课程责任,特别是校本课程的开发需要改变以往学校课程单兵作战的工作模式,与课程任务相匹配的团体建构是实现教师课程

领导的当务之急。这就需要根据学校课程的任务重组学校结构,建构相应的任务团体,通过团体实现共享课程领导。团队注重人与人之间的交互主体性,注重调动每个成员的积极性与主动性,群策群力,在交流与合作中实现组织目标。诸如课程目标的制定、计划方案的编制、计划的实施等都是在合作的背景下完成的,这需要成员齐心协力达成,其实质是需要逐步形成新的教师团队文化。

4. 提高与培养领导者的专业知能与个人素养

学校课程领导要求教师具备必要的课程专业知识、意识和素养。教育行政部门需要培养教师正确评估情境的能力、透过课程领导评价与反省改进,评估课程效能的能力以及灵活运用课程领导模式的能力等,以此提高教师的专业知识。教师的课程领导需要教师扮演课程改革的指导者、倡导者、促进者、服务者、冲突解决者和社区建立者等角色,这要求教师具备包括关爱、积极、主动、乐观、谦虚、热忱、友善、公正等个人素养。教育行政部门和校长通过一定的专业培训和校本培训提升教师的专业素养。同时,还应结合外部力量提升教师的素养,例如,与一些科研院所进行共同的课程试验与研究;与兄弟学校之间进行一些合作项目,以此来增加学校教师学习和观摩的机会,做到优势互补,资源共享;一些薄弱学校还可通过委派一些教师到优质学校进行挂职锻炼和教学,亲身感受和体验,在潜移默化中形成其素养。

5. 合理分权,变"控制"为"引导"

传统意义的课程管理侧重于对课程方面的安排、执行,侧重于自上而下的"监管"和"监控",较多地考虑管理中的技术因素,是一种分层组织式的管理模式。课程领导则是在"引导"别人做出高层次的判断与"自我管理",激励相关人员持续成长的生活方式。长期以来,我国教师处于"教书匠"的社会地位和承受着考试文化的重压,教师的课程权力意识淡薄,课程领导能力欠缺,教师的学校课程领导也就无从谈起。权力共享的课程领导要求需要唤醒长期缺失的权力意识,"控制"的管理理念已无法满足有效学校课程领导的需要,需要充分发挥教师的专业引领作用,并为教师创造空间,提供智力支持、物质保障与精神食粮,引导教师在课程运行的过程中做出更高层次的追求,取得努力和进步。同时,教师课程权力的行使能力是分权的基本条件,教师专业能力的提升也提高了其课程权力的行使能力,从而保证合理分权。此外,学校一方面要充分发挥原有教研组或年级组的课程领导作用。另一方面,可以成立诸如"课程发展研究室""课程指导与评价组""课程指导委员会"之类的课程领导组织,充分吸收更多的具有课程领导才华的教师参与学校课程发展。

第二节　课程文化

课程文化的重要性不言而喻,它是学校发展的基础,是学校长远发展的核心,它不仅凝结了学校的价值观念和教育理念,而且也规定了学校的课程设置、教学方法及质量管理等。

一、课程文化的内涵

课程文化是指学校采取的课程框架,其中包含目标、思想、方法、技巧和文化底层价值体系。它涵盖了学校教育的各个方面,不仅指学校教育的文化,而且也指学校课程设置、教学方法、教学内容以及质量管理等。课程文化是学校长远发展的基础,它决定了学校以什么样的方式遵循学校教育目标,以及在教育过程中可以采取的方法、技巧和文化的类型。在学界研究中,不同的学者赋予课程文化不同的含义。有的学者着眼于课程理解,有的学者从文化视角分析,有的学者从课程与文化的关系出发阐述,从而形成不同的课程文化观点。例如,有人认为课程文化是课程主体在某种文化环境下采用某种文化取向选择特定的文化组织、实施和评价课程,并在组织、实施和评价课程中形成的某种文化。课程文化的含义包括三个部分,课程主体、文化对课程的影响和课程对文化的塑造。裴娣娜教授认为,课程文化,作为现代学校文化的重要内容和学校教育活动的生存方式,指按照一定社会发展对下一代获得社会生存能力的要求,对人类文化的选择、整理和提炼而形成的一种课程观念和课程活动形态。郑金洲教授认为,课程文化是以学校中群体间的关系和活动为载体,师生双方互动的产物。由此看来,课程文化有两方面的含义:一是课程体现的是一定社会群体的文化;二是课程本身的文化特征。前者主要是就课程是文化的载体而言的,后者主要是就课程是一种文化形式而言的。

还有人从广义和狭义两个方面分析课程文化,狭义的课程文化主要指教材文化。广义的课程文化是指为学生在学校情境中获得的一切经验的过程。美国学者帕梅拉·博洛廷·约瑟夫认为,课程文化即课程取向上的文化,他历数了六种描述教育者(通常也包括公众)从理论和实践上理解课程的文化:一是工作和生存的训练。让学生获得胜任的工作岗位并掌握适应当代社会生活所必需的基本技能、习惯和态度;二是承接圣典。让学生从主导文化典型的道德、理智、精神和艺术的资源中习得核心的知识、传统和价值,以作为生活的指路明灯;三是发展自我和精神。让学生根据自我的兴趣进行学习,以便发展个人的潜力和创造力,并了解感情的自我和精神的自我;四是构建理解。培养积极、灵活并具有主见的思想者,这样的思想者知道通过研究他们周围的环境,通过与他人合作学习来构建自己的知识;五是思考民主主义。学习并真实地体会参与和保持一个民主社会所需要的思考能力、知识、信念和价值观;六是正视主导秩序。对那些限制自我和他人压迫性的社会结构、政治结构和经济结构进行考察,并向它们提出挑战,同时培养能动地改造社会所需的信念和能力。就课程是一种义化形式而言,这种解释是基于其社会背景的,对于我们来说,在理解上有一定的难度。由此,也可以不难发现从文化根源和文化发展上看,课程文化具有民族性和时代性的特征。从文化层次上看,课程文化应正确对待知识、技能、智慧,塑造人完善与自由的心灵,全面实现课程文化的育人价值。课程文化重在"以人为本",课程文化的最终价值是关注生命教育,体验生命的深度与理想的高度。

二、课程文化的构成

课程文化的主要内容包括学校的价值观念、学校的教育理念、学校的具体课程设置、课程的教学方法等。价值观念包括学校的宗旨、使命、任务和教育理念等,这是学校运行的基础。教育理念是学校希望能实现的目标,它是学校课程文化的最大特点。具体课程设置是指学校所开设的课程,它是学校发展的方向。课程的教学方法是指学校采用的教学方法,这是学校教育实施的基础。

课程文化是学校文化的核心。课程文化是一种专业文化。学校工作中,课程与教学是专业性很强的工作,是教育本质要义融入课程设置和教学过程,并充分体现教育和教师专业性的过程。学校文化建设、课程文化建设要与学校的定位相一致,学校文化、课程文化要与学校的培养目标、培养规格相一致。

从文化的角度来理解,课程文化可以分为课程精神文化和课程物质文化两个部分。课程精神文化又包含课程理念文化、课程行为文化和课程制度文化。课程物质文化是课程文化的表层,是课程的物质性存在,但并不是指所有物质,而是人作用和影响了以后的物质,其中不包括未经人作用的自然物。课程物质文化存在于学校的公共空间中,它很容易被感知,它不对学生进行直接的说教,而是作为一种隐性课程在潜移默化中对学生进行着教育。隐性课程是指在课程方案和学校计划中没有明确规定的教育实践和结果,但属于学校教育经常而有效的组成部分,可以看作隐含的、非计划的、不明确或未被认识到的课程。杜威提出的"同时学习"(colateral learning)、克伯屈提出的"伴随学习"(concomitant learniing)都有此类意思。1968年,杰克逊率先在《课堂中的生活》中提出"潜在课程(隐性课程)"的概念,它包括学校自然环境的设计、校园雕塑、学校标志、教室的环境布置等。除了这些有形的物质之外,隐性课程还包括学生在学校各种人际交往中受到的影响,如思维方式、价值观念和行为方式等的影响;学校、班级中长期形成的制度与非制度文化的影响,如学校与班级的传统、风气、舆论、仪式、规章制度等。

课程精神文化是师生看不见、摸不着的以非物质的形态存在的一种文化,其中,课程制度文化是精神文化中较为外显的一种,它是"在学校时空范围内形成和制定的强调要求参与学校课程活动的有关人员共同遵守的程序和规范体系",课程制度文化包括课程的开发、实施、评价、管理等制度文化。课程行为文化包括教师、管理者和学生在课程活动中具体表现出来的行为所蕴含的文化。课程行为可以分为偶然行为和必然行为,偶然行为是指师生及管理者偶然做出的、不反映课程文化的行为,必然行为是在课程文化要求下而做出的符合课程文化的行为,必然的课程行为是在长期的课程实施过程中所出现的行为文化。课程理念文化是理解课程背后所持有的理念,包括理解课程背后的知识观、学生观、课程资源观、学校文化传统等。课程理念文化在一定程度上决定了课程制度文化和课程行为文化①。

三、课程文化的建设路径

课程文化建设是学校发展的核心,也是组成学校文化的核心部分。所谓的校园文化建设,包括校风、校貌、校纪、校园环境设计等,也都是潜在课程(隐性课程)文化的彰显。学校的学科课程(包括分科课程、综合实践活动课程等)建设彰显的是学校显性课程文化。显性课程文化是学校文化建设的主体。有人认为,学校文化的建设,主要内容包括学校观念文化的建设、学校制度文化的建设以及学校环境文化的建设。这种学校文化建设观,主要还是侧重学校隐性课程文化与课程管理文化的建设。也有人认为,真正意义上的学校文化则是指学校中的主体在整个学校生活中所形成的具有独特凝聚力的学校面貌、制度规范和学校精神气氛等,其核心是学校在长期办学过程中所形成的共同的价值观念。其实,学校文化的核心——共同的价值观念,主要还是体现在学校课程中的主体部分——学科课程中。无论是显性课程文化,还是隐性课程文化,都会对学校发展(关键是学生发展)产生不可估量的影响。基础教育课程改革的深化,必然深入到学校文化的建设中来。学校文化建设具有重要意义。学校文化建设是学校整体改革的命脉,是学校课程改革的重要目标,是学校

---

① 徐乐乐.课程文化的内涵、范式及冲突[J].教育导刊,2019(9上半月):18-22.

课程改革的深层因素。

学校文化建设的主要内容是推行正确的价值观念、推行明确的教育理念、推行科学合理的课程设置和拟定科学合理的教学方法。正确的价值观念包括仁爱、自由、公平、正义等,这是学校文化建设的基础。明确的教育理念是指学校推行什么样的教育模式,如学习型教育模式、发现型教育模式等,这是学校发展的方向。科学合理的课程设置是指学校课程设置的安排以及课程的内容,这是学校教育实施的基础。拟定科学合理的教学方法是指学校采用的教学方法,这是学校教育成功的基础。

(一) 学科课程文化建设

学科是一种古老的知识结构形式,可以将之视为不同知识的区别性领域,学科是"主体为了教育或发展的需要,通过自身认知结构与客体结构的互动而形成的一种既有利于知识的传授又有利于知识创新的组织体系"。从学科的内部构成来看,学科基础知识与基本概念体系、学科思维方式与行为方式、学科情感、态度与价值观是其主要构成要素。而学科课程思想就是这些区别性知识领域内最有价值、最本质的东西。学科课程思想表现了学科的精神实质,它内隐于学科知识体系之内,统摄着学科方法,凸显着学科价值,流动于教师的教和学生学的过程之中,观照着深度教学的达成。

学科课程思想隐藏在学科知识体系内,它能够拓展和衍生学科知识体系,联通和活化学科知识结构,促进学科知识的创生与发展。符号表征、逻辑形式、意义是教育领域内剖析学科知识的三个维度。学科知识与其所关涉的学科课程思想存在着一对一或一对多的匹配、对接关系。在教学过程中,教师不能直接告知学生特定知识与某种学科课程思想对应,而且教师应点拨出不同学科课程思想的运用情景,鼓励学生将特定知识开放性地放在不同学科课程思想逻辑中去思考,尽可能地"构建多元联系、前后相依、自然连贯的知识序列"。学科课程思想无形地分布在教材各个单元知识体系之中,因此教学需要明确并回应"学科课程思想如何显现"这一问题。教师对教材知识的挖掘过程即催生学科课程思想显现的过程,它表明教师要关注教材知识编排的思想逻辑,反思自己的教材意识和教材处理方式,不能直接将教材知识简单地视为现成的教学内容和学生学习的材料。学科课程思想贯穿于教师教和学生的整个学习经历中,它像一条链条,能够将课堂教学中的各个要素、各环节以及各种背景性学习资料紧密地联系起来,引导学生的学习突破学科的边界,丰富学生学科学习的轨迹。因此,教师要领会这种观照并对其做出确认与回应,在尊重学科课程思想的统摄性与包容性的前提下进行教学设计,创造性地将课堂教学的时间、空间进行有效的安排、组织,以促进各要素、各环节及各种背景性学习资料在互动基础上产生聚合效应,从而即兴地、创造性地回应学生的学习需求,给予学生正确的指引[①],打造积极活泼的学科课程文化。

(二) 活动课程文化建设

活动型课程不仅要让学生"心动",而且要让学生"行动",需要在"做中学"。因此活动型课程建设遵循"内容活动化"和"活动内容化"的要求,将思维活动寓于体验活动、探究活动和实践活动之中,让教育看得见"人",让课堂看得见"动"。活动型课程可以分为体验类课程、探究类课程和实践类课程三大类。体验类课程强调在情境体验中激发学生的情感和

---

① 陈娜,郭元祥.学科课程思想的内涵、特征及其对教学的观照[J].课程·教材·教法,2017(8):11-16.

兴趣,让课程成为其生涯规划中的一粒"种子";探究类课程注重学生在动手操作中从已知走向未知,培养其自主探究精神和创新能力;实践类课程主要用于培养学生的实践能力和社会服务能力。

课程文化是课程观念和文化符号的统一,内蕴于课程目标,外显于课程体系。根据课程建设精神和学生发展需要,活动型课程在设置、实施和评价环节应该贯彻"活动"主线,以可视化的活动课程体系、社团化的课程组织形式打造"活泼"的课堂文化样态。

课程与社团的融合能够活化校本课程、规范学生社团。根据学生的兴趣爱好,学校可以将校本课程与社团的融合作为课程开发的指导方针,鼓励社团类课程,倡导课程性社团。一方面以课程社团化提升课堂活力,实现教与学方式的转型;一方面以社团课程化规范社团学习行为,提升社团的活动效能。社团化的课程组织形式追求民主平等的思想碰撞和共同体式的智慧践行,帮助学生培养广博的胸怀、多元的智能、自由的思想。将中华优秀传统文化融入学校课程,不仅能使学生接受人文理念的熏陶,还能使学生在文化厚植的基础上确立文化自信。人文素养课程提供了学生与"经典"的亲密对话,如"经典阅读""经典吟诵""古琴演奏""诗苑学步"等,所蕴藏的博大精深的内涵和经世致用的精神,可以成为帮助学生树立文化自信的重要因素。

道德是个人修养的表征,需要通过合作学习进行社会建构。因此,社团化和社会化课程是促进学生合作学习的重要方式,也是培养学生道德成长的重要方式。活动型课程可以采用社团化的组织方式,将多个课程同时引入社会化的教学路径,如公益社、礼仪社等。这些社团化和社会化的课程为学生的社会建构提供了"法定"的活动时间、空间和路径,让学生在对话协商、沟通合作和表达诉求中完善自身的道德发展。

教育的根本任务就是"立德树人"。作为教育的核心——课程,其实施自然是以育人为最终目标。从文化的功能来看,无论是"树人",还是"育人",最终都是为了实现"化人"(以文化人)。化人,就是变化人的气质,就是变化成一个对社会有用的人,就是成就人的人格。[1]

无论从哪一个视角考察课程文化,人的问题都不能忽视,人的发展凝结在文化与课程价值的核心上。文化的本质是人的本质力量的对象化。文化是人的本质力量对象化的结果,是人化自然的结果,是人的主体性充分彰显的结果。文化的首要价值在于促进人的发展。课程的意涵,无论是作为静态的为人准备的跑道,还是强调动态的人在奔跑时的体验和感受,主体都指向人,人始终都是文化与课程的核心与目的,人始终是文化与课程的创造者,人同时又是沟通文化与课程的桥梁。"就本质属性而言,文化与课程具有内在的相关性、共通性。它们不仅具有相同的使命及内涵,而且都是作为一种价值性或意义性的存在对社会与人发生作用。精神、价值是它们共同的主题、共同的出发点及存在依据。"课程是为培养人格精神的一种文化活动,是根据文化有价值的内容进行的一种文化活动,其目的在于唤醒个人的意志,并使个体具有追求真理价值的意志,并具有创造、增强新文化的勇气与信念。课程既是文化的载体,也是文化的主体,是文化的载体与主体的统一体,是其工具性存在和文化性存在的统一体。[2]

---

[1] 刘启迪.论我国课程文化建设的走向[J].湖南师范大学教育科学学报,2018,17(6):66-71.
[2] 高艳红.马克思主义文化理论视域下课程文化的内涵与特征[J].齐鲁师范学院学报,2020,35(5):1-7.

第八章 教学概念与教学本质

如果说课程侧重关注"教什么",从而着力进行课程方案设计以及课程内容选择、编制、顺序的排列等问题,那么,教学则是课程的具体实施过程。作为实践过程,教学事关课程目标的转化和达成、课程方案的展开和落实、课程实施的效果和优化,最终决定着学生素养的培养和提升。所以,"教学"和"课程"都是教育活动的重要组成部分,二者既不可或缺也不可偏废,如果仅关注教学而忽略课程,则可能因内容的偏差和目标的偏向而影响教学效果;如果仅关注课程的研制而忽略教学环节的落实,则可能停留在计划层面而影响整体教育质量的提高。因此,我们在进行课程理论学习的同时,理应加强教学相关理论和知识的学习,了解其历史发展、理论纷争,探索教学本质,进而在学习、感悟和不断深化理解的基础上形成自己的教学观,以反哺和指导自身教学实践。

第一节 教 学 概 念

教学作为一种活动,贯穿于人类社会的发生和发展过程中。其实,它早在原始社会就已经存在了,只是原始社会的教学还融于日常生活之中,与生活本身是一回事,并没有作为一种独立的形态而存在。随着社会发展和教育教学活动的不断丰富和优化,教学含义也经过了一个发展过程。

一、教学的含义

（一）词源追溯

从词源的角度来考证教学的内涵,有助于我们更深入地把握教学的产生与发展历程。在我国古代,"教"有教授、教诲、教化、教训等含义。许慎《说文解字》这样解释,教,上所施,下所效也;学,觉悟也。从词源的角度,教侧重于传授和接受的行为,而学侧重于内心的感受。在英文语境中,与"教学"内涵密切相关的单词有 teach（教、教导）,意为讲授、教导,learn（学、学习）,instruct（教导）。纵观西方教育教学活动,在教学内涵的理解上,他们走了一条"teach－learn－teaching & learning"的道路,人们先是强调 teach 教授,后又走向反面,强调 learn 学习,继而两方面都强调"teaching and learning"。到了 20 世纪,人们格外重视教学过程中教师的引导作用,强调教与学的有机统一,此时更多的是用 instruction 来指"教学活动"。我国古代过分强调教的传授作用,长期以来重视教授,不提学习,20 世纪初,陶行知留美回国后大力提倡改教授法为教学法。考察古今中外,教学的基本含义是教师把知识、技能传授给学生的过程。

（二）内涵阐释

究竟什么是教学活动？教学的内涵是什么,其外延又包括哪些意涵呢？一般来说,学界关于教学活动有以下三个方面的认识：首先，教学是教师教学生认识客观世界的活动。通过教师传递，学生学习人类文化精华来认识世界、传承文化。其次，教学是促进学生发展的活动。促进学生发展是教学的核心价值追求，通过教学活动的开展，可以丰富知识、培养人的能力、提升人的品质，促进人的身心发生积极的变化。最后，教学是教育的基本形式。教育活动的形式多种多样，如课内外活动、社团少先队活动、劳动锻炼、志愿者活动等，在学校诸多活动中教学是最基本的活动形式，也是学校教育的基本途径和学校的中心工作。

概而言之，教学就是教师教学生认识客观世界和促进学生身心发展的教育活动，是教育的基本形式。

在实践中，存在很多与教学相关的概念，它们既有区别又有联系。

1. 教学和教育

广义的教育指一切培养人的活动，狭义的教育专指制度化、形式化的学校教育。在古代，教学和教育是没有区别的，两千多年前的教育文献《学记》中，就有"建国君民，教学为先"之句，即要想治理好国家，首先要教化民众。在古代的"学校"中，"教学"也就等于"学校"的全部活动，教学组织简单，教学内容主要是封建的伦理道德。到了近代，随着生产力的发展和机器大工业时代的到来，教育的宗旨开始变化，教育内容与组织形式越来越复杂化，教育实体——学校内部发生职能分化，在教学之外，还有"管理""训育""指导"等职能活动。于是，教学概念的外延缩小，确切地说，此时教学从教育活动中分化出来，成为体现教育职能的手段和途径，也成了教育的下位概念。

2. 教学和智育

教学与智育是两个既有联系又有区别的概念，两者不能等同。智育是指向受教育者传授科学文化知识、技能，培养和发展其智力和才能的教育活动，它是现代学校教育的主要内容，与德育、体育、美育、劳动技术教育相并列，"五育"中任何一个都不是孤立进行的，它们要通过教学、课外活动、主题活动等具体形式相交错、相融合地体现出来。在科技高度发达的今天，智育确实越来越重要，它所需要的时间、精力越来越多，而教学活动具有计划性、集约性和指导性，恰恰能更好地开展智育。所以，教学是实现智育的最有效的途径，但不是唯一的途径；智育是教学的重要内容，但不是唯一的内容。

3. 教学与上课

上课是实施教学活动的一种方式。就当前我国学校教育的情况看，班级上课是教学的基本组织形式，教学工作以上课为中心环节。

二、教学的任务

（一）引导学生掌握科学文化知识与基本技能

虽然，我国人才培养目标由"双基"（基础知识与基本技能）转向"四基"（基础知识、基本技能、基本思想和基本活动经验），但基础知识和基本技能的学习并不是不重要了，高阶知识和能力不会凭空自生，而是在基础知识与基本技能夯实的基础上提质升华而成。不论是"四基"的生成还是"核心素养"的培养都离不开基础知识和基本技能的掌握。所谓基础知识是指基础教育阶段教授给学生的一些基本的概念、法则、公式、原理等知识；所谓基本技能技巧是指基础教育阶段教给学生的一些简单的处理问题的技能技巧。教学以基础知识、基本技能为首要任务,是因为教学的其他任务只有在引导学生掌握基础知识和基本技能的基础上才能实现。

(二)发展学生智力,培养学生的创新能力和实践能力

发展学生智力,就是对学生进行智育,智育是向受教育者传授系统的科学文化知识和技能,发展他们的智力和与学习有关的非认知因素,专门发展受教育者智力的教育活动,它是教育的一个组成部分。智育在全面发展教育中起着前提和支持作用,是各育实施的认识基础。素质教育是以培养学生的创新精神和实践能力为重点的教育。创新能力是一个民族进步的灵魂,是国家兴旺发达的不竭动力。创新能力是素质教育的核心和时代特征,也是现代教育和传统教育的根本区别所在。

(三)发展学生体力,提高学生的健康水平

这一任务主要体现在体育教学活动中,体育是授予学生健康的知识、技能,发展他们的体力,增强学生的体质,培养他们参加体育活动的需要和习惯,增强学生意志力的教育活动。体育是全面教育的重要物质基础,指导学生锻炼身体,促进身体的正常发育和技能的发展,提高健康水平。身体是革命的本钱,学生在全面发展的基础上首先得有好的身体基础,身体好、精力好才能有长远的发展。

(四)培养学生的社会主义品德和审美情趣,奠定科学的世界观基础

培养学生的社会主义品德即对学生进行道德教育,道德教育是指教育者按照一定社会要求,有目的、有计划地对受教育者施加系统的影响,把一定社会的思想观点、政治准则转化为个体思想品德的教育活动。道德教育在全面发展教育中起着灵魂和统帅的作用。培养学生的审美情趣即对学生进行美育,美育又称审美教育,是运用艺术美、自然美和社会生活美等培养学生正确的审美观和感受美、鉴赏美、创造美的能力的教育。美育在学生的整个发展过程中起着动力和升华的作用。

(五)关注学生的个性发展

素质教育要求我们立足于每个学生的个性展开教育。在承认人与人存在差异的基础上,从差异出发,以人的个性发展为目标,实质上是一种个性发展的教育。每个学生有每个学生的特点,应根据每个学生的特点和差异因材施教。

三、教学的意义与地位

(一)教学的意义

1. 教学是学校教育活动体系中的核心要素

一个学校的教育质量如何,主要是由它的各科教学质量来决定的。无论师资队伍多么壮大、教育管理多么严密、生源质量多么优良,如果无法转化为教学质量,都将是徒劳和虚设的,只有教学质量才能彰显学校整体教育水平。因此,教学才是学校教育活动体系的核心要素。

2. 教学是学校的中心工作

从教学内容上看,学校是专门的教育机构,其中有受过训练的专业人员,在教育行政部门的领导下,按照一定的方向与规定,使用严密组织起来的系统知识促进学生的发展。从

时间上看,就学校实施教育的途径而言,除教学外,还有生产劳动、体育运动、各项竞赛,还有党、团、队及其他课外的组织、活动与措施,但教学占用的时间最多、最集中、最有计划。从空间上看,学校是专门的教育机构,提供了专门的教学场所——教室,以保障正常的教学活动。

在学校教育中,教学工作处于中心地位。在学校工作中,除了教学工作之外,还有总务工作、党务工作、人事工作等,不管什么样的工作,都是为了一个共同的目标——为社会培养合格人才,而教学工作直接作用于被教育者——学生,因此教学是中心工作。在学校的各种活动中,有教学活动、文体活动、劳动、党团活动、社会活动等,这其中也只有教学活动占用的时间最长,使用的人力、物力、信息资源最多,规范性最强,育人功能最全面。因此,教学也是实现学校教育任务的基本途径。

3. 教学是人类文化传承的基本方式

人类文化有一个极其重要的特征,那就是它只能学而知之,而不能通过遗传或其他方式获得。这就决定了人类文化从它产生的那天起就与人类教育有着不可分割的关系。教育传递着文化,使得新生一代较为迅速、经济、高效地占有人类创造的文化财富,使一个人从毫无文化内容的"自然人"变成一个具有鉴赏、创造文化能力的"文化人"。如果人类文化不从上一代传递给下一代,那么,人类文化的保存、积累与发展就将成为不可能。新的一代如果去重复他们的前辈所经历的事,人类就不可能进化,就永远只能停留在结绳记事、钻木取火的蒙昧时代。

(二)教学的地位

教学是学校的中心工作,是贯彻国家的教育方针、实现教育目的的基本途径。学校工作必须坚持以教学为主,并围绕教学这个中心全面安排其他工作。

首先,这是由学校的本质特点所决定的。学校不同于工厂、商店,学校是培养和教育人的场所,学校如果不以教学为主,那么就不能称其为学校,也就失去了学校独立存在的意义。

其次,教学是传授知识、培养人才、实现学校教育目的的最有效途径。教学工作具有目的性和计划性,由受过教育专业训练并具有一定文化科学知识的专职教学人员,负责有目的、有计划地向学生传授知识,学生可以在较短时间内掌握人类长期积累起来的丰富的经验,成为社会所需要的人才。在学校的各种工作中,教学所占的时间最多、内容最丰富、活动最经常,只有围绕教学这一中心全面安排学校各项工作,才能保证提高教学质量。

坚持以教学为主,就是以教学为中心全面安排学校的各项工作。搞教学唯一,忽视或否定其他教育活动,或不能充分利用各种教育途径对学生进行培养,都不利于全面提高教育质量。

四、教学的基本要素及其关系

(一)教学的基本要素

教学的基本要素有哪些呢?在这一问题上,学界具有代表性的观点有如下几种:第一是三要素说,这一观点认为教学的基本要素有三个,它们分别是教师、学生和教学内容。第二是四要素说,这一观点将要素数量提升至四个,在教师、学生、教学内容之外增加了教学方法。第三是五要素说,按照数量逻辑,此观点认为教学基本要素有五个,在教师、学生、教学内容和教学方法之外,增加了教学媒体。第四是六要素说,这一观点认可的教学基本要素包括教师、学生、教学内容、教学方法、教学媒体和教学目标。第五是七要素说,虽然数量上延续了以上观点,但要素与前面的观点并不一致,除了教师、学生和教学目标重合外,课程、教学方法、环境和反馈都是这一学说的独特观点。

就教学本身而言,要完成教学活动,必须有四个基本要素予以保证,那就是教师、学生、教学内容和教学手段。从教学的实践看,舍弃这四个要素中的哪一个,教学活动都将无法运转。

教师是教学活动的第一要素。众所周知,没有教师便没有学校教育的存在。作为承担"传道、授业、解惑"这种社会责任的教师来说,其存在是至关重要的。正因为有了教师,才有教育机构的设立和教学活动的持续与发展。因此,教师应是教学活动的第一要素。教师代表国家、社会的意志指导和培养学生,应该具有良好的文化素养、健康的身心和较高的人格修养,同时具备一定的专业知识和技能。

学生是教学的对象,是学习的主人,是教学活动的第二要素。他们作为精神文化学习的主人,与教师一起共同组成教与学的统一有机体。显然,没有学生,教学活动也不复存在,这也是由教学活动的性质和特点决定的。教学必须全面了解学生,正确地看待学生。这里就涉及学生观的问题,学生到底是什么呢?教育发展到今天,我们应该把学生看作有主体性的人,处在发展中的人,他们既是教学的对象,更是学习的主人。

教学内容是教学活动的第三个要素。教学内容是人类文明成果的精华,是学生学习的对象,是促进学生发展的材料。作为人类文明成果和种族经验,从个体上看,教学内容不能通过遗传自然获得,而需要后天的学习,所以自然成为教学过程的核心要素。因为没有教学内容,教与学就是无源之水,就缺乏教与学联系的中间媒介。

(二)教学基本要素之间的关系

整体看,教师和学生是教学过程中的人的要素,他们都与教学内容有着直接关系,教学方法是联系教师、学生和教学内容的中介桥梁。

第一,学生与教学内容的关系是主客体的关系。从教学内部看,教学内容是学生的认识对象,而学生又是认识的主体。

第二,教师和学生的关系。在学界,师生关系有多种描述,如教师中心说、学生中心说、教师主导学生主体说、教师主导学生主动说、师生合作说等。在教学中,师生双方都是具有能动性的主体,双方任务侧重点不同,互动实现教学任务。在教学活动中,教师是设计者、组织者、授业者、管理者和研究者,对整个教学活动负责;学生一般是受业者、参与者、学习者和管理对象,同时又是学习的主人和自我教育的主体。除此之外,师生关系还可以从工作关系、伦理关系、情感角度来描述。

第三,教师和教学内容的关系。教师首先要掌握教学内容,教人者先受教,教人者先学习,这时,两者表现出的是主客体的关系;但教师对教学内容的学习和把握有别于学生学习,因为在教学中,教师的主要任务是有效组织、指导学生学习教学内容。如此,教师需要根据自己对教学内容的理解,结合教学条件和学生特点对教学内容进行整理加工,以便使教学内容更适合学生的学习。此时两者就表现出一种实践改造的关系。

五、现代教学及其特征

（一）现代教学的产生

现代教学的产生以17世纪为起始，到19世纪基本形成。西方从中世纪（封建社会）到资产阶级的兴起，学校经历了漫长而深刻的转型。中世纪教育的严重落后状况，是新的学校、新的教学发端的内在原因。在中世纪，由于教会掌握着教育大权，教育成为宗教的附庸，教育只为僧侣阶层和贵族开办，教育内容非常狭窄，主要是宗教教义、拉丁文和骑士七艺。教学方法和形式很落后，采用机械记忆、强制灌输的方法教学。要求学生对教师绝对服从，不许怀疑、纪律严酷，盛行体罚。教学质量和效益都很低。

文艺复兴时期的人文主义教育和宗教改革时期的新教教育，都针对中世纪教育的弊端进行了积极的改革。例如，人文主义教育提出要教授有用的科学，教授有用的关于生活的智慧和知识，改革教学方法，因材施教，尊重儿童的天性，消除强制和粗暴。不仅如此，他们还创办了一批人文主义学校来开展实践。新教在教育改革上的一个重大举措就是注重向平民子弟施加教育，大力创办初等学校，为广大平民子弟提供基本的读写算和宗教教育。

由于这些探索，欧洲的教育活动到17世纪已经逐步摆脱中世纪教育而有了一些新的特征：学校开始接受平民子弟入学，许多学校开始按照班级开展教学活动，开始使用统一的课本教材，教学方法也开始运用对话、讲解、提问等多种方式。

捷克教育家夸美纽斯通过对这些新实践的总结和自身教育实践的探索，在教学目的和内容上提出对所有人进行教育的泛智主义的主张，明确提出了教学工作的基本原理和新的教学原则，尤其是系统论述了班级授课制这一新的教学制度，从而形成新的教学理论的雏形。

到了19世纪中后期，现代教学制度基本形成。现代教学的基本制度在比较发达的英、美、法、德等资本主义国家建立后，其他国家纷纷效仿，很快成为世界范围内的基本教学制度。现代教学制度的形成，是通过不断的教学改革和教学理论的探索，通过矛盾斗争而实现的。

这一时期的教学呈现出如下特征：① 普及义务教育，扩大教学对象。② 课程体系发生变革，加强民族语言和科学教育，改造人文学科，把实用知识和技术引入课程体系之中。③ 发展师范教育，提高教师素质。④ 教育科学发展，出现一大批现代教育理论著作。⑤ 教学方法体系日益丰富，班级授课制日渐成熟。

这一时期的教学思想和理论以夸美纽斯、卢梭和赫尔巴特等人为主要代表。

夸美纽斯生活在欧洲中世纪的封建制度向资本主义制度过渡的年代，他反映时代的需求，进行教育改革，反对统治阶级垄断的精英教育和教会推行的宗教教育，反对用严酷粗暴的方法把学校变成"儿童恐怖的场所，变成他们的才智的屠宰场"，不满教学的无序和低效，主张人人需要教育，一切男女儿童不分贫贱富贵都应该学习，接受科学、艺术、语文、道德等泛智的教育，认为教学应该成为把一切事物交给一切人的教育。他推进学年制度、分科教学和班级授课制，使中世纪以前无序的个别教学向有序的班级授课制转变。他总结新的教学经验，创建了较为系统的教学理论，这些理论凝结于他的《大教学论》著作中，是他对教育的杰出贡献。

夸美纽斯认为,教学艺术的指导原则是模仿和遵循自然的秩序。他在教学上提出了许多原则,都是以自然秩序,尤其是树木、鸟儿的成长顺序为学习、模仿和类比的对象。其基本原则的应用遵循三个步骤:模仿、偏差和纠正。例如"自然从容易到难的原则",从模仿鸟儿学飞,先站立而后徐徐扇动翅膀,然后用力从地上飞起这一现象,提出孩子应该先运用感官,然后记忆,最后运用,这样从易到难,便于掌握。囿于当时的理论发展水平,夸美纽斯的很多理论属于机械模仿和简单类比,缺乏科学的论述。

夸美纽斯认为,"在自然的一切作为里面,发展都是内发的""一只鸟儿学飞,一条鱼儿学游泳,一头野兽学跑,都不需要任何强迫。它们一旦觉得自己的肢体长得足够健壮,就立刻自行去做这些事情""知识、德性、虔信的种子存在一切人类身上,他们所需要的只是一种和缓的推动和谨慎的指导而已"。他指出,求学的欲望应当彻底在学生身上激发出来。在夸美纽斯看来,自然万物的发展都有其内因和发展的制度,认识人包括儿童的发展也有内因和一定的顺序,这一观念点为以后适应儿童的自然发展理论的提出奠定了基础。由于夸美纽斯认为"一切的知识都是从感官的感知开始的",因而他提倡实物教学和直观教学,并重视循序渐进、因材施教,对后世的教学有很大的影响。

卢梭的思想反映了启蒙运动时期资产阶级反对不平等的封建社会制度,追求自由、平等的思想。卢梭所提出的自然教育原则,是与他的自然哲学观点紧密相连的。《爱弥尔》开宗明义的第一句话就是:"出自造物主之手的东西,都是好的,而一到了人的手里,就全变坏了。"在他看来,人类由于上帝的恩赐,生而禀赋自由、理性和良心。自由、理性和良心构成了人的善良的天性。显然,善是人人相同的,并不因人的贵贱而异。人之罪恶,是后天残害所致,并非天性之过。因此,他主张自然教育。

卢梭所谓的自然教育是儿童内在的身心发展。卢梭认为儿童生来一无所有,长期所需的东西要由教育赐予。他认为教育包括自然的教育、人的教育和事物的教育三个方面。自然的教育是指儿童的才能和器官的内在发展,人的教育是教师教儿童如何利用自然的发展,事物的教育是儿童从与事物的作用中获得经验。这里的三种教育,只有人的教育是我们可以控制的。三种教育配合一致才能使儿童得到良好的发展。

卢梭深刻认识到儿童发展的顺序性和阶段性,他十分强调儿童发展的顺序和年龄特征。他说:"大自然希望儿童在成人以前要像儿童的样子,如果我们打乱了这个次序,我们将造就一些年纪轻轻的博士和老态龙钟的儿童。儿童有自己的看法、想法和感情,想用我们的看法、想法和感情来代替儿童,那简直是最愚蠢的事情。"卢梭坚决反对传统教育不顾儿童的特点,把儿童看成小大人,抹杀儿童和成人的区别,用成人的标准来苛求儿童,压抑儿童的天性。卢梭对儿童的认识对教育界具有启蒙的意义,被人们誉为"发现儿童的第一人"。

卢梭认为,儿童的天性"好动""好奇",只要很好地引导,就能激起儿童求知的欲望,成为寻求知识的动力。儿童还好思,当他的好奇心被调动起来了,只要向他提出几个问题,他就能够花上一些心思,把它弄个明白。他认为应当做到,"他所知道的东西,不是由于你的告诉而是由于他自己的理解;不是教他这样那样的学问,而是由他自己发现那些学问"。卢梭确立了能动的儿童观,把儿童当作学习和教学的主体,首创了发现教学,为现代教学理论的兴起奠定了思想基础。他反对机械灌输,并提醒教育者,当你一旦在他心中用权威代替了理智,他就不再运用理智了,他将为别人的见解左右。这样会扼杀儿童的独立思考能力和创造性,使儿童成为人云亦云的人。

卢梭不赞成百科全书式的教学,他认为人的智慧是有限的,不可能知道所有的一切事物。他强调所学的知识要有用处,要注重学生的学习方法。他这样说起爱弥尔,"爱弥尔的知识不多,但所有的知识都是真正属于他自己的,没有一样是一知半解的""他心思开朗,头脑聪明,能够随机应变,他虽然不是一个学识渊博的人,但是一个善于学习的人""我的目的不是教给他知识,而是教他怎样在需要的时候获得知识,是教他准确地估计知识的价值,是教他爱真理胜过一切"。卢梭特别指明一般学生和他的学生在能力上的差别,"一般的学生能看地图,我的学生能画地图"。

卢梭的自然教育思想具有极大的启迪性和震撼力,对后来的教育家和现代教育以及教学的改革都具有重要的影响。杜威给予他极高的评价,"教育不是从外部强加给儿童和年轻人某些东西,而是人类天赋能力的生长。从卢梭以来教育改革家们的种种主张,都源于卢梭的这个概念"。

赫尔巴特的思想反映了德国发展资本主义的强烈愿望,在教学上,他既重视"德行"的培养,又重视培养学生多方面的兴趣,赫尔巴特根据多方面的兴趣,拟定了反映当代社会文化发展的广泛而全面的教学科目。所以,重视全面而系统的知识教学是赫尔巴特教学理论的重要观点。

他要求教师要善于传授知识,掌握传授知识的科学。他认为系统的知识体系可以分解进行传授,教学是一部分一部分进行的。在每一次的教学活动中,教学都可以分为四个阶段:明了、联想、系统和方法。他还认为教学过程建立在学生的心理活动的基础上,提出了与教学过程阶段对应的学生心理活动的四个阶段:注意、期望、要求、行动。在教学中,教学活动与心理活动两种活动应该密切结合在一起。后来,四段教学法被其弟子发展为五段教学法,风靡欧美各国。

赫尔巴特的教学过程理论,注意运用心理学于教学,重视系统知识和技能的传授,对教学过程的阶段划分体现了一些规律,便于教师编制教案,使课堂教学有序可循,能更好地发挥教师的作用。这些都使得教学有了改进,质量得到提高。但是随着社会的发展,传统的教学理论和做法日益显露出严重的弊病,忽视了学生的主动性,严重脱离生活知识,热衷于教学的形式,把教学搞成千篇一律的五个阶段的僵化的格局,严重地影响了教育的质量。

(二)现代教学的分化和多样化

19世纪末,资本主义进入一个新的历史阶段。社会对人才提出了新的要求,班级授课制已经不能完全适应这些新的要求,暴露出它固有的弊端。于是一场以改革班级授课制为焦点的教学改革运动应运而生,这就是欧洲的"新教育运动"和美国的"进步教育运动"。

由英国人雷迪创办的阿博茨霍尔姆学校发端,欧洲各国相继开办了一些新教育学校,如利茨在德国创办的乡村教育之家、德可乐利在比利时创办的隐修学校等。与此同时,美国人帕克领导了芝加哥实验学校的教学改革探索。这些新的教育改革引发了"进步教育运动"的全面兴起。在这场改革运动中,班级授课制成为改革的对象,教育家们从废除课堂教学、废除课程表、废除年级制等不同的方面进行了探索和创新。

新教育运动和进步教育运动的共同特征在于,把实践、活动和操作引入了教学领域,加强教学与社会和生活的广泛联系,弘扬和发展学生的主动精神和学习兴趣,师生关系融洽,教学的灵活性和适应性加强,形式更加活泼。

新教育运动和进步教育运动的出现,意味着班级授课制独步天下局面的终结以及班级教学与活动教学对峙局面的出现。活动教学是以杜威的实用主义教育理论为基础的,其基本特征可以用"新的三中心"表示:经验中心、活动中心和儿童中心,它和"旧的三中心"(书本中心、课堂中心和教师中心)形成鲜明的对比。现代教学分化出两种不同的具体形态,一是以学生在课堂上学习书本知识为主的班级教学模式,二是以学生在各种活动中获取知识技能为主的活动教学模式。这两种模式的分歧,与各自的倡导者对教学工作的认识存在的分歧是一致的。前者强调向书本学习,后者强调"做中学"。二者在20世纪前期一直分庭抗争,作为现代教学分化的背景,深刻地渗透于教学实践中。

杜威的教学理论继承了卢梭的自然教育思想的精华,猛烈地批判了旧教育的做法,并在教育界称其为"传统教育"。杜威的新的教育思想被称为新教育。杜威深刻地批判了旧教育的主要特点:消极对待儿童,机械地使儿童集合在一起,重心在教师、教科书,而不在儿童。杜威反对设置广泛的百科全书式的课程,这样会片面追求知识的数量,而忽视掌握知识的质量。

杜威认为,人们往往把儿童和课程两个因素对立起来,坚持一个就牺牲另一个。例如,一个学派认为"课程教材比儿童自己的经验的内容重要得多"。儿童的生活是琐碎的、狭隘的、混乱的、自我中心和冲动的,而从学科里可以找到客观、精确、普遍的真理、法则和秩序。于是,他们决定忽视儿童的特点和经验,把重点放在教材的逻辑顺序上,儿童的任务是被动容纳和接受。这必然使教学走向强制灌输和训练,导致死气沉沉、墨守成规。另一个学派则认为,儿童是教学的起点、中心、目的。对于儿童的生长来说,一切科目只处于从属的地位。教材不可能从外面灌进去,学习是主动的,它包含着心理的积极开展。决定学习质量的是儿童而不是教材。于是他们强调儿童的兴趣、自发、自由和主动,而忽视系统知识的掌握和技能训练,结果就不可避免地乱作一团。杜威认为儿童和课程之间并不存在鸿沟,问题在于,站在儿童的方面,要看到儿童经验本身早已包含着组织到系统化学科中的一类事实和真理,并发现介于儿童的现在经验和这些科目的更为丰富和成熟的东西之间的各个步骤。因此,当将儿童的经验和课程的系统知识在教学过程中恰当地结合起来时,就是儿童的经验改造的过程。

儿童是怎样学习的呢？杜威认为儿童从经验中学习。经验包含主动和被动两个方面。主动的方面,经验是尝试;被动的方面,经验是承受后果。当一个人经过主动尝试承受后果时,就能把两方面联系起来,从经验中学到东西。例如,一个孩子仅仅把手指伸进火焰里,这不是经验,当这个行为和他遭受的疼痛联系起来的时候,才是经验。一切尝试都有"实验"的一面。随着人们经验的复杂化,实验的一面在加强。杜威说:"当发现我们的活动和所发生的结果之间详细联系时,试验性的经验所包含的思维就显露出来,这种经验就是反省经验。"杜威认为,反省经验和尝试错误阶段的经验不同,它突出思维,而思维就是有意识地努力去发现我们所做的事情和所造成的结果之间的联系。思维产生于事物还不太确定、有问题时,思维的目的就是帮助达到一个结论。所以,杜威指出,"思维是一个探究的过程,一个观察的过程和一个调查研究的过程"。教学活动包括学生的学习活动,也属于反省思维活动或反省经验。

杜威将探究的反省思维活动分为五个阶段。第一阶段是令人不安和困惑的阶段,遇到困难;第二阶段,提出问题,使情境中的困难和行动障碍更明确;第三阶段,通过观察、搜集事实,提出解决问题的假设;第四阶段,推断哪一种假设能解决问题;第五阶段,通过实验,验证和修改假设,形成结论。

以上阶段被概括为"困难—问题—假设—验证—结论",称为五步教学法。杜威的理论20世纪初在很多国家风靡一时,具有划时代的影响。

杜威注重引导学生通过探究活动进行学习、交往和反思,紧密联系生活,激发兴趣,发挥主动性和创造性,并在探索、交往、反思和运用知识的过程中改造自我和提高能力,促进个人的社会化。但是这种教学对于教师和教学条件的要求很高,组织好教学的难度大,又缺乏经验,在注意学生主动参与、积极探究时,往往忽视教师和教材的作用,使学生学不到系统知识,导致教学质量的下降。到20世纪30年代,杜威的教学理论很快衰落,但是其积极的一面不可否定。

到20世纪,现代教学出现分化和多样化新局面。第二次世界大战以后,出现了多种流派共存共生的教学新格局;他们在直接经验、个性与统一规范、质量要求两极之间寻求平衡。20世纪50—70年代是现代教学的改革和大发展时期。此时,为适应第一次科技革命的挑战,以促进学生智力发展和培养高科技人才为主题形成了不同的教学论流派,具有代表性的有苏联以赞科夫为代表的发展性教学论、美国以布鲁纳为代表的认知结构教学论和联邦德国以瓦根舍因为代表的范例教学论。

发展性教学、结构主义教学、范例教学并称为现代教学三大理论流派,其思想不仅代表了一个时代,而且影响着当代教学的理论和实践。因此,比较其教学思想,对我国教学理论的发展和教学改革是有价值的。

(三)现代教学的基本特征

首先,现代教学是有理论指导的教学,尤其是心理学、脑科学等对现代教学具有重要的支撑作用。现代教学的发展历史中,人们在不断地探索教学的规律,像夸美纽斯提出了教学适应自然理论,赫尔巴特根据兴趣设置课程和教学阶段理论,杜威的活动课程与设计教学理论,苏联以赞科夫为代表的发展性教学论,美国以布鲁纳为代表的认知结构教学论以及联邦德国以瓦根舍因为代表的范例教学论,等等。这足以说明现代教学已有诸多理论作为指导。

其次,现代教学是促进个人全面发展的教学。这一时期在发展的对象范围、性质和程度方面是前所未有的。无论是学界研究还是教学实践活动都意识到个体全面发展的重要性,且付诸实施。从理论层面看,教育理论家不约而同地强调全面发展的教育价值理想;从实践领域看,各国教育政策法规规定的教育目标也指向学生的全面发展。

最后,现代教学具有丰富多样的教学模式。现代教学时期强调学生认识的主体性、教学目标多维发展性、教学内容整合性、模式多样性以及手段现代化,由此促发了多元教学模式的探索和生成。此时不仅有夸美纽斯的班级授课制、赫尔巴特的班级教学模式、杜威的活动教学模式、布鲁纳的发现教学模式、布鲁姆的掌握学习模式、范例教学模式、罗杰斯的非指导性教学模式,还有合作教学模式等,学者们基于不同视角和立场纷纷进行了教学模式的探索,所以这一时期生成了多元丰富的教学模式。

(四)我国现代教学的发展

20世纪初,两件大事成为我国现代教学兴起的基本标志。一是废科举,二是兴学校。

中国近代完备的学制系统产生于1902年的《钦定学堂章程》(又称壬寅学制)以及1903年的《奏定学堂章程》(又称癸卯学制)。壬寅学制注重国民教育和实业教育,重男轻女的传统思想依旧存在,保留着科举制度的痕迹。这是中国颁布的第一个现代学制,但只颁布而没有实行。癸卯学制是中国第一个实行的学制,承袭了日本学制的特点,反映了"中学为体,西学为用"的思想,规定男女不许同校,仍然轻视女子教育。此时,班级授课制作为教学组织形式在全国广泛推广。20世纪初,我国学习和推行赫尔巴特的教学体系。五四运动后,推行杜威的教学体系。新中国成立后,开始学习苏联的教学体系,以班级教学和分科教学为主。20世纪80年代后至今的教学改革着眼于教学活动的全面优化,坚持学生的全面发展;坚持教师主导和学生主体,体现创造性;探索多样的教学样式,优化教学过程、方法、手段和形式。

具体来说,现代教学思想和方法,最早是在欧洲、北美等资本主义国家发展起来的。学习、借鉴国外先进的教学思想与实践模式,是我国现代教学体系得以形成的重要原因和动力。近百年来,我国主要经历了四个大的学习借鉴西方教学理论与模式的阶段。

第一阶段,清末民初,从日本引进德国赫尔巴特的教学体系,主要是班级教学制、教师讲解法、分科教学法等,对奠定我国现代教学体系基础起了关键作用。

第二阶段是从五四运动至中华人民共和国成立前,以学习和实验美国杜威的实用主义教学理论和模式为主,包括活动教学法、道尔顿制、教育测量等。在一些大城市进行了实验和实践,产生了重要影响。陶行知先生结合我国教育教学实际、借鉴杜威的"做中学"的教学模式而建立的"教学做合一"教学模式,很好地说明了这一阶段学习和探索相结合的特点。

第三阶段,从20世纪50年代到改革开放之前,主要以学习苏联凯洛夫教学体系为主。凯洛夫教学体系具有重视知识教学、教师主导、班级教学、教学的教育性等特点,有一套比较严格细致的课堂教学及其管理的原则与方法。我国对凯洛夫教学体系的学习,十分深入、全面和彻底,甚至可以说是全盘搬用,在教学理论与实践上都产生了重大影响,为现行教学体系提供了基础框架。

第四阶段是改革开放以来,一直到现在。广泛介绍、学习发达国家的教学改革的新理论、新模式。如苏联赞科夫发展性教学、巴班斯基教学过程最优化、阿莫纳什利合作学习理论,美国布鲁纳结构主义教学理论、布卢姆教育目标理论、罗杰斯非指导性教学等教学理论与实践模式,在我国都得到了比较系统而深入的介绍和研究。这一阶段对国外先进教学体系的学习有不同于以前三个阶段的特点。一是范围广泛,不局限于一国一人一派,而是多种体系广泛涉猎。二是注重合理借鉴,改变了以前全盘照抄照搬的做法。通过广泛的学习借鉴,确立了一些新的教学思想和原则,如教学的发展性原则、优化教学活动的思想、重视学生活动和探索的思想、智力与情感意志相统一的思想,等等。在实践上也有所体现和借用,形成了一些有影响力的教学模式,如自学辅导模式、情境教学模式、愉快教学模式,等等。通过学习、借鉴,用先进的教学思想武装自己,掌握新的教学方法与技术,整体提升了我国教学体系的水准。这是我国现代教学发展完善的基本源泉和主要途径之一。①

---

① 王本陆.我国现代教学发展的历史回顾与未来展望[J].现代教育论丛,1998(6):11-13.

第二节 教学本质

探讨教学的本质,主要是找出教学不同于其他活动的本质属性,挖掘教学最深层的稳定的本质联系。由于教学总是通过一定的活动表现出来,所以这里的"教学"、"教学活动"和"教学过程"基本同义,不再区分。

一、关于教学本质的争论

(一)认识说

最早明确地用认识论来解释教学活动过程的是凯洛夫,他认为教学过程是特殊的认识过程,认为"教学过程是一种认识过程,而又有自己的特点"。之后,王策三先生提出了最具有代表性的"特殊认识说",他认为人类认识过程与教学过程的一致性表现为认识主体的一致性、认识的检验标准的一致性、认识过程的顺序一致性以及认识结果的一致性等。但是,教学过程作为一种认识过程又具有自己的特殊性。

总的来说,特殊认识说认为,教学过程是学生以理解、掌握已有的文化科学基础知识和基本技能为基础的认识过程,教学过程作为一种认识过程又具有自己的特殊性,这种特殊性主要表现在"间接性、有领导、有教育性"这三个方面。第一,教学过程是教师有目的、有计划地引导学生掌握文化科学知识和技能,发展认识能力的过程;第二,教学作为一种认识活动,与人类总体的认识活动基本类似,是一个实践—认识—再实践—再认识的循环过程;第三,教学过程中的认识活动是以掌握间接经验为主要目的,是在教师引导下完成的,是在已有的发展基础上展开的。

(二)发展说

发展说认为教学过程不仅是教师指导下学生自觉能动地认识世界的一种特殊认识过程,也是以此为基础的促进学生身心全面发展的过程。该观点认为应该认识到教学过程及其结果之间的关系,在此基础上揭示教学过程中各要素之间的关系。他们主张将教学过程看作以认识为基础,学生的认识、情感、意志和行为统一培养和发展的过程,是以智育为关键的德智体全面培养和发展的过程,还是个性全面发展和培养的过程。

这种观点是对"认识活动"说的发展,从教学过程的结果和发展目标上理解教学过程,扩大了对教学过程价值的把握,但它并没有把教学与其他导致发展的活动区分开来。

(三)实践说

实践说认为教学是一种特殊的实践活动,而且这一实践又可以区分为教师的社会实践和师生共同实践两种。教师的社会实践是指教师作为实践主体对学生客体进行转变、塑造的过程,在这一过程中,教师是主体,学生是教师实践的对象,是客体。这种观点揭示了教学过程的认识与实践两个方面的属性,但它究竟是一种怎样的"认识"和"实践"活动,缺乏进一步的分析和说明。师生共同实践是指师生共同的实践或行动过程,认为学校教学活动是师生特别的生活实践。作为教师的实践,促进学生成长是教学活动区别于其他活动的特殊性所在,也是其教学活动的根本性目的;作为学生的实践,教学活动是通过一系列中介,进而达到主体化来促成自身发展的过程。无论是从教师的角度、从学生的角度抑或是从师生共同行动的角度,将教学活动本质看作一种特殊的实践活动,都是着眼于教学过程中主体外部行为及其结果的内涵意义,这种意义对于教学活动来说是根本性的。

（四）交往说

交往说认为教学过程的本质是教师与学生之间以知识为中介,以传授知识、技能,促进学生发展为中心任务的一种特殊的交往过程。在教学交往过程中,教师与学生都是具有主体身份的人,他们之间是相互作用、相互交流、相互沟通、相互理解的平等关系。但是有人就有交往,这个观点没有说出教学交往区别于其他交往的特殊性。

上述教学本质说总的来看是从过程、功能和关系角度理解教学。特殊认识说和实践说侧重于教学过程；发展说侧重于教学价值和功能；交往说侧重于教学关系。

（五）多本质说

这种观点是多种观点的综合,是不断转换认识教学过程的学科立场而产生的。从认识论的角度看,教学过程是一个特殊的认识过程；从心理学的角度看,教学过程是学生的各种心理过程以及个性心理特征和行为习惯得到培养与发展的过程；从社会学的角度看,教学过程是一种特殊的人际交往过程；从伦理学的角度看,教学过程就是培养和发展学生道德品质、行为习惯的过程。总之,这一观点认为教学过程在本质上是复合性的,它具有多重本质属性。

多本质说为人们提供了认识教学过程本质的多种视野。但问题是,一个事物究竟是具有一个本质,还是多种本质？这值得大家思考。

二、对教学本质的认识

综合以上各家观点,我们可以对教学的本质有一个比较全面的理解。从构成要素看,教学是教师、学生、教学内容、方法与手段等要素相互作用的过程,教学要素之间的内在的本质的联系,构成教学过程的基本规律,其中,教师和学生是活动的主体,都具有主体性。从活动特征看,教学是以信息交流、情感沟通、思想交融为基础的师生互动的交往活动,严格意义上的教学过程都必须保证向学生传递一定的信息(书本知识、直接经验等),同时师生间也存在着情感互动。从活动的价值上看,教学是促进学生身心发展的过程,学生的发展既包括知识与技能的发展,也包括过程与方法的发展,还促进学生情感、态度与价值观的发生和变化。

三、教学过程中应处理好的几种关系

教学过程的基本要素繁杂,而且教学过程的矛盾繁多,决定了教学过程是一个十分复杂的过程。在这个过程中,我们要尽量协调好各方面的关系,主要有以下几种。

（一）间接经验与直接经验的关系

这一规律指教学过程是学生的认识过程,要处理好直接经验与间接经验、感性认识与理性认识的关系。直接经验是人通过亲自活动、探索获得的知识、经验,主要指学生在实践中获得的感性认识。间接经验是他人的认识成果或已知的真理,主要是指人类在长期认识过程中积累并整理而成的书本知识或理性认识。

教学过程重在直接经验还是间接经验,历史上有两种不同的观点,一种是以赫尔巴特为代表的传统教育观,强调学生的学习是掌握老师所传授的间接经验,忽视学生与直接经验的联系。另一种是以杜威为代表的现代教育观(实用主义教育观),认为学生的学习要以学生亲身活动为中心。

事实上,两种观点都是有理由的,也都是偏颇的。教学过程以学习间接经验为主认为人的生命是有限的,不可能事事都去实践、依靠直接经验去认识。有些知识的获得过程相当漫长、危险和困难,不可能事事都能亲身经历。间接经验是人们多少世纪以来实践经验的总结。书本知识经过特殊的加工并且有教师的指导,学生通过它掌握知识便捷有效。学习间接经验是学生缩短自己认识水平和人类现有认知成果距离的最有效的捷径,可以减少认识过程的盲目性、偶然性,提高认识效率。学习间接经验还可以使学生在新的起点上继续认识和改造世界,攀登科学文化的新高峰。

基于现实,学生在教学过程中,还是要以间接经验认识为主。一方面,因为间接经验及书本知识是前人经过无数次实践总结,并被实践证明是正确的、概括化、理论化的知识体系。另一方面,学生所学的书本知识也是根据社会发展规律的要求,精心编排的最基本的理论,在一定程度上是人类发展史的缩影,对学生的认识具有普遍意义。学生以它为认识对象而发展自己的认识,体现出认识的经济、高效、简约性的特点。它可以使学生个体打破时间和空间的限制,在较短的时间内掌握前人很长时间实践探索才能获得的认识。

同时,间接经验的学习要以直接经验为基础。间接经验一般表现为概念、原理、定律、公式等,富于抽象性,不易理解和应用。直接经验是指学生通过亲自参加实践活动所获得的经验,它是对客观事物比较具体的、个别的、零星的认识。理论需要和实践相联系才会起作用。学生的认识遵循人类认识的普遍规律,从感性到理性,不断深化,学生的间接经验是建立在直接经验的基础上的。学生要把书本知识转化为自己理解的知识,就必须依靠自己以往积累或现时获得的感性经验。只有引导学生把个人的感性经验、已有知识和所学的新知识有机联系,学生的学习才能顺利进行。学习直接经验可以引起学生学习的兴趣,加速直接经验与间接经验的转换。

由此看来,间接经验与直接经验应该相辅相成。学生应依据教科书的间接经验系统,从已知到未知,日积月累,循序渐进。

当前教学改革的趋势是,在教学过程中增加和渗透学生探究、发现和创造性的活动,以培养锻炼学生独立思考、探索新知、实际操作等能力。教材为学生学习提供的基本素材,只为学生认识简约性的发展提供了可能性,鉴于学生认识的局限,要使这种可能性转化为现实,教师的积极启发与引导是重要条件。它可以避免学生认识的盲目性和少走弯路,保证学生在最有利的条件下,最大限度地获取知识,发展自己的认识,实现教学认识过程的简约性。

(二)掌握知识与培养思想品德的关系

赫尔巴特首次提出了教育性教学的规律。这一规律是指教学过程既是向学生传授知识的过程,又是在掌握知识的基础上进行思想品德教育的过程,知识教学与思想品德教育具有本质联系。

从社会要求看,教学活动是按照一定社会或阶级的要求来开展的,受社会意识形态的制约,并服务于一定社会的政治制度。从教学内容看,各门科学知识蕴含着丰富的思想品德教育因素,教师发挥教学内容中蕴含的思想影响,使受教育者在学习科学知识的同时,接受一定的思想、道德和世界观方面的教育。从教学手段看,教学组织形式、教学方法也具有教育因素。教师的教学总是在一定的思想体系指导下受一定哲学观点的支配。

人们的思想观点和世界观的形成离不开人们的认识,都要以一定的经验和知识为基础。任何实践活动都是由一定的观念支配的。学生掌握科学文化知识的过程是一个能动的过程,他们的思想状况、学习动机、目的与态度,对他们的学习起着十分重要的推动作用,也引导着他们学习的正确方向。另外,我们要注意掌握知识与培养思想品德具有差异性。我们以往只重视知识传授,而忽视思想品德教育,只教书不育人,具有很大的错误性。

(三) 掌握知识与提高能力的关系

这一规律指教学过程是向学生传授系统的文化科学知识的过程,又是发展学生智力的过程,传授知识与发展智力有着本质的联系。

掌握知识和发展智力相互依存、相互促进。掌握知识是发展能力的基础。能力是在掌握知识的过程中形成和发展的,人们的能力发展离不开知识和经验,无知必无能,脱离知识则能力就成了无源之水。教学过程的基本功能是向学生有组织、高效率地传授系统的科学文化知识,学生的智能、品德等方面的发展均依赖于科学文化知识的学习。

发展能力是掌握知识的有利条件。学生对知识的掌握又依赖于他们的能力发展,能力是掌握知识的必要条件,影响掌握知识的广度、深度、巩固程度和运用程度、速度和质量。能力较好的学生接受能力较高、学习效率较好,能力发展较差的学生在学习中有较多的困难。

掌握知识与发展能力并不同步。学生的能力不仅与他们所掌握的知识量的性质、难度、分量有关,更重要的是与他们获得这些知识的方法和运用知识的创造态度紧密相关。教学必须实现两者的辩证统一。教学如果是"填鸭式"的,就会造成学生"高分低能",甚至是"书呆子",教师应重视学生能力的发展,能力的发展是学生掌握文化科学知识的必要条件,能有效提高他们的学习效率。因此,教师要突出科学的、有规律性的知识教学,扩大学生的知识面;调动学生多种感官作用,训练学生智能,教会学生学习;注重发展学生的创造性思维能力;对学生学习成果的考查和评定要注意知识和能力的统一。

(四) 智力因素与非智力因素的关系

智力因素通常是指记忆力、观察力、思维能力、注意力、想象力等,即认识能力的总和,是人们在对事物的认识中表现出的心理特性。非智力因素是指智力因素之外的一切心理因素,其中主要包括兴趣、情绪、情感、意志、性格等,对人的认识过程起直接制约作用。

以往的教学,人们只是强调学生智力因素,而忽视了学生的非智力因素。随着研究的深入,特别是情商概念的提出,人们逐渐认识到非智力因素有着重要作用,二者其实是统一的。智力因素是认识活动的操作系统,而非智力因素是认识活动的动力系统;智力因素和非智力因素在互相制约中得到形成和发展;非智力因素对智力因素起着两种不同的作用:积极和干扰。

(五) 教师主导作用与学生主体作用的关系

这一规律是指教学过程是教师与学生共同活动的过程,教师在教学活动中起着主导作用,学生在教学活动中处于主体地位,双方具有本质联系。

教师的主导作用是指教师在教学过程中处于组织者、引导者、合作者和教育者的地位，教师遵循学校的培养目标和学生身心发展的规律与特点，对学生施加影响，促进其全面发展。学生的主体作是指学生是学习活动的主人，教学过程中教师的教只有以学生的主动学习为基础，才能取得预期的效果；教学内容只有被学生主动地吸收、消化才能为学生所掌握。学生是认识的主体，学生的学是教师教的出发点和归宿。因此，教师的主导作用与学生的主体作用相互联系、相互促进，教学相长。

四、现代教学的理论流派

（一）发展性教学理论

20世纪50年代初期，由于科技迅速发展、知识不断增长，教学与发展的关系问题成为全世界教育教学研究的重点。在苏联，由于受1936苏共中央发布的关于批判儿童学的决议的影响，在相当长的时间内，教育学变成了"不见儿童的教育学"。20世纪50年代中期开始，苏联教育科学院对教育科学发展状况和科研工作问题进行总结，提出了"教育学中无儿童"是苏联教育学的主要缺点之一。为了克服这个缺点，它要求加强心理学研究，加强教育学与心理学的联系。20世纪60年代初期，苏联教育面临科技迅猛发展和国际竞争的严峻挑战，使教育、教学与发展的关系研究获得了新的意义与动力，赞科夫的发展性教学理论就是在这种历史背景下产生的。

苏联著名心理学家和教学专家赞科夫，经过20年的持续研究，于1975年总结形成了后来被称为一般发展的教学理论。赞科夫把当时苏联侧重于知识传授和技能训练的小学教学体系称为传统教学体系，把他的着眼于学生的一般发展的实验教学体系称为小学教学的"新体系"。他提出教学要为学生的一般发展取得最大效果的思想是建立新体系的基础，要使教学和教育的过程对于学生的一般发展具有最大成效。赞科夫把这种着眼于学生一般发展的教学论新体系称为发展性教学理论。

什么是一般性发展？赞科夫指出，一般发展是指儿童的个性的发展，它（个性）涵盖所有方面的发展，一般发展和全面发展一样，是与单方面的、片面的发展相对立的，它既不同于特殊发展（数学、音乐等某一方面才能的发展），又有别于智力发展，是特殊发展的牢固基础并在特殊发展中表现出来，特殊发展本身又会促进一般发展。此外，从包含的内容看，一般发展不仅包括智力发展，还包括情感、意志、道德品质、个性特点和集体主义精神的发展，而且一般发展还应当包括身体的发展。

发展性教学理论的教学目的是以"尽可能大的教学效果来促进学生的一般发展"。这句话所要达到的目标主要包含了三层含义：一是"一般发展"，即"不仅发展学生的智力，而且发展情感、意志品质、性格和集体主义思想"。赞可夫提出的"一般发展"不是某个领域的发展，或某个特殊方面的发展，而是认识、情感、技能等全部学习领域的发展。这说明了人的心理发展是一个整体，是认知和情感的交互作用，离开整体，一般发展只能变成一句空话，同时还会影响着相关领域的发展。二是以"尽可能大的教学效果"来促进一般发展。在赞科夫看来，教学效果并非仅指"掌握知识"，因为他极力反对关于"掌握了知识，能力就自然得到发展"的观点。为改变苏联当时学生死记硬背、能力受到忽视这一现状，他提出了掌握知识与发展能力的辩证关系。因此，"尽可能大的教学效果"实际指掌握更多的知识，同时充分发展能力。三是"促进"学生的发展,他期望的教学不是"等待"学生的发展,而是应积极主动地促进学生的发展,教学必须走在学生发展的前面,这一思想是对维果茨基"最近发展区"理论的借鉴。

赞科夫的发展性教学理论包括教学原则、教学大纲、教学法等各个方面的观点,其中以教学原则最为重要。他认为教学原则决定教学大纲的内容和结构,决定教学法的典型属性。赞科夫在一边进行试验一边进行理论总结的基础上,提出了体现其主导思想的五条"新教学原则"。赞科夫的实验教学的主导思想是以最好的教学效果来达到学生最理想的发展水平。体现这一主导思想,并指导各科教学工作的五条教学原则是:① 以高难度进行教学的原则(引导学生克服障碍和积极努力);② 以高速度进行教学的原则(克服传统教学中的单调重复);③ 理论知识起主导作用的原则(认为传统教学片面地强调了感性认识);④ 使学生理解学习过程的原则(教会学生怎样学);⑤ 使全班学生包括"差生"都得到发展的原则(克服高难度、高速度对部分学习困难学生的忽视)。

发展性教学理论突出了教学的发展功能,拓展了发展的内涵,认为教学的重要任务之一是尽最大可能创造有利的条件,使学生对认识的需要得以多方面地表现出来,并积极地培植和发展这种需要。这些都是积极的方面。这一理论彰显优点的同时也暴露了一些不足,比如理论上提出并重视一般发展,但实践上研究的一般发展仅仅停留在观察力、思维能力和实际操作能力上面;实践上还是更多地强调了对学生智育的关注;提出的高难度、高速度表述不清楚,容易引起误解;彻底否定了传统的教学理论,显然也不科学。

(二)结构主义教学理论

20世纪上半期是杜威的时代,以杜威为精神领袖的进步主义教育思想在美国教育界盛行。众所周知,杜威主张"教育即生活",在教学上提倡以儿童为中心,以生活为内容,在做中学。由于这一思潮的盛行,当时的许多学校都重视儿童本位,鼓励课程实验、艺术与手工学习,而不重视学业与考试。学生主体地位受到前所未有的高度重视,其主动性、积极性和实践性得到充分激发和锻炼,但缺乏系统学习最终导致这场教育思潮以失败而告终。

1957年,苏联发射了世界上第一颗人造卫星,这使得美国产生了极大的危机感并进行反思,人们开始思考教育的目的、教育的内容和如何提高美国的教育质量以在科技方面赶超苏联。1958年,美国国会颁布了《国防教育法》,加大对自然科学和数学等科目的教学力度和教育经费。1959年,美国科学院牵头在伍兹霍尔召开了一个关于中小学数理学科教育改革的会议,几千位相关学科以及历史等科目的学者参加了会议,商讨教改的具体事宜,会后布鲁纳根据会上的发言报告,结合自己的研究成果,整理成《教育过程》一书,阐述了他的结构主义教育理论。

布鲁纳的教学理论深受皮亚杰结构主义心理学的影响,但是两人对结构主义的解读不同。皮亚杰侧重从一般意义上讨论结构的概念,他认为结构是一个整体、一个系统、一个集合。而布鲁纳则从具体领域展开,指出了学科结构的概念,即学科的基本原理、基本概念及其相互关系。布鲁纳的结构主义教学理论主要反映在《教育过程》这本书中。

布鲁纳著有三本教育方面的代表作,一是1960年出版的《教育过程》,二是1966年出版的《教学论探讨》,还有一本就是1977年出版的《教育的适合性》。西方教育界普遍认为,《教育过程》是他们有史以来教育方面最重要最有影响的一本书。在这本著作中,布鲁纳阐明了结构主义教学论的实质,他认为学习就是建立一种认知结构,就是掌握学科的基本结构以及研究这一学科的基本态度和方法。为此,他提出著名的"三个任何"的观点,即任何学科的基本结构都可以用某种形式教给任何年龄的任何儿童。

关于教学目的,布鲁纳强调重在发展每个学生的智力。他认为,教学的主要目的是使每个学生掌握学科的基本结构,并得到最好的智力发展。他把"追求优异成绩作为教育的一般目标",具体指不仅要教育成绩优良的学生,也要帮助每个学生获得最好的智力发展。强调学科结构的良好教学,对能力差的学生比起能力强的学生来说,可能更为宝贵,因为最容易被教学抛弃的,正是前者而不是后者。而且为了每个学生的智力发展,他认为在编制教材时,要"把这些教材分成不同的水平,使之与不同年级不同水平的学生的接受能力配合起来"。在他看来,之所以发展所有学生的智力,是因为"促使所有的学生充分利用他们的智力,就将使我们这个处于工艺和社会异常复杂的时代的民主国家,有更好的生存机会"。

关于教学内容,布鲁纳强调掌握学科的基本结构。要有效地促进每个学生的智力发展,首先必须考虑教学内容问题,即如何编出有效的教材。与以往注重传授知识的数量相反,他试图从质的角度探讨这个问题,并提出了结构的重要性,让学生学习每门学科的基本结构。他认为,结构是"教学的中心","不论我们选教什么学科,务必使学生理解该学科的基本结构"。掌握学科的基本结构,"这是在运用知识方面的最低要求,这样有助于学生解决在课堂外所遇到的问题和事件,或者日后课堂训练中所遇到的问题",就能够形成学习中的大量"迁移"——用基本的和一般的观念来不断扩大和加深知识。总之,"他学到的观念越是基本,几乎归结为定义,则这些观念对新问题的适用性就越宽广"。布鲁纳认为,学习学科的基本结构有如下好处:第一,懂得基本原理就可以容易理解整个学科;第二,有利于知识的记忆和保持;第三,有利于知识的迁移和运用;第四,有利于各级教育的贯通;第五,可以简化教学内容。

关于教学方法,布鲁纳主张采用发现法教学。他认为,"学习不但应该把我们带到某处,还应该让我们日后再继续前进时更为容易"。基于这种认识,他强调发现的重要性,并把它作为教学的一种辅助手段。他认为,仅仅传递教材内容是不够的,重要的是引导学生自己去发现,"曾经从事自然科学和数学课程设计工作的各个方面人士,都极力主张在提出一个学科的基本结构时,可以保留一些令人兴奋的部分,引导学生自己去发现它"。这就需要学生有发现的兴趣,即"由于发现观念间的以前未曾认识的关系和相似性的规律而产生的对本身能力的自信感"。而培养这种兴趣,主要通过"增加教材本身的趣味,使学生有新发现的感觉,把我们必须要说的东西转化成为儿童思想的形式"。在布鲁纳看来,教材编得有兴趣和材料介绍得可靠绝不是矛盾的。在布鲁纳看来,发现式教学实质上就是引导学生自己去重新组织或转换人类已经发现的知识,并获得新的领悟的过程。发现式教学主要有以下几个步骤:① 创设问题情境,发现或提出问题;② 针对问题提出解答的假设;③ 从理论上或实践上检验假设;④ 根据实验结果,得出最后结论。发现式教学法同其他教学法相比具有四大优点:第一,强调学生自己发现问题,解决问题,学会发现新知识的思考方式;第二,能够不断提高学生智慧;第三,学生自己发现事物的关系和规律,能产生兴奋感,从而提高学生的内部动机;第四,学生自己把知识系统化、结构化,有利于理解和掌握。

关于教学过程,布鲁纳认为是教和学统一的过程。在布鲁纳看来,过去美国学习心理学倾向于研究简单的短期情境中的精确细节,因而失去了学习的长期教育效能。以往课堂上,重视学生学习的过程,强调"从做中学",但忽视了教师的作用。布鲁纳认为,教学过程不仅是学生主动发现"学"的过程,还强调教师"教"的作用。在布鲁纳看来,"让中学生读不同作家的作品以资对比,可能把文体的知识教给他,但是要他能够彻底通晓文体,只能靠他自己亲手用不同的文体动笔写作",因为,"做某件事能帮助人了解那件事"。同时,"教师在教学过程中仍然是主要的辅助者",应该发挥教师的作用,"教师应该成为知识的传播者、榜样和典型人物"。也就是说,教学过程是教和学有机统一的过程。再者,布鲁纳的教学过程理论是以儿童的智力发展过程为依据的。他认为儿童的认知发展过程一般是从动作到意象再到符号的转换,因而知识发展中有三种再现形式,即动作式、图像式、符号式。他认为教学"不必奴性地跟随着儿童认知发展的自然过程。向儿童提供挑战性的但是合适的机会使发展步步向前,也可以引导智力发展"。因此,他认为,任何学科都能够用在智育上是正确的方式,可以有效地教给任何发展阶段的任何儿童。布鲁纳的教学过程在实际教学中转换为学习行为问题。他认为,学习一门学科看来包含三个差不多同时发生的过程。第一是新知识的获得(acquisition);第二是转换(transtormation),即处理知识使之适合新任务的过程;第三是评价(evaluation),核对一下我们处理知识的方法是不是适合于这个任务。他认为学习行为和教学内容也是密切相关的,即"在学习任何一门学科时,常常有一连串的情节(episode),每个情节涉及获得、转换和评价三个过程"。学生的学习过程主要是通过学习情节来达到的,学习情节运用得好时,可以反映以前已经学过的东西,而且可以超过前面的学习。而教师也可以通过控制学习情节来安排教学,以适应学生的学习能力和需要。总之,布鲁纳的教学过程理论是以儿童的智力发展的过程为依据,在分析学习行为的基础上,既重视学生主动发现的学习,也强调教师的作用,是一个教和学有机统一的过程。

关于学习准备,布鲁纳在他的《教育过程》中学习准备部分的第一句话就是:任何学科都可以用某种理智的方法有效地教给处于任何发展阶段的任何学生。因此,在布鲁纳看来,学习准备是非常重要的。学习准备主要指学生的年龄特征和智力发展水平,是否已经达到能适应某些学科学习的程度。这样提的原因是根据他的儿童发展阶段论,在发展的各个阶段,儿童用他自己观察世界和解释世界的独特方式去表现那门学科的结构,能使学生掌握它。另外儿童的认识发展阶段固然和年龄有关,但也可以随文化和教育条件而加快、推迟或停滞。所以他主张,教学要向儿童提出挑战性的且适合的课题,以促进儿童认识的发展。他强调基础学科能提早学习,使学生尽早尽快地学习许多基础学科知识,是布鲁纳关于学校课程设计的指导思想。

关于教学论,布鲁纳认为,教学论是一种规范化的力量,它所关注的是怎样最好地学会人们想教的东西和促进学习,而不是描述学习。它有四个特点:一是它应详细地规定最有效地使人能牢固地树立学习的心理倾向的经验;二是它应当详细规定将大量知识组织起来的方式,从而使学习者容易掌握;三是它应规定呈现学习材料最有效的序列;四是它必须规定教学过程中贯彻奖励和惩罚的性质和步调。据此他提出了四条教学原则:动机原则、结构原则、程序原则和反馈强化原则。

布鲁纳认为智力的开发、知识的获得、技能的形成是教育教学最一般的目的。教学在"帮助学生获得最好的智力发展"的同时,必须让学生获得良好的知识,即知识的基本结构。结构主义教学理论重视开发学生的智力,获得良好的知识结构,但实现这一目的不是无条件的。相反,他十分强调学生学习的动机和情感,特别赞赏学生学习的内部动机,希望通过求知欲、互助欲和成功欲来提高学习效率。布鲁纳反对将学生看作消极的感受体，认为学校教育是文明社会赖以发展智慧能力的重要工具，其主要目标是最有效地促使学生的智力发展，使他们获得各种优异才能。所以，他倡导"发现学习法"，要求重视学生学习的信心与主动精神；主张提高教学内容的学术水平和抽象理论水平，让学生学习和掌握学科的基本结构。

布鲁纳的结构主义教学论在世界范围内引起了强烈反响。在教学理论上，他通过"发现法"让学生掌握科学的基本结构，引起教学观念的变化，有助于我们正确地处理传授知识与发展能力的关系；在教学实践上，他推动了世界性的教育改革。但它也有不足之处。从课程论观点看，它片面强调学科的基本结构，教学内容过于抽象，而与活生生的社会现实生活联系不够，因而教师水平难以发挥，学生难以接受。另外，学科的基本结构不易找到，故学生的发现更是难题。从教学方法论看，过分强调学生的自我发现，而对教师的主导作用过于轻视，这带来了他在教学实践上盲目地反对机械记忆和接受学习。因而，结构主义教学论的实践在美国是不大成功的。另外，他的"三个任何"观点也不大符合学生的身心发展规律[1]。

（三）范例教学理论

"范例教学"又称"示范性教学""基本性教学""经典性教学"等，20世纪50年代在联邦德国兴起，是世界上具有影响的教学流派之一。

第二次世界大战以后，联邦德国各级学校重视提高教学质量，但不少学校采取了不断扩充教材内容和注入式教学方法，使青少年的智力活动受到抑制。大学方面埋怨中学毕业生质量低劣；中学方面认为造成这种后果的关键因素是大学竞争性的招生办法严重地助长了死记硬背零碎片断书本知识，以应付入学考试的倾向。1951年秋，联邦德国的大学、高等师范学校和完全中学的代表在蒂宾根召开了一次以中学毕业生质量为中心议题的讨论会。会上形成了关于进行教育改革、提高科学教学效果的《蒂宾根决议》。该决议主张，为了振兴教育，培养具有真才实学的人，首先要改革教材，要充实根本的、基础的、本质性的教学内容，使学生借助精选的教材，通过同"范例"的接触，以训练和培养独立思考能力和判断能力。一般认为，《蒂宾根决议》就是范例教学的端绪。

范例教学理论首先是德国心理学家瓦根舍因提出并实践的，他反对当时庞杂臃肿的课程内容和注入式的死记硬背教学方法，提倡要敢于实施"缺漏式"教学，让学生学习最基本的、有可能一辈子都记住的东西。其理由是，在科学技术快速发展、知识量剧增的情况下，要想什么都教无异于是在从事一项毫无希望获胜的竞赛，而只有注重发展学生"有教养性"的知识能力，使之在这个基础上改变思想方法，主动地去发现知识的规则、原理、结构，才能使知识如滚雪球般地扩展，获得打开知识大门的钥匙。因此，瓦根舍因范例教学法的目的在于培养学生在校内外活动中的独立性和主动学习的能力，养成独立地批判、判断和决定事物的能力。

所谓范例教学，就是通过个别的范例即关键性问题，来掌握一般的科学原理和方法。范例教学作为一种试图对百科全书式的教育进行除弊纠偏的方案，曾经在中学的历史、地

---

[1] 杨丹.对布鲁纳结构主义教学理论的再认识[J].现代教育科学（普教研究），2008(6)：89-90.

理、理科等学科得到实验和应用。

范例教学论者从批判传统的系统教育论出发,主张立足于问题解决学习与系统学习、形式教育与实质教育、教学主体与客体的统一的观点,设想范例教学概念的意义、内容与方式。他们所倡导的范例教学,目的是克服教材内容的烦琐,要求从日常生活中选取蕴含着本质因素、根本因素、基础因素的典型事例和范例,使学生透过这种范例,掌握科学知识和科学方法,并把科学的系统性与学习者的主动性统一起来。范例教学在内容上,强调基本性、基础性和范例性三条原则。基本性原则即要求教给学生基本的知识结构,包括基本概念、基本科学规律和学科的基本结构。基础性原则即要求教学内容适应学生的智力发展水平,接近他们的生活经验和切合他们的生活实际,并且对于一定年龄发展阶段的青少年来说,这些教学内容是打基础的东西。范例性原则即要求教给学生的内容是经过精选的、能起示范作用的基本知识,这种精选出来的范例性教学内容将有助于学习者举一反三。

范例教学理论经过心理学家和教育家们不断的研究和发展,在 20 世纪 50 年代曾经风靡世界,1957 年后成为一种具有教育意义的系统理论。但范例教学并没有达到预期效果,没有导致联邦德国教育现代化所希望的学校和教育内部的变革。其关键问题和原因首先就在于如何才能找到合适的"范例",这实际上也是说起来容易做起来难的事情。范例方式的实践研究,主要是以历史、地理、理科等学科为中心进行的,但由于各门学科的任务、内容、结构的不同,许多问题还有待研究。例如,怎样才能构成称之为学科的本质因素、基础因素的"范例"? 如何保证儿童形成关于自然、社会、劳动、历史等的规律性的认识? 如何在具体的实践中贯彻教育性教学的原则?

(四) 建构主义教学理论

建构主义理论的内容很丰富,但其核心只用一句话就可以概括:以学生为中心,强调学生对知识的主动探索、主动发现和对所学知识意义的主动建构(而不是像传统教学那样,只是把知识从教师头脑中传送到学生的笔记本上)。以学生为中心,强调的是"学";以教师为中心,强调的是"教"。这正是两种教育思想、教学观念最根本的分歧点,由此而发展出两种对立的学习理论、教学理论和教学设计理论。由于建构主义所要求的学习环境得到了当代最新信息技术成果的强有力支持,这就使建构主义理论日益与广大教师的教学实践普遍地结合起来,从而成为国内外学校深化教学改革的指导思想。

建构主义源自关于儿童认知发展的理论,由于个体的认知发展与学习过程密切相关,因此利用建构主义可以比较好地说明人类学习过程的认知规律,即能较好地说明学习如何发生、意义如何建构、概念如何形成,以及理想的学习环境应包含哪些主要因素等。总之,在建构主义思想指导下可以形成一套新的比较有效的认知学习理论,并在此基础上实现较理想的建构主义学习环境。

建构主义所蕴含的教学思想主要反映在知识观、学习观、学生观、师生角色的定位及其作用、学习环境、教学原则、教学模式等七个方面。

1. 建构主义的知识观

在建构主义看来,知识不是对现实的纯粹客观的反映,任何一种传载知识的符号系统也不是绝对真实的表征。它只不过是人们对客观世界的一种解释、假设或假说,它不是问题的最终答案,它必将随着人们认识程度的深入而不断地变革、升华和改写,出现新的解释和假设。知识并不能绝对准确无误地概括世界的法则,提供对任何活动或问题解决都实用的方法。在具体的问题解决中,知识是不可能一用就准、一用就灵的,而是需要针对具体问题的情境对原有知识进行再加工和再创造。知识不可能以实体的形式存在于个体之外,尽管通过语言赋予了知识一定的外在形式,并且获得了较为普遍的认同,但这并不意味着学习者对这种知识有同样的理解。真正的理解只能是由学习者自身基于自己的经验背景而建构起来的,取决于特定情况下的学习活动过程。否则,就不是理解,而是是死记硬背或生吞活剥,是被动的复制式的学习。

2. 建构主义的学习观

建构主义认为,学习不是由教师把知识简单地传递给学生,而是由学生自己建构知识的过程。学生不是简单被动地接收信息,而是主动地建构知识的意义,这种建构是无法由他人来代替的。学习不是被动接收信息刺激,而是主动地建构意义,是根据自己的经验背景,对外部信息进行主动地选择、加工和处理,从而获得自己的意义。外部信息本身没有什么意义,意义是学习者通过新旧知识经验间的反复的、双向的相互作用过程而建构成的。因此,学习不是像行为主义所描述的"刺激—反应"那样,学习意义的获得是每个学习者以自己原有的知识经验为基础,对新信息重新认识和编码,建构自己的理解。在这一过程中,学习者原有的知识经验因为新知识经验的进入而发生调整和改变。同化和顺应是学习者认知结构发生变化的两种途径或方式。同化是认知结构的量变,而顺应则是认知结构的质变。同化—顺应—同化—顺应……循环往复,平衡—不平衡—平衡—不平衡,相互交替,人的认知水平的发展,就是这样的一个过程。学习不是简单的信息积累,更重要的是包含新旧知识经验的冲突,以及由此而引发的认知结构的重组。学习过程不是简单的信息输入、存储和提取,是新旧知识经验之间的双向的相互作用过程,也就是学习者与学习环境之间互动的过程。

3. 建构主义的学生观

建构主义强调学习者并不是空着脑袋进入学习情境中的。在日常生活和以往各种形式的学习中,他们已经形成了有关的知识经验,他们对任何事情都有自己的看法。即使是有些问题他们从来没有接触过,没有现成的经验可以借鉴,但是当问题呈现在他们面前时,他们还是会基于以往的经验,依靠他们的认知能力,形成对问题的解释,提出他们的假设。教学不能无视学习者的已有知识经验,简单强硬地从外部对学习者实施知识的"填灌",而是应当把学习者原有的知识经验作为新知识的生长点,引导学习者从原有的知识经验中,生长新的知识经验。教学不是知识的传递,而是知识的处理和转换。教师不单是知识的呈现者,不是知识权威的象征,而应该重视学生自己对各种现象的理解,倾听他们时下的看法,思考他们这些想法的由来,并以此为据,引导学生丰富或调整自己的解释。教师与学生,学生与学生之间,需要共同针对某些问题进行探索,并在探索的过程中相互交流和质疑,了解彼此的想法。由于经验背景的差异不可避免,学习者对问题的看法和理解经常是千差万别的。其实,在学生的共同体中,这些差异本身就是一种宝贵的现象资源。建构主义虽然非常重视个体的自我发展,但是也不否认外部引导亦即教师的影响作用。

4. 师生角色的定位及其作用

在建构主义观点中,教师的角色发生改变,成为学生建构知识的忠实支持者,教师不再是传统的传递知识的权威而是学生学习的辅导者,是学生学习的高级伙伴或合作者。教师应该给学生提供复杂的真实问题。他们不仅必须开发或发现这些问题,而且必须认识到复杂问题有多种答案,激励学生发现问题解决的多重观点,这显然是与创造性的教学活动宗旨相吻合的。教师必须创设一种良好的学习环境,学生在这种环境中可以通过实验、独立探究、合作学习等方式来展开他们的学习。教师必须保证学习活动和学习内容保持平衡。教师必须提供给学生元认知工具和心理测量工具,培养学生评判性的认知加工策略以及自己建构知识和理解的心理模式。教师应认识教学目标包括认知目标和情感目标。教学是逐步减少外部控制、增加学生自我控制学习的过程。教师要成为学生建构知识的积极帮助者和引导者,应当激发学生的学习兴趣,引发和保持学生的学习动机。通过创设符合教学内容要求的情景和提示新旧知识之间联系的线索,帮助学生建构当前所学知识的意义。为使学生的意义建构更为有效,教师应尽可能组织协作学习,展开讨论和交流,并对协作学习过程进行引导,使之朝有利于意义建构的方向发展。学生的角色是教学活动的积极参与者和知识的积极建构者。建构主义要求学生面对认知复杂的真实世界的情境,并在复杂的真实情境中完成任务,因而,学生需要采取一种新的学习风格、新的认识加工策略,形成自己是知识与理解的建构者的心理模式。建构主义教学比传统教学要求学生承担更多的管理自己学习的机会,教师应当注意使机会永远处于维果斯基提出的"学生最近发展区",并为学生提供一定的辅导。

学生要用探索法和发现法去建构知识的意义。在建构意义的过程中,学生要主动去搜集和分析有关的信息资料,对所学的问题提出各种假设并努力加以验证。要善于把当前学习内容尽量与自己已有的知识经验联系起来,并对这种联系加以认真思考。联系和思考是意义建构的关键,它最好的效果是与协商过程结合起来。

5. 建构主义的学习环境

建构主义认为,学习者的知识是在一定情境下,借助于他人的帮助,如人与人之间的协作、交流、利用必要的信息等,通过意义的建构而获得的。理想的学习环境应当包括情境、协作、交流和意义建构四个部分。学习环境中的情境必须有利于学习者对所学内容的意义建构。在教学设计中,创设有利于学习者建构意义的情境是最重要的环节或方面。协作应该贯穿整个学习活动过程。教师与学生之间,学生与学生之间的协作,对学习资料的收集与分析、假设的提出与验证、学习进程的自我反馈和学习结果的评价以及意义的最终建构,都有十分重要的作用。协作在一定的意义上是协商的意识。协商主要有自我协商和相互协商。自我协商是指自己和自己反复商量什么是比较合理的;相互协商是指学习小组内部之间的商榷、讨论和辩论。交流是协作过程中最基本的方式或环节。比如学习小组成员之间必须通过交流来商讨如何完成规定的学习任务达到意义建构的目标,怎样更多地获得教师或他人的指导和帮助等。其实,协作学习的过程就是交流的过程,在这个过程中,每个学习者的想法都为整个学习群体所共享。交流对于推进每个学习者的学习进程,是至关重要的手段。意义建构是教学过程的最终目标。其建构的意义是指事物的性质、规律以及事物之间的内在联系。在学习过程中帮助学生建构意义,就是要帮助学生对当前学习的内容所反映事物的性质、规律以及该事物与其他事物之间的内在联系达到较深刻的理解。

6. 建构主义的教学原则

建构主义把所有的学习任务都置于为了能够更有效地适应世界的学习中。教学目标应该与学生的学习环境中的目标相符合,教师确定的问题应该使学生感到就是他们本人的问题。他们建议第一要在教学中设计真实的任务,真实的活动是学习环境的重要特征,应该在课堂教学中使用真实的任务和日常的活动或实践整合多重的内容或技能;第二,要设计能够反映学生在学习结束后就从事有效行动的复杂环境;第三,要给予学生解决问题的自主权,教师应该刺激学生的思维,激发他们自己解决问题;第四,要设计支持和激发学生思维的学习环境,鼓励学生在社会背景中检测自己的观点,并支持学生对所学内容与学习过程的反思,发展学生的自我控制的技能,成为独立的学习者。

7. 建构主义的教学模式

目前已开发出的、比较成熟的建构主义的教学模式主要有以下几种。

(1) 支架式教学(scaffolding instruction)

支架式教学应当为学习者建构对知识的理解提供一种概念框架(conceptual framework)。这种框架中的概念是为发展学习者对问题的进一步理解所需要的,为此,事先要把复杂的学习任务加以分解,以便于把学习者的理解逐步引向深入。

(2) 抛锚式教学(anchored instruction)

这种教学要求建立在有感染力的真实事件或真实问题的基础上。确定这类真实事件或问题被形象地比喻为"抛锚",因为一旦这类事件或问题被确定了,整个教学内容和教学进程也就被确定了(就像轮船被锚固定一样)。建构主义认为,学习者要想完成对所学知识的意义建构,即达到对该知识所反映事物的性质、规律以及该事物与其他事物之间联系的深刻理解,最好的办法是让学习者到现实世界的真实环境中去感受、去体验(即通过获取直接经验来学习),而不是仅仅聆听别人(例如教师)关于这种经验的介绍和讲解。由于抛锚式教学要以真实事例或问题为基础(作为"锚"),所以有时也被称为"实例式教学"或"基于问题的教学"或"情境性教学"。

(3) 随机进入教学(random access instruction)

由于事物的复杂性和问题的多面性,要做到对事物内在性质和事物之间相互联系的全面了解和掌握,即真正达到对所学知识的全面而深刻的意义建构是很困难的。往往从不同的角度考虑可以得出不同的理解。为克服这方面存在的弊病,在教学中就要注意对同一教学内容,要在不同的时间、不同的情境下,为不同的教学目的、用不同的方式加以呈现。换句话说,学习者可以通过不同途径、不同方式进入同样教学内容的学习,从而获得对同一事物或同一问题的多方面的认识与理解,这就是所谓"随机进入教学"。显然,学习者通过多次"进入"同一教学内容将能达到对该知识内容比较全面而深入的掌握。这种多次进入,绝不是像传统教学中那样,只是为巩固一般的知识、技能而实施的简单重复。这里的每次进入都有不同的学习目的,都有不同的问题侧重点。因此多次进入的结果,绝不仅仅是对同一知识内容的简单重复和巩固,而是使学习者获得对事物全貌的理解与认识上的飞跃。

第九章 教学过程与教学原则

教学过程是教学活动的核心部分，是决定教学质量的关键因素，而决定教学过程质量的则是教学原则。只有遵循了教学原则的教学过程，才能达到实现促进学生健康成长的目标。

第一节 教学过程

一、教学过程的含义

简单来讲，教学过程就是教师的教和学生的学所构成的一种双边活动过程。既是教师根据教学目的、任务和学生的身心发展的特点，有目的、有计划地指导学生掌握系统的文化科学基础知识和基本技能，同时又是促进学生身心发展，培养思想品德的过程。教学过程的基本矛盾，是教师在教学过程中所提出的认识和学习任务或其他任务与学生的知识和心理的现有发展水平之间的矛盾。这是一个贯穿始终的矛盾，也是其他矛盾赖以依存的基础。

关于教学过程，还有其他一些理解。比如有人从时间的角度认为，所谓教学过程，就是指教学活动的启动、发展、变化和结束在时间上连续展开的程序结构。教学过程的概念也就有了几个层面的不同指称：一是指以一节课为时间单位，从开始上课到下课的教学过程；二是指为完成一个教学单元或一个相对独立的教学课题的教学任务，从开始到结束的整个教学过程；三是指在一个教育阶段里，比如小学期间、初中期间等，从开学到毕业的教学过程；四是指贯穿在从幼儿园到大学的整个学校教育系统中的教学过程；五是指在人类历史发展进程中的教学过程。

还有人认为，教学过程即学生在教师有目的、有计划的指导下，掌握系统的文化科学基础知识和基本技能，发展能力，增强体质，并形成一定的思想品德的过程；教学过程是教师根据一定的社会要求和学生身心发展特点，通过有目的、有计划地指导学生掌握系统的科学文化知识和基本技能，发展学生的智力和体力，培养学生的良好品德和健康个性，使其形成科学世界观的过程。这些表述含义区别不大。

教学过程是多级别、多类型的，立足不同的视角对教学过程的理解也不一样。从认识论看，教学过程是一种特殊的认识过程；从心理学看，教学过程是心理逐步成熟发展的过程；从生理学看，教学过程是促进身体发育成熟的过程；从经济学看，教学过程是一种社会再生产，主要是人的再生产过程；从伦理学看，教学过程是培养学生道德品质、思想意识和行为习惯的德育过程。正所谓"横看成岭侧成峰，远近高低各不同"，因此，单一地去理解教学过程的含义，或者理解教学过程的本质或发展教学过程的本质是有致命缺陷的。

教学过程中,教师和学生都是主体存在,师生间只有通过交往才可以展示自我、发现自我、发展自我,从这层意思上来说,交往即教学过程的本质。师生之间交往的质量是影响教学质量的重要元素之一,所谓"亲其师,信其道"就是这个道理。反之,则如《学记》中所言"隐其学而疾其师,苦其难而不知其益也。虽终其业,其去之必速"。

二、教学过程的特点与功能

(一) 教学过程具有丰富的特点

1. 双边性与周期性

教学过程是教师与学生、教与学组成的双边活动过程,是教师的教与学生的学的矛盾统一。师生的双边活动,师生之间相互作用,不断发生碰撞、交流和融合。通过碰撞、交流达到融合以后,又出现新的矛盾——新知与旧知、未知与已知的矛盾,产生新的碰撞和交流,是一种波浪式的前进。教学周期的运转导致了教学过程的实现。诸周期的运转可以描述为一个螺旋上升的过程。

2. 认知性与个性化

教学过程是学生在教师指导下的一种特殊的认识过程。与人类其他的认识活动相比,它不是为了直接创造社会价值,而是为了实现学生掌握人类积累的知识经验,促进个人思维的发展和创造,即人类自身的"再创造",因而,这种认识活动关注认识的结果,更注重认识的过程,关注学生在认识活动中的发展。学习者必须积极主动地建构意义,通过对话及思考过程或与他人互动,获得对知识的理解,满足个人化的知识需求,加速个人的发展。随着社会历史的发展,教学技术、手段、方法日益多元,教学过程会越来越丰富化、生动化和个性化。

3. 实践性与社会性

实践是人类认识和改造自然及自身的过程,教学过程是一种特殊的认识过程,是学生在教师指导下进行的学习实践活动。与此同时,教育、教学活动是自人类社会产生以来就具有的一种社会活动。新生一代通过接受、继承和发展上一代传授的文化成果得以生存和发展,体现出鲜明的社会性。

(二) 教学过程具有自身功能

教学过程的功能是指参照教学目标而在教学过程中能达到的实际效果。第一,最突出的就是教学过程的育人功能,即通过教学过程使学生学会做人、学会生存、学会求知、学会发展。第二是发展功能。教学的基本出发点和终极目标乃是学生身心的全面、健康、和谐和可持续发展。教学过程的一个重要任务是引导学生探索知识,进而理解和掌握知识。第三,教学过程不仅是传授知识的过程,而且是学生形成基本技能的过程。第四,教学过程也是教给学生独立获得知识的能力,形成一定的技能、技巧,并内化为个人的经验、智慧和能力。第五,在教学过程中,学生不仅学习知识,形成技能,培养智慧和能力,而且发展情感、态度和意志品质。

三、教学过程的理论基础

教学过程有其理论基础,不同的理论基础决定了不同的教学过程,教学过程与教学理论相互联系、相互作用,相互制约和影响。其中主要的理论有马克思主义认识论、心理学与生理学、社会学以及系统科学等。

(一)教学过程的认识论基础

马克思主义认识论是认识世界、改造世界的科学的方法论,是研究一切科学的方法论,也是认识教学过程的方法论,是教学过程论的指导思想。马克思主义认识论是马克思主义哲学关于认识的来源、本质及其规律的学说。它坚持反映论的观点,认为客观的不依赖于人的意识而存在的物质世界是认识的对象和源泉,认识是主体对客体的反映,是客观世界的主观映象。和形而上学唯物主义不同,辩证唯物主义认为反映不是对客观世界的消极被动的直观,而是主体在改造客体的实践基础上发生的积极地、能动地再现客体的本质和规律的过程。离开了马克思主义认识论,就不可能正确理解教学过程的实质、特点和规律,就必然会陷入唯心主义和机械主义的泥潭。但是我们必须意识到不能用马克思主义认识论去替代教学过程的理论,而是要求遵循马克思主义认识论的观点,结合教育工作的实际,去做具体的探讨。因此要反对两种错误的观点,一是批判忽视和取消马克思主义认识论指导的"取消论";二是反对以马克思主义认识论及其观点、言论去替代教学研究的"代替论"。

(二)教学过程的心理学、生理学基础

瑞士教育家裴斯泰洛齐是第一个提出"教育心理学化"的学者,他强调教育要符合儿童心理的发展。他已经深刻认识到教育科学应该起源并建立在对人的心理探索的基础上。他的"教育心理学化"思想显然比夸美纽斯的"教育要适应自然"和卢梭的"教育要顺应自然"的思想前进了一步。"教育心理学化"不仅仅是裴斯泰洛齐要素教育思想的基础,也开启了19世纪欧洲教育心理学化运动。在此运动的推动下,之后许多教育家和心理学家致力于教学心理学的实验和研究,从而使心理学成为教学论重要的科学基础。德国教育家赫尔巴特首次提出教育学作为一门科学必须以心理学为基础,并提出了系列观点。赫尔巴特教育心理学化思想相关主要要点包括:① 教学过程应以"统觉"原理为基础;② 兴趣是形成统觉的条件,并赋予统觉以主动性;③ 设置广泛课程,培养儿童多方面兴趣;④ 儿童的管理、教学和训育应遵循儿童心理发展规律。

德国教育家福禄培尔是教育适应自然的倡导者之一,也是教育心理学化思想的促进者。福禄培尔教育心理学化思想相关主要要点包括:① 教育必须重视儿童个性的发展;② 人的心理不是固定和静止的,总是由一个阶段向着另一个阶段前进;③ 儿童心理发展具有"自动性"。第斯多惠深受卢梭和裴斯泰洛齐教育思想的影响,明确提出把心理学作为教育科学的基础,并力图运用当时心理学的研究成果深入揭示人的自然本性及其发展规律。第斯多惠教育心理学化思想主要有两点,一是儿童的发展乃是他潜在的自然本性和力量的开展;二是儿童心理的发展顺序潜存于天性之中,随着生理的成熟而自然地表现出来。

教学过程实质上是使学生的心理得到全面发展的过程。研究和组织教学过程就必须认识和掌握学生身心发展的机制、特点和规律。只有当教学过程符合学生身体发育、大脑神经活动和心理发展的规律时,才能充分发挥教学的教育功能,才能更好地促进学生的整体发展。

教学过程必须以生理学、脑科学、心理学特别是教育心理学和发展心理学为其基础,这是教学论科学化的重要条件之一。

（三）教学过程的社会学基础

社会学是系统地研究社会行为与人类群体的社会科学，起源于19世纪三四十年代，是从社会哲学演化出来的一门现代学科。社会学的研究范围广泛，包括了由微观层级的社会行动（agency）或人际互动至宏观层级的社会系统或结构。

教学过程具有明显的社会性。这种特性既表现为教学活动总是受制约于特定社会背景，又表现为教学过程自身存在着特殊的社会结构和社会过程。因而，社会学是教学过程研究的重要的理论基础。

忽视教学中群体交往与合作因素，不善于借助多种社会学因素来提高教学质量，不仅造成了教学理论本身无法弥补的缺憾，而且对教学实践是不利的。

（四）教学过程的系统科学基础

狭义的系统科学一般是指贝塔朗菲在著作《一般系统论：基础、发展和应用》中所提出的"系统"科学。广义的系统科学包括系统论、信息论、控制论、耗散结构论、协同学、突变论、运筹学、模糊数学、物元分析、泛系方法论、系统动力学、灰色系统论、系统工程学、计算机科学、人工智能学、知识工程学、传播学等一大批学科在内，是20世纪中叶以来发展最快的一门综合性科学。系统论将世界视为系统与系统的集合，认为世界的复杂性在于系统的复杂性，研究世界的任何部分，就是研究相应的系统与环境的关系。它将研究和处理对象作为一个系统即整体来对待。在研究过程中注意掌握对象的整体性、关联性、等级结构性、动态、平衡性及时序性等基本特征。系统论不仅是反映客观规律的科学理论，也是科学研究思想方法的理论。系统论的任务，不只是认识系统的特点和规律，反映系统的层次、结构、演化，更主要的是调整系统结构、协调各要素关系，使系统达到优化的目的，系统论的基本思想、基本理论及特点，反映了现代科学整体化和综合化的发展趋势，为解决现代社会中政治、经济、科学、文化和军事等各种复杂问题提供了方法论基础。

系统科学具有向科学的一切领域，包括教育科学领域广泛渗透的可能性。运用系统方法研究教学问题，有助于从整体上把握教学现象、建立教学模式，从控制论、信息论和系统论的观点对教学规律的研究具体化、深入化，还能得到许多新的启发和认识。

此外，人类学、伦理学、美学、传播学、语言学等也为教学过程的研究提供新的视角、思路和方法，也是教学论研究不可忽视的基础，教学论要注重对这些学科成果的借鉴、吸收、改造、发展和完善教学理论。

四、教学过程的基本阶段

遵循辩证唯物主义的认识论，教学过程一般经过以下四个阶段。

第一阶段，引导学生获得感性知识。包括通过观察、实际操作（如数小棍计算、剪纸认识几何图形）以及实验等活动丰富学生的想象，并要求这些想象有明确的目的性和典型性，以便迅速有效地达于理性认识，同时发展学生的观察能力、想象能力。

第二阶段，引导学生理解知识。即引导学生由感性认识向理性认识转化达于理解阶段。所谓理解，就是揭示事物之间的内在联系，把新概念在头脑中纳入已知概念的系统，由已知概念向新概念转化，即形成新概念。随着现代科学技术的发展，科学概念或规律性知识在教学过程中愈来愈具有重要作用和主导地位。引导学生学会独立地利用已知概念探索新知识,是发展创造性思维和独立学习能力的中心环节,是不断形成和发展认识结构的基本条件。

第三阶段,引导和组织学生进行实践作业。教学过程的实践形式和一般社会实践形式相比较,既有共同性又有特殊性。口头作业、书面作业、实验、实习、实际操作以及美术、音乐和体育活动等,是教学过程中的特殊实践形式,其目的在于印证知识或运用知识形成各种基本技能和技巧,培养独立学习能力并促进学生全面发展。教学还包括组织学生参加一定的社会生产劳动或必要的社会政治文化活动,以便扩展知识、技能和技巧的运用领域。但这些社会实践形式必须服从教育和教学目的,并且不能作为教学过程的中心。此外,在教学过程中还要求充分利用学生在生活中获得的直接经验,同时要求防止某些错误的直接经验对学习新知识和技能的干扰作用。学生的技能、技巧的形成,一般是由掌握知识开始,逐步转向半独立作业,并通过合理的练习,达到较完全的独立作业。

第四阶段,检查和巩固知识。无论在形成感性认识或形成新概念,以及从事实际作业阶段,都包括有合理的检查和巩固工作,而检查和巩固又可构成教学过程相对独立的特殊环节,系统的检查和巩固工作是教学过程继续前进的基本条件之一。检查和巩固是教和学的双方的活动,其最终目的是要教学生学会自我检查和纠正学习中的错误,并善于充分利用意义识记和逻辑记忆来巩固知识、技能和技巧。

教学过程的四个阶段是相互渗透、相互促进的环节,并具有相对的独立性。并不是每一堂课的教学都必经这些步骤,不能作为呆板的公式看待。教学过程既可以由具体到抽象,又可以由抽象到具体;既可以由认识到实践,又可以由实践到认识。

五、教学过程的基本环节

教学过程主要体现由教师的"教"和学生的"学"构成的双边活动。有序的活动能够提升学习的效率,获得良好的学习效果。因此教学活动的每一个环节都需要教师用心去体会。教学过程的基本环节包括备课、上课、课外作业的布置与批改、课外辅导、学生学业成绩的检查和评定等。

备课是教学工作的前提和基础,授课前的准备工作,主要涉及备教材、备学生、备教法,其中备课是结合教科书及参考书目等学习资料,细致加工所学理论;备学生要充分了解学生的身心发展规律和特点,结合学生的基础灵活安排教学,因材施教;备教法主要指在了解学生和知识特点的基础上,能够运用适当的方法指导学生学习。

上课是教学工作的中心环节,通过上课能够有效传递知识,然而能够称之为一堂好课,需要具备多方面的条件:一是目标明确;二是内容正确;三是方法得当;四是教学过程紧凑;五是学生的主体性发挥得好;六是教学结构合理;七是气氛热烈等。其中最重要的一条是"学生的主动性发挥得好"。

课外作业的布置与批改是教学过程的必不可少的环节。桑代克的练习律给我们的启示是,学习中运用练习能够强化知识,有利于巩固知识。课外作业的形式具有多样性,比如阅读教科书和参考书、各种口头作业和口头问答、各种书面作业、各种实践作业等形式。桑代克的效果律的启示是教师需要及时对作业进行批改,以便及时了解学生知识掌握和技能发展的情况,作为改进教学的依据。

课外辅导是在课堂教学规定时间以外,教师对学生的辅导。课外辅导是上课必要的补充。其形式一般有个别辅导、小组辅导和集体辅导三种。教师可以结合实际情况灵活运用三种辅导模式。

学生学业成绩评价的主要方法有测验法、观察法、调查法、自我评价法。其中,测验法是学生学业成绩评价的基本方法。测验有口试、笔试、操作测验等多种具体方法,在诸多方法中笔试是考核、测定学生成绩的基本方法。在新课程改革的引导下,对学生的评价打破了单一的模式,进行多元评价以促进学生发展。

六、教学过程的理论研究

(一)我国古代的研究

在教学过程研究方面,我国开始的比较早。儒家一般把教学过程看作在教师循序引导下,学生学习知识和修养道德的统一过程。为了有效地进行教学,儒家研究了学习过程中的认识因素。春秋时期的儒家代表人物孔子从先验论出发,肯定"生而知之",但居于主导的思想是主张"学而知之",并把"学""思""习""行"四者相结合。自孔子以后,孟子发展了"生而知之"的学说,认为人皆具有先验的"善端"和"良知良能",提倡"自得""自求"的内心反省,认为认识源于主观良知的自我发现,而不是对于客观世界的探求。荀况则发展了孔子"学而知之"的主张,从朴素唯物论的认识论出发,把学习看作闻、见、知、行的统一过程:"不闻不若闻之,闻之不若见之,见之不若知之,知之不若行之;学至于行之而止矣。"他主张感性认识和理性认识的统一,知和行的统一。不过他所说的"行"限于个人德行的实践,而不是指社会历史实践。

《中庸》中提出"博学之,审问之,慎思之,明辨之,笃行之"的为学之序,这是中国古代儒家对学习过程的概括。宋代理学家程颢、程颐和朱熹等人,继承和发挥孟子"自得"和"自求在我"的唯心论的认识论,否认认识有赖于实践,提倡闭门读书、修身养性。朱熹说:"为学之道,莫先于穷理;穷理之要,必在于读书。"又说,"书读千遍,其义自见",达于天理良心的发现。这种唯心论的认识论和教学思想对当时和后世的教学实践影响很大。但朱熹等人提出的为学之道、读书之法、教人有序以及严立课程等命题,是中国封建社会长期教学实践的经验总结。

(二)近代欧美的研究

西方近代对教学过程研究影响最大的莫过于德国的赫尔巴特和美国的杜威,他们两人代表了两种不同的教学论流派。

德国哲学家与教育家赫尔巴特从唯心论出发,认为教学过程中,学生的一切心理活动都是观念的运动,即概念与概念、主要概念与从属概念之间系统化联结运动。至于概念本身并不是客观世界的反映,而是人类把心灵固有的先验的理性概括,通过沉思默想赋予客观世界的。赫尔巴特把教学过程分为四个阶段:① 明了,即要求学生专心致志学习新课题的各个要素,达到正确理解为止。② 联想(联合),建立新概念与已知概念的联系。③ 系统,突出主要思想,把知识整理成贯通的系统;④ 方法,指导学生独立思考,运用系统知识进行练习作业。赫尔巴特所强调的是系统的书本知识教学,忽视感性认识和实践在教学过程中的作用,使理论脱离实践。他的教学阶段是脱离具体教学内容特点的,带有形式主义性质。但是,赫尔巴特运用心理学来解释教学过程,最早提出并论述了教学阶段问题,明确地把教学当作一个过程来研究,这些是具有一定实践意义的。

以美国教育家杜威为代表的实用主义教学论,认为教学过程中必须以儿童个人生活实践或直接经验作为学习的中心,要求围绕特定的生活事务来学习知识,即"由做而学"。杜威把教学过程分为五个要素构成不同的阶段,这些要素是:① 学生要有一个真实的经验的情境,要有一个对活动本身感兴趣的连续的活动;② 在这个情境内部产生一个真实的问题,作为思维的刺激物;③ 他要占有知识的资料,从事必要的观察,对付这个问题;④ 他必须负责一步一步地展开他所想出的解决问题的方法;⑤ 他要有机会通过应用来检验他的想法,使这些想法意义明确,并且让他自己去发现它们是否有效。杜威轻视系统的书本知识的教学,使实际脱离理论的概括与指导。这种教学过程的理论,在许多国家实验的结果,都导致教学质量降低。不过,他重视学生的主动活动及其亲身经验,是针对传统教学的缺点而提出的,这是有积极意义与作用的。

第二节 教学原则

教学原则在教学实践中具有重要意义,教师要顺利地进行教学,就必须明确教学活动中应遵循的一系列教学原则。

一、教学原则的含义

教学原则作为一个研究范畴,主要源自苏联。20世纪50年代,我国全盘引进苏联的教学论体系,重视对教学原则的研究,对我国的教育教学产生了重大影响。改革开放以后,一方面,已有的教学原则体系在学校教育实践中的影响越来越广泛,并在教育理论界继续受到重视;另一方面,随着西方课程与教学新理论的引进和借鉴,人们开始对"教学模式""教学策略"和"教学方式"问题越来越关注,而英文"principles of instruction"既可译成"教学原则",还可译为"教学原理",它通常包含应用哲学、心理学和社会学等新理论来阐释教学的原理、过程、策略和方法。这显然与我国现行的"教学原则"研究范畴是无法直接对应的,甚至导致了两者的矛盾和冲突。

我们现在理解教学原则一般是指人们根据一定的教学目的、遵循教学规律而制定的指导教学工作的基本要求。教学原则受教学目的的制约,是为实现教学目的服务的,它的形成和应用,以教学原理为基础,有赖于人们对教学规律的认识。人们以教学原则来指导教学实践,它对教学内容、教学方法、教学组织形式的设计与运用起指导作用。教学原则反映了人们对教学活动本质性特点和内在规律性的认识,是指导教学工作有效进行的指导性原理和行为准则。教学原则在教学活动中的正确和灵活运用,对提高教学质量和教学效率发挥着一种重要的保障性作用。

教学原则是有效进行教学必须遵循的基本要求。教学原则对教学中的各项活动起着指导和制约的作用。教学原则的概念首先表明了教学原则的合目的性。教学活动永远是按照一定的教育教学目的进行的,教学原则要能够指导教学工作,必须与国家所规定的教育教学目的一致,必须是有利于这些目的实现的。同时,教学原则的概念还表明了教学原则的合规律性。教学规律是客观存在于教学活动中的,需要通过人们的认识才能获得,而人们在认识规律时,并不总是能够得到与之相符的结果,由人们提出的教学原则既可能是符合规律的,也可能是不符合规律甚至完全与规律相悖的。只有那些经过长期实践证明确实能给予教学工作正确指导的原则,才可能是真正反映了教学规律的。历史上的教育家提出了无数的教学原则,而真正能够保留下来的只是极少数。一般地说,教学活动能够符合教学原则,教学活动就容易成功;反之,教学活动脱离教学原则的要求,教学活动就可能失败。但由于教学活动是在不断发展的,并且教学模式多种多样,不同的教学模式需要不同的教学原则与之相适应,因而教学原则也处在不断变化与发展之中。

教学原则不能主观臆造,必须立足教学实践经验、依据教学目的和遵循教学规律。

首先,教学原则是教学实践经验的概括和总结。人们在长期的教学实践中,不断从成败经验教训中进行分析总结,由感性认识上升到理性认识,从而制定出教学原则。如《学记》提出"教学相长""长善救失"的主张,朱熹总结出"循序而渐进,熟读而精思",等等。随着教育研究、教育实验的发展,教学原则进一步通过实验研究,更加自觉地概括出来。如赞科夫根据近20年的教学改革实验,提出了具有启发意义的小学教学新原则。

其次,教学原则是教学规律的反映。教学原则虽然是人们主观制定的,但是反映了教学过程的客观规律。教学原则与教学规律之间的关系比较复杂,二者不是一一对应的关系,根据一条规律可以提出好几条教学原则,而一条教学原则也可能反映着不同规律的要求。由于教学原则是人们根据对教学规律的认识而制定的,因此它受到人们认识的制约,具有时代的特点。随着科学技术的进步,人们对教学规律的认识不断深入,教学原则将不断完善和发展。

最后,教学原则受到教学目的的制约。教学目的是教学工作的出发点和归宿,它规定了教学活动的发展方向和预期结果,指导和支配着教学活动的各个方面。任何教学原则体系的确定,都要依据和反映教学目的。随着教学原则的研究不断深入,我们不仅要进一步充实与完善传统的教学原则体系,而且还要根据哲学、心理学、系统论与控制论等理论提出和构思新的教学原则体系。

二、教学原则的研究

中国古代教育家对教学进行了有益的探索,总结出许多有效的教学原则。《学记》在综合诸子百家教育、教学成功与失败的经验教训基础上,总结了一套教育教学的原则,包括预防性原则、及时施教原则、循序渐进原则、学习观摩原则、长善救失原则、启发诱导原则、藏息相辅原则等。

在世界教学发展史上,启发式原则是孔子最早提出的。孔子认为"不愤不启,不悱不发",即任何学习活动都要建立在学生自觉需要的基础上,应当充分调动学生的主动性和积极性。启发式教学原则要求,"启而能发,发而能导,导而能活,活而不乱",而启发的标志在于,教师能够围绕教学目标激起学生积极的思维活动。值得一提的是,启发式原则实际上也是一种教育思想,是对学生在教学中的地位的深刻阐述。循序渐进原则是中国古代儒家提倡的教学原则,主张教学既要按照内容的深浅程度由易到难,又要按照学生的年龄特征由浅入深、循序渐进,因势利导,进而取得好的教学效果。因材施教原则就是按一定的教学目标,针对学生的个别差异和具体特点,采取不同的教学措施。这条原则事实上是学生的个性特征和身心发展规律在教学中的反映,学生的知识水平、先前的生活经验、兴趣爱好、个性倾向等彼此之间毕竟有一定的差异,教师的"教"毕竟是为了学生的"学会",而学生的现实在很大程度上决定学生学的效果。因而,坚持因材施教原则,可以使教师的教学工作更有成效。孔子是实践因材施教的榜样,"夫子教人,各因其材"。教学相长原则即教与学的相辅相成。在现代意义下,师生之间、学生之间在教学过程中形成动态的信息互动,通过这种信息交流,实现师生互动,相互沟通,相互影响,相互补充,从而达成共识、共享、共进,这是教学相长的真谛。量力性的教学原则,是指教学应当建立在学生通过一定的努力可能达到的知识水平和智力发展水平上,并据此来确定教学知识的广度、难度和教学的进度。

在西方,公元前5世纪,希腊智者派普罗塔戈拉提出练习和禀赋同样需要,学习要有相当的深度等要求。到了近代,教育家们明确提出了教学原则的概念,制定了一系列教学原则。17世纪,捷克教育家夸美纽斯在《大教学论》(1632)中提出了37条教学原则。19世纪,德国教育家第斯多惠在《德国教师教育指南》(1834)中,总结了33条"教学规律"与"教学规则"。随着教学实践和心理学等有关科学的发展,特别是辩证唯物主义的产生,教学论中教学原则的内容越来越丰富,不断提高了概括化程度,并得到科学的论证和说明。教学原则有一个发展的历史过程。教学原则是在总结教学实践经验的基础上制定出来的。由于教学目的和教学实践面临的课题不同,由于教育家的哲学观点和对教学过程规律的认识不同,所制定的教学原则就有所不同。因而,古今中外教育著作中提出的教学原则的名称、数目、内容和体系纷繁不一。例如,夸美纽斯依据感觉的认识论和当时发展起来的一些自然科学知识来论证他的教学原则;第斯多惠是从学生、教材、教学条件和教师等方面提出他的"教学规则"的;赞科夫从教学促进学生一般发展着眼,提出了高难度、高速度、理论知识起主导作用,使学生理解学习过程,使全班学生包括差生都得到发展等教学原则;布鲁纳依据认知派的结构主义心理学,提出动机原则、结构原则、程序原则、反馈原则;等等。

三、中小学常用的教学原则

我国在总结教学实践经验、批判继承教育史上教学原则遗产的基础上,根据社会主义学校的教学目的和马克思主义教学论揭示的教学过程的客观规律,经过长期的实践检验修正,教学原则体系已初具雏形。目前在中小学比较流行和常用的教学原则体系,包括科学性和思想性统一、理论联系实际、传授知识与发展能力相统一、教师主导作用和学生自觉性、积极性相结合,直观性与抽象性相统一、系统性和循序渐进性相结合、理解性和巩固性相结合,统一要求和因材施教相结合等原则。[①]

(一)科学性和思想性相统一原则

科学性和思想性相统一原则,是指教学要以马克思主义为指导,在学生学习掌握科学知识的过程中,对学生进行社会主义品德、辩证唯物主义思想和心理健康等教育。这一原则要求处理好知识教学与思想品德教育之间的关系,真理与谬误的关系,先进思想的教育与错误思想的影响之间的关系。它具有如下意义:一是反映了我国教育目的的基本精神,要求培养德、智、体等全面发展,具有独立个性的适应社会主义现代化建设的"四有"公民;二是反映了教学的教育性原理,要求教学成为对学生进行思想教育的主要途径;三是体现了物质与精神相平衡的时代需要,要求在我国经济高速发展的时代背景下,不仅追求物质

---

① 车文博.教学原则概论[M].武汉:湖北人民出版社,1982:7-9.

上的丰富,还注重精神世界的充实。

人们在应用科学性与思想性相统一原则时,需要达到三个基本要求。第一,教学内容的选择和组织要注意科学性和思想性相结合。课程计划中应包括促进学生全面发展的各种学科和活动,禁止开设妨碍思想教育的课程。课程标准和教学材料是教师教学的主要依据,是学生学习的主要资源,必须注意高度的科学性和思想性。第二,挖掘教学材料的思想性,在教学活动中渗透思想教育。教师在教学活动中应注意教会学生做人,把育人责任落实到课堂教学目标上,能艺术性和创造性地挖掘教材的思想性,使知识与思想水乳交融,并注意教学过程中的情感激励和价值澄清。第三,不断提高教师的专业水平和思想素养。教师的教学态度要实事求是,不可文过饰非。"知之为知之,不知为不知,是知也。"教师要善于向别人学习,包括向自己的学生学习,不断提高自己的德、才、识、学。

（二）理论联系实际原则

理论联系实际原则,是指教学必须坚持理论与实际的结合与统一,用理论分析实际,用实际验证理论,使学生从理论和实际的结合中理解和掌握知识,培养学生运用知识解决实际问题的能力。这一原则意在保证学生所掌握的知识能够在实践中运用。它具有如下意义:一是继承了我国的知行统一的优秀教学传统;二是遵循学习活动的"直接感知"原理,要求教师联系学生的知识基础和思想状况,用丰富的实际事例,为学生补充必要的直接经验,使书本知识具体化、直观化,帮助学生完成从具体到抽象的跨越,领会科学知识;三是依据我国的教学目标,要求培养知行统一、学用一致的社会主义建设的各级各类人才。

人们在应用理论联系实际原则时,需要达到四个基本要求。第一,加强基本理论和基础知识的教学。教学中理论联系实际的目的,主要是使学生更好地掌握这些基础知识和基本技能。教学必须保证理论知识的主导地位,切实抓好基础理论的教学,切不可主次颠倒,片面强调联系实际而削弱了理论知识的教学。第二,恰当联系实际。教师要根据课本内容、教学目标及学生学习的实际水平,正确恰当地联系实际,有效地提高教学效果。在教学中常用的联系实际策略有三方面:一是讲解过程中举例和演示;二是组织学生练习、实验、实习、参观、访问;三是在校内外活动中,引导学生加深和巩固对书本知识的理解。第三,重视基本技能的培养。在重视基本概念和基本原理教学的同时,要重视通过练习进行基本技能训练,使学生有一定的操作能力。第四,适当补充乡土教学材料。乡土教学材料是以本地方的政治、经济、文化、地理、民族和文化等为内容的自编材料,能更好地结合各地方的实际需要。

（三）直观性原则

直观性原则是指根据教学活动的需要,让学生直接感知学习对象。这一原则是针对教学中词、概念、原理等理论知识与其所代表的事物之间相互脱离的矛盾而提出的。如前所述,教学活动的特点之一在于它是一种间接认识,学生在教学中是以学习前人经验即书本知识为主的。这些书本知识的真理性固然毋庸置疑,但它们与学生的生活和他们自己的个人经验存在相当的差距,有些甚至是完全陌生的。而人的认识总是从感性上升到理性,从具体过渡到抽象,完全没有感性认识和具体形象做基础和支撑,是不可能真正掌握纯粹理论知识的。由于书本知识与学生之间客观存在的距离,学生们在学习和理解的过程中必然会出现各种各样的困难和障碍,直观性原则的意义在于克服这些困难和障碍,通过提供给学生直接经验或利用学生已有的经验,帮助他们掌握原本生疏难解的理论知识。一般来说,直观的具体手段有以下三种。

第一,实物直观。实物直观是通过实物进行的,直接将对象呈现在学生面前,在学习儿童生活中比较生疏的内容时,实物直观能够最为真实有效和充分地为学生提供理解、掌握所必需的感性经验。

第二,模像直观。模像直观是运用各种手段对实物的模拟,包括图片、图表、模型、幻灯、录音、录像、电影、电视等。实物直观虽然具有真实有效的特点,但往往由于受到实际条件的限制而无法使用;模像直观则能够有效地弥补实物直观的缺憾,特别是现代技术在教育领域的应用,使得模像直观的范围更加广阔,大到宇宙天体,小到分子结构,都能够借助某种技术手段达到直观的效果。

第三,语言直观。语言直观是教师运用自己的语言、借助学生已有的知识经验进行比喻描述,引起学生的感性认识,达到直观的效果。与前两种直观相比,语言直观可以最大限度地摆脱时间、空间、物质条件的限制,是最为便利和最为经济的。语言直观的运用效果主要取决于教师本人的素质和修养。

在教学中贯彻直观性教学原则,对于教师有以下基本要求。第一,恰当地选择直观手段。学科不同,教学任务不同,学生年龄特征不同,所需要的直观手段也不同。第二,直观是手段而不是目的。一般地说,在教学内容对于学生比较生疏,学生在理解和掌握上遇到困难或障碍时,才需要教师运用直观。为直观而直观,只能导致教学效率的降低。第三,在直观的基础上提高学生的认识。直观给予学生的是感性经验,而教学的根本任务在于让学生掌握理论知识,因此教师应当在运用直观时注意指导,比如通过提问和解释鼓励学生细致深入地观察,启发学生区分主次轻重,引导学生思考现象和本质及原因和结果等。

（四）启发性原则

启发性原则是指在教学中要充分调动学生学习的自觉积极性,使得学生能够主动地学习,以达到对所学知识的理解和掌握。这一原则是为了将教学活动中教师的主导作用和学生的主体地位统一起来而提出的。"有领导的认识"是教学活动的特点之一,没有教师的主导作用,小学生是不可能自行达到社会对于他们的要求的,教师对于教学任务能否完成和教学效果的优劣都负有主要责任。然而,学生是教学活动的主体,教师的主导作用首先在于激发学生的求知欲和学习兴趣,使他们能够自觉主动地学习,离开了这一点,学生对于科学知识的真正掌握、学生智力的发展、学生态度感情的成熟和提高都是不可能的。在教学活动中贯彻启发性原则,对教师有以下基本要求。第一,激发学生的积极思维。教师的启发应当能够激起学生紧张、活泼的智力活动,从而使学生深刻地理解掌握知识,获得多方面的体验和锻炼发展。因此,启发应当选择那些具有一定难度、需要学生进行比较复杂的思维活动,但又是他们通过自觉积极的思考能够得到基本正确结果的问题来进行。简单的事实和记忆性的知识,即使顺利地"启发"出结果,价值也是有限的。第二,确立学生的主体地位。学生是学习的主人,教师的启发只有在切合学生实际时才可能避免盲目性,只有承认学生的主体地位,真正研究和了解学生的学习需要,教师的启发才可能是有针对性的和有效的。第三,建立民主平等的师生关系。在权威式的师生关系中,教师是凌驾于学生之上的真理代言人和学术权威,学生很难真正做到自由地、充分地提问和思考。只有当学生真正感受到教师将自己当作人格上与之完全平等的人,他们的学习自觉性才可能真正地调动起来。

(五)循序渐进原则

循序渐进原则是指教学活动应当持续、连贯、系统地进行。这一原则是为了处理好教学活动的顺序、学科课程的体系、科学理论的体系、学生发展规律之间错综复杂的关系而提出的。上述几个方面都对教学活动的进行产生影响,一般来说,学科课程体系和学生身心发展规律是最主要的,教学活动的顺序必须以这两方面为依据,按照这两方面的要求持续、连贯地进行。同时,教师也要了解作为课程基础的科学理论本身的发展变化,从而能够更自觉地安排、处理教学,使教学活动的顺序更加科学、合理。在教学中贯彻这一原则,对教师有以下要求。

第一,按照教学大纲(课程标准)的顺序教学。教学大纲(课程标准)是各门课程的内在逻辑系统的反映,并且建立在学生发展一般规律之上,各种教材是以此为依据编写的,教学活动从根本上是按照教学大纲(课程标准)的顺序展开的。教师要认真学习和研究教学大纲(课程标准),充分了解和掌握课程的逻辑以及对学生的要求,这是教学系统性的根本保证。

第二,教学必须由近及远、由浅入深、由简到繁。教学大纲(课程标准)虽然考虑了学生的认识发展,但主要是按照内容编排、制定的,因此教师要认真研究学生,针对他们在学习过程中的认识需要和特点处理好近与远、浅与深、简与繁等问题。

第三,根据具体情况进行调整。循序渐进原则并非要求教师刻板、僵化地执行大纲。教学大纲(课程标准)是按照一般和普遍规律制定的,在实际教学中,不同地区、学校、学生的情况有很大差异。在基本服从大纲顺序的前提下,教师要善于从自己面对的实际出发,适当地调整速度,增删内容。

(六)巩固性原则

巩固性原则是指在教学中要不断地安排和进行专门的复习,使学生对所学的知识牢固地掌握和保存。这一原则是为了处理好教学中获取新知识与保持旧知识之间的矛盾而提出的。教学活动是不间断地、连续地进行的。学生要不断地学习、记忆新知识,而人的记忆和遗忘是同一事物的两个方面,在学习新知识的同时必然会产生对旧知识的遗忘,因此在教学中需要进行不断的巩固工作,通过练习、复习帮助学生牢固地掌握所学知识。巩固的意义不仅在于强化旧知识,也有助于学习新知识,因为知识是有内在联系的,旧知识是新知识的基础。人类早已注意到巩固对于学习的价值,孔子就说过"学而时习之""温故而知新"。在教学中贯彻这一原则,对于教师有以下基本要求。

第一,在理解的基础上巩固。对于所学知识的理解是巩固的前提,没有学会的东西,是不可能真正巩固的。教师首先应当保证学生学懂学会,才有可能获得巩固的良好效果。

第二,保证巩固的科学性。心理学研究揭示了关于记忆和遗忘的一些规律,按照这些规律组织安排巩固,可以提高巩固的效率。教师应当熟悉并且善于运用这些规律。

第三,巩固的具体方式要多样化。除了常见的各种书面作业外,教师应当善于利用各种不同的方式帮助学生巩固所学知识,比如调查、制作、实践等,都能够使学生通过将知识运用于实际有效地达到巩固的目的,并且能够促进学生多方面的发展。

第四,保证学生的身心健康。国内若干调查显示,学生的学习负担过重、睡眠不足是相当普遍的现象,原因之一是作业量偏多,即便在"减负"背景下,小学阶段学生作业量有了具体规定,但家长布置或其他隐性作业仍不在少数。儿童的身心发展对他们的一生、对整个国家和社会都是至关重要的,教师应当本着对儿童和社会负责的精神,合理地安排巩固工作,将学生的作业量控制在适当的范围内(国家对小学生的作业时间和睡眠时间都有正式规定)。

(七)因材施教原则

因材施教原则指教师在教学活动中应当照顾学生的个别差异。这一原则是为了处理好集体教学与个别教学、统一要求与尊重学生个别差异问题而提出的。由于遗传素质、家庭环境和个人成长经历的不同,在同一班级中的学生,虽然有着共同的年龄特征,但是在学习的成绩、学习态度和方法、兴趣和爱好、气质和性格、禀赋和潜能方面都会存在很大的差异。教师是对由个性完全不同的学生组成的集体教学,因此因材施教要适应每个学生的不同需要进行有针对性的教育。因材施教在我国有着悠久的历史传统,孔子的教学实践就为后人提供了这方面的典范,值得后人学习,如他说"求也退,故进之;由也兼人,故退之"。意思是"冉求老是退缩,因此我要鼓励他上前;仲由呢,他胆子大,敢作敢为,因此我要压压他"。朱熹总结孔子的教学经验说:"夫子教人,各因其材。"我国的小学教育普遍班级大,学生人数多,因材施教原则的贯彻是比较困难的。但是,教师应当在可能的条件下争取将这一原则最大限度地付诸实践。在教学中贯彻这一原则,对于教师有以下要求:

第一,充分了解学生。在共同的年龄特征基础上,学生存在差异。要做到因材施教,必须充分地了解每一个学生。除学习成绩以外,学生的个性特征的各个方面、家庭背景、生活经历等,都是教师因材施教所需要了解的。

第二,尊重学生的差异。学生的差异不仅是客观存在的,而且是合理的,因材施教的含义不仅包括承认差异,而且包括尊重差异。小学阶段的课程和教学以所有正常儿童可以达到的程度为标准,在达到标准的基础之上,教师应当允许学生存在不同方面、不同水平的差异,并且针对每一个学生的具体条件帮助他获得最适宜的个性发展,而不是普遍地增加难度和深度。良好教育的结果是培养出大批个性充分发展的人,而不是千人一面的"标准件"。正如杜威所说,"如果从个人身上舍去社会的因素,我们便只剩下一个抽象的东西;如果我们从社会方面舍去个人的因素,我们便只剩下一个死板的、没有生命力的集体"。

第三,面向每一个学生。小学教育是义务教育的组成部分,是儿童必须接受的,完成小学教育是中国每一个适龄儿童的基本权利。现代教育的一个重要理念是,每一个儿童有权利得到适合于自己的教育。因此,现代教育强调,不能够要求儿童适应教育,而是要使教育适应儿童。

(八)量力性原则

量力性原则是指教学活动要适合学生的发展水平。这一原则是为了防止发生教学难度低于或高于学生实际程度而提出的。教学活动要讲究效率,在同样的时间内,学生所学越多则教学效率就越高。但是,教学效率的获取必须以符合学生身心发展规律为基础,脱离了这个基础,不仅教学效率本身是不可靠的,还会对学生的发展造成消极影响。教学难度超过学生的实际接受程度,学生不可能真正理解和掌握所学的知识,各种心理机能也不可能得到恰当的运用和提高；教学难度低于学生的实际接受程度，学生会因为缺少必要的注意和紧张而难以对所学知识留下深刻印象，而且由于无法进行有价值的学习活动而使各方面的发展失去机会。在教学中贯彻这一原则，对于教师有以下基本要求。

第一，重视儿童的年龄特征。教师应当不断加强自身的心理学素养，及时掌握心理学的新进展。20世纪以来发展心理学的研究，对于教师正确理解和贯彻量力性原则具有重要的意义。

第二，了解学生发展的具体特点。年龄特征和发展阶段主要是揭示个体发展的普遍规律，这些普遍规律体现在学生发展的各个方面，而且是极为多样化的。教师要具体地研究学生的发展特点，例如，在学习某种新知识的时候，他们原有的知识准备情况如何？他们的思维或记忆水平是否能够完成这一学习任务？可能发生什么困难？能够达到什么样的理解和掌握程度？等等。在这样的研究基础上，才可能真正做到"量力"。

第三，恰当地把握教学难度。什么样的程度和水平最符合量力性的要求，很难有稳定、确切的具体标准，需要根据心理学揭示的普遍规律和对学生的具体研究，由教师自己来把握，这是教师劳动创造性的体现，是需要教师不断思考、不断解决的问题。

第十章 教学方法与教学模式

古人云,工欲善其事必先利其器,授之以鱼不如授之以渔,都是强调了方法的重要性。选择了正确的做事方法,不仅可以提高做事的速度,而且可以提升做事的质量,取得事半功倍的效果,所以选择方法很重要,不可不慎。笛卡儿说过:"没有正确的方法,即使有眼睛的博学者也会像盲人一样盲目摸索。"他认为"最有价值的知识是关于方法的知识。"巴甫洛夫说过:"好的方法将为人们展开更广阔的图景,使人们认识更深层的规律,从而更有效地改造世界。"

第一节 教学方法

一、教学方法的含义

什么是方法？单从字面意思看,"方法"(英文是 method)的含义是"做事的方式、程序"。从使用的层面考虑,方法是指规定从某一初始条件导引出某一特定目标的可能运作体系时,其特定部门的规则体系。其本质包括以下几点:① 方法是旨在实现目标的手段;② 方法是受客体的制约并适合于客体的操作系列,即方法是受内容制约的;③ 方法的基础是理论,方法受理论指导;④ 方法是规则的体系,具有指令性;⑤ 方法具有结构,它是构成一个体系的有计划的一连串行为或操作。由此我们可以将"方法"理解为在一定理论指导下,指向于特定目标、受特定内容制约的有结构的规则体系。由此可知,从方法的内涵来看,方法是受多种因素影响和制约的结构体系,而不是单指结构的某一部分。

对"教学方法"的理解可谓仁者见仁、智者见智,目前所看到的文献中相关的定义至少有十余种。国内学者及苏联学者对教学方法的定义更多揭示方法本身的本质和内涵。苏联学者将教学方法界定为,教师和学生为完成教养任务而进行理论和实践认识活动的途径。每一种教学方法都是教师为组织学生的认识活动和实践活动以及确保学生掌握教育内容而进行的一系列有目的的行动。我国学者的界定有:"教学方法是为完成教学任务而采用的方法。它包括教师教的方法和学生学的方法,是教师引导学生掌握知识技能,获得身心发展而共同活动的方法",以及"教学方法是教师为实现教学目的、完成教学任务而采取的教与学相互作用的活动方式的总称"。教学方法是为了"达到教学目的,实现教学内容,运用教学手段而进行的,由教学原则指导的,一整套方式组成的,师生相互作用的活动"。此外,还有很多相关说法,诸如"策略说""手段说""途径说""动作体系说"等。虽然这些界定在表现形式上各有不同,但都是从教学方法本质出发进行界定的。

相比之下,西方学者对教学方法下的定义更具有描述性和操作性。例如,教学方法是教师为达到教学目的而组织和使用教学技术、教材、教具和教学辅助材料以促成学生按照要求进行学习的方法;教学方法是指大多数教师能够充分加以运用并适合于多学科反复使用的教学步骤或程序;教学方法就是教师发出和学生接受学习刺激的程序;教学方法是促进学生学习、教师组织班级、向学生提出意见及使用其教学手段的各种方法;等等。

教学方法包括教师教和学生学两个方面的方法及其相互联系,因此对这一问题,有的将联系说成"师生共同活动",有的说成"师生相互联系活动",也有的说成"教与学相互作用",或干脆说成"教与学的辩证统一",应该说这种强调是必要的,但未免笼统和模糊,尚欠具体和明确。我们认为教与学的相互联系应确切的表述为"教师指导学生学习",因此教学方法就不应简单地分成教师教的方法和学生学的方法,然后再将它们简单相加而称教学方法,而应是"教师指导学生学习的方法"①。这也是陶行知先生改"教授法"为"教学法"的初衷。他还说,教的法子要根据学的法子,学生怎样学教师就怎样教。

从教学方法的构成要素来分析,它包括四大要素。

第一,目标要素。教学方法总是体现特定的教育价值观,并指向特定课程与教学目标。

第二,主体要素。教学方法能够被使用主体——教师和学生积极接纳、自主选择和改造,并与主体的个性特征、风格融合于一体,而不是外在于教师和学生需求之外的被动接受。

第三,对象要素。教学方法具有对象性,受到客体对象的制约。

第四,活动方式。教学方法依赖于一系列有计划的、有规则的活动方式而存在,属于操作层面的手段、方法、技术,但具体的活动方式受到前三个要素的影响,前三个要素中任何一个要素发生变化,就算是同一种教学方法其活动方式也会发生改变。

教学方法就是这四个要素在不同情境中的联结,它的主要功能在于处理主体和对象物的关系。

教学方法是与几个相关概念具有相互交叉但又有所区别的含义,所以只有明确"教学方法"与"教学法""教学策略""教学模式"几个概念的关系,才能更加清楚教学方法改革研究的核心问题。"教学法"通常是从原理性层面阐释教学理论的法则,陈桂生指出,"'教学法'之'法',容易被误解为教学的'方法'。其实,它指的是教学的'法则'。'依据实验而得知原理','教学上一般的法则',此之谓也"②。可见,"教学法"的概念是涵盖教学方法的,诸如教学的一般规律和教学的任务、内容、原则、方法、组织形式等都属于教学法研究的领域。有学者对"教学策略""教学模式""教学方法""教学原则""教学规律"五个概念做了辨析,认为"教学规律"是涵盖其他四个概念的上位概念;而"教学策略"是为了达成教学目标而采用的一整套比较灵活的教学行为,它是教师在教学实践中依据教学的计划、学生的身心特点对教学原则、教学模式、教学方法的一种变通性的应用;"教学模式"是在一定教学思想指导下,围绕着教学活动中的某一主题,形成相对稳定的、系统化和理论化的教学范型。"教学模式"是多种方法的综合,"教学方法"体现为具体操作程序和步骤。③

二、教学方法的重要性

教学方法是教学过程整体结构中的一个重要组成部分,是构成教学活动的重要因素之

---

① 扈涛.教学方法导论[M].北京:华文出版社,2008:2.
② 陈桂生.课程实话[M].上海:华东师范大学出版社,2010:153.
③ 汪丽梅.知识观变革:教学方法改革的内在推动力[M].武汉:华中师范大学出版社,2018:15.

一,直接关系着教学工作的成败、教学效果的好坏和教学效率的高低,在教学过程中具有不可忽视的地位,其重要性不言而喻。

教学方法是联系教师教与学生学的重要纽带。朱熹曾云,"事必有法,然后可成,师舍是则无以教,弟子舍是则无以学"。正是通过有效的教学方法而将教师的教学活动与学生的学习活动有机地联系起来,成为共同实现教学目的的活动。

教学方法是完成教学任务的必要条件。不解决教学方法问题,教学任务的完成也要落空。

教学方法是提高教学质量的重要保证。良好的方法,可以使人免走弯路,节省时间和劳动,极大地提高课堂教学的质量和效率。

教学方法是影响教师威信和师生关系的重要因素。《学记》中指出:"今之教者,呻其占毕,多其讯言,及于数进而不顾其安,使人不由其诚,教人不尽其材。其施之也悖,其求之也佛。夫然,故隐其学而疾其师,苦其难而不知其益也。虽终其业,其去之必速,教之不刑,其此之由乎!"学生善学不善学与教师善教不善教是密切联系着的,那些因适当采用优良教学方法而使教学效果不断提高的"善教者",就容易在学生中赢得较高威信,师生关系也比较融洽。

教学方法影响学生身心发展。皮亚杰认为,"良好的方法可以增进学生的效能,乃至加速他们的心理成长而无所损害"。而不好的教学方法则可能会使学校成为"才智的屠宰场"。恩格斯就曾批评他就读过的爱北裴特中学,"这个学校流行着非常可怕的背书制度,这种制度半年时间就会使一个学生变成傻瓜"。[①]

三、教学方法的历史演变

(一) 古代的教学方法

自从有了人类,便就有了教育,就有了教育的方法。原始社会的基本教学方式就是口手相传,即"示范—模仿",教师(长者、能者)示范,学生(幼者、初学者)模仿,其主要特点是用人体动作直接传授实践经验。

到了奴隶社会和封建社会,出现了专门的教学机构和专职的教学人员,教学的主要方法也改变为"传授—接受",即教师灌输,学生记忆。此时教学方法主要特点是教师用语言直接或间接地向学生传授知识。间接传授也称为次相传授或转相传授,是由教师向高足弟子或者先入学的弟子传授学业,再由这些人分别转授给其他弟子,以次推广。史书记载最早采用这种教学方式的是西汉著名经学大师董仲舒:"弟子次相受业,或莫见其面。"东汉郑玄拜师于名儒马融门下,一直是由马融的弟子转授学业,三年竟然未见到其师一面,仍然刻苦学习。次相传授虽然有得不到教师亲授的缺憾,但是以学生代为教师传授,可以使教学对象以几何级数的倍率扩展,尤其适用于识字等标准化、规范化的教学。中国20世纪前期的著名教育家陶行知,在开展乡村教育活动时采用的"小先生制",就是继承了次相传授的方法。

除去初级阶段的蒙学以及专业学校外,古代高级程度的学习都是以读书自修为主,因

[①] 裴涛.教学方法导论[M].北京:华文出版社,2008:4.

此，古代教育家高度重视对读书自修的指导。孔子提倡"学"与"思"并重；孟子主张"由博返约"，要以博学为基础，又要善于简约，掌握要点，提取精华。朱熹向弟子传授的读书法，被概括成六点：一是循序渐进，书要按次序一本一本地读，由浅入深；二是熟读精思，书要读到如同自己写的一样的熟练程度；三是虚心涵咏，读书不能抱主观成见，要真正领会作者的意思；四是切己体察，读书是为了自己增进学业和完善人格，不是为别人而读；五是着紧用力，读书就像逆水行船一样，片刻不能放松；六是居敬持志，一定要有敬业的态度和远大的志向，读书才会有大的成效。

苏湖教法由北宋著名教育家胡瑗创立。胡瑗是宋初超越汉唐经学传统而开辟新学风的先驱之一，他先后掌管苏州、湖州两地官学，本着"明体达用"的原则，既重经学理论造诣，又重治国实用，对学生进行分斋教学，故有苏湖教法之称。其措施是在学校设经义和治事两斋，经义斋学习儒家经典理论，按各经分科；治事斋分为治民（民政、刑事等）、讲武（军事、武备等）、堰水（水利、灌溉等）、历算（数学、天文、历法等）等科。学生可以主修一科，再兼修一科至数科。这可以说是最早的分科教学和主副修制度。王安石在实行变法改革时，在太学实行"三舍法"的升级制度。将太学生分为上舍、内舍和外舍三个等级，上舍生定员100人，内舍生定员200人，外舍生一开始不定员，后来定员700人。学生初入学为外舍生，教师每月进行一次"私试"，并记录学生平时学业和品行表现。学校每年举行一次"公试"，成绩合格者，平时学业品行良好，就可以递补为内舍生。每两年由朝廷派员会同学校举行"上舍试"，合格者按次序递补为上舍生。上舍生中的优等生视为科举及第，可以直接做官。次一等的可以直接参加科举的最终考试——殿试。其他上舍生，加上部分优秀的内舍生，获得参加科举考试的资格。北宋末年，将三舍法推行到地方各级学校，上舍生可以从州县学升府学，府学升太学，一度取消科举，全由学校选拔。三舍法属于选拔式的升级，与做官的前程挂钩，从而有利于强化学校教学活动，提高学生在校学习的积极性。

古代官学要为学生提供"学而优则仕"的途径，考试选拔是关键，因此考试是指导、检查、督促学生完成和提高学业的主要方法。平时学生以自修为主，教师的教学除必要的讲授指导外，主要是考查性的练习和阶段性的测试，例如月试、季考等。学校的正规考试，有年度的岁试和选拔性的结业考试。汉代太学的年度考试也就是选拔学生做官的考试。唐代起，科举考试成为选拔官员的入门考试，学校考试主要是决定学生奖惩升降，以及取得参加科举考试的资格，考试内容与科举完全接轨，实际上成为科举的预备考试、模拟考试。清代府州县学的岁试按六等评定成绩，一等为优秀，给予破格奖励提升，不过经常虚缺；二等为良好，给予奖励提升；三等为合格；四等为不合格，给予劝诫或轻罚；五等为差，给予惩治降级；六等为劣，予以取缔除名。逢科举乡试之年，学校举行选拔性的科试，考取一、二等及三等前若干名为科举生员，准予参加乡试。

西方文明的源头是古希腊和古罗马。古希腊是一个由雅典、斯巴达等组成的城邦国家，雅典重视文雅教育，著名的学者有苏格拉底、柏拉图和亚里士多德，称为"古希腊三贤"。苏格拉底常用的教学方法是问答法，也叫产婆术，是一种反对灌输、主张启发的启发式教学方法，它由讥讽、助产、归纳和定义四部分构成。讥讽就是对对方的发言不断提出追问，迫使对方承认自己的无知；助产就是帮助对方自己得到问题的答案；归纳就是总结事物的共性和本质，通过对具体事物的比较寻求一般；定义就是把个别事物归入一般的概念得到事物的普遍概念。这是世界上最早的启发式教学方法。柏拉图是"寓学习于游戏"的最早倡导者。第一次提出以考试作为选拔人才的手段之一,强调身心协调发展;提倡男女平等,注意早期教育;主张课程学习与实际锻炼结合;反对强迫学习,以理性指导欲望作为道德教育的中心任务。斯巴达主要是军事教育,教学方法主要是实践训练。

古罗马的昆体良是教育史上第一个详细地研究教学法的教育理论家,论证和表达了教学论上的许多原则。他完善了苏格拉底的问答法,他认为,教师"应当善于回答学生提出的问题,向那些不发问的学生提问",并阐明了运用问答法的作用:可以"测验学生的判断能力","可以防止学生的漫不经心,防止他们对教师的讲课听而不闻","还可以引导学生自己发现问题"。除此外,昆体良还提出了三个递进的学习阶段:模仿—理论—练习,类似后世的归纳法或例规式的教学方法,这也是教学模式的滥觞。昆体良是世界上最早提出教学过程中反对体罚的教育家,他反对对学生的任何形式的体罚,并提出了充分的理由:体罚是残忍行为,是一种凌辱;如果申斥还不足以矫正孩子的过失,他就会对体罚习以为常,使体罚失去作用;如果经常正面告诫,在课业上严加督促,体罚就没有必要;幼年时使用体罚,一旦长大以后,恐怖失去作用,就更难以驾驭;体罚会造成儿童心情压抑、沮丧、消沉等负面影响。

在古代埃及的学校中,教学方法相当简单粗暴。教师都惯用灌输和惩戒,实行体罚被认为是正当、合理的。教师教学时不重解释说明而是布置大量作业,叫学生反复进行机械性质的练习。老师虽也利用问答方法,但并不注意引导学生思考。由于在教学过程中教学内容过于艰深,老师又忽视采用启发理解的教学方法,儿童厌学的心理很普遍,体罚遂成为常用的手段。[①]

中世纪是西方历史上最黑暗的时期,教会垄断了教育。基督教的原罪说导致了教会学校的教学方法简单粗暴,体罚盛行。"只有惩罚肉体,才能拯救灵魂"。中世纪的后期出现了大学的雏形,教学方法主要是讲读和辩论。在印刷术传至欧洲之前,书籍靠传抄,因而价格昂贵,购买困难。教学时常由教师诵读教科书原文及其注释,学生记录。有时老师也加以评论。辩论是由两名或两组学生对辩,以培养学生敏捷的思考能力和练习推理方法。在城市学校、行会学校则多采用艺徒方式。

(二)近代的教学方法

在资本主义社会早期就出现了教学的基本方法——"班级授课",以适应为资本主义生产培养大批专业技术人才的需要。捷克教育家夸美纽斯以班级教学为基础设计了学校教育体系。在教学方法上,夸美纽斯主张直观性教学法,他在感官论的基础上论述了直观教学的重要性。他说:"在可能的范围以内,一切事物都应该放在感官的眼前。"夸美纽斯认为这是教学工作的一条"金科玉律",是一切教学的基础。

在西方教育史上,裴斯泰洛齐是第一个明确提出"教育心理学化"口号的教育家。他在1800年发表的《方法》一文中,首次明确地提出,"我正在试图将人类的教学过程心理学化,试图把教学与我的心智的本性、我的周围环境以及我与别人的交往都协调起来。"根据教学心理学化和要素教育主张,裴斯泰洛齐具体研究了学校各科教学法,提出了许多革新意见,被称为现代初等学校各科教学法的奠基人。他对初等学校的语言教学、算术教学和测量教

---

① 刘南萍.中西方古代奴隶制时期教育教学方法的历史演变初探[J]职业教育(汉斯),2019(1):31-38.

学尤为重视。

在西方教学史上,赫尔巴特第一次提出来"教育性教学"的概念。他说,"我想不到有任何无教学的教育,正如相反方面,我不承认有任何无教育的教学。"他认为老师在教授学生的时候应该分"明了—联想—系统—方法"四步走。同时根据教学方法不同,他将教学分为三种类型。第一种是单纯提示的教学。主要采用直观教学,这是一切教学的基础和前提。面对观念极其有限的学生,教师应按照"平衡的多方面"的宗旨,通过直观教学使学生的观念加以扩大化。第二种是分析教学。分析教学是在单纯提示的教学的基础上进行的。单纯提示的教学虽然具有生动性,但为了清楚地感知观念,必须有分析教学做进一步的补充。第三种是综合教学。综合教学具有重要的作用,因为只有综合教学能够承担教育所要求的建立整个思想体系的任务。学生在学习新教材时所表现的难易、快慢,都与记忆和想象的品质有关,所以综合教学需要充分调动学生的记忆力和想象力。单纯提示的教学、分析教学和综合教学之间是递进关系、交叉关系,三者必须统一运用,而不能截然分开。

这一时期,教学手段也由黑板、粉笔、图表、模型、实物等传统手段转向幻灯、投影、音像、实验室、教育展馆等现代手段,并逐步向更高级阶段发展。总的特点是以教师为中心用科学的方式向学生传授知识,着重研究教师教授的方法。

创办于1862年的京师同文馆是洋务学堂的开端,也是中国近代新教育的开端。这是一所专为培养议员、通事而设的学校,注重学以致用。课程设置外语居于首位,侧重"西学"与"西艺",汉文经学贯穿始终。在教学组织形式方面最早开始了中国的班级授课制和分年课程。教学方法注重由浅入深、循序渐进,一定程度上改变了死记硬背的学风,注重理论与实际的结合。

(三) 现代的教学方法①

到了现代,教学方法改革层出不穷,成为教育领域理论研究和实践最活跃的领域。总的趋势是越来越重视学生在教学过程中的主动性和积极性。

以美国实用主义哲学家杜威为代表的现代教育派激烈抨击以赫尔巴特为代表的传统教育派的教育思想和教学方法,提倡以儿童为中心的"做中学"。杜威认为,教育就是"经验的不断改造和重新组织"。儿童只有主动去经历一切事物,获取的知识才是自己的知识。从做中学也就是从活动中学、从经验中学,在做事里面求学问。由于儿童能从那些真正有教育意义和有兴趣的活动中进行学习,因此以生活化和活动教学代替传统的课堂教学,以儿童的亲身经验代替书本传授,有助于儿童的生长和发展。就教学过程本身,杜威提出了五步教学法:一是创设疑难情景,二是确定疑难所在,三是提出解决疑难的种种假设,四是推断哪个假设能解决问题,五是验证假设得出结论。而这五步教学的每一步都离不开儿童本身的经验和参与。

杜威的继承者克伯屈提出了设计教学法。"设计"在当时的美国教育界被理解为学生自己计划、运用他们已有的知识和经验,通过自己实际操作,在实际情境中解决实际问题。克伯屈把设计教学法分为四种主要的设计类型:① 创作的设计,是为了培养学生的创造能力;② 问题的设计,是为了解决一个问题;③ 欣赏的设计,是为了使学生从设计活动中获得

---

① 商继宗.教学方法:现代化的研究[M].上海:华东师范大学出版社,2001:6.

娱乐和满足;④ 练习的设计,是为了使学生获得某一种或某一程度的技能或知识。设计教学法具体实施可以分为四个步骤:第一是确定目的,由学生根据自己的兴趣和实际生活需要,提出学习目的;第二是拟定计划,制定出实现这个目的的学习计划;第三是付诸实践,在自然状态下,运用具体的材料,通过实际活动去完成这项工作;第四是评定结果,对该项工作的结果进行评定。

设计教学法主张废除班级授课制和教科书,打破传统的学科界限,在教师指导下由学生自己决定学习的目的和内容,自己设计并负责实行和评判,在活动中获得有关的知识和解决实际问题的能力。但是,当时有不少人批评这种方法不能让学生系统地掌握人类的文化遗产,怀疑教师运用此法时能否做到既保证儿童的自主性又能把他们培养成所期望的人,能否做到既充分尊重学生的需要与兴趣又确保他们掌握教材所提供的知识等。[①] 在这种背景下,莫里森(Morrison)提出了单元教学法。所谓"单元教学法(unit teaching method)",是将教材、活动等划分为完整单元进行教学的一种方法,每个单元均有规定的学习目标和内容,其目的在于改变偏重零碎知识和记忆文字符号的教学,强调学生手脑并用获得完整的知识和经验。莫里森主张将教材分为若干"大单元",每个单元包含一个大的概念,学生学习时必须了解这个"大概念",概念的范围越广越好,但是应顾及学生智力与成熟所能达到的限度。其教学过程可分为"探索、呈现、接受、组织、复述"等五个步骤[②]。我国曾用此法进行过教学实验[③]。

我国现代最著名的教育家陶行知先生曾经师从杜威,他的教学思想也深受杜威的影响。在杜威"做中学"的教学思想基础上,陶行知提出了"教学做合一"教学法。陶行知认为,生活中教法、学法、做法是密不可分的。他认为,事情如何做,就让学生学着如何做,学生如何学着做事的,教师就应该如何教,做就是学和教的源泉,所以这是生活教育理论的方法论。他提出了"艺友制""小先生制"等教学方法,指导学生边学边干。他还提出了"六大解放"具体做法:第一,解放儿童的头脑。把儿童的头脑从迷信、成见、曲解和幻想中解放出来。第二,解放儿童的双手。让儿童自己动手去做。孩子好动手,是他们动脑、好奇、好学、具有创造力的表现,我们要尽可能给孩子提供动手的机会。第三,解放儿童的眼睛。要提供一切的机会,让孩子自己去看、去观察,培养孩子良好的观察能力。第四,解放儿童的嘴,好奇、好问是孩子的特点。第五,解放孩子的空间。孩子是要在大自然里成长的,所以不能把孩子关在鸟笼式的学校里,而是要让他们到大自然、大社会中去,拓展他们的视野,发挥他们的创造力。第六,解放儿童的时间。儿童要有自己支配的时间,有自己自由活动的机会。等等。

被称为"中国幼教之父"的陈鹤琴提出了"活教育"教学法,他根据儿童心理学及教育实践,将杜威的"做中学"发展为"做中学,做中教,做中求进步",强调教学的基本原则在"做"。所谓"做",并不限于双手做才是做,凡是耳闻、目睹(观察、调查研究)都包括在内。也就是我们通常说的"实践"。儿童要求获得真实的知识,一定要"做中学",而教师也应在"做中教",共同在"做中求进步"。陈鹤琴提出的"活教育"课程应采取能体现儿童生活整体性和

[①] 李定仁.教学思想发展史略[M].兰州:甘肃教育出版社,2004:175-176.
[②] 张磊.论单元教学法及其运用策略[J].现代基础教育研究,2020(1):162-168.
[③] 刘良华.中国教学实验百年:反思与建构[J].教育研究与实验,2000(2):54-59.

连贯性的"五指活动"形式进行:即儿童的健康活动、社会活动、科学活动、艺术活动和文学活动等。并根据幼儿心理发展特点,将五种教育活动在幼儿整个教育活动中结成一个完整的教育网,以单元的形式进行编排,主张将儿童所要学习的内容整个的,有系统地去教儿童学,陈鹤琴把它叫作"整个教学法"。①

以苏联赞科夫为代表的发展性教学理论,以美国布鲁纳为代表结构主义教学理论,以德国瓦根舍因和保加利亚洛扎洛夫为代表的范例教学、暗示教学理论等,前面已经有了分析,这里不再赘述。其共同特点就是培养学生能力和发展智力。

未来社会是信息社会、网络社会,学会生存、学会求知、学会关心、学会合作成为世界教育的共同追求。培养学生的合作精神将是教育的最高境界,发展学生的创造能力将是教育的核心任务。计算机的普遍运用、网络技术的进步和普及、大数据云计算技术、人工智能技术等越来越多地使用到教育领域,将从本质上改变教法、学法以及教材的内容和形式,改变教学乃至整个教育的生态,教学方法的基本特点也将是越来越信息化、数字化、智能化。

四、常用教学方法的分类

教学方法发展到今天已经是种类繁多了。根据各种常用教学方法的特点、作用、适用范围和条件,以及应注意的问题等,可以分为若干大类。教学有法,教无定法,贵在得法,没有十全十美的教学方法,只有因地制宜地选择恰当的教学方法,才能使其在教学实践中发挥有效的作用。

(一)以语言形式获得间接经验的方法

这类教学方法是指通过教师和学生口头语言活动及学生独立阅读书面语言为主的教学方法。它主要包括讲授法、谈话法、讨论法和读书指导法等。

讲授法是教师运用口头语言向学生描绘情境、叙述事实、解释概念、论证原理和阐明规律的一种教学方法,因为它简便易行,便于操作,所以是目前世界范围内使用最为广泛的一种教学方法。又可以具体分为讲述、讲解、讲读和讲演等方式。讲授法对教师的语言素养要求高,不仅要发音标准,还要具有教育性和艺术性。

谈话法,又称回答法,苏格拉底最早采用此法。它是通过师生的交谈来传播和学习知识的一种方法。其特点是教师引导学生运用已有的经验和知识回答教师提出的问题,借以获得新知识或巩固、检查已学的知识。

讨论法是在教师指导下,由全班或小组围绕某一种中心问题通过发表各自意见和看法,共同研讨,相互启发,集思广益地进行学习的一种方法。讨论法的使用以学生为主体,教师是退为幕后的策划者和引导者。

读书指导法是教师有目的、有计划地指导学生通过独立阅读教材和参考资料获得知识的一种教学方法。古代教学多用此法。

(二)以直观形式获得直接经验的方法

这类教学方法是指教师组织学生直接接触实际事物并通过感知觉获得感性认识,领会所学的知识的方法。它主要包括演示法和参观法。

---

① 程秀兰.幼儿教育本质特征研究[M].西安:陕西师范大学出版社,2014:111.

演示法是教师把实物或实物的模象展示给学生观察,或通过示范性的实验,通过现代教学手段,使学生获得知识更新的一种教学方法。主要目的是使学生获得感性经验,以帮助理解书本知识。多用于自然科学知识的学习和掌握,它是辅助的教学方法,经常与讲授、谈话、讨论等方法配合一起使用。

参观法是根据教学目的的要求,组织学生到一定的校外场所——自然界、生产现场和其他社会生活场所,使学生通过对实际事物和现象的观察、研究获得新知识的方法。

(三)以实际训练形式形成技能、技巧的教学方法

这类教学方法是以形成学生的技能、行为习惯、培养学生解决问题能力为主要任务的一种教学方法。它主要包括练习、实验和实习作业等方法。

练习法是在教师指导下学生巩固知识和培养各种学习技能的基本方法,也是学生学习过程中的一种主要的实践活动。实验法是学生在教师指导下,使用一定的设备和材料,通过控制条件的操作,引起实验对象的某些变化,并从观察这些变化中获得新知识或验证知识的一种教学方法,它也是自然科学常用的一种方法。实习法(或称实习作业法)是学生在教师组织和指导下,利用一定实习场所,参加一定实习工作,以掌握一定的技能和有关的直接知识,或验证间接知识,综合运用所学知识的一种教学方法。

从国内外教学方法改革的实践看,教学方法呈现出以下发展趋势。

一是由以教为重心逐渐转移到以学为重心,由以传授知识为重心逐渐转移到以打好基础、发展智力、培养能力为重心。不论是暗示教学法、发现教学法,或者是自学辅导法、学导式教学法等,都注重调动学生的积极性、激发学生的求知欲,使之不仅能学到知识而且还能学会独立获取知识的方法。

二是教学方法由单一化发展到多样化。现代教学方法的改革涌现出众多的教学方式和方法,在教学中采用多种多样的教学方法不仅是完成教学任务、实现教学目标的需要,而且还可以使学生的能力得到全面的锻炼,兴趣爱好得到良好的发展,更有利于达到社会所期望的效果。

三是各种教学方法从彼此孤立发展到相互结合。从辩证的观点来看,每一种教学方法都有其优点和不足之处。因此,教学方法的改革要以辩证的、系统方法论作指导,不要片面肯定某一教学方法,或将各种教学方法对立起来。

五、教学方法的选择与应用

巴班斯基提出了教学过程最优化的理论,力求在教学过程中的每一个环节都做到"最优化",在教学方法选择方面,他提出了六个标准:① 必须符合教学原则。教学原则是教学必须遵循的基本要求,是根据教学目的和教学过程的规律提出的,是教学实践经验的总结。贯彻教学原则,是提高教学质量的重要保证。因此选择和运用教学方法也必须符合教学原则。② 符合教学目的和任务。③ 符合所授课程的内容。④ 符合学生的学习可能性。要符合学生的年龄的(生理的、心理的)可能性;知识水平(教养,教育和发展水平)、班级集体的特点等。⑤ 符合现有条件和所规定的教学时间。⑥ 符合教师本身的可能性。

教学方法既有历史的继承性,又具有时代的特征,教学方法的选择要全面、具体、综合地考虑各种相关的因素进行权衡,加以取舍,在科学技术高度发达、知识激增的今天,教学

方法的选择和运用应把握好以下几个要求。

第一，重视教学方法的总体功能，力求多种教学方法互相配合，科学组合。教学实践证明，每种教学方法都有其适用范围、使用条件及其功能，在教学过程中没有一种教学方法是万能的或孤立存在的，每种教学方法都有其突出的优点，当然也有不足之处，正如苏联教育理论家巴班斯基所说："每种教学方法按其本质说都是相对辩证的，既有优点又有缺点，每种教学方法都可能有效地解决某些问题，而解决另一些则无效。每种方法都可能有助于达到某种目的，却妨碍着达到另一种目的。"因此，在全面、具体掌握选择教学方法的依据和了解多种多样的教学方法的基础上，还要正确把握各种教学方法之间的相互相系，相互渗透和转换的辩证关系，对各种教学法进行比较。加以即选、组合，以便发挥其整体功能。

第二，注重学生的活动，立足于学生的智力发展。《基础教育课程改革纲要（试行）》指出，"教师在教学过程中应与学生积极互动，共同发展，处理好传授知识与培养能力的关系，注重培养学生的独立性和自主性，引导学生质疑、调查、探究，在实践中学习，促进学生在教师指导下主动地、富有个性地学习，教师应尊重学生的人格，关注个性差异，满足不同同学的需要，创造能引导学生主动参与的教育环境，激发学生的学习积极性，培养学生掌握和运用知识的态度和能力，使每个学生都能得到充分的发展"。

第三，把握预设与生成的内在联系，注重预设与生成的统一和有机整合。所谓预设，就是根据教育目标和学生的兴趣、学习需要以及已有的知识经验，以多种形式有目的、有计划地设计教育活动。所谓生成是指师生依据学生的兴趣、经验和需要，在与环境交互作用中进行有效的动态性调整，以引导学生生动、活泼、主动地进行知识的探究活动，让每一堂课都成为不可重复的激情与智慧综合生成的过程。在生成中，教师要为学生创设良好的心理和物质环境，关注、支持、引发学生的主动探索和交往的欲望，满足他们自主活动、自发学习的需要。在备课和教学过程中，既要对教学方式、学生的学习方式进行很好的预设，更要对学生的活动生成问题进行积极而充分的考虑。

第四，有效地进行资源重组，合理运用现代教学手段，整合和开拓课程资源。教学就是既要实现对学生因材施教，又要实现全体学生的共同提高，这就要求教师首先要有意义地进行资源重组、合理运用教学手段，尤其是多媒体，较好地创造教学情境，激发学生学习的兴趣和求知欲，促进学生更好地发展，为此应做到目标整合，以学生发展为指导思想着眼于学生品质和人格的完善，以创新精神，实践能力培养重点，全面提高学生整体素质；其次，进行内容整合，既要凸显经验性，以直接体验和自主操作的活动性的学习方式为主，又要以学生的自身兴趣，经验和需要为出发点创设有教育潜能的情境，让学生参与各种形式的活动；最后，形式整合方面，要凸显"以学生发展为本"的理念，课程设计要在现实的教育活动开展的过程中进行整合。而以上三种整合都必须注意各种资源的优化组合并在此基础上的合理开拓，从而实现最佳的教学效果。

第五，注重"教"与"学"的辩证关系，有效地指导学习和激发学习动机。在设计教学方法时不仅要讲究如何"教"，更要考虑学生怎样"学"，还要研究"教"与"学"的相应关系和作用，研究怎样从实际出发进行教学调控，建立和形成旨在充分调动、发挥学生主体性的学习方式，采用各种方式指导学生有效地学习，用科学的学习方法和思维方法武装学生，有针对性地具体指导学生的学习方法、思路、途径和思维方式，保证学生有足够时间和空间进行有效学习。

第二节 教学模式

一、教学模式的概念

"模式"一词是英文 model 的汉译名词。model 还译为"模型""范式""典型"等。一般指被研究对象在理论上的逻辑框架,是经验与理论之间的一种可操作性的知识系统,是再现现实的一种理论性的简化结构。将模式一词最先引入到教学领域,并加以系统研究的人,当推美国的乔伊斯和韦尔。乔伊斯和韦尔在《教学模式》一书中这样给其定义:"教学模式是构成课程和作业、选择教材、提示教师活动的一种范式或计划。"将"模式"一词引入教学理论中,是想以此来说明在一定的教学思想或教学理论指导下建立起来的各种类型的教学活动的基本结构或框架,表现教学过程的程序性的策略体系。因此,教学模式可以定义为是在一定教学思想或教学理论指导下,建立起来的较为稳定的教学活动结构框架和活动程序。作为结构框架,突出了教学模式从宏观上把握教学活动整体及各要素之间内部的关系和功能;作为活动程序则突出了教学模式的有序性和可操作性。

教学模式与教学方法、教学策略等概念具有一定的联系。首先,从概念的范畴上确定三者之间的关系,教学模式是最为宏观的,其次是教学策略,最后是教学方法,换句话说,教学策略是教学模式的具体化,教学方法又是教学策略的具体化。教学模式具有整体性和稳定性的,它涉及一堂课的整体框架,框架一旦确定,就很难改变。所谓策略就是计策和谋略,在运用教学策略的过程中,我们还可能会涉及教学方法、教学组织形式、教学内容的选择,和教学模式不同的是,教学策略更加灵活,我们一般根据教学情境和学生的需要而随机选择教学策略,同时,策略也不是指向整堂课的,它是根据课堂中某些实际问题来进行解决的,同一个教学模式下可能会有多个教学策略。比如,奥苏贝尔的先行组织者策略、罗杰斯的非指导教学策略,都是属于教学策略。教学方法是指为了完成任务,教师的教和学生的学相互作用所采取的方式、作用和手段。通过学习过的讲授法、讨论法、实验法等就可以很容易地理解,教学方法表现为教学过程中的一系列操作,是最为具体的一种活动,在一堂课中,常常都是几种教学方法综合使用。所以,不难发现,从一定的教学理论和教学思想出发,我们制定了教学模式,在教学模式的基础上制定了教学策略,最后又到教学方法,将其具体应用到我们的教学当中。

二、教学模式的构成要素

不同的教学理论、教学目标、教学策略及对师生活动不同安排,就构成不同的教学模式。一个完整的教学模式,其基本结构应包含以下六个基本要素。

(一)教学理论或教学思想

教学模式都是在一定的教学理论或教学思想指导下建立的。"每一个模式都有一个内在的理论基础"。教学模式的方向性和独特性是由一定的教学理论或思想决定的。例如,程序教学模式的理论基础是行为主义心理学理论;结构主义教学模式(布鲁纳的概念获得模式)的理论基础是认知心理学理论;非指导性教学模式的理论依据是人本主义心理学理论。

（二）教学功能目标

任何教学模式都要指向一定的教学目标，即教学模式是为了完成特定的教学目标而设计构建的。教学目标是教学模式构成的核心要素，它影响着教学模式的操作程序和师生的组合方式，也是教学评价的标准和尺度。例如，合作教学模式的功能目标是使学生具有民主精神、独立人格、交往能力和创造才能。

（三）教学结构及活动程序

任何教学模式都有一套独特的教学结构和体现教学活动逻辑过程的操作顺序。教学模式的一个显著特征是，合理处理教学过程诸要素的相互关系，合理确定按照时间流程从逻辑上展开的各个教学步骤（即教学过程结构）。例如，加涅的累积性教学模式的活动程序是注意→知觉→获得→保持→提取→迁移→反馈→强化等八个步骤。它包含了教材内容的展开顺序、师生复杂心理活动顺序、教学方法的运用顺序三个方面的整合。

（四）师生交往系统

在教学中，师生交往的方式、方法、地位、角色、关系、相互作用等的不同配合是构成一定的教学模式的重要因素。主要有四种类型：① 高度集中型（如讲授模式），即教师是活动的中心，是信息的来源，是教学的组织者和协调者。② 温和型（如探究——发现模式、合作模式），即教师与学生在教学活动中的作用相当，教学民主，教师通过启发引导学生自主进行意义建构，主动获取知识、发展能力。③ 放任型（即松散型，如自学辅导模式、活动教学模式），即以学生为中心，鼓励学生独立思考，教师只提供一些帮助和辅导，教学目标和教学内容具有较大的弹性。④ 管理型（如程序教学模式），这是高度集中型和温和型的中间类型。

（五）反馈方式

反馈指教师如何看待学生，如何对学生的外显行为做出反应。不同的教学模式对教师的反馈方式有不同的要求。

（六）支持条件

任何教学模式都必须在特定的条件下才能发挥效力。教学模式的支持条件包括环境、设施、媒体（计算机及其网络等）、教学手段、教学的时空组合等。例如，布卢姆的掌握学习模式的支持条件包括认知前提行为、情感前提特性和教学信息结构三大变量。随着教学手段现代化，教学对于物质条件的依赖程度愈来愈大，各种媒体在教学过程中的运用，对于实现教学模式的功能起到不可或缺的作用，认真研究并保障教学模式的实现条件，可以更好地掌握和运用教学模式，成功达到预期目的。

以上六大要素各有不同的地位，起着不同的作用，它们之间既有区别，又彼此联系，相互蕴含，相互依存，相互制约，缺一不可，构成一个完整的教学模式。

三、教学模式的类型

教学模式从不同的基点出发有不同的分类。例如，美国学者乔伊斯和韦尔把众多教学模式归纳为四种基本类型。

第一类是信息加工教学模式。这类教学模式依据信息加工理论，把教学看作一种创造性的信息加工过程。它着眼于知识的获得和智力的发展，主要有以信息处理能力的发展研究为基础的模式（皮亚杰）、以学习理论为基础的模式（加涅）和概念获得模式（布鲁纳）。

第二类是个性教学模式。这类教学模式的理论依据是个别化教学理论与人本主义的教学思想。其核心是强调学生在教学中的主观能动性，着眼于个人潜力和人格的发展。如罗杰斯的非指导性教学模式和杜威的"活动教学模式"。

第三类是合作教学模式。这类教学模式依据的是社会互动理论，强调教师与学生、学生与学生的相互影响和人际交往，着眼于人的社会性品格的培养，如苏联戈盖巴维利等一批学者创立的合作教育学。

第四类是行为控制教学模式。这类教学模式依据的是行为主义心理学理论，它把教育看作一种不断修正行为的过程。它通过操作方法的自我控制并驾驭自己的环境，来提高目标行为质量和减少不适应的行为。如程序教学模式（斯金纳）、以"智力行为多阶段形成理论"为基础的教学模式（加里培林）等。

在国内，教学模式的分类也有多种。查有梁是国内研究教学模式比较出名的学者，著有《教育模式》《教育建模》《课堂模式论》《新教学模式之建构》等。

根据师生活动的不同强度，可以把教学模式依次分为注入式、启发式、问题式、范例式和放羊式等五类。第一类教师活动强度最大，学生最小，依次递减（递增）至第五类则表现为教师活动强度最小，学生最大。

根据教学意义的生成方式，可以把教学模式分为三类：①"替代性教学模式"，即学生通过教师呈现教材来掌握现成知识的一种教学模式；②"生成性教学模式"，其教学策略倾向于建构主义学习的理论观点，认为学生是认知的主体，是知识意义的主动建构者，教师对教学意义的生成起帮助者和促进者的作用；③"指导性教学模式"，它是"折中于前两者之间的产物"，它在前两者之间取得平衡，扬长避短，使前两者的优点相得益彰。

根据教学活动特征，可以将教学模式分成以下五类："指导—接受"模式、"自学—辅导"模式、"探索—发现"模式、"情感—陶冶"模式和"示范—模仿"模式。

用分类的方法来考察教学模式，实际上有割裂各种相关理论和模式并勉强予以界定等缺陷，但它毕竟有助于教师从整体上把握不同模式的特点，有利于更好地认识和掌握现有的教学模式。对每一个具体的教学模式，教师可以从纵向去追寻它的来龙去脉，从横向去进行相互间的比较分析和取长补短，从而有利于教师的理论素养和实践水平的提高。

四、教学模式的特点与功能

（一）教学模式的特点

1. 指向性

由于任何一种教学模式都围绕着一定的教学目标设计的，而且每种教学模式的有效运用也是需要一定的条件，因此，不存在对任何教学过程都适用的普适性的模式，也谈不上哪一种教学模式是最好的。评价一个教学模式好坏的标准是它是否能达到特定的教学目标，只要能达成特定的教学目标就是有效的，就是好的教学模式；反之，则是无效的，就是不好的教学模式。教学过程中在选择教学模式时必须注意不同教学模式的特点和性能，注意教学模式的指向性。

2. 操作性

教学模式是一种具体化、操作化的教学思想或理论,它把某种教学理论或活动方式中最核心的部分用简化的形式反映出来,为人们提供了一个比较抽象理论具体得多的教学行为框架,具体地规定了教师的教学行为,使得教师在课堂上有章可循,便于教师理解、把握和运用。

3. 完整性

教学模式是教学现实和教学理论构想的统一,所以它有一套完整的结构和一系列的运行要求,体现着理论上的自圆其说和过程上的有始有终。

4. 稳定性

教学模式是大量教学时间活动的理论概括,在一定程度上揭示了教学活动带有的普遍性规律。一般情况下,教学模式并不涉及具体的学科内容,所提供的程序对教学起着普遍的参考作用,具有一定的稳定性。但是教学模式是依据一定的理论或教学思想提出来的,而一定的教学理论和教学思想又是一定社会的产物,因此教学模式总是与一定历史时期社会政治、经济、科学、文化、教育的水平联系,受到教育方针和教育目的制约。因此这种稳定性又是相对的。

5. 灵活性

作为并非针对特定的教学内容教学,体现某种理论或思想,又要在具体的教学过程中进行操作的教学模式,在运用的过程中必须考虑到学科的特点、教学的内容、现有的教学条件和师生的具体情况,进行细微的方法上的调整,以体现对学科特点的主动适应。

(二) 教学模式的功能

1. 教学模式的中介作用

教学模式的中介作用是指教学模式能为各科教学提供一定理论依据的模式化的教学法体系,使教师摆脱只凭经验和感觉,在实践中从头摸索进行教学的状况,搭起了一座理论与实践之间的桥梁。教学模式的这种中介作用,是和它既来源于实践,又是某种理论的简化形式的特点分不开的。一方面,教学模式来源于实践,是对一定具体教学活动方式进行优选、概括、加工的结果,是为某一类教学及其所涉及的各种因素和它们之间的关系提供一种相对稳定的操作框架,这种框架有着内在的逻辑关系的理论依据,已经具备了理论层面的意义。另一方面,教学模式又是某种理论的简化表现方式,它可以通过简明扼要的象征性的符号、图式和关系的解释,来反映它所依据的教学理论的基本特征,使人们在头脑中形成一个比抽象理论具体得多的教学程序性的实施程序。便于人们对某一教学理论的理解,也是抽象理论得以发挥其实践功能的中间环节,是教学理论得以具体指导教学,并在实践中运用的中介。

2. 教学模式的方法论意义

教学模式的研究是教学研究方法论上的一种革新。长期以来人们在教学研究上习惯于采取单一刻板的思维方式,比较重视用分析的方法对教学的各个部分进行研究,而忽视各部分之间的联系或关系;或习惯于停留在对各部分关系的抽象的辩证理解上,而缺乏作为教学活动的特色和可操作性。教学模式的研究指导人们从整体上去综合地探讨教学过程中各因素之间的互相作用和其多样化的表现形态,以动态的观点去把握教学过程的本质和规律,同时对加强教学设计、研究教学过程的优化组合也有一定的促进作用。

五、教学模式的历史与发展

(一)教学模式的演变

系统完整的教学模式研究是从近代教育学形成独立体系开始的,"教学模式"这一概念与理论在20世纪50年代以后才出现。不过在中外教学实践和教学思想中,很早就有了教学模式的雏形。

古代教学的典型模式就是传授式,其结构是"讲—听—读—记—练"。其特点是教师灌输知识,学生被动机械地接受知识,书中文字与教师的讲解几乎完全一致,学生对答与书本或教师的讲解一致,学生是靠机械的重复进行学习。

到了17世纪,随着学校教学中自然科学内容和直观教学法的引入,班级授课制度的实施,夸美纽斯提出应当把讲解、质疑、问答、练习统一于课堂教学中,并把观察等直观活动纳入教学活动体系之中,首次提出了以"感知—记忆—理解—判断"为程序结构的教学模式。

19世纪是一个科学实验兴旺繁荣的时期。赫尔巴特的理论在相当程度上反映了当时科学发展的趋势。他从统觉论出发,研究人的心理活动,认为学生在学习的过程中,只有当新经验与已经构成心理的统觉团中概念发生联系时,才能真正掌握知识。所以教师的任务就是选择正确的材料,以适当的程序提示学生,形成他们的学习背景或称统觉团。从这一理论出发,他提出了"明了—联合(联想)—系统—方法"的四阶段教学模式。后来他的学生莱因又将其改造为"预备—提示—联合(联想)—总结—应用"的五阶段教学模式。

以上这些教学模式都有一个共性,它们都忽视了学生在学习中的主体性,片面强调灌输方式,在不同程度上压抑和阻碍了学生的个性发展。所以,19世纪20年代,随着资本主义大工业的发展,强调个性发展思想的普遍深入与流行,以赫尔巴特为代表的传统的教学模式受到了挑战,应运而生的杜威的实用主义的教育理论得到了社会的推崇,同时也促进了教学模式向前推进了一步。

杜威提出了"以儿童为中心"的"做中学"为基础的实用主义教学模式。这一模式的基本程序是"创设情境—确定问题—占有资料—提出假设—检验假设"。这种教学模式打破了以往教学模式单一化的倾向,弥补了赫尔巴特教学模式的不足,强调学生的主体作用。强调活动教学,促进学生发现探索的技能,获得探究问题和解决问题的能力,开辟了现代教学模式的新路。

当然,实用主义教学模式也有其缺陷。它把教学过程和科学研究过程等同起来,贬低了教师在教学过程中的指导作用,片面强调直接经验的重要性,忽视知识系统性的学习,影响了教学质量。因此在20世纪50年代受到了社会的强烈批评。

20世纪50年代以来,随着科学技术的发展,教育面临着新的科技革命的挑战,促进人们利用新的理论和技术去研究学校教育和教学问题。现代心理学和思维科学对人脑活动机制的揭示,发生认识论对个体认识过程的概括,认知心理学对人脑接受和选择信息活动的研究,特别是系统论、控制论、信息加工理论等理论的产生,对教学实践产生了深刻的影响,也给教学模式提出了许多新的课题。因此这一阶段在教育领域出现了许多的教学思想和理论，与此同时也产生了许多新的教学模式。

（二）教学模式的发展趋势

1. 从单一教学模式向多样化教学模式发展

自从赫尔巴特提出"四段论"教学模式以来，经过其学生的实践和发展逐渐以"传统教学模式"的名称成为 20 世纪教学模式的主导。后来杜威打着反传统的旗号，提出了实用主义教学模式，20 世纪 50 年代以来一直在"传统"与"反传统"之间来回摆动。20 世纪 50 年代以后，由于新的教学思想层出不穷，再加上新的科学技术革命使教学产生了很大的变化，教学模式出现了"百花齐放、百家争鸣"的繁荣局面。据乔伊斯和韦尔 1980 年的统计，现在教学模式有 23 种之多，其中我国提出的教学模式就有 10 多种。

2. 由归纳型向演绎型教学模式发展

归纳型教学模式重视从经验中总结、归纳，它的起点是经验，形成思维的过程是归纳。演绎型教学模式指的是从一种科学理论假设出发，推演出一种教学模式，然后用严密的实验来验证其效用。它的起点是理论假设，形成思维的过程是演绎。归纳型教学模式来自教学实践的总结，不免有些不确定性，有些地方还不能自圆其说。而演绎型教学模式有一定的理论基础，能够自圆其说，有自己完备的体系。

3. 由以"教"为主向重"学"为主的教学模式发展

传统教学模式都是从教师如何去教这个角度来进行阐述，忽视了学生如何学这个问题。杜威的"反传统"教学模式，使人们认识到学生应当是学习的主体，由此开始了以"学"为主的教学模式的研究。现代教学模式的发展趋势是重视教学活动中学生的主体性，重视学生对教学的参与，根据教学的需要合理设计"教"与"学"的活动。

4. 教学模式的日益现代化

在当代教学模式的研究中，越来越重视引进现代科学技术的新理论、新成果。有些教学模式已经开始注意利用信息领域、网络技术、人工智能等方面先进的科学技术成果，教学条件的科技含量越来越高，充分利用可提供的教学条件设计教学模式，出现了"线上教学模式"。

六、常用教学模式分析

（一）传递—接受式

该教学模式源于赫尔巴特的四段教学法，后来由苏联凯洛夫等人进行改造传入我国。在我国广为流行，很多教师在教学中都用这种方法教学。该模式以传授系统知识、培养基本技能为目标。其着眼点在于充分挖掘人的记忆力、推理能力与间接经验在掌握知识方面的作用，使学生比较快速有效地掌握更多的信息量。该模式强调教师的指导作用，认为知识是教师到学生的一种单向传递的作用，非常注重教师的权威性。

其理论基础是行为心理学的原理，尤其受斯金纳操作性条件反射的训练心理学的影响，强调控制学习者的行为达到预定的目标；认为只要通过联系—反馈—强化，这样反复的循环过程就可以塑造有效的行为目标；基本教学程序是：复习旧课—激发学习动机—讲授新课—巩固练习—检查评价—间隔性复习。

这种教学模式的优点是学生能在短时间内接受大量的信息，能够培养学生的纪律性和抽象思维能力,缺点是学生对接收的信息很难真正地理解,不利于创新性、个性化学生的发展,不利于培养学生创新思维和解决实际问题的能力,只能培养出一大批没有思想与主见的高分低能者。

(二)自学—辅导式

自学辅导式的教学模式是在教师的指导下自己独立进行学习的模式。这种教学模式能够培养学生的独立思考能力,在教学实践中也有很多教师在运用它。

其理论基础是人本主义,注意发挥学生的主体性,以培养学生的学习能力为目标。这种教学模式基于先让学生独立学习,然后根据学生的具体情况教师进行指导。它承认学生在学习过程中试错的价值,培养学生独立思考和学会学习的能力。其教学程序是:自学—讨论—启发—总结—练习巩固。教师在教学中根据学生的最近发展区,布置一些有关新教学内容的学习任务组织学生自学,在自学之后让学生之间交流讨论,发现他们所遇到的困难,然后教师根据这些情况对学生进行点拨和启发,总结出规律,再组织学生进行练习巩固。

这种教学模式的优点是能够培养学生分析问题、解决问题的能力;有利于教师因材施教;能发挥学生的自主性和创造性;有利于培养学生相互合作的精神。缺点是学生如果对自学内容不感兴趣,可能在课堂上一无所获;需要较长的时间;需要教师非常敏锐地观察学生的学习情况,必要时进行启发和调动学生的学习热情,针对不同学生进行讲解和教学,所以很难在大班教学中开展。

(三)探究式教学模式

探究式教学以问题解决为中心,注重学生的独立活动,着眼于学生的思维能力的培养。其理论基础是皮亚杰和布鲁纳的建构主义的理论,注重学生的前认知,注重体验式教学,培养学生的探究和思维能力。其教学的基本程序是:问题—假设—推理—验证—总结提高。首先创设一定的问题情境提出问题,然后组织学生对问题进行猜想和做假设性的解释,再设计实验进行验证,总后总结规律。

这种教学模式的优点是能够培养学生创新能力和思维能力,能够培养学生的民主与合作的精神,能够培养学生自主学习的能力,缺点是一般只能在小班进行,需要较好的教学支持系统,教学需要的时间比较长。

(四)概念获得模式

该模式的目标是使学习者通过体验所学概念的形成过程来培养他们的思维能力。该模式主要反映了认知心理学的观点,强调学习是认知结构的组织与重组的观点。其基本程序包含的步骤为:教师选择和界定一个概念—教师确定概念的属性—教师准备选择肯定和否定的例子—将学生导入概念化过程—呈现例子—学生概括并定义—提供更多的例子—进一步研讨形成正确概念—概念的运用与拓展。

(五)巴特勒的自主学习模式

20世纪70年代,美国教育心理学家巴特勒提出教学的七要素,并提出"七段"教学论,在国际上影响很大。它的主要理论依据是信息加工理论。其基本教学程序是:设置情境—激发动机—组织教学—应用新知—检测评价—巩固练习—拓展与迁移。巴特勒从信息加工理论出发,非常注重元认知的调节,利用学习策略对学习任务进行加工,最后生成学习结果。教师在利用这种模式的时候,要时常提醒学生反思自己的学习行为。要考虑各种步骤的组成要素,根据不同情况有所侧重。

（六）抛锚式教学

这种教学要求建立在有感染力的真实事件或真实问题的基础上。确定这类真实事件或问题被形象地比喻为"抛锚",因为一旦这类事件或问题被确定了,整个教学内容和教学进程也就被确定了,就像轮船被锚固定一样。它的理论基础是建构主义。建构主义认为,学习者要想完成对所学知识的意义建构,即达到对该知识所反映事物的性质、规律以及该事物与其他事物之间联系的深刻理解,最好的办法是让学习者到现实世界的真实环境中去感受、去体验,即通过获取直接经验来学习,而不是仅仅聆听别人,例如教师关于这种经验的介绍和讲解。由于抛锚式教学要以真实事例或问题作为"锚",所以有时也被称为"实例式教学"或"基于问题的教学"或"情境性教学"。

抛锚式教学由这样几个环节组成：① 创设情境。使学习能在和现实情况基本一致或相类似的情境中发生。② 确定问题。在上述情境下,选择出与当前学习主题密切相关的真实性事件或问题作为学习的中心内容。选出的事件或问题就是"锚",这一环节的作用就是"抛锚"。③ 自主学习。不是由教师直接告诉学生应当如何去解决面临的问题,而是由教师向学生提供解决该问题的有关线索,并特别注意发展学生的"自主学习"能力。④ 协作学习。讨论、交流,通过不同观点的交锋,补充、修正、加深每个学生对当前问题的理解。⑤ 效果评价。由于抛锚式教学的学习过程就是解决问题的过程,由该过程可以直接反映出学生的学习效果。因此对这种教学效果的评价不需要进行独立于教学过程的专门测验,只需在学习过程中随时观察并记录学生的表现即可。

（七）范例教学模式

范例教学模式比较适合原理、规律性的知识。在教学中一般从一些范例分析入手感知原理与规律,并逐步提炼进行归纳总结,再进行迁移整合。其基本过程:阐明"个"案—范例性阐明"类"案—范例性地掌握规律原理—掌握规律原理的方法论意义—规律原理运用训练。

"范例教学"主张选取蕴含本质因素、根本因素、基础因素的典型案例,通过对范例的研究,使学生从个别到一般、从具体到抽象、从认识到实践理解、掌握带有普遍性的规律、原理的模式。所谓范例性地阐明"个"案,指用典型事实和现象为例说明事物的本质特征。所谓范例性阐明"类"案,是指用许多在本质上与"个"案一致的事实和现象来阐明事物的本质特征。范例性掌握规律原理是指从大量的"类"案中总结出规律和原理,在总结归纳的过程中,要注意对规律或原理的表述要准确,对规律原理的名称要清楚。掌握规律原理的目的和意义在于运用,因而教师要让学生掌握规律、原理的方法论意义。为了了解学生对规律和原理的掌握程度,从而获得反馈信息,规律原理的运用训练是教学必不可少的环节。

（八）加涅模式

该模式的理论基础是信息加工理论,加涅认为学习的条件分为内部条件和外部条件,内部条件又进一步分为基本先决条件和支持性的先决条件。支持性的先决条件在学习过程中起辅助作用,但是没有这些条件学习也可以发生,而如果缺少基本先决条件则是不行的。不同的学习类别需要不同的学习条件,并能产生五种类型的学习结果:言语信息、智力技能、认知策略、动作技能、态度。言语信息包括名称、符号、事实和原则。为了使言语信息的学习得以发生,言语信息的内容对学习者必须是有意义的。考查言语信息是否掌握,必须对一些事实进行提问。智慧技能,包括辨别、概念、规则和高级规则。智慧技能的学习是通过呈现许多规则和例子以指导学习者找到正确的答案。可以通过要求学习者解决特定的问题来考查学习结果。认知策略,对这种技能的教学方法演示或说明策略后,学习者练习,一旦学生熟悉了一个问题,新的问题要呈现,以帮助学生将策略迁移,或者评价学生对策略的掌握。动作技能,反复练习对这种技能的掌握是关键。可以通过完成任务的时间或者精确性来测试对动作技能的掌握。态度,强化相依原理在态度学习中起主要作用。

加涅的学习层级论主要适用于智慧技能的学习。学习层级论,也称累积学习理论,其基本观点是:学习任何新的智慧技能都需要某种先前的学习,学习是累积性的。按照复杂性程度的不同,由简单到复杂,加涅将智慧技能分为八个层次:信号学习、刺激—反应学习、连锁学习、言语联想、辨别学习、概念学习、规则学习和高级规则学习。其中前四类学习是学习的基础形式,总称联想学习。学校教育更关注的是后面四类的学习。

加涅认为学习分为三个部分九个阶段,即准备、操作和迁移三个部分。准备包括接收、预期、提取到工作记忆中。对应的教学事件是引起注意、告知目标、刺激回忆先前的知识。操作包括选择性知觉、语义编码、反应、强化。对应的教学事件是呈现刺激、提供学习指导、引出行为、提供反馈。学习迁移包括提取和强化、提取并一般化。对应的教学事件是评价行为、促进保持与迁移。

(九)奥苏贝尔模式

奥苏贝尔是认知结构理论的具体化的实用者。他通俗地认为认知结构就是书本知识在学生头脑中地再现形式,是有意义学习的结果和条件。他着重强调了概括性强、清晰、牢固、具有可辨别性和可利用性的认知结构在学习过程中的作用,并把建立学习者对教材的清晰、牢固、认知结构作为教学的主要任务。奥苏贝尔的有意义学习理论着重强调了认知结构的地位,围绕着认知结构提出的上位学习、下位学习、相关类属学习、并列结合学习和创造学习等几种学习类型,为新旧知识是如何组织的提供了一条较有说服力的解释。自它之后,认知结构理论才真正引起人们的重视并为人们广泛理解。

在"有意义接受学习"理论基础上,他提出了"先行组织者"教学策略。其基本教学程序是:① 呈现先行组织者教学活动:阐明本课的目的。呈现作为先行组织者的概念:确认正在阐明的属性;给出例子;提供上下文。使学习者意识到相关知识和经验。② 呈现学习任务和材料教学活动:使知识的结构显而易见;使学习材料的逻辑顺序外显化;保持注意;呈示材料;演讲、讨论、放电影、做实验和阅读有关的材料。③ 扩充与完善认知结构教学目标:使用整合协调的原则;促进积极的接受学习;提示新、旧概念(或新、旧知识)之间的关联。

(十)合作学习模式

它是一种通过小组形式组织学生进行学习的一种策略。小组取得的成绩与个体的表现是紧密联系的。美国明尼苏达大学的约翰逊(Johnson)认为合作式学习必须具备五大要素:个体积极的相互依靠、个体有直接的交流、个体必须掌握给小组的材料、个体具备协作技巧和群体策略。合作式学习有利于发展学生个体思维能力和动作技能,增强学生之间的沟通能力和包容能力,还能培养学生的团队精神,提高学生的学业成绩。

七、教学模式的选择与运用

教学模式的选择与运用首先应该建立于对教学目标、教学内容、学习者特征分析等基础之上，这些要素决定了教学过程、教学资源选择与使用形式等。教学模式不仅贯穿了整个教学设计环节，而且是体现教育思想、教学理念的主要形式，不同的教育理念会产生不同的教学模式和教学策略，实施不同的教学模式和教学策略会产生不同的教学效果，因此它是整个教学设计中的核心环节。在选择教学模式和教学策略时，教师要重点考虑以下问题。

（一）教学目标

在选择教学模式时，必须考虑教学目标的具体要求。当知识掌握是教学的核心目标时，可以更多采用以教师活动为主的教学模式，突出系统讲授和系统训练。如果教学的核心目标是实际能力或方法的培养，那就要在教学中更多采用以学生活动为主的教学模式，突出学生的自主学习和主动探索。如果教学的核心目标是让学生形成某种态度或价值观，那就要更多采用突出社会互动、情感体验的教学模式。当然，一门课、一个单元的教学往往同时会涉及多个目标，所以，要在教学中适当对不同模式加以组合。

（二）学习过程的复杂性

一定的教学目的、教学任务必须通过激发学生的某种学习过程才能实现，所以，教师要根据教学目的和教学任务，考虑将让学生进行何种学习活动，其过程是怎样的。从认知的角度来看，学习活动的认知复杂性是不同的。低复杂性的认知活动包含的思维模式比较简单，是一种绝对的、非白即黑式的思维模式，其中会尽量减少矛盾冲突。中等复杂性的认知活动需要学生对几个方面进行综合思考，避免绝对化，不盲目相信权威。高复杂性的认知活动则体现了更多的辩证思维，需要灵活地、多角度地看问题，需要深刻地进行思考，且具有更高程度的抽象性和概括性。如果所要进行的学习活动具有较高的认知复杂性，就需要选择采用结构较松散的教学模式，即教师及教学程序的控制性较低，允许学生进行更主动的、更开放的探索性活动的教学模式，如发现学习的模式、基于问题式学习的模式、非指导性教学等。相反，如果所要进行的学习活动主要依赖于较低复杂性的认知活动，那就可以选择结构更严格的教学模式，即教师、教学程序对学生的学习过程做详细严格的规定，比如程序教学等。

（三）学生的特点

教学模式必须符合学生的认知发展水平。低年龄阶段的学生在认知活动上更多依赖于动作和具体形象，依赖于直观经验，所以应采用突出学生活动的教学模式，如发现学习。而高年龄阶段的学生则可以更好地进行抽象概括，可以借助于语言符号获得更多的间接性经验，所以，有意义接受学习的模式在这一年龄段上更为有效。另外，在选择教学模式时，也要考虑学生的学习能力和学习习惯，而且应该在教学中有意识地培养学生的独立学习能力。

（四）各种教学模式对教学资源、教学环境等客观条件的要求

不同教学模式对教学资源、教学条件的要求不同，教师要根据这些情况加以取舍。

第十一章 教学组织与教学评价

教学组织借助一定的形式才能具体实施,在教学理论和实践中,教学组织形式是整个教学的落脚点,教学任务的完成、教学过程的实施、教学方法的运用甚至课程设置等都需要凭借一定的教学组织形式。对教学组织形式的研究和探讨,涉及对教学组织形式内涵的理解、历史发展脉络的把握、现行的教学组织形式尤其是班级授课制的了解以及发展趋势的预判。教学评价是教学领域不可或缺的组成部分,是教学过程不可忽视的重要环节,在教育改革发展的今天,作为关心和推动教育教学发展的学习者和研究者,都有必要明了教学评价的内涵,明确教学评价主体和因素,理解教学评价内容和方法,把握教学评价变革发展的趋势。

第一节 教 学 组 织

在教学活动中,教师、学生、内容以及环境等多重因素之间存在着复杂的关系和结构,这些关系和结构的实现,必须借助于一定的教学组织,由此便形成了教学组织形式的特定范畴。教学组织形式是研究教学活动应如何组织和进行,教学时间和教学场所以及设备等应如何有效加以控制和利用的问题。教学组织形式运用的科学、恰当,对提高教学质量有直接影响。

一、教学组织形式的内涵

教学组织形式是指为了完成特定的教学任务,教师和学生按照一定要求组合起来进行活动的结构。或者说,是师生的共同活动在人员、程序、时空关系上的组合形式[①]。在教师的教与学生的学所构成的教学活动中,必然存在教师与学生如何组合起来发生相互作用,如何对时空条件进行有效控制和利用的问题,这必然是教学组织形式所关注的问题。

(一)教学组织形式的组成要素

形式的形成往往是多种要素汇聚组合、相互作用的结果。教学组织形式也是如此。构成教学组织形式的要素有教师、学生、教学时间单位、教学空间单位等。

1. 教师和学生

教师和学生是教学活动的主体,他们之间的互动以及具体的互动形式决定了教学组织形式的实践样态,其中,某种互动的方式与机制一旦稳定下来,形成某种教学制度或教学传统,这时,与之相应的制度化的教学组织形式便会应运而生。因此,教师和学生是教学组织

---

① 王本陆.课程与教学论[M].2版.北京:高等教育出版社,2015:243.

形式构成的"人"的要素,这是最基本要素,也是其实践样态的决定性影响因素。

2. 教学时间单位和教学空间单位

教学活动的开展不能置身于时空之外,教学活动的有序、有效开展总是需要将教学时间与教学空间切分为长短各有其时、大小各有其地的时间单位和空间单位,不同时间单位与不同空间单位的组合形成了各种教学组织形式的物质环境,也使教学组织形式体现出了不同的活动面貌,其中,时间单位制约教学组织形式的外显环节与活动程序,空间单位制约教学组织形式的呈现方式与动态结构。因此,教学时间单位和教学空间单位也是教学组织形式的基本要素。

3. 其他各种教学要素

除了上述基本要素以外,教学方法、手段、工具等其他教学要素也对教学组织形式的形成产生影响。如网络教学、广播电视教学、函授教学、设计教学等。

在教学活动中特殊的师生互动勾画了教学组织形式的实践样态,同时师生之间双方比例、互动形式、关系样态的不同,决定了教学组织形式的不同;特殊的时空安排是教学组织形式物质环境的构成条件,不同的教学时间分配和不同的教学空间的有机组合,形成不同的时空环境。选择和确定了一种特定的时空环境,在某种意义上也就确定和实施了一种特定的教学组织形式;教学因素的特殊组合则是教学组织形式教学功能的实现路径,教学组织形式可以协调重组、优化配置教学过程各种因素及其功能,从而使这些因素的功能在特定的时空条件、特定的师生互动方式中得以集中地、系统地、有效地发挥。

(二)教学组织形式的分类

教学单位的规模和师生交往的程度是划分教学组织形式时通常参照的两项指标。按照教学单位的规模大小,可分为个别教学、小组教学、班级授课(小班教学、大班教学、合班教学);按照师生交往的程度划分,可分为直接的教学组织形式(包括个别教学、小组教学、班级授课等)和间接的教学组织形式(包括个别学习、伙伴学习、合作学习、广播电视教学、计算机教学等)。

随着教学改革的推进,教学单位的规模、师生交往程度以及教学的时空等都有了很大改变,依据标准不同,教学组织形式的分类也不同。对各种教学组织形式进行科学的分类,有助于我们具体把握它们的结构,进而更好地认识和发挥它们的教学功能。

(三)教学组织形式的功能

教学组织形式在教学理论和实践中处于真正的具体落脚点地位,带有综合、集结的性质。教学组织形式问题如何解决以及解决的恰当与否,关系着教学质量的高低。

1. 提高教学工作效率

采用合理的教学组织形式,有助于提高教学工作的效率,并使各种有效的教学方法、教学手段得以在相应的组织形式中运用。只有将不同的教学方法、教学手段运用于相应的教学组织形式中,才能充分发挥其效用。一般来说,教学组织形式的改进总是同教学方法的改革乃至整个教学体系的改革融为一体。在教学实践中,很难将教学组织形式同教学方法截然分开,只是为了理论研究的方便才把它作为独立的范畴分别考查。教学组织形式同教学方法及整个教学活动模式的这种关系,决定了教学组织形式的合理与否,对教学活动的开展和效果具有直接的意义。

2. 有利于教学活动多样化

采用合理的教学组织形式,还有利于教学活动多样化,从而实现教学的个别化。长期以来,人们对教学组织形式的探究以及种种新形式的尝试,主要是围绕着如何使教学活动适应每个学生的需要、兴趣、能力和发展潜力,即如何"因材而教"而展开的。当代各国教学改革的目标之一,就是探索使每个学生都能获得最大发展的教学活动模式。而这些探索,主要集中在教学组织形式的改革及其相应的方法改革上。合理的教学组织形式有利于活动多样化,满足不同学生的不同学习需要,从而实现教学的个别化。

二、教学组织形式的发展

纵观教育史,教学组织形式不是固定不变的,每一种教学组织形式都有其产生的独特历史背景。在不同的历史时期,社会生产和科技发展的水平不同,其对教育教学所提出的要求及可以给予的条件支持也不同,由此产生了不同的教学组织形式。就教学组织形式发展的历史脉络来看,个别教学是古代社会教育教学最基本的组织形式。到了16世纪,随着资本主义生产方式的兴起,社会的发展迫切需要人才培养规模化,班级授课制应运而生,并一直延续至今,成为现代教学的主要组织形式。19世纪末到20世纪初,现代生产和科技的发展对人才的培养规格与质量提出了新的要求,于是,道尔顿制和文纳特卡制等一些适应学生个体差异的新教学组织形式诞生了。20世纪50年代以来,课程与教学实践领域又涌现出了一批当代教学组织形式——分组教学制、特朗普制和开放课堂等,它们的出现使教学组织形式更加丰富多彩。对教学组织形式发展的历程进行考查,不仅有助于厘清教学组织形式的历史发展脉络,还有助于全面、准确的把握教学组织形式的内涵。

(一) 个别教学

个别教学就是教师分别对学生进行个别教学的一种教学组织形式。囿于当时生产力发展水平,它是古代社会教学活动中主要的甚至唯一的教学组织形式。其基本特征表现在四个方面:① 教师个体只与学生个体发生联系;② 学生年龄不一,文化程度参差不齐;③ 教学内容缺乏系统性;④ 教学时间和教学进度缺乏计划性。总的来说,这种教学组织形式办学规模小、速度慢、效率低。当然,个别教学在适应个别差异方面具有明显优势。

20世纪50年代,由于人们逐渐发现了班级授课制的弱点,为补弊救偏,欧美各国开始重新重视个别教学,由此开始,个别教学因为理论的审思与实践的扬弃,重新迸发出夺目的光彩,并且呈现出一些新特点:一是教学内容的系统性得到加强;二是学生的学习进度、学习活动在自主安排的基础上,具有一定程度的计划性;三是新技术手段得到应用。如今在欧美各国,尤其是北欧国家,由于地理因素与气候因素,如挪威冬季漫长,大雪经常阻断学生上学,很多学校都在逐步完善个别教学,并取得了令人惊喜的教学成果。

(二) 群体教学

群体教学又称"班组教学",是介于个别教学和班级授课制之间的过渡形式,也是初级的集体教学形式。苏联教育理论家斯卡特金称这种组织形式为"个别—小组教学制"[①]。欧洲中世纪末期至文艺复兴时期的学校教育中多采用这种组织形式,我国宋、元、明、清各代

---

① 李定仁.教学思想发展史略[M].兰州:甘肃教育出版社,2004:242.

官学和书院的教学活动中也采用这种组织形式。其基本特征是：① 教师向一群学生授课，受教育对象规模扩大了，但还没有形成固定班级，学生彼此年龄不同，学习程度各异，学习进度、修业年限也不一样；② 班组的教学工作由数名教师分工负责，其中一名教师主讲，其他若干名教师辅助讲授；③ 教师个别教学与班组群体学习并存，也就是说，教师个别地给每个学生讲授、指导，是群体教学完成教学任务的主要形式，但同时班组学生也可以共同进行某些学习活动，有了共同的活动时间和空间，如朗诵、讨论等；④ 学校虽然没有统一规范的教学制度，学生入学、肄业、毕业，都不固定，但有见诸文字的修业计划和具体安排的章程。群体教学的发展为班级授课制的萌芽奠定了基础。

（三）班级授课制

班级授课制最早出现在欧美的一些学校，是一种以班级为单位的教学组织形式。16世纪末以来，资本主义工商业的兴起和科学技术的进步，对人才培养的规模以及教学内容的传授方式提出了新要求，个别教学越来越难以满足培养大批人才的社会发展需要。为适应新的历史形势，捷克教育家夸美纽斯总结兄弟学校的经验和教学实践，首先对这一新的组织形式从理论上加以整理与论证，使之作为一种基本的教学组织形式确定下来，后经德国教育家赫尔巴特的发展而基本定型，又经苏联教学论的发展而形成一个较为完整的体系。从19世纪后半期开始，它逐渐取代个别教学在欧美逐步推广开来。在我国，1862年京师同文馆率先采用班级授课，1903年的癸卯学制以法令的形式确定下来。

（四）贝尔—兰卡斯特制

贝尔—兰卡斯特制，也称为导生制。19世纪初的英国开始由工场手工业向大机器生产过渡，资本家为了榨取工人更多的剩余价值，不得不给工人以最初级的教育，也就是由教师先教年龄大的学生，再由其中的佼佼者也就是所谓"导生"去教年幼或学习差的学生，因由教师贝尔和兰卡斯特创建，故称为贝尔—兰卡斯特制。这种组织形式为资本家培养大机器生产者做出了一定贡献，它自身也是英国"双轨制"教育体制的具体体现。

"转相授受"——中国古代教学中的"贝尔-兰卡斯特制"

马融，字季长，扶风茂陵（今陕西兴平市）人，是东汉时期著名的经学大师。史载他收徒授业，弟子多达上千。除了只挂其名而不及门受教的所谓"著录弟子"以外，人在马氏门下就学的"及门弟子"也愈400人。不过，能直接受教于马融、亲听马融本人讲学的"升堂弟子"，仅是其中一部分而已。大多数学生的课业均由这些"升堂弟子"转相传授，而很少有机会入室向马融当面请教。即便像郑玄这样资质聪颖、才气横溢的弟子，也因种种原因，而无法直接受教于马氏，甚至在其门下为学3年，也未能与马氏谋面一次。

（五）道尔顿制

道尔顿制是否定班级授课制，提倡学生独立活动的一种教学组织形式，由美国道尔顿城的教育家柏克赫斯特提出并在马萨诸塞州道尔顿中学施行。这种教学组织形式把各科学习内容制成分月的作业大纲，规定各科作业，学生按照自己的情况与教师定下学习公约，然后在教师指导下独立学习，考查合格以后，师生双方开始布置和接受新任务。它废除年级制，修业年限、毕业期限较为灵活自由。这种教学组织形式能够较好地照顾到个别差异，有利于培养学生的自学能力。但对学生学习的自觉性提出了过高要求；教学没有固定班级组织,学生之间缺乏相互作用,不利于学生的社会化和个性的全面发展;教学内容缺乏系统性和连贯性,不利于学生认知结构及能力的养成;学习时间打破了课时限制,随意性强,难以保障教学活动的效率;特别是否定了教师的主导作用,难以确保教学活动的质量。

（六）文纳特卡制

文纳特卡制是1919年美国教育家华虚朋在芝加哥市郊文纳特卡镇公立学校创设、实行的一种教学组织形式。其指导思想与道尔顿制大致相同,但做法不一样。按照这种教学组织形式,课程分两部分,一部分分科组织学生个人自学,主要学习读、写、算以及历史、地理方面的知识和技能;另一部分是采用集体教学方式,通过音乐、艺术、运动、集会以及开办商店、组织自治会等团体活动,来促进学生的社会化。这一形式的特点是:第一,按单元组织学习,各单元的学习目标明确,学习内容具体,并配以小步子的自学教材。第二,每单元学习结束后,经测验诊断,接着学习新的单元。第三,教师经常深入到学生中间随时进行个别指导。文纳特卡制注意个别教学与社会活动的结合,有利于培养学生的独立性、主动性和创造性,但却忽视了教师的主导地位,影响了教学质量。

（七）分组教学制

班级授课制不易照顾学生个别差异。为解决这一弊端,19世纪末20世纪初,在西方出现了一种新的教学组织形式——分组教学制,其中包括能力分组、作业分组、外部分组、内部分组等。分组教学增强了教学的层次性、针对性和实用性,便于根据学生的学习能力或水平差异组织教学,因材施教,有利于适应不同层次学生的学习准备和学习要求。其弊端在于,不同水平学生间的相互交流难以达成,能力强的学生和能力差的学生之间缺少预期的对话及效果。

（八）特朗普制

这一组织形式由美国教育家特朗普在20世纪50年代创立。它把大班上课、小组讨论、个人自学结合在一起,试图兼容班级授课、分组教学与个别教学的优点。首先进行大班集体教学,由优秀教师采用现代化教学手段给几个平行班统一上课;然后开展小组课,研究讨论大班课上的教学材料,由15~20人组成一个小组;最后由学生个人独立自学、研习、作业。在教学时间上,它以灵活的时间单位代替固定统一的上课时间,具体分配比例为:大班上课占40%,小组研究占20%,个人自学占40%。这种教学组织形式有利于培养学生的思维能力、自学能力、合作能力,也便于充分发挥优秀师资的力量,提高教学的效益和质量。

（九）开放课堂

开放课堂又称开放教学,源于20世纪30年代进步主义者的教育主张,第二次世界大战期间在英国的幼儿园得到采用,60年代在小学推广,70年代传到美国并在小学得到采纳。在这种教学组织形式中,教师不再分科地按照教材组织教学、传授知识,而是注重为学生创造学习环境,由学生根据自己的兴趣在教室或其他场所自由活动或学习。

（十）协同教学

协同教学是20世纪50年代后期和60年代早期在美国流行的一种教学组织形式,也称为"分化教学人员",是由具有互补性教学技能的两个或两个以上的教师形成灵活的小组,针对学生个体的学习需要,通过教师与教师之间的协作来规划并实施教学。显然,协同教学是着眼于师资及教学需要来进行教师职能分配并开展教师之间教学协作的一种组织形式,它倾向于更多地赋予教师专业自主权,它的根本目的在于使每个教师能更充分地发挥自己的专业特长,以最终实现有效教学。

实施协同教学,需要注意如下几点:① 师资及具体的教学需要是教师分组的依据。② 挑选和安排教学人员,要建立在对他们的能力、兴趣和准备充分考查的基础上。③ 要给予教师更多的专业自主机会与空间。④ 由于教学任务不同,教师个体所承担的教学职能不同,教师与教师之间协作形式也不同,因而协作教学本身的组织形式也是多种多样的,协同的规模是灵活的、可变的,可以从2～3个教师和辅导员到8～10个教师和辅助人员甚至更多;协同的人员组成是多样的,具体包括哪些协作教师,可视教学活动的具体情况而定。有一些协同可能只包含专业教师,也有一些协同则同时包含辅导员、准专业人员、资料人员、行政人员等相关人员。

教学组织形式,总的来说可划分为个别化教学、集体教学、综合教学三类。其中,个别教学、道尔顿制、文纳特卡制、开放课堂基本可以划分为个别化教学一类;班级授课、分组教学、导生制可划分为集体教学一类;特朗普制则是属于综合教学类;而协同教学则是着眼于教师资源组合的教学组织形式。

三、现行的教学组织形式

在现代社会里,学校教学存在一些基本的组织形式。作为未来的教师,大家应该掌握这些教学组织形式,以便将来从容应对实际的教学工作。研究和谈论教学组织形式,必然回避不了班级授课制。一方面,自从它产生以来,在全世界范围内,迄今仍然是广大学校基本的教学组织形式,尽管受到怀疑抨击已经一个多世纪,但没有退出历史舞台。另一方面,它比较完全地体现了教学组织形式的各项要求,通过对它产生和发展的研究,就可以获得一般教学组织形式产生和发展的线索。

(一) 基本的教学组织形式

当前课堂教学的基本组织形式是班级授课制。班级授课制由夸美纽斯系统描述,经过赫尔巴特补充说明,又经苏联学者的完善,最终才得以普及使用。这一普及经历了极其缓慢的过程,从产生到普及经历了将近两个世纪的时间。这一过程也反映了资本主义不断发展和思想文化进步的阶段性特征。

受制于古代教育制度,我国班级授课制发展较晚。主要因为我国古代教学制度由官学、私学、书院和科举制度组成。西周"学在官府"就有了正规的官学。汉代兴办"太学",唐宋的"国子学"和元代的"社学"都是官学。私学是指私人办学。在乡间又称私塾,主要是为启蒙、读经、科举考试而办。无论官学还是私学,都采取个别教学形式,不分班、不分级。由于我国封建社会历史绵长,这种教育制度也一直延续到19世纪中期。

中国近代采用班级授课制始于清末(1862年)在北京开办的京师同文馆。1902年,清政府颁布《钦定学堂章程》后,班级授课制在全国广泛推行。直至现在,班级授课制仍是我国各级各类学校教学的基本组织形式。

1. 班级授课制的界定及特征

班级授课制是将一定数量的学生按年龄和知识程度编成班级,使每一班级都有固定的学生和课程,由教师按照固定的教学时间表对全班学生进行上课的教学组织形式。其特征可以用班、课、时三个字来概括。

(1) 班

班指的是以班级为基本组织形式。把学生按照年龄和知识水平分别编成固定的班级,即同一个教学班学生的年龄和程度大致相同,并且人数固定,教师同时对整个班级体进行同样内容的教学。夸美纽斯形容这种教学,如同印刷书籍一样。他还说,教师的嘴就是一个源泉,学生的注意如同一个水槽,知识的溪流,由教师嘴里流向学生头脑里。

(2) 课

课指的是以课为基本教学单位。把教学内容以及实现这种内容的教学手段、教学方法展开的教学活动,按学科和学年分成许多小的部分,分量不大,大致平衡,彼此连接而又相对完整。这每一小部分内容和教学活动,就叫作课,一课接着一课的进行教学。这一点得益于苏联学者凯洛夫的论述,是区别于个别教学的重要特点,因为在个别教学组织形式下不存在所谓的"课"。不同学生的学习内容和学习活动是彼此不同的,各个学生的学习内容和学习活动也无计划,无划分,随时随意决定学习什么和不学习什么,也可以随时随意决定多学些或少学些。没有通盘考虑,没有系统安排。

(3) 时

时指的是以学时安排教学活动。把每一课规定在统一的单位时间里进行。单位时间可以是50分钟、45分钟或30分钟,但都是统一的和固定的。课与课之间有一定的间歇和休息。从各学科总体而言,可能是单科独进,也可能多科并进,轮流交替。在个别教学组织形式下,没有这一特征。学习时间没有划分,或长或短,早学、晚学、停学都没有确切的规定。

基于以上三个方面,班级授课制的突出特征就是强调教学的集体性、同一性和统一性。

2. 班级授课制的优点和局限性

班级授课制产生和发展三百年来特别是受到批评一百多年来的理论和实践,比较充分、明确地显示出它的优越性,也暴露了其局限性。

优越性主要表现在四个方面。

① 有利于大面积培养人才,扩大教学规模,提高教学效率。一位教师能同时教许多学生,保证学习活动循序渐进,促使学生获得系统的科学知识,扎扎实实,有条不紊,最终帮助全体学生共同前进。

② 有利于发挥教师的优势,突出教师的主导作用。教师系统讲授,而且在这个基础上直接指导学生学习的全过程。

③ 有利于发挥班级体的教育作用,促进学生全面发展。学生彼此之间由于共同目的和共同活动结集在一起,可以互相观摩、启发、切磋、砥砺,它在实现教学任务上比较全面,从而有利于学生多方面的发展。它不仅能全面地保证学生获得系统的知识、技能和技巧,而且启发学生思维、想象能力以及学习热情,等等。

④ 有利于进行教学管理和教学检查。总之,班级授课的教学组织形式比较突出地反映了教学过程的本质特点:间接性的认识,有领导的认识和教育性认识,能在时间和精力都比较经济的条件下,比较全面地实现教学。

任何事物在彰显优越性的同时也往往将其弊端暴露无遗,班级授课制亦然,学界对它的批判主要集中在三个方面：第一，学生的独立性与自主性受到限制。教学活动多由教师直接做主，实践性不强，学生动手机会少，导致学生的探索性、创造性不易发挥而主要接受现成的知识成果。第二，教学形式固定化、程序化。不能容纳和适应更多种的教学内容和方法，因为它一切都固定化，形式化，灵活性有限。第三，不能很好地满足学生的个别需要。

懂得班级授课制的优越性，就知道它为什么迄今在世界范围内仍然是学校教学的基本组织形式，虽经一个多世纪的怀疑、非难乃至猛烈的抨击而仍然站得住脚，绝不是偶然的。它是一个历史时代的产物，只要它赖以存在和发挥作用的条件未曾消失，它就不会消失，人为地强行否定是不行的，历史反复证明了这一点。

懂得班级授课的局限性，就知道它为什么一而再再而三地受到怀疑、非难乃至猛烈的抨击，虽然不能抛弃或完全否定，但毕竟需要改革，这也不是偶然的。既然它是一个历史时代的产物，那么，时代前进了，许多条件变化了，它也不能固定不变。

（二）辅助的教学组织形式

在教学时间和教学空间上，课堂教学具有明显的局限性，这些局限性势必对学生的健康发展产生负面影响。为弥补课堂教学的不足，人们又设计了辅助性教学组织形式，主要包括个别教学和现场教学。

1. 个别教学

目前，个别教学是班级授课制的一种辅助形式，一般包括教师对学生进行个别指导和讲授。在同一个班级中的学生存在一定的差异，因此，面向全体学生进行的课堂教学势必不能满足所有学生的需要。一般来说，课堂教学主要适应大多数中等层次的学生，优秀的学生可能"吃不饱"，学习困难的学生则可能"吃不了"，为了弥补这些不足，我们需要在课堂教学之余对个别学生进行指导。

2. 现场教学

现场教学是教师组织学生到生产现场或其他现场（纪念馆、博物馆、风景区等）进行教学。这种教学能够让学生置身于自然情境或者社会生产、生活情境，一方面可以拓宽学生的知识视野，获得全新的生活经历，另一方面可以化抽象的书本知识为形象的现场展示，有利于学生进一步理解和运用书本知识。

实施现场教学，应该注意如下几点：

（1）注意找准现场教学和课堂教学的关节点。脱离课堂教学，另行一套现场教学，很容易造成教学内容上的脱节，更容易打乱正规的教学管理秩序，这对学生进一步掌握和运用知识是不利的。

（2）做好充分的统筹规划。参与活动的教学班、教学场地、现场教学人员、书本既有相关知识和经验、注意事项、安全措施等，都要精密安排。

（3）注意调控现场教学次数。现场教学不宜过多过频，在活动的时间上也要根据教学之需精打细算，毕竟它只是课堂教学的一种辅助形式。

（三）特殊的教学组织形式

目前，复式教学是一种比较特殊的教学组织形式，它源于德国，清末传入我国。复式教学是把两个或两个以上年级的学生编在一个班里，由一位教师分别用不同程度的教学材料，在同一节课里对不同年级学生进行直接教学和由学生在规定时间内完成作业相交替的办法进行教学活动的形式。其特点是：第一，在教学组织形式上，虽然是班级教学，但是同一个教室内由两个或两个以上的年级组成；第二，在教学活动形式上，以教师讲授、学生接受为主要形式；第三，由于一节课中要对不同年级学生进行交替教学，所以一节课往往被分割成两个或两个以上的时间段，分别用于给不同年级学生上课；第四，直接教学与学生自学或做作业交替进行，当教师给一个年级的学生上课时，其他年级做作业或自学。

这种教学组织形式适用于经济和文化教育落后地区，尤其在师资不足、教室短缺和教学设备匮乏的地区，这种教学组织形式具有不可替代的优势。

四、教学组织形式改革的趋势

从教学组织形式的变化历程和研究现状看，其发展都是为了适应生产力的发展、科学技术的进步和社会的需要，随着当前社会需求和科学技术的进步，也必然呈现新的发展趋势。

（一）班级规模由大趋小——教学单位的合理化

班级规模是指一个教学班的学生人数。班级规模不是固定不变的，它会因办学理念、办学物质条件、生源等因素的变化而出现相应变化。

1. 班级规模的大小与办学理念密切相关

过去，在社会本位教育观或学科本位教育观的影响下，以较大班级规模、一师多生地开展教学活动，曾一度被认为是一种既节约教育资源又可高效地实现人才培养目标的有效办法，但在这种教学状态中，除了少数学习上的优秀生得到教师的"偏爱"以外，大多数学生的个体需求和发展状态往往被忽视了，教学质量与效益也因此打了折扣。今天，伴随着教育的现代化、民主化、个性化、大众化，越来越多的人意识到，课程与教学在面向学生全体的同时，务必保证对个体差异的充分关注和对个人潜能的充分开发，从而尽最大可能地实现因材施教，只有这样的教育教学，才算充分发挥了课堂教学的优越性。在这一办学理念的观照下，课堂教学小班化几乎成为一种国际化的课程与教学诉求。

2. 班级规模的大小与学校办学物质条件尤其是建筑面积息息相关

一般而言，学校的教学建筑面积越充裕，那么在生源接近的学校中，人均可占有的单位教学物质空间越大，该学校实现小班化教学的可能性也就越大；反之，难免会出现"人多地少"，众多学生在狭小的教学物质空间中拥挤不堪的不良状况。

3. 班级规模的大小与生源密切相关

在学生来源相对充足地区，班级规模有增大的可能。班级规模是影响课堂教学效果的重要变量之一。一般而言，这种影响主要体现在如下几个方面：一是人际关系。过大的班级规模，在一定程度上限制了师生交往和课堂参与，阻碍了课堂教学的个别化，也有可能导致较多的纪律问题。二是学业成绩。就教师的角度而言，班级规模大，便于教师在单位时间内快速高效地面向集体传授知识，但相对而言，却很容易导致教师忽视大多数学生的个体差异，而只重视少数学习成绩上的尖子生；就学生的角度而言，班级规模大时，很多学生受到空间位置、人员密度、发言机会的限制，对课堂教学的参与度较低。三是课堂座位排列。比如四五十个学生的大班教学只能是秧田式座位排列，它更适合于教师讲、学生听的传统课堂教学，适合于知识授受，而对于学生情感、交往乃至创造性素质的培养则有很大局限性。而当班额度较小时,如 20 个左右时,座位可排列成马蹄形、圆形、"V"形、"T"形等;四是学生的健康和用脑卫生。据卫生部门测试,小班教室内二氧化碳的含量明显低于普通班。显然这有利于学生的学习发展。这样的教学环境肯定比大班课的环境要好,学生的心境、教师的心境肯定也会较放松、豁达。

班级规模与学业成绩的关系①

国内外很多学者对班级规模进行了研究。在美国,1978 年,史密斯(Smith)和格拉斯(Glass)等人先后两次出版了两份对班级规模与成绩关系实验研究的元分析。他们发现在所有的年级小班都与较高的成绩有关。尤其当学生在小班学习的时间超过 100 小时,并且学生的任务受到细心管理时,成绩更好。他们发现,当班级规模缩小到 20 人以下时,这些主要的好处都发生了。在他们的第二份研究中,他们得出的结论表明,小班在学生的反应、教师士气和教学环境质量方面有优势。

适当缩小班级规模,以解决因班级规模过大带来的诸多问题,已经成为当今世界各国的努力方向。以美国为例,自从 20 世纪 80 年代以来,美国部分州就开展了"小班化实验"。至 1999 年,联邦政府正式启动"缩小班级规模计划",明确规定要减少班级规模,将各年级的班级学生人数从平均每班 23 人减少至 18 人,重点是小学一至三年级:一年级减少到 17 人,二年级减少到不超过 18 人,三年级减少为 18 人左右。就我国的教育现状而言,小学班级规模过大已经成了一个突出的问题。特别是一些城镇重点小学,班级规模更大,远远超过了我国学校管理规程中规定的每班 45 人的标准,而且还有上升趋势。针对这种情况,我国北京、上海等地区正在积极进行"小班化教育"的实验,实验的重点是减少班级人数,贯彻因材施教原则,增加师生交往比率,营造和谐课堂环境和气氛,提高课堂效率。北京实验班控制在 20~30 人,上海实验班控制在 25~30 人。

(二) 多种教学组织形式有机结合——教学组织形式的综合

各种教学组织形式各有短长,因此,要想使课堂教学的优越性得到最大程度的发挥,就必须对各种教学组织形式加以有机整合和综合使用。如前所述,早在 20 世纪 50 年代,美国特朗普教授就采用灵活的时间单位取代固定划一的课时,由优秀教师担任大班上课,所占时间比例一般为 40%;由一般教师担任小班上课,时间比例占 20%;学生独立研究占 40%。可以说特朗普制注重大集体、小集体、个人自学相结合,又兼顾学生集体和教师集体的组织,是一种比较综合性的教学组织形式。如今教学组织形式的综合化已然成为当前世界各国努力的新方向。

1. 班级授课与个别教学、分组(层)教学的有机结合

近年来,我国上海、江苏、浙江、安徽等地的小学实行的"分层递进教学"的研究与实验,江苏溧阳市溧城中心小学实行的"分层异步教学",其努力的实质方向就是将全班教学、分层教学、个别教学相结合,从而大大提高了教学效果。

其中,在解决共性问题时,就采用全班教学。在解决不同层次问题时,就采用分层教学,其实施要点为:在班级授课的教学过程中,在面向全体学生的同时充分考虑学生的个体

---

① 金传宝.美国关于班级规模的实验与研究[J].比较教育研究,2004(1):54-57.

差异,将全体学生划分为发展指数处于不同层级(群组)的群体,根据学生学习的可能性水平,针对每个层级(群组)儿童的身心发展的不同需求,确定分层(群组)教学目标,进行不同的教学设计,展开不同的教学实践,传授不同的教学内容,实行不同的评价标准,从而满足不同层次学生的需求,最终实现学生的身心健康、全面发展。在解决个别性问题时,就采用个别教学,其实施要点为:确定适当而明确的教学目标,教学目标既有固定的,又有灵活的,由教师、家长、社区有关人员共同确定;教学评价视需要而定;根据学生的兴趣、需要灵活调整学习内容、形式及途径;学生自主学习;在班级教学时,开展补救性和充实性教学活动。前者为落后者而备,后者为学优者而设。

2. 课堂教学与课外教学的有机结合

当前,课外教学与课内教学的有机结合已经成为一个不争的事实。随着教学理论研究与教学实践探索的日益深入,人们越来越认识到,学习作为一个复杂的心理过程与行动过程,其知识、经验的获得方式与组织方式包括"间接经验直接经验化"和"直接经验间接经验化"两种,这两种方式的实践运作,具体地表现为课堂教学中所教学的间接经验将借助于丰富多彩的课外活动得以现实化、具体化、直观化,这样才能便于学生的理解、吸收并实践应用;同时,在广阔的活动课程时间领域和空间领域,学生将在直接接触自然生活和社会生活时,通过不断发现问题、分析问题、解决问题,达成对已有知识的重组和应用,并将全新获得的直接经验吸纳到个体的知识结构、经验序列中。从这个意义上说,课堂教学与课外教学的有机结合,是达成有效教学的重要途径。

课堂教学与课外教学有机结合的形式多种多样。从结合的紧密程度看,主要有三种方式。

(1)课堂教学与小组活动、班级活动、年级活动、校级活动的结合。课堂教学与各层级活动前后紧密相衔,课堂教学为各层级活动提供知识平台、活动导向与活动任务,各层级活动为课堂教学提供知识、经验的课外实践空间、利用途径和整合环境。

(2)课内规划指导与课外现场教学的结合。在这里,课堂教学与课外教学紧密结合为一个整体的教学过程。课堂教学以灵活的时间安排规划、指导课外教学的总体思路、具体步骤、注意事项,学生的大部分精力将集中于课外教学部分。

(3)综合实践活动与校本课程开发及实施。在这里,课堂教学与课外教学你中有我,我中有你,在不同的活动单元、活动周期中联手发挥教学功能,课堂教学由此更具生活化、实践化特征,而课外教学由于经常与具体的研究项目相结合,因而更具问题性、科学性、探究性的学习色彩。

(三)座位排列的丰富多样——教学交往的强化和深化

座位排列形式和学生座位位置对学生的学习态度、教学活动参与度、学业成绩等都会产生一定影响,同时,也制约着教师与学生之间、学生与学生之间的交往范围、互动形式、人际互动效果,并对信息交流的方式、范围、效果产生重要影响。另外,座位排列形式在一定程度上反映着人们的课程与教学观。长期以来,传统的座位排列方式一直采取"秧田式",近年来,随着教学交往诉求的不断升高,教学交往正由理论走向实践,逐步得到显化、强化与深化,各种座位排列形式也随之越来越多地应用到课堂教学中。

1. 秧田式座位排列

这是座位排列的传统形式,即讲台、黑板在前,标明了教师在课堂教学中的常在位置,学生座位排列成直行,类似于"秧田",行行列列都面向教师,面向前方。这种座位排列,能够允许在有限的课堂教学物质空间内容纳较多学生。在这种座位排列中,教师是课堂教学的中心,是学生注意力集中的聚焦点,教师在哪里,学生的目光就汇聚到哪里,因此,这种形式有助于教师管理和控制课堂,也有助于减少学生与学生之间的相互行为干扰。但这种形式中,教师与学生群体之间往往以教学信息的单向传授为沟通的主要途径,在教学过程中不利于教师关注学生个体的具体学习情况,在规模较大的班级,坐在后排及教室四角的学生很容易被教师忽视;相对而言,前排和中部的学生积极地参与教学活动,学习成绩也更好。

2. 圆形座位排列

该座位排列具体形式有教师置于圆内形、圆外形、半圆形、同心圆形等。这一排列形式要求班级规模不超过 25 名学生。在空间特性上,这种座位排列使教师与学生之间尤其是学生与学生之间不再有主次之分,有利于建构平等、和谐、有序的师生关系,有助于师生之间、生生之间的互动与对话,能够有效促进教学交往,适合于各种课堂讨论或相互学习。与"秧田式"相比较,圆形排列中邻座同学、隔座同学以及对座同学,几乎都在彼此目光所及的视野范围之内,使师生之间的交流更为简便易行。其不足之处在于教师对学生的控制减弱,由于学生之间的信息交流空间较大、对话机会增多,所以在学习的专心程度上,不如"秧田式"排列。

3. 马蹄形座位排列

该座位排列要求班级规模一般不超过 25 名学生,也称"U"形座位排列。如果超过 25 人,那么可以采用双马蹄形。在这种排列中,教师处于"U"形缺口的对面,学生之间可以互相看到,学生也可以看到老师,便于教师主讲,也便于教师与学生之间互相倾听彼此的发言,教师与学生之间的非语言交流进行起来也清晰、简便,可以使更多的学生参与到课堂教学中来。不足之处在于:紧邻教师而坐的两侧数名学生,处在教师视线外,容易被教师忽视,但在这几名同学发言或活动时,又由于其空间位置距离教师太近,在心理上难免会有紧张感;坐在"U"形底部的学生,由于正好处在教师的对面,心理环境上容易受控于教师。

4. 模块形座位排列

这种排列适合于小组活动或个别学习。在模块座位排列中,每个学生几乎都有自己的活动空间,座位与座位之间存在着便于走动的过道,学生行动起来很方便又不至于互相干扰。

5. 弧形座位排列

每排呈弧形,最前排可以坐 2~3 名活动的主要参与学生,而班级其他排学生很容易将自己的注意力集中在这些同学身上。在弧形的对面,可以坐主讲教师,也可以对坐数个矩形座位排列的学生小组,这些学生小组是活动的主要参与者,相对而言,弧形座位里面的同学更多地扮演观众或"亲友团"的角色,当然也可以随时参与到活动中来。小组对抗赛、文艺演出等,经常采用这种形式。

第二节 教学评价

教学评价是教学活动的重要组成部分,是检验教学效果和质量的必不可少的环节。教学评价与教学发展历程相伴相随,只要有对教学质量的思考就有教学评价,人们对教学质量与效果思考得越多越深,对教学评价的要求也必会更高,尤其是当前在我国新课程改革背景下,构建适合新课程改革发展需要的教学评价体系,对教学质量的提升和师生共同发展显得尤为重要。

一、教学评价的内涵解读

(一)教学评价概念

学界对教学评价的认识起初并没有达成共识,不同历史时期国内外学者基于各异的研究视角对其提出了不同见解,在教学评价是否保持价值中立方面也有所论争。要想解读教学评价的内涵,有必要先探讨一下对评价的理解。

评价,是对事物的价值高低的判断,包括对事物质和量的描述和在此基础上做出的价值判断。从这一界定可知,评价便关涉价值评判,而非单纯的事实认识,因为对事物本身的描述和测量并不足以准确表达评价的内涵。相应地,教学评价也是如此,它以对教学事实的把握为前提,借助有效的资料信息收集方法和手段,经过综合分析做出价值判断而非单纯描述教学事实。

我们可以从以下几点分层理解教学评价:① 教学评价的过程无法摆脱价值立场的干扰,是以教学目标或与目标相一致的价值观为依据的;② 教学评价需要参照一定的标准进行价值判断;③ 教学评价必须采用一些可行的科学方法和技术作为评价的手段;④ 教学评价的目标是促进教学工作的改进,优化学生学习和教师教学[1],促进个体发展。如此,教学评价的内涵则不难理解了,它是指以教学目标为依据,运用可操作化的科学手段,通过系统地收集教学信息,对教学活动的过程和结果做出价值判断,并为被评价者的自我完善和有关部门科学决策提供依据的过程[2]。

(二)教学评价要素

教学评价的要素有评价主体、评价客体、评价标准和评价方法。教学评价主体主要包括学生、专家、同行教师和教学管理者。他们既可以评价教学活动本身,也可以评价教学活动主体。一般来说,教学评价主要包括对学生学习结果的评价和教师教学工作的评价。从学生学习结果的评价看,既要评价知识、技能和智力等认识领域,又要评价态度、习惯、兴趣、意志、品德及个性形成等情感领域;从教师教学工作的评价看,既要评价教师的教学修养、教学技能,又要评价教学活动的各个环节,特别是课堂教学质量,因为学生的学习效果更多地是由课堂教学质量决定。

(三)教学评价的内容

教学评价既要对教学活动和过程进行评价,又要关注教学活动过程中的教师、学生和教学效果。从宏观层面来看,教学评价涉及教育目标、教育结构、教育管理体制等方面;从中观层面来看,评价包括教育师资队伍、办学条件、学校各项工作;微观层面则关注学生的学习和发展。学生发展评定、教师授课质量评价、课程和教材评价是最常见的教学评价活

---

[1] 徐学福.教学论[M].北京:人民教育出版社,2012.
[2] 施良方,崔允漷.教学理论:课堂教学的原理策略与研究[M].上海:华东师范大学出版社,1999:330.

动。此外,诊断学校中存在的特殊问题,评价教学改革实验、评估学校总体教学情况也是教学评价重要的组成部分。

1. 学生发展评价

学生发展是衡量教学活动、学校办学水平的重要指标。对学生进行评价需要多方考虑,一般涉及三个方面内容——学业成就、行为表现和身体状况。学业成就评价不仅包括学生在知识领域的学习成绩,还包括技能和情感领域的学习表现。行为表现评价也称操行评定,用以考查学生在道德品质和行为处事上的优点和不足,所以在实际评价过程中应考查学生在伦理道德、品德修养和性格特点等方面的特征和表现。身体状况评价包括体质、体力、精力、卫生习惯以及生活方式等方面的内容。学生发展评价主要参照我国教育教学的培养目标,并以此为评价标准,多采用纸笔测验、表现性评价、档案袋评价及交流式评价等方法具体实施。

2. 教师授课质量评价

教师是教学过程的组织者,教育系统的有效运转、教学目标的达成都离不开教师工作的顺利开展。教师授课是课堂教学活动顺利开展的重要保证,是促进学生学业发展的外部力量。由于教师教学工作较为复杂,对教师评价的内容也较多。教师授课质量评价一般包括教学目标完成情况、学生的课堂参与程度、内容安排、教学方法的选用、语言的表达、教学原则的遵循、作业布置与批改、课外辅导、教研和科研等方面。有些方面又可以继续细化,例如,教学目标的完成则涉及对教师备课、课堂教学、教学组织等方面的评价。对教师进行教学评价一般采用课堂观察、价值增值评价法、学生调查、教学档案等方法。评价主体包括专家、同行、学生和教师本人,多采用听课、评课的手段进行。

3. 课程和教材评价

课程和教材评价主要是指对课程内容的评价,具体包括对教材的内容、组织安排、练习活动、辅助材料、外观等方面进行评议。此外,在教学过程中,教师也可以开展微观的课程或教材评价,如教学内容是否适当,是否考虑农村或少数民族地区的特殊性、语文教材对听、说、读、写的要求是否得当,处理教材过程中存在哪些困难等。总之,教师在教学过程中遇到的问题都可以成为评价的议题。

二、教学评价的发展历程

教学评价与教育评价的研究始终是相伴相随的[①],梳理教学评价的发展脉络必然离不开对教育评价发展历程的考察。一般来说,教学评价发展时期的划分多参考教育评价的发展划分。目前来看,评价阶段的划分存在两个情况:一是遵循教育教学发展脉络,将古代教学活动的考试纳入划分,作为第一个发展阶段,随后则是近现代教学评价的划分,例如,王本陆认为教学评价可分为考试、测量和评价三个阶段。这种划分一般将20世纪80年代以来的教学评价发展看作评价阶段的新发展,而未单独分离出来。二是"掐头添尾",虽论及古代教学评价,但未将其划入教学评价发展阶段,对于现代评价的新发展却单独划分。例如,徐学福将教学评价分为测量、描述、判断和建构四个阶段。本书尊重教学的历史发展,

---

① 孙玲.差异教学评价:基于和合文化精神的观点[D].南京:南京师范大学,2011:11.

争取呈现"全须全尾"的发展概貌,既将考试阶段纳入阶段划分,也关注教学评价发展新阶段。

(一)考试时期(19世纪末以前)

教学活动离不开教学评价,当人们开始反思教学活动时,教学评价已然产生了。早在春秋战国时期,我国就已经有了教学评价的雏形,在西周时,就有文献记载周王命令静在学宫中掌管涉猎,并在一段时间后考验其教学效果和赏赐他的史实。① 战国时期的教学专著《学记》中,已经对不同学年学生的考核内容做了详细规定。从公元606年隋朝开始的科举考试,是世界上公认的最早的一种教育评价形式,我国成为历史上最早采用考试形式的国家。在西方,大学考试运用口试是在1219年,中学采用笔试是1599年②,都远远晚于我国。

考试作为一种评价和选拔人才的重要手段,在教育发展史上发挥了积极作用,但我们也要看到其存在的弊端,比如考试内容命题范围较窄,试题量较少,评判容易受主观因素影响,考评不够科学、公正、客观等。

(二)测量时期(19世纪末20世纪初)

自19世纪末起,欧美的教育和心理学者在教育科学化运动的推动下,借助迅猛发展的心理学、统计学和心理实验等科学方法,对传统的主观性考试进行了改革,将心理测量的方法应用于教学评价之中,这是教育评价改进主观性考试的开始。他们力图排除试题编制的片面性和评定的主观性,追求学生学业成就考核的标准化和客观化。这一时期的典型代表人物当属美国教育心理学家桑代克,"凡是存在的东西都有数量,凡是有数量的东西都可以测量"是他的名言和信条,他著有《心理与社会测量导论》,编制了《书法量表》《拼字量表》《作文量表》《图画量表》等标准化测量工具,扩大了测量的范围,推动了教学测量的发展。因此,他本人也获得了"教育测量之父"的赞誉。这一时期教学评价的发展特点是将测量等同于评价,认为评价就是测量,评价者就如同测量技术工人,其任务就是选择合适的测量工具,组织测量,提供测量数据,所以,有学者称这一时期为"心理测验时期"。

教育测量致力于追求教学数据的数量化、实证化,将学生的学业发展用数字的方式呈现出来,在一定程度上克服了传统考试中存在的主观性、片面性、命题狭窄等弊病,比传统的考试更加准确,在教学评价发展史上是一种进步。但是,用数字来表示教学和学生学业的全部特征也是片面的,无法呈现作为教育主体的人的态度、兴趣、情感和品德等难以量化的内隐素质。所以,随着教学评价的不断发展,如同它批判考试一样,它也遭到了批判。

(三)描述时期(20世纪30年代至50年代)

20世纪30年代,美国进步教育协会为了改革旧教育,应对时代要求,帮助学校走出困境,以全面发展人才为目的,设计了一套新的课程并进行了为期八年的课程与教学改革实验,这就是美国教育史上著名的"八年研究"。实验过程中,他们一边实验,一边评价,并为此成立了以泰勒为领导的评价委员会。评价委员会于1940年提出了《史密斯—泰勒报告》,指出评价效果不能只测量学生的某些能力和特征,而应该根据教育目标评价学生发展成长的进程和水平,以促进教育目标的实现。这一时期,"评价"一词取代了"考试"和"测验",成

---

① 瞿葆奎.教育学文集-第1卷-教育与教育学[M].北京:人民教育出版社,1993:275.
② 王本陆.课程与教学论[M].2版.北京:高等教育出版社,2015:270.

为现代教育评价的开始。这一时期评价认为，从本质上说评价是"描述"，描述教育结果与教育目标相一致的程度。这一时期以泰勒提出的以教育目标为核心的教育评价原理，即泰勒原理为代表，所以，在西方人们一般把泰勒成为"教育评价之父"。

本时期的教学评价有以下特点：① 认为评价过程就是将教育结果与预定教育目标进行对照的过程，是根据预定教育目标对教学结果进行描述的过程。② 评价不等于考试和测验。③ 评价的关键是确定清晰、可操作的行为目标。

（四）判断时期（20世纪50年代至70年代）

20世纪50年代至70年代，教育评价注重将教学目标作为评价标准，关注教学结果是否达到了目标，注重对教学目标的优点和价值进行判断，教学评价的本质就是"判断"。其基本特点是将评价视为价值判断的过程，认为评价不只是根据预定目标对结果进行描述，预定目标本身也需要进行价值判断。它走出了前一阶段评价中"价值中立"的误区，明确了价值判断是评价的本质，强调评价的过程性。许多新的评价理念，如形成性评价、内在评价等都是在这一阶段产生的。

（五）建构时期（20世纪80年代以来）

20世纪80年代以来，以测量为基础的评价方式受到了学界的广泛质疑，通过对以往教学评价理论和实践的深刻反思，人们逐渐认识到，尽管前面各个时期的评价都力图克服上一时期评价的缺点，使之更加符合时代要求，但是它们依旧存在着缺点和不足，比如，"管理主义倾向""忽视价值的多元""过分依赖科学范式"等。鉴于此，教学评价的理论和实践的有了许多新的发展，一些新的评价理论相继问世，如第四代评价、发展性评价和学习性评价等，它们的共同特征就是强调人文精神，重视被评价者在评价中的主体地位，评价主体多方参与，共同建构，关注教学评价的教育性功能。

这一时期教学评价的基本特点是：首先，以"主体"为评价的价值取向，而以前的评价则是更倾向于目标取向和过程取向；其次，这一阶段将评价视为一种民主协商、主体参与的过程，强调学生也是评价的参与者、评价的主体；最后，注重质性评价方法的应用，如"档案袋评价""苏格拉底研讨法""教育行动研究"等评价方法，都是在这一时期兴起的。

教学评价一直处在动态发展中，对教学评价的历史梳理并不是为了简单了解教学评价萌芽、破土、成长的过程，而在于帮助我们从发展的视角来审视教学评价存在的意义，对把握教学评价的现实意蕴和未来发展趋势都具有重要的参考价值。

三、教学评价的功能

对教学评价功能的认识，国内外学者各抒己见，都有不同的结论。有的学者按照教学评价发挥的具体作用开展阐述，有的学者则从不同视角进行分类，例如，按照性质角度将教学评价分为正向功能和负向功能。一般说，立足教学评价所发挥的作用来看，教学评价就像学海行舟的导航对整个教学过程有着积极作用，在学海中它明确航船位置，判断航船变化，引领正确的航线，负载师生达到成功的彼岸。这一过程当中彰显了其导向、诊断、激励、反馈和提高的功能。

（一）导向功能

教学评价的导向功能是指它在为教学活动导航，不断向教师、学生、教育行政人员和家长等显示教学运行的具体状况,指明教学前进方向。通过评价能够进一步明确教学设计的原则,深刻理解教学的价值,澄清并纠正模糊认识和不当做法,起到直接的导向作用。值得一提的是,教学评价标准和内容决定着导向功能的发挥,如果教学评价的标准和内容能够全面反映教学计划和课程标准的要求,充分体现学生全面发展的方向,那么其发挥的导向功能就是正向的、积极的;反之,则可能使教学活动偏离正确航线,起到反作用。

(二)诊断功能

教学评价是诊断教学情况的主要手段。通过教学评价,教师可以了解自己教学目标确定得是否合理、教学方法、教学手段的运用是否得当,教学重点、难点讲解是否清晰,也可以了解学生在知识、技能和能力方面已经达到的水平和存在的问题,分析造成学生学习困难的原因,从而调整教学策略,改进教学措施,有针对性地解决教学中存在的各种问题。总之,教学评价诊断功能的顺利发挥,一方面可以帮助教师对教育教学活动中存在的问题进行分析,找到症结和原因,另一方面还可以帮助教师诊断学生学习的缺陷,进而矫正教学或修订、完善课程计划。

(三)激励功能

科学、公正的教学评价对师生来说都是一种激励。通过教学评价能够让被评价者客观正确地认识自己,在了解自己的优势和不足的基础上,从正反两个方面受到鼓励和批评,以增强自身发展的积极性和主动性。评价既能够让被评价者产生内部动机,也能够让被评价者产生外部动机,并使其成为压力或动力,以此激励其更好地去努力实现目标。

(四)反馈功能

反馈功能也称为调节功能,连续不断的评价使课堂教学形成一个"教学—评价—教学—评价"在反馈中不断完善的动态系统。教师和学生通过评价所反馈的信息,知道教和学的结果及其成因,了解自身发展存在的优势和不足,从而调整自己的教育、教学或学习行为,以促进自身更好地发展。通过评价建立起教学实施过程的反馈桥梁,形成完整的实施体系,使教学的整个实施过程实现自我调节和良性循环,进而不断提高教学质量。

(五)提高功能

教学评价本身也是一种教学活动,在这种活动中,教师教学评价技能不断提高,同时学生的知识和技能也得到发展。教师可在对学生进行全面评价的前提下,将学习内容以测评、行为表现等形式呈现出来,使其包含相应的教育启示,让学生通过探索和领会来获得新的学习体会和经验以达到更高的教学目标。教学评价的教学功能主要体现在促进教学进步、改进教学组织管理、促进教学改革和教育科研发展等方面。

四、教学评价分类

教学评价的类型是指以一定的标准为依据而划分的教学评价种类,因为划分的标准和依据不同,教学评价可以划分为不同种类。在这里,我们介绍以下几类教学评价。

(一)诊断性评价、形成性评价和总结性评价

根据教学评价在教学过程中所发挥的作用不同,可以把教学评价分为诊断性评价、形成性评价和总结性评价。

1. 诊断性评价

诊断性评价是指教师在单元、学期、学年开始时，为查明学生的学习准备状况及影响学习的因素而进行的评价，这就如同医生为病人开药方治病之前，先对其进行检查和诊断一样。其目的在于了解所教学生的优点和特殊才能、缺点和不足、学习背景和学习特征，以便教师设计出更加切合实际需要的教学方案，帮助学生在接下来的学习中获得最佳的教学效果。我们通常所说的摸底考试就属于诊断性评价。诊断性评价在教学活动中发挥如下作用。

第一，检查学生的学习准备程度。通过诊断，可以了解学生在情感、认知风格、语言以及技能等方面的特点和不足，以此为依据确定每个学生的学习起点；第二，提供适当的学习安排。根据诊断情况，教师可以了解学生存在的差异以及差异程度，从而为学生提供适合其特点的学习安排；第三，辨识造成学生学习困难的原因。根据诊断结果，教师可以根据学生学习的具体原因设计帮助方案，采取稳妥且有针对性的措施帮助学生克服学习困难。

2. 形成性评价

形成性评价也称为过程评价，是指在教学进行过程中，为改进和完善教学活动而进行的对学生学习过程及结果的评价。其目的在于找出教学工作中存在的缺陷和不足，为不断改进教学提供依据，是一种"教学—评价—调整"贯穿教学全过程的促进教学不断提升的过程。教学过程中对学生的口头提问和书面测验就属于这一类型。形成性评价在教学活动中发挥如下作用。

第一，改进学生学习。形成性评价能及时反映学生学习结果，调控教学过程，对学生学习的偏离状况进行及时纠偏，对学生学习上存在的问题早发现，早克服，可以改进学生学习，帮助学生获得学习的成就感。第二，为学生的学习定步。学生存在着个性差异，面对同样的教学，学生的接受能力和速度不一，通过形成性评价，可以为学生学习定步，允许学生分层学习。第三，强化学生的学习。一方面，形成性评价的结果能使那些已掌握了学习任务的学生体验到学习的乐趣，帮助他们树立自信；另一方面，对于那些没有掌握学习任务的学生，形成性评价可以帮助他们发现问题，努力改进。第四，给教师提供反馈。形成性评价能为教师提供反馈信息，帮助教师调节教学。

3. 总结性评价

总结性评价也称终结性评价，它是在一个大的学习阶段、一个学期或一门课程终结时对教学效果、学生学习成绩的总评，如期中考试和期末考试。它是概括性较强的测试或成绩评定，其目的在于为学生作证明或提供关于某个教学方案是否有效的证据。总结性评价在教学活动中发挥如下作用。

第一，评定学生的学习成绩。这是总结性评价的主要内容，对学生学习成绩进行整体的价值判断；第二，证明学生掌握知识、技能的程度和能力水平以及达到教学目标的程度，进而证明学生的某种资格，为学生的适当安置提供依据；第三，确定学生在后续教学活动中的学习起点；第四，预言学生在后续教学活动中成功的可能性；第五，为制定新的教学目标提供依据。

（二）相对评价、绝对评价与个体内差异评价

根据运用标准的不同，教学评价可以分为相对评价、绝对评价与个体内差异评价。

1. 相对评价

相对评价又称常模参照评价,是运用常模参照性测验对学生的学习成绩进行的评价,主要依据学生个人的学习成绩在该学生所处团体中成绩序列或常模中所处的位置来判断和决定其成绩优劣,而不考虑他是否达到教学目标的要求。其特点是没有预先设定的客观评价标准,评价标准来源于评价团体内部,以评价对象团体评价结果的平均成绩为参照,且强调评价结果的正态分布。相对评价的优点在于,不管评价对象团体的状况如何,都可以在团体内部进行比较,评价的适应性强,应用范围广,尤其适用于以选拔和甄别为宗旨的教学评价活动,也能够一定程度激发学生的竞争意识,增强学习动力。其缺点在于,评价结果表明的只是评价对象在团体中的相对位置,并不必然代表评价对象的实际水平。特别是,对于一些优秀的课程与教学方法,在小范围实验时可能经由相对评价判断为"取得显著效果";而当大范围铺开时,相对评价完全失去效用,显示不出方法的优劣。

2. 绝对评价

绝对评价是以具体体现教学目标的标准作业为准,确定学生是否达到标准以及达标程度如何的一种评价方法。这种评价在评价对象之外确定一个客观的或理想的标准,具有预先既定的目标和指标体系,所以又称为目标参照评价。其最大的特点是有一个共同的客观的标准作参照,评价不受对象所在团体状况的影响,评价结果的好坏往往只与对象自身的水平有关,而与其所在的团体无关。绝对评价的优点在于标准比较客观明确,评价对象可以依据评价结果,清楚地知道自己与评价标准的差距,从而更好地明确努力的方向,对缓解分数竞争,减轻思想负担,促进全面发展有一定积极意义,这种评价特别适用于以鉴定资格和水平为宗旨的教学评价活动。其问题在于要制定出符合一定价值目标的理想标准,以确保评价标准的稳定性、客观性和准确性是件很不容易的事情。倘若认同教学的语言本质,则精选的学科术语集合就是最清晰的教学目标,进而可以确定相对稳定、准确的绝对评价标准。

3. 个体内差异评价

个体内差异评价也称为自我参照评价,是一种以评价对象自身状况和特点确定评价标准,来进行个人自身评价的活动。它把评价对象的过去与现在进行比较,或者把某个评价对象的各个侧面相互进行比较,从而得出评价结果。其特点是评价标准的参照系来自评价对象自身,评价结果既不和客观标准比较,也不和团体内的平均结果比较,而是和自身的状况包括自身现在与过去的纵向、也包括自身若干个不同侧面之间的横向比较。个体内差异评价的优点是,评价能够充分兼顾评价对象个性的差异,评价标准也更加符合评价对象的实际,且评价的结果只和自己比较,不会给评价对象造成压力,反而为其主体发展创造宽松空间。其缺点是,不与其他对象做比较,也不参照一定客观标准进行评价,很难得出令人信服的评价结果,也很容易使评价对象自我满足,不思进取。

(三)定性评价和定量评价

据评价的方法不同,教学评价可以分为定性评价和定量评价。定性评价是指对不便量化的评价对象和内容,采用定性的方法,做出价值判断,直接对评价对象做出定性结论,具有人文化、情境化等特点,常见的成长记录袋、学习日记、情境测验都是定性评价;定量评价是指将那些能够直接数量化的,而且存在量化途径的评价指标进行量化的评价方式,具有标准化、客观化、讲求效率等特点，如学生考试成绩、及格率等就是用数量统计的方法，以数字的形式呈现出来。

除上述分类之外，根据评价主体，还可以将教学评价分为外部评价和内部评价。外部评价是被评价者之外的专业人员对评价对象进行统计分析或文字描述。如教师对学生评价、学校对教师的评价等；内部评价则是评价主体对自我教学或学习情况的评价，也称为自我评价，如教师反思自己的教学，对自己教学情况的评价，学生对自己学习情况的自我评价都属于内部评价。

五、教学评价的步骤与方法

评价的关键是建立评价目标，并在此基础上通过收集和整理资料，判断目标的达成情况。一般来说，教学评价遵循以下三个步骤。

（一）建立评价目标

目前教学评价的总目标可以分为两类，一类是与学业成就直接相关的知识、技能和情感评价目标，知识与技能主要包括理解、知识、思考、技能与生活实践能力等，而情感目标包括态度、鉴赏、兴趣、习惯与品德等内容；另一类是与学业成就间接相关的评价目标，如学生的智能、性格倾向、学生所处的环境（像家庭状况、交友情形、学校条件、学校管理等）、身体的评价目标（健康状况）等。

实际的教学评价活动往往只针对总目标中的某个方面，如"学习态度"，在设计这方面评价指标时，首先要考虑学习态度应从哪几个方面去考查，然后再具体分析这些内容的行为表现。例如，在小学数学教学中，教师要对学习态度设计"听""想""作业"三个指标。"听"又可以从视线、神智、小动作三个方面去考查；"想"可以从举手次数、发言质量、参加师生间、生生间讨论的时间三个方面去考查；"作业"从书写形式、完成任务时间和结果质量三个方面去考查。这样的指标才全面、具体、可操作。

（二）收集评价信息

教师常用的收集评价信息的方法主要有观察、检查作业、考试等。

（1）观察。主要是在自然状态下的观察，以了解学生自然流露出的特点。成绩测验只能显示学习效果，但观察提供了学习过程中学生的学习状况，比如对学习的兴趣和态度、学习习惯等多方面的信息。

（2）检查作业。检查作业包括检查学生的笔记、作业、作文等作品，通过作业检查可以了解学生作业完成情况，洞察学生学习习惯和学习动态。

（3）考试。考试可以是口试或笔试，也可以是实践性测验。实践性测验一般分为两大类：一种是完成实际课题，如语文课中的"采访"或读书报告；另一种是现场表演或实际操作，用以考查音乐、体育、手工、珠算、劳动或口语表达等方面的技能。

（4）家访。家访是小学阶段常用的收集信息的一种方式。通过家访，教师与家长和学生交谈，深入了解学生的学习和生活环境，使评价学生的信息更全面。

（5）轶事记录法。这一方法是观察法的延伸，是将学生在自然状态下流露出的行为进行客观记录而收集信息的一种方法。轶事记录法所记录的情境是一些典型行为，从中能够反映出学生的基本特点，特别是性格与品德方面的特点。方式是在卡片上记录观察到的现象。教师如果能在日常工作中持续不断地做一些轶事记录,在评价学生时就有了生动的素材。

(三)报告评价结果

在学校教学情境中,评价结果往往表现为对学生的评语。评语要对学生的综合表现做出评价,一般来说,综合表现包括学业成绩以及学习过程中表现出来的品质和特点、参加的课外活动以及个人兴趣及特长、学业成绩以外的品质与技能等方面。

六、教学评价改革

教学评价与一定的社会发展、教学需求密切相连,教育内外影响因素的改变必然促进教育评价的不断变革发展。当前世界各国都非常重视教学评价改革,已在教学评价领域做了大量改革探索,也取得了不少成果。就我国的教学评价来看,其变革的初衷是解决传统评价带来的问题,致力于促进学生综合素质的全面发展。

(一)我国教学评价存在的问题

我国是世界上最早采用考试制度的国家,在漫长的古代社会,考试一直占据我国教学评价的主要地位,现代意义的教学评价在我国的实践和理论研究起步稍晚,加之我国历史发展问题致使教学评价发展缓慢。至1977年我国高考制度恢复,我国教学评价的研究才逐步展开。当时所涉及的内容主要是考试评价和课堂教学的评价标准。由于长期受"考试"评价思维的影响,我国教学评价出现了一些问题,影响了教学目标的达成和学生健康、全面发展。

1. 重知识轻能力

尽管从理念上看,学校要培养全面发展的人,但实际上,即使在小学阶段,以考试为中心的现象也很普遍。试卷命题紧抱课本知识不放松,忽略了记忆以外高层次能力的评定,从而在一定程度上助长了死记硬背的学风,其后果是学生学习负担沉重,影响了多元能力的发展。

2. 片面追求分数

受"考试指挥棒"影响,考试成了教师的法宝,分数成为学生追求的目标,影响了学生内在求知动机的激发。学生的学习动机有内在动机和外在动机两种,外在动机为了获得外在奖励而激发出的学习动机,比如为了获得高分而努力学习。内在动机是因为喜欢、有兴趣或活动本身的原因而激发起的学习热情。与考试密切相关的分数的追求使很多学生为高分而学习,抑制了学生内在求知动力的发展,以分数衡量和评价学生学习效果和质量,也容易挫伤学生学习的积极性。

3. 影响学生心理健康

学校在评价学生时,学业成绩往往成为主要的评价标准。有些教师会因为学生成绩不好而当众批评训斥甚至羞辱学生,伤害了学生的自尊心。加上考试压力给学生带来了沉重的心理负担,考前焦虑、厌恶、排斥学习等都危害着学生的心理健康。同时,考试竞争也不利于学生间的良性互动和合作,导致"抄袭""说谎"等一些不良习惯的产生。

4. 制约教学改革

由于以考试为导向的教学评价广泛存在,试卷和测验对教学活动起到掌控和导向的作用,任何教育改革如果没有测验观念和测验内容及方法的变革都难以行之有效。在不合理的考试制度下,一些好的教育思想、好的教材和教法也难以在实践中推行,一定程度上阻碍了教学改革进程。

（二）新课改倡导的教学评价

随着教育的快速发展,我国适龄儿童已由原来争取"有学上"发展到"上好学",教育规模足以保证每个适龄儿童都能顺利入学,高考也不再是"千军万马过独木桥"。面对这一变化,我国正在推行的第八次基础教育课程改革提出了"为了每一个学生的全面发展"的核心理念,这一理念的提出使教学评价面临新的挑战。教学评价的甄别与选拔功能越来越被淡化,发展性功能越来越受到人们的重视,"以人为本,立足过程,促进发展"的教学评价理念日益被人们所接受。

首先,"以人为本"作为一种价值取向,其根本就是以人为尊、以人为重,以人为先。它以充分开发个体潜能为己任,以丰富知识、完善健全人格的培养为目的。教学中的"以人为本",强调以"以人的发展,特别是作为教学对象具体的个人的和谐发展为根本"。其次,"立足过程"就是在评价中要注重教学过程和学习过程,打破目标取向的评价模式,树立目标与过程并重的价值取向。最后,促进人的发展是教育的最终指向,创造适合学生的教育,促进学生积极、主动发展。

在新课程评价理念引导下的教学评价表现出以下特征[①]。

1. 评价目的上的发展性,强调激励作用

新课程改革倡导的教育评价不再仅仅关注教学评价的甄别和选拔功能,更关注学生、教师、学校和课程发展中的需要,突出评价的激励与控制功能,激发学生、教师、学校和课程的内在发展动力,肯定其成绩,给予其发展必要的帮助,关注全面、整体的发展均衡。

2. 评价内容上的全面性、综合性

新课程改革下的教学评价不仅评价学生的学,也评价教师的教,不仅关注学生的学科成绩,同时重视情感、态度、价值观等综合素质的发展,尤其是创新、探究、合作与实践等能力的发展,以适应人才发展多样化的要求。

3. 评价主体上的多元化

新课程改革下的教学评价强调被评价者应当成为评价主体的一员,将学生引入评价主体体系中,形成学生、教师、家长、管理者和专家等共同参与、交互作用的评价体系,从单向转向多项,增强评价主体间的互动,保证评价信息获取多渠道化。

4. 评价方法上的多样性

新课程改革下的教学评价方法使用多样化,将量化评价与质性评价相结合,将形成性评价与总结性评价相结合,将考试、测评等传统的评价方法和非测验评价相结合,使各种评价方法相互补充,以达到促进学生发展的目的。

（三）教学评价发展趋势

受当前世界各国课程改革发展趋势的影响,教学评价的改革和发展呈现新的发展

---

① 姚如富,闫龙.教育教学知识与能力[M].合肥:中国科学技术大学出版社,2014:276.

态势。

1. 重视发展，淡化甄别与选拔，实现评价功能的转化

当今社会，知识无限丰富并急剧增长，使原有的以传授知识为主的基础教育课程的功能受到了极大的挑战，教育教学目标转向注重培养学生积极的学习态度、创新意识和实践能力、身心健康等方面。于是，配合课程功能的转变，教学评价也发生了根本转变。进行教学评价时，不能仅限于学生知识、技能掌握情况的评价，还需关注学生掌握知识、技能的过程与方法，以及与之相伴的情感态度与价值观的形成，评价不再是为了选拔和甄别，而是如何发挥评价的激励功能，关注学生成长与进步状况。

2. 重综合评价，关注个体差异，实现评价指标的多元化

学业成就曾是考查学生发展、教师教学效果和学校办学水平的重要指标。但在当今社会，仅仅掌握知识与技能已远不能适应社会对人发展的要求，所以学业成就作为教学评价单一指标的局限性就显露出来。这就要求评价主体在关注学业成就的同时，关注个体发展诸如积极的学习态度、创新精神、发现与解决问题的能力以及形成正确的人生观、价值观等方面。从考查学生学到了什么，到对学生是否学会学习、学会生存、学会合作、学会做人等方面进行考查和综合评价。

3. 强调质性评价，定性与定量相结合，实现评价方法的多样化

曾经，教育学科对科学顶礼膜拜，在追求教育科学化的道路上误入"量化"误区，盲目地认为量化的就是科学的，以量化的数据来说明教育教学发展状况。但由于量化评价本身存在的弊端和不足，使其并不能全面、准确评价学生、教师和学校教学的实际情况，出现了僵化、简单化和表面化等特点，忽视了学生发展的灵动性、丰富性。此时，质性评价以其全面、深入、真实再现评价对象特点和发展趋势的面貌出现在人们面前，随即便被接受、纳入教学评价体系。但需要注意的是，质性评价方法并不排斥量化评价，它常常借助量化评价结果，与其一起参与教学评价过程。在教学评价改革深入发展的今天，二者相结合成为不可阻挡的趋势。

4. 强调参与互动、外部评价与内部评价相结合，实现评价主体的多元化

这一趋势强调评价者从被动接受评价逐步转向主动参与评价，改变了以往教育管理者为主的单一评价主体的现象。目前，世界各国的教育评价逐步成为由教师、学生、家长、教育管理人员甚至专业研究人员共同参与的交互过程，这也是教育过程逐步民主化、人性化进程的体现。例如，英美国家，学生和家长可以参与评价体系或指标的建立，学生还可以对教师做出的评价结果进行申诉等。这样，传统的被评价者成了评价主体的一员。此外，在评价主体扩展的同时，重视评价者内部评价，重视评价对象的自我监控、自我反思、自我调整、自我改进和完善，提高内部评价能力，最终使教学评价成为一个全员民主参与、全体多变互动、全面促进发展的系统过程。

5. 注重过程，总结性评价与形成性评价相结合，实现评价重心的转移

传统静态的教学评价往往以某一次结果、某一观点来评价教师和学生，轻视丰富生动的教学过程，错失很多教学信息，做出的评判不全面、不准确，没有看到教学评价的动态发展。实际上，教学处在不断发展变化过程中，相应地，教学评价也应该是一个动态变化的过程。这意味着教学评价应当贯穿于教的过程、学的过程以及发展全过程，及时对每一时段

的教学状况做出评价。

教学评价发展的这一趋势表明评价由过分关注结果开始转向过程。只有关注过程,教学评价才能深入教学发展动态前沿,才能及时了解教学和学生学习过程中出现的问题,并对教师和学生做出持续不断的有效指导,教学评价才能真正发挥其促进教育教学发展之功效。

6. 扩展评价内容,由单一走向全面,实现教学评价的全面考查

教学评价内容是与教育教学功能和目标密切相连的。受"应试教育"的影响,传统的教学评价的内容比较单一,只注重评价对象的某一个或几个方面发展情况的评价,尤其是过分关注了学生的认知发展方面,主要体现在以学生学业成绩为标准评价学生发展和教师教学水平,这在一定程度上影响了学生的全面发展。能促进学生全面发展的教学评价内容必然也是全面的,教学评价内容全面发展强调对学生各方面活动和阶段状况的全面关注,重视学生综合素质的考查;在教师评价方面,不仅要以教师教学效绩或课堂教学工作的表现等某一侧面进行单项评价,也要涉及教师教学任务的完成、教师职责的履行、教师的科研状况及进步情况等。

第十二章 教学理念与教学设计

教学理念是教师教学实践活动的深层支撑,任何教学改革的顺利进行,任何教学改革的最终成功,从根本上离不开教学理念的正确引领。教学设计是教学实践活动得以有效实施的行动纲领和基本保证,科学合理的教学设计能够调动师生双方在教学活动中的积极性、主动性和创造性,引领教学活动取得最佳效果。

第一节 教学理念

在教学实践活动中,教师往往存在着一种认识的误区,即对教师教学效果的评价更多地是以其外在的教学行为为标准。这种评价观念虽然可以在一定程度上了解教师教学效果的优劣,但却不能从根本上限制教师不良教学行为的发生,当然更不能对其教学行为进行矫正和改善。事实上,教师教学行为的发生总是受到自身内在的教学理念的支配,如果教师的教学理念是正确、先进的,就能从根本上保证教学行为的科学性和有效性;而一旦教学理念产生了偏差,低效的、无效的乃至负效的教学行为就很有可能出现。

一、教学理念的内涵

理解和把握教学理念的内涵,首先需认识何谓理念。从哲学历史发展上看,最早提出"理念"一词并对之进行意义阐释的是古希腊哲学家苏格拉底,他认为"理念作为模型存在于自然之中","每个理念只是我们心中的一个思想","而所谓理念正是思想想到的在一切情况下永远有着自身同一的那个单一的东西"。[①] 继苏格拉底之后,古希腊另一位哲学家柏拉图以"理念"为核心建立起自己的唯心主义哲学体系。他认为"理念"乃是永恒的精神实体,是万事万物的本原;个别事物只是完善的理念的不完善的"影子"或"摹本","人应当通过理性,把纷然杂陈的感知觉集纳成一个统一体,从而认识理念";而"最普遍的理念是相通的"。[②] 18世纪,德国哲学家康德在其三大哲学名著《纯粹理性批判》、《实践理性批判》和《判断力批判》中也对理念进行了研究,认为理念"是指从知性产生而超越经验可能性的'纯粹理性的概念'","理念也包含在理性的性质中","理性在它本身里也含有理念的根据",而且"它是理念的源泉"。[③] 其后,哲学家黑格尔也对"理念"进行了较为详尽的论述。他指出:"理念并不是形式的思维,而是思维的特有规定和规律自身发展而成的全体","因此,理念也就是真理,并且唯有理念才是真理","理念是自在自为的真理,是概念和客观性的绝对统

[①] 颜一.流变、理念与实体:希腊本体论的三个方向[M].北京:中国人民大学出版社,1997:93-94.
[②] 北京大学哲学系外国哲学史教研室.西方哲学原著选读:上卷[M].北京:商务印书馆,1982:72-99.
[③] 北京大学哲学系外国哲学史教研室.西方哲学原著选读:下卷[M].北京:商务印书馆,1982:300-301.

一"。他还进一步指出,"理念自身就是辩证法,在这种辩证过程里,理念永远在那里区别并分离开同一与差别、主体与客体、有限与无限、灵魂与肉体,只有这样,理念才是永恒的创造、永恒的生命和永恒的精神。"因此,"理念本质上是一个过程……理念的统一是思维、主观性和无限性"。因而,黑格尔反对"把理念仅仅看作一个理念,即意见中的观念或表象",而主张把理念视为一个"观念性的理念总体"。[1]

由此可见,理念乃是一个精神、意识层面上的上位性、综合性的哲学概念,是人们经过长期的理性思考及实践所形成的思想观念、精神向往、理想追求和哲学观点的抽象概括,是理论化、系统化了的具有相对稳定性、延续性和指向性的认识和理想的观念体系。具体来说,理念就是指人们对于某一事物或现象的理性认识、理想追求及其所形成的观念体系。[2]

关于教学理念问题的关注和研究,在我国始于21世纪初的基础教育新课程改革。新课程从教学目标的确立到教学内容的编排再到教学方式的设计,都与传统课程存在着根本不同,教师要想适应新课程的教学工作,首先必须转变教学思想和观念。从以往教学理念的研究成果来看,在本质探讨方面出现了一些具有代表性的观点:段作章从教学理性认识的角度指出,"教学理念是从先进的教学理论中演绎出来的有关教学活动的理性认识,是'教学应该怎样以及为什么需要如此'的理想化认识,反映着人们对教学实践的价值期待和理想追求"。[3] 王传金和谢利民从现实与超越的视角指出,教学理念"既包括教师对教学问题的现实性认识,也包括教师对教学问题的前瞻性价值判断和结果选择"。[4] 孙亚玲和傅淳主张从教学规律的角度解读教学理念,认为它是"人们对教学和学习活动内在规律的认识的集中体现,同时也是人们对教学活动的看法和持有的基本态度和观念,是人们从事教学活动的理念"。[5] 彭钢基于"融合与统一"的视角,认为教学理念应当是"教学观念与教学理想的一种融合,是一种主、客观的融合,是一种认识与信念的融合,是一种思想与行为的融合,是一种事实判断与价值判断的融合"。[6] 杨启亮认为,教学理念"是关于教学的看法和思想,更确切地说,是人们思维教学问题获得的结果"。[7] 赵国栋则从大学教师的维度指出,教学理念主要是指"大学教育者在从事教学过程之中,头脑中观念地存在着的有关知识、教学和学生智慧发展等方面的诸种理论和信念的综合体,是指导教育者在教学实践过程中组织和实施教学的理论基础"。[8] 综上所述,学者们对教学理念本质的解读和界定,虽然存在着认识视角和侧重点的不同,但也反映了一些共同特点,即都主张把教学理念理解为教师对教学所做出的主观认识和价值判断,是教师对教学所表现出的态度与信念、期待与追求,是教师对教学所持有的思想与观念。

基于上述认识,我们认为,教学理念是指教师在长期教学理论学习与教学实践反思基础上创造生成的有关教学活动价值及其本质规律的认识和判断。从本质上来说,教学理念

---

[1] 北京大学哲学系外国哲学史教研室.西方哲学原著选读(下卷)[M].北京:商务印书馆,1982:440-441.
[2] 韩延明.理念、教育理念及大学理念探析[J].教育研究,2003(9):50-56.
[3] 段作章.教学理念的内涵与特点探析[J].教育导刊(上半月),2011(11):15-18.
[4] 王传金,谢利民.教学观念研究:何去何从[J].教育理论与实践,2006(7):52-55.
[5] 孙亚玲,傅淳.教学理念辨析[J].云南师范大学学报(哲学社会科学版),2004(4):133-136.
[6] 彭钢.支配与控制:教学理念与教学行为[J].上海教育科研,2002(11):21.
[7] 杨启亮.转变教学观念的问题与思考[J].教育科学,2000(2):17.
[8] 赵国栋.关于大学教学理念的形成及理论分析[J].河北科技大学学报(社会科学版),2003(3):6-11.

体现了教师对"教学究竟是什么"以及"教学到底能够做什么"的理性思考,深刻反映了教师对"教学的应然状态"以及"教学的理想追求"的憧憬和向往,因而表现为一种指向教学实践活动未来的精神范型和理性品格。教学理念不同于教学观念,教学观念或者是以"非系统化"的方式呈现关于教学实践的感性认识,或者是以"意识形态"的方式展现关于教学实践的理性认识,它更具有强烈的"现实性"色彩。教学理念也不同于教学理想,教学理想是教师对未来教学实践发展趋势的把握、想象和憧憬,它不仅具有鲜明的"情感性"特点,而且具有极为突出的"信念性"特征。教学理念处于教学观念和教学理想的联结点与关键点的位置:相比较教学观念,它往往弱化了"现实性"而更具"信念性";相比较教学理想,它往往弱化了"信念性"而更具"现实性"。教学理念在教师教学实践活动中发挥着"方向性"和"主导性"的价值作用,它是教师教学行为的先导和灵魂。教学理念渗透和融入于教学过程之中,不仅影响教师对教学内容的讲解、对教学方法的运用以及对教学进程的调控,而且影响教师的教学态度以及教师对教学的认知、情感及行为的投入程度,因而是教师教学成功的最深层支撑。

二、教学理念的特征

教学理念作为一把标尺,它对教师的教学实践加以评判和衡量,使教师知道教学"何者能为"和"何者不能为";教学理念作为一种思想意识,它能超越教师个体思想与精神的存在,使教师的教学具有群体意志的支撑;教学理念作为一种理性力量,它能使教师以某种特定而有效的方式调控教学活动,制约着教师教学的流程及其水平。由此,可以从以下几个方面对教学理念的特征展开分析。

（一）超越性与实践性特征

教学作为一种"人为的"、"为人的"和"由人的"社会实践活动,其根本旨归是指向未来的,是为未来培养高素质、创新型人才的。教学活动所具有的"未来指向性"这一根本特点,必然要求教学理念不能只停留于对教学现实这种"实然状态"的分析与反映,而必须在此基础上对教学活动的"应然状态"加以思考和判断。也就是说,教学理念既要立足于教学现实和反映教学现实,又要超越教学现实、规划教学未来和描绘教学理想,因而具有极为突出的超越性特征。

如果从来源上看,教学理念的实践性并不是教学理论研究者标新立异的结果,而是针对教学实践中存在的突出且必须解决的具体问题而提出的,一种教学理念无论它最初的设计和预想多么的科学先进,但都必然来自丰富多彩的教学实践,并依据教学实践的积极变化而存在。不仅如此,教学理念深刻地反映了教师对教学活动的价值判断和理想追求,因而具有强烈的实践价值取向,它唯有回到教学实践活动中去,才能充分彰显自身所具有的价值和意义。否则,教学理念也就失去了其存在的现实依据和根基。

（二）发展性与稳定性特征

影响教学理念形成的因素十分复杂,既有来自科技进步、时代变迁和经济社会发展的因素,也有来自教育理论发展和教学实践变革的因素,当然还有来自教师的教育哲学、教学价值观、教学需要和成就动机的因素。这就决定了教学理念绝不是什么先验之物,也不是自发形成的,更不可能是一成不变的,而是随着上述多种因素的发展变化而经常处于更新与转变之中。发展和变化不仅是事物的普遍属性,而且也是事物存在的基本形式。教学理念正因为具有了发展性特征,才因之更能彰显其所具有的时代气息和生命活力。

教学理念一经形成,就会自觉发挥对教学实践的积极指导价值,就会促使教师理解、体验、积累和形成良好的教学经验,教师在教学实践活动中就能获得强烈的教学幸福感与深刻的教学成就感,就会反过来更加坚信自身所具有的教学理念的正确性和先进性,并在此基础上形成和确立从事教学活动的坚定信念。信念是教师理性认识与意志品质紧密结合的产物,教学理念一旦转化为教师教学信念,就具有了良好的稳定性特征,教师在任何教学情境下都会自觉地以教学理念支配自己的教学行为。

(三) 多样性与个体性特征

由于受文化传统、教学哲学观和教学价值观的影响制约,教学理念在表现出个体性特征的同时,也展现出丰富多样和多层次的特征。如基于教学与人的关系的价值判断,形成了人本教学理念、主体教学理念等;基于"主体间性"哲学的思考,形成了交往教学理念、对话教学理念、理解教学理念等;基于对人的生命的关注,形成了生命教学理念、体验教学理念、生态教学理念等。教学理念的多样性,为教师的教学实践带来了多种可供选择的思想观念,这将有助于寻找和确定教师通向教学成功的便捷之路。

任何教学理念的生成,都需要澄清以下三个基本问题:即"理想的教学应该达成什么样的结果"、"理想的教学活动的过程是什么"和"采用何种概念和术语对教学理念加以表达"。在教学实践活动中,任何一个教师都必须对上述这些基本问题进行求索和回答,当然由于教师的理论素养和实践经验的差异,他们的求索和回答不可能千篇一律和完全一样,而总是表现出强烈的个性化色彩。也就是说,教学理念无论是萌芽和孕育,还是创造和形成,都深深地打上了教师的鲜明的个性化"烙印",具有极为突出的个体性特征。

三、教学理念的作用

教学任务的多样性和影响教学实践活动因素的复杂性,决定了教学理念作用的多维性。具体可以从以下几个方面加以分析。

(一) 导向作用

教学理念是教师在长期教学实践中经过亲身体验和理性审思而形成的对教学的根本性判断和观点,它一经形成,就会反哺教师的教学实践,产生强有力的引领和指向作用。教学理念来源于教师鲜活的教学实践,教学实践是教学理念形成的基础和源泉。但从另一种角度来说,教学实践一刻也不能离开教学理念的指导,教学理念又是教学实践的向导和灵魂,主要原因就在于它能够帮助教师深刻认识教学问题,把握教学本质及规律。教师一旦掌握了教学本质及规律,就可以超越教学经验的偏狭和限制,改变教学实践的某种被动状态,获得教学实践的自由。可以看出,教学理念能启迪教师的教学观察与深度思考,提高教师的教学认识能力并形成正确的教学思想和教学信念,从而使教师成为真正拥有教学智慧并能有效利用的教学的行家里手。

(二) 调控作用

教学理念蕴含着相应的教学价值取向和价值选择,带有一定的教学价值观实现的强烈要求。因而它能调节和控制教师的教学活动和行为,使之不违背特定的教学价值取向,从而少犯错误、少走弯路和少受挫折。教学理念调控功能首先表现为对教学目标的分解和落实。教学目标虽然是国家制定的,但它的分解和具体实施却依靠教师,如何更好地实现教学目标,离不开教学理念的调节和控制;其次,表现为对教学内容的编排和取舍,同样的教学内容,在不同的教学理念的调控之下,就会产生不一样的教学效果;最后,表现为对教学方法手段的选择与运用。教师在教学过程中选用什么样的教学方法手段以及如何选用教学方法手段,取决于其所拥有和秉持的教学理念。教师教学方法手段选用的传统与现代之分,以教为主和以学为主之别,以及教学方法的改革,都是教学理念调控作用的最突出体现。

(三) 反思作用

教学理念一旦融入教师的素质结构,就会成为教师精神生命的一部分,转化为教师的教育方式、生活方式和思维方式,促使教师及时进行自我观照、自我分析、自我评价和自我总结,客观理性地分析和评价自己的教学行为和结果,从而增强自我教育的意识,学会自我调整教学目标,改进教学策略和完善教学技能,最终完成由"自发"的教育者向"自觉成熟"的教育家的转变。实践证明,教师要想从教学外行变为教学的行家里手,就需要自我反思的意识、能力和素养,这是教师专业发展和快速成长的内在根据和必由之路。真正的教学智慧是自省、自知、自明和自强,善于在自我反思、自我评价、自我修正和自我改造中学会教学。当然,教师能否有效进行自我反思是有条件的,条件之一就是要形成教学理念,学会教学思维,拥有教学智慧。教师正是在不断总结和生成教学理念的过程中,开阔了教学视野,升华了教学认识,增强了教学反思的意识和能力。

四、教学理念的分类

教学活动构成因素的多维性和多样性,决定了教师的教学理念也是一个复杂的系统,要想更好地揭示其本质与规律,使之对教学实践发挥重要价值,就必须探明教学理念的种类划分。

(一) 按照教学理念的概括性进行分类

1. 理论型教学理念

所谓理论型教学理念,是指以抽象的、概括的理论形态表现出来的教学理念,它摆脱了一时、一事、个别情景、具体学科的复杂性,达到对教学、学习、学生等的理性的理解与解释,主要回答的是"教学理念的本质和规律究竟是什么"的问题,其形成离不开教师对教学现象及其教学本质与规律的深入探究。目前比较流行的人本教学理念、主体教学理念、生活教学理念、生态教学理念、和谐教学理念等,都属于这一类型的教学理念。

有位教师曾经指出:"当我开始思考教学的时候,我想起了马克·土温的'不要让学校妨碍教育'。我认为,教育要达到的目标是不能仅仅靠说教、死记硬背、简单的直线式计划来得到的。一句话,教育者要从传统的教育模式转向学生有效学习的模式,帮助学生学会成为具有批判能力的思想者、有效的问题解决者,这样他们才能在职业生涯中成为有效的竞争者。"[①]这位教师所形成的是一个一般意义上、或理论层面上的教学理念,它反映出这位

---

① 孙亚玲,傅淳.教学理念辨析[J].云南师范大学学报(哲学社会科学版),2004,36(4):133-136.

教师对学习的看法。理论型教学理念对操作型教学理念具有指导和规范作用,表现出明显的方向性,教师只有具备了理论型教学理念才能使自己不再迷失方向。在今天的教学实践活动中,大多数教师都能非常容易地说出很多新概念,如"发挥学生的主体性""使学生自主、探究、研究、问题解决式地学习""改变学习方式、教学方式"等,然而当他面对学生时仍然是讲授式教学。造成这种局面的原因有很多,但其中最重要的就是教师所拥有的这些新理念仍然是片断的、凌乱的、浅层次的,而没有上升到观念、信念和理论层面,不足以对教学活动产生有效指导。

2. 实践型教学理念

所谓实践型教学理念,是指以具体教学实践问题的解决为价值指向的教学理念,它主要回答的是"如何有效实施教学理念"和"教学理念实施的效果怎样"的问题,其形成离不开教师对理论型教学理念的认同和内化。目前比较流行的交往教学理念、对话教学理念、体验教学理念、合作教学理念、理解教学理念、情境教学理念等,都属于这一类型的教学理念。

前面所说的那位教师为了能够把教学"转向学生的有效学习",进而将其理论型理念转向实践型理念,即怎样具体实施自己的教学行为。例如,如何精心准备教学;熟悉我所教的学科;了解我的学生;必要时进行个别化指导;鼓励学生参与;把教学质量放在首位;使用的学习材料与学生的生活密切相关;使用信息技术演示教学内容的有用性;学生在行动中学习得最好;经常变换教学方法;创造一个公正但有严格要求的学习环境;做与教学有关的研究;使学习成为愉快的活动。再如,学习迁移理论认为,在一种情境中技能、知识和理解的获得或态度的形成对另一种情境中的技能、知识和理解的获得或态度的形成是有影响的,这种影响表现在两个方面:既可能是积极的,也可能是消极的。这是一种理论,是一种理念,而要把它应用到实际的教学活动中,就要使其能够操作。究竟如何操作或实践呢?美国教育心理学家珀金斯和萨洛蒙指出,迁移首先要使学生学习的过程与将要迁移的情境相似,换句话说,学生学习某种知识、技能或态度情感的情境,要和运用这些知识、技能、态度情感的情境相似,在什么样的情境中将会用到这些知识,就在什么样的情境中学习;其次,为了能够顺利地实现迁移,在教学过程中教师最好能够帮助学生对所学内容进行概括、对自己的学习活动本身进行反思,使所学内容能够在真实的、新的解决问题的情境中得到应用,而不是仅仅告诉学生记住所学内容。

3. 学科型教学理念

学科型教学理念不仅包含了教师对学生、学习、知识、教学活动等总的看法,而且包含了教师对所教学科的看法,因为对学科的看法会深深地影响教师的教学行为。在教学实践活动中,人们经常看到的学科教师间互不相让或互不往来的现象,就是由于教师的学科教学理念不同而造成的。毫无疑问,每一位教师对自己所教的学科都有自己的看法和理解,而且自觉或不自觉地将这些理念贯彻到教学活动中。然而,由于过分地或者片面地夸大学科或知识的作用,就使得教师在教学过程中忽视了学生的全面发展以及学生能力的培养。

正因为如此,教师必须有一个正确的学科理念,要树立学生的全面发展不是单纯某一门学科的教学就能达到的理念。不仅如此,教师还要明确学科教学主要是要培养学生的学习能力、创新精神和完美人格。有位生物教师曾经这样阐述自己的教学理念,学生从生物课上必须获得三方面的收获,他们应该获得:一是从事科学研究的方法;二是一些科学研究的新发现;三是如何将科学信息进行交流。这位生物老师将他对学科和学生发展的理解融合在了自己的教学理念之中,他没有将教学的目标确定在知识的掌握上,而是定位于学生对方法的掌握和学生本身的发展上,可以想象他的生物课会是一种什么样的情境。

(二)按照教学理念依存主体进行分类

1. 个体教学理念

所谓个体教学理念,是指教师个体基于自身对教学实践的认识、反思和判断所形成的教学理念,它主要源自教师个体独特的、鲜活的实际教学经历,是教师长期从事教学实践活动的产物。

2. 群体教学理念

所谓群体教学理念,是指以教师"个体"教学理念为基础,教师群体在所形成的"教学共同体"中创造生成的、为大家所共同享有的教学理念,它主要源自教师群体相同或相似的教学经历,是为了维持教学实践活动中的教学关系与教学秩序服务的。

教师的个体教学理念与群体教学理念之间关系密切,它们既相互渗透又相互转化。一方面,教师的个体教学理念是群体教学理念形成的基础,个体教学理念一旦为教师群体理解、认同和接受,它就会转化成群体教学理念;另一方面,教师个体教学理念在很大程度上又要受群体教学理念的制约,正是由于群体教学理念的支撑,教师个体教学理念才得以不断优化和提升。

五、几种主要教学理念介述

教学理念既指导和引领教学实践活动的开展与实施,同时随教学实践活动而不断更新、转变与优化。特别是在当代,世界范围的教学改革浪潮此起彼伏、方兴未艾,与之相适应,新的教学理念也层出不穷,并日益显现出对教学实践活动的强大引领和指导作用。

(一)生活教学理念

所谓生活教学理念,是指以学生的生活世界作为根基和依据,不仅关注学生的个体生活与社会生活,而且关注学生的过去生活、现实生活与可能生活,同时关注学生的客观世界、社会世界与主观世界,并在提高课堂教学效率的基础上,以提升学生生命价值作为终极价值取向的一种教学理念。生活教学理念主要包含以下几层基本意涵。

第一,生活教学理念是一种以生活为出发点和归宿的特殊生活过程。作为一种特殊的培养人的社会实践活动,教学与生活既有密切联系,又有根本区别。从二者的联系看,教学与生活之间具有同一性,它不可能是一种独立于人生活之外的抽象存在,也不可能脱离人的生活,而是必须反映人的生活的要求和需要。从二者的区别看,教学与人的生活又有本质差异,它不能直接等同于人的生活,也不能简单地把人的生活复制和移植到教学中来,而是应该从人的生活出发,充分认识到教学活动的特殊性,对人的生活保持一种批判和超越的态度,创造一种高于人的现实生活的更加美好的生活,从而引导人从当下的现实生活逐渐走向一种更有价值、更有意义、更符合人性的可能生活,促进人的身心得到全面、充分而自由的发展。"从这种意义上说,教学活动不同于一般的人的生活,而是一种改造了的生活,是一种具有教育性、主体性和动态生成性的特殊的生活过程。"①

第二,生活教学理念是一种在实践活动基础之上,通过师生之间的合作、交往和学生个体的主动参与,促进学生主体性发展的教学。人的存在与发展离不开三个基本的要素和环节:活动、交往与主动参与。在生活中,人通过活动在主体与客体的关系中与客观世界进行互动,发展出人作为类的存在的本质力量和能力;人通过交往在主体与主体的关系中与社会世界进行互动,发展出人作为群的存在的交往能力和社会性;人通过主动参与在主体与自我的关系中与内心主观世界进行互动,发展出人作为个体存在的自主能力和自由个性。可以说,活动、交往与主动参与支撑和展开了人存在与发展的基本关系,也是人存在与发展的三个基本要素和环节。就当前而言,我们更应该将自我范畴引入教学中,关注学生自身在教学中的能动作用与主体作用,已有的研究已经为我们准备了很好的理论基础,同时这也是生活教学理念的精神所在。

第三,生活教学理念是一种同时强调学生能力、权利和发展机会的教学。教学既源于人的生活,又为了人的生活。人的生活不外乎涉及三个基本的领域——客观世界、社会世界与主观世界。在客观世界中,人的生活内容就是认识、探究和改造世界,并从中发展出一种认识、支配和改造世界的能力。在此意义上,生活之于人的意义就在于获取和使用某种能力。在社会世界中,人的生活内容就是主体间交往与合作,并从中获得社会交往与活动能力。但人要作为主体参与交往、合作,首先就要获得人作为主体的交往资格和主体地位。在此意义上,生活之于人的意义就在于获得和使用某种权利。在主观世界中,人的生活内容就是体验与感悟,并从中获得一种自主的地位和自我实现的机会。没有人的自主,就没有人的自由,没有人的自由,就没有人的个性与自我实现。

(二)交往教学理念

所谓交往教学理念,是指以教学生活世界为基础,以师生的互动、共享与共创过程为价值导向,用整体交往观来建构理想的教学交往活动的一种教学理念。它是在传统教学理念的基础上发展起来的,是对以往教学理念的总结、升华与超越。交往教学理念的本质内涵可以从以下几个方面加以解读。②

第一,从本体论意义上来看,交往教学理念把交往看作师生的生存方式与发展方式。交往教学理念主张教学过程是通过师生、生生之间的互动,不断促进教师和学生的自我生成与建构的过程,这种互动是通过语言交往、信息交流以及精神交往而实现的。教师与学生的自我生成和建构是以主体间性为基础,通过自我认知、自我评价、自我调控与自主行动等方式得以实现的,整个教学过程是教学组织的开放过程,是教师和学生个体生命本质的自由、自主展开和创造的过程。交往教学理念要求尊重教师与学生的生命存在,特别是话语的自由、精神的自由以及交往的自由。在交往教学活动中,教师的作用表现为给学生提供良好的环境,以适当的方式对学生进行价值引导和具体指导,以及必要的监督。同时,教师的个体生命也因为与丰富多彩的教学生活相适应,与千差万别的学生交往而变得不断丰满,生命的意义与价值是教师自己创造的。交往教学理念为教学改革指出了一条正确道路:话语的自由与更新,课程内容的多样化,教学生活方式的变革,师生的有意义生活的

---

① 王攀峰.走向生活世界的课堂教学[M].北京:教育科学出版社,2007:132.
② 田汉族.交往教学论的特征及理论价值[J].教育研究,2004(2):38-42.

建构。

第二,从认识论意义上来看,交往教学理念强调整体的交往观。交往教学理念所指的交往主要包括作为主体的师生与作为共同客体的知识、教育情境之间的对象性交往;作为个体主体的师生、生生之间的主体间交往;作为个体主体的教师或学生与之关联的作为主体班级、小组、小群体之间的点面式交往;主体师生与客体自身之间的自我交往;教学组织与外界环境之间的面体式交往。这几种交往是一个有机统一的整体,是以对象性活动为基础的主体性与主体间性的统一,主体性与客体性的统一,主观性与客观性的统一,以及教学与环境之间的统一。由此可见,整体交往教学理念肯定了多种交往并存,及其相互作用的必要性与可能性,把教学活动中的人置于整体交往背景之中,揭示了学生发展的社会制约性与自主建构性。以整体交往教学理念指导教学实践,必然要求教师与学生自己的合作与理解,同时也要求学生与学生之间的沟通与合作,师生自我的反思与建构,以及教学与环境的良性互动。

第三,从价值论意义上来看,交往教学理念倡导教育性交往。交往教学理念强调教学对学生的全面发展,以及教师自我发展的整体性教育意义,包括认识、情感、意志、个性、伦理、审美、社会性等诸多方面的教育意义。也就是说,交往教学理念不仅强调学生知识掌握、能力发展、情感丰富、个性成熟以及社会性发展,而且也强调教师教学认识的不断丰富,教育智慧的不断增长,教学技能的不断熟练,以及教学风格的不断形成等。教育性交往的教学生活是一种能够发掘教师与学生的智慧潜能,发挥教师与学生的主观能动性,发展教师与学生的个性特长,提高教师与学生的教育生活质量,提升教师与学生生命价值的生活。

第四,从实践层面上来看,交往教学理念强调创新型交往。所谓创新型交往,是指教师与学生之间交往、学生与学生之间交往、自我交往以及教学组织与外部环境之间的交往活动,是一种创造新知识、新关系新自我的实践活动。当师生双方以开放的心态整体地投入教学生活中时,随着对话、理解与沟通等交往活动的不断深入,师生之间与生生之间就会产生智慧的碰撞、情感的交流、人格的感染和心灵的沟通,教师与学生就会逐渐摆脱自我原有的认识狭隘性、思维片面性和思想肤浅性,从而使自己进入更为广阔的精神活动领域,超越自身的认知结构、能力水平和人格层次。到了这个时候,师生关系及生生关系也就进入了一个创新的境界。交往教学理念试图揭示教学的创新特征,并用创新教学原理去引导创新教学实践,它强调教学理念不仅能促使教师引导学生学会学习与创造,而且也能激励教师不断进行自我创造。

(三)研究性教学理念

1. 研究性教学的内涵

关于研究性教学的内涵,目前学术界存在以下几种不同观点。

① "教学模式说"。刘伟忠认为,研究性教学是指由教师创设类似科学研究的问题情境,引导学生在主动探索与实践的研究过程中,接受应用知识并分析与解决问题,培养学生创造能力与创新精神的一种教学模式。

② "教学方式说"。赵新平认为,研究性教学是一种基于'问题'的教学方式,即以先进正确的教学观念为先导,以教师与学生共同参与为手段,以学生知识、能力及素质协调发展为目标,理论与实践结合、教学与科研并重的教学方式。

③"教学活动说"。李宏祥认为,研究性教学是指教师通过教学及教学过程的研究性,指导学生开展研究性学习活动,使学生掌握知识技能、培养研究及创新能力的一种教学活动。

④"教学过程说"。张伟刚认为,研究性教学是一种以"问题"的方式展开,采用"问题研究"或"项目设计"的方式,把知识传授变为"问题"的深入剖析、"方案"的科学制定以及"求解"的有效研究的教学过程。

⑤"综合说"。夏锦文指出,研究性教学不仅是一种教学理念,而且是一种教学模式,同时也是一种教学方式,是一种把教师研究性的"教"和学生研究性的"学"、"课内"讲授与"课外"实践、教师"引导"与学生"探究"有机整合并达到完整、和谐、统一的教学活动。

上述这些观点,存在着一定的共同之处,即都认为研究性教学的根本目标应定位于学生研究意识和创新能力的培养,研究性教学实施的关键在于问题情境创设和自主探究激发,研究性教学的基本条件在于师生互动和共同参与,这些都是值得肯定和借鉴的。但是,把研究性教学的本质归属为一种教学模式、教学方法、教学方式,或者一种教学过程、教学活动,则是值得商榷与探讨的,因为研究性教学并不单纯是一种教学模式、教学方法或教学方式,也不单单是一个教学过程或教学活动,而是教师和学生在教学活动必须遵循的一种教学指导思想,只有坚持研究性教学思想的指导,具体教学模式、教学方法和教学方式的作用功能才能得到充分发挥,教学过程与教学活动也才能真正进入到"研究"和"创新"的自由之境。基于此,我们认为,所谓研究性教学,是指教师和学生通过问题情境的创设,积极主动地进行学科领域的探索与实践,通过问题的分析与解决,获得知识技能并形成较强研究意识和创新能力的一种教学理念,它是由教师研究性的"教"和学生研究性的"学"所组成的双边活动,是二者的辩证统一。

2. 研究性教学理念的特点

① 问题性。研究性教学十分重视问题情境的创设,强调从丰富多彩的社会生活实践中选择与确定蕴涵研究价值的、学生较有兴趣的课题进行研究,"问题"既是研究性教学有效实施的逻辑起点,也是研究性教学深入开展的根本动力,它理应贯穿于研究性教学过程的始终。

② 探究性。研究性教学的目的不在于使学生掌握系统的理论知识,而重在以一种类似于科学研究的教学活动,激发学生对未知领域的探究兴趣,通过发现、分析和解决具体问题的探究过程,获得科学研究过程的感性认识,加深对自然、社会以及人生等问题的思索和感悟。

③ 过程性。研究性教学重视学习和研究过程本身所具有的意义与价值,认为过程远比获得可以操作和量化的结果更为重要,因为它更为强调诸如调查研究、观察访谈、文献研究、资料分析、现代信息技术等科学研究方法的正确运用,更为珍视学生思维方法、思维水平和创新能力的提升。

④ 自主性。研究性教学是教师引导下学生积极能动的探究过程,不管是研究课题的选择和确定,还是课题研究方案的设计与实施,抑或是研究结论的验证和研究报告的撰写,都是学生自主能动地加以完成的,教师一般只起组织、引导、促进和评价的作用。

⑤ 开放性。研究性教学在空间上突破了教室和学校的局限,它既可以在课内加以开展,也可以在课外得以实施;既可以在校内如教室、实验室、图书馆、宿舍等场所进行,也可

以在校外如实践教学基地、社区、社会、家庭、自然界等场所开展,这样就把研究性教学置于一个多元、动态和开放的教学时空之中,大大提升了研究性教学的灵活性和实效性。

⑥创新性。研究性教学一方面是在基于对传统"授受式教学"批判性反思的基础上提出的,它本身就体现了一种创新精神和批判品格;另一方面它更加重视学生对所学知识的创造性应用,强调通过自身的感性体验深化对学习价值的认知和认同,其根本的价值旨归就是要培养学生的创新意识、创新能力和创新精神。

（四）有效教学理念

1. 有效教学理念的内涵

关于有效教学理念的内涵,我国学者从不同视角进行了深入探究,形成了以下几种比较有代表性的观点。

①"教学理念说"。有学者在分析和理解"有效"与"教学"两个概念的基础上,指出"有效教学是为了提高教师的工作效益、强化过程评价和目标管理的一种现代教学理念"。

②"教学价值说"。有学者指出,有效教学不仅是一个"技术"层面的操作性问题,而且更是一个"价值"层面的支配性问题,真正意义上的有效教学要触及并彰显其价值追求,教学功能的发挥"一定要置于学生成长活动结构来考察,把学生的成长活动作为一个整体来对待",它应当是"最优化或恰到好处,而不应该是最大化和越多越好"。

③"教学活动说"。有学者认为,有效教学和其他教学形态一样,也是一种活动,是"教师遵循教学活动的客观规律,以尽可能少的时间、精力和物力投入,取得尽可能好的教学效果,从而实现特定的教学目标,满足社会和个人的教育价值需求而组织实施的活动"。

④"教学行为说"。有学者从具体的每一节课堂教学考察出发,认为有效教学就是指"那些能促成课堂教学目标完成的教学行为"。

⑤"有效学习说"。有学者基于学生学习和发展的视角,把有效教学界定为"能够产生有效学习的教学",认为有效教学的最终旨归是促进学生的学习与发展,有效教学的根本出发点是调动学生学习的积极性与主动性,有效教学的实质与核心是激励学生形成有效或高效的学习。

⑥"综合层次说"。有学者基于系统科和复杂科学的视角指出,如果从表层进行分析,有效教学"是一种教学形态,它兼具一切'好教学'的品质特征";如果从中层进行研究,有效教学"是一种教学思维,是潜藏在'好教学'背后的教学逻辑";如果从深层进行探析,有效教学则"是一种教学理想,其意义是为现实教学产生一种动力、牵引、导向作用"。

基于上述分析,我们认为有效教学理念的内涵是极为丰富的,在认识和理解时需要注意把握以下几点。

第一,有效教学理念是一种"有效"的教学活动,它与"低效"甚至是"无效"的教学存在着本质区别,它强调教师和学生在教学过程中要以最少的时间、人力、物力的投入,获得最佳教学效果和教学效益。

第二,从外在形式上来说,有效教学理念既包括教师有效的"教",也包括学生有效的"学",是二者在教学过程中的辩证统一。当然,有效教学理念更加重视以学生的"有效学习"和"高效发展"为根本目的,教师对自身教学行为的完善以及对教学风格和教学艺术的追求,都集中指向于学生的发展、成长与进步。

第三,有效教学理念真正关涉的其实并不仅仅是诸如方法、手段、策略、模式等表层的教学的"技术性"问题,而是触及更深层的教学的"道德性"问题,它更为强调对学生的学习态度、学习体验、学习兴趣、学习动机、学习方法、学习策略、学习习惯等基础性"学习力"和"发展力"的培育,重视学生内在的、长远的、可持续的学习与发展基础的保护。

第四,不应把有效教学理念简单理解为一种教学方法、教学策略,或者一种教学过程、教学活动,而应把它理解为是一种教师和学生从事教学活动的指导思想。在教学活动中,不论师生采用了何种教学方法,也不论使用了何种教学策略,只要坚持并遵循有效教学理念这一根本指导思想,其教学活动就一定是有效的、高效的。

2. 有效教学理念的特点

① 解放性。有效教学理念尊重和珍视学生,强调学生在教学过程中规约的解除和身心的解放,主张通过赋权、期望、激励等手段以及民主的机制,为学生提供良好的、宽松的参与教学和主导学习的机会,不断提升学生学习的责任感和自信心。

② 交互性。有效教学理念不是单纯教师一方或者学生一方的"独舞",而是师生双方的对话、理解、沟通、交流和互动,是师生之间的智慧碰撞、思想融通、情感共鸣和心灵沟通。这种交互性反映了教学活动中教师与学生之间的民主、平等、和谐关系,彼此之间形成了一个互教互学的"学习共同体"。

③ 主体性。有效教学理念把"人"置于核心地位,不仅重视教师在教学活动中主导作用的充分发挥,而且重视学生在教学活动中主体作用的充分调动。也正是由于师生双方都能以主体身份积极、主动、创造性地参与到教学过程之中,教学活动也才能进入有效的自由之境。

④ 生态性。有效教学理念是符合伦理道德的教学,一方面它不是只重视知识的死记硬背,而是更重视学生创新能力的培养、健全人格的养成和精神世界的丰满;另一方面,它也不是以强制、灌输等"人对物"的不道德的方式进行教学,而是强调以"人对人"——关怀、理解、激励等道德的方式作为教学的支撑。现代有效教学理念构筑起了一个"人学场域",形成了一个更加符合教学本真的"生态环境",其价值功能也因之能够得以顺利实现。

⑤ 反思性。有效教学理念不拘泥于固定的程序和现成的结论,它重视批判性反思和创造性吸收。不管是在教学过程中还是在教学活动结束后,这种教学反思是经常的和及时的,既是发现问题和解决问题的一种手段,也作为一种文化把教学活动置于理性关照之下,成为教师和学生的一种思维方式、工作方式和生存智慧。

六、教学理念的形成与转换

对教学理念的理论分析虽然是十分必要的,但却不是根本目的。只有探明教学理念的形成过程,促使教师科学先进的教学理念不断创造性生成,并切实转化为正确高效的教学行为,教学理念的研究才具有价值。

（一）教学理念的形成过程

从教学实践来分析,教学理念受多种主观、客观因素的影响和制约,其形成过程是一个比较复杂的系统工程,主要包括以下几个基本阶段。

1. 愿望阶段

教学理念形成的基本逻辑起点,在于教师积极改造教学实践、提升教学质量的强烈愿望。之所以如此,根本原因是由于现有的教学实践不能更好地满足教师对教学结果的实际需要。教师一旦具有了改造教学实践的良好态度和内在动机,他们就会对教学理论的学习产生浓厚的兴趣,自主学习的倾向和行动就会变得积极而自觉,就会充分调动其教学理念形成的主观能动性。相反,如果教师满足于自身的教学现状,或者不敢直面自己所面对的教学挑战,那他就不会产生改造教学实践的愿望和动机,就不会积极主动地进行教学理论学习和业务进修,教学理念的转变和形成就会变得困难。

2. 理解阶段

教师改造教学实践的愿望一旦得以激发,就会表现出对教学理念的"心向往之",教学理念的形成就会进入到理解阶段。有学者认为,教师对教学理念的理解,只有经过"从经验理性向理论理性的转化,才算真正理解了新的教学理念"。[①] 所谓"经验理性",是指一种较为低级的理性认识,它虽然能使教师对教学理念"知其然",但却不能使他们"知其所以然",不能使他们明晰教学理念发挥作用以及产生变化的条件。所谓"理论理性",则是一种较为高级的理性认识,它高于"经验理性",远离了直观的经验,因而具有了较高的"抽象化"和"形式化"程度。在"理论理性"阶段,教师对教学理念的理解并不是仅仅拘泥于某一层次或侧面,而是能以更加普遍和深刻的形式对之展开深入探究,因而更能帮助教师确认教学理念的本真。

3. 内化阶段

所谓教学理念的内化,是指教师把已经理解了的教学理念纳入自己已有的理念体系之中,并以此为基础建构新的教学理念的过程。在教学理念的内化阶段,教师要善于综合运用多种方式,使原有的陈腐落后的教学理念得以弱化,也就是要知道自己旧的教学理念"是什么""有哪些"。然后,当它们以"显性化"的方式呈现出来时,教师就需要用正确先进的教学理念对之加以反思和修正。当新、旧教学理念相遇时,必然会产生矛盾和冲突,教师要适时对新、旧教学理念进行分析和整合,促使二者达到"对话"与"联接",在对旧的教学理念进行扬弃的基础上,形成崭新的教学理念。教师教学理念的内化过程不仅是一个学习过程,而且也是一个创造过程,是一个教学理念的自主更新和自主建构过程。

4. 信念阶段

教学理念的信念阶段是指教师新的教学理念完全融入于自己的生命和思想感情,成为自身教学认知结构的核心,成为自己的一种精神品格。此时,教学理念已经转化成教师的教学信念,表现出一种无比巨大的力量,它不仅能够激发起教师强烈的教学责任感和自豪感,而且也能促使他们不断提升自身的教学智慧,同时还能促使他们对自己的教学行为进行检视和评价,实现教学行为由不合理向合理的积极转化。即便是在多元教学价值观念产生某些矛盾和冲突的时候,他们这种内在的教学信念也不会动摇,并且能够为教学改革与发展过程中所遇困难及阻力的排除,提供一种强大的内生动力。

5. 运用阶段

教师对教学理念的运用,主要反映在教学内容、教学形式和教学手段等三个方面。在教学内容方面,既要符合课程标准,又要切合学生的年龄特点;既要注意联系实际,又要有

---

① 王传金.论教师教学观念转变的基本过程[J].黑龙江教育学院学报,2002(5):47-49.

利于学生探究;既要考虑本学科知识的系统性和结构性,又要关注各学科知识之间的融会贯通性。在教学形式方面,除了重视班级授课制这一基本组织形式外,还应采用小组教学、差异化教学等更具活力的形式;除了坚持传统"授受"教学模式外,更要提倡研究性学习、自主性学习和合作性学习等的运用,以便能够激发学生学习积极性和主动性。在教学手段方面,要在强调传统教学手段重要价值的基础上,大力推动现代信息技术在教学中的应用,实现学科课程和信息技术的有机融合,促进教学内容呈现方式以及教师和学生互动方式的变革与转变。通过上述具体运用,教师的教学理念就能真正实现与教学实践的有效对接。

6. 反思阶段

教师对教学理念的运用,不可能一帆风顺,总会遇到这样或那样的问题和困惑。为此,教师需要及时对自己的教学实践展开深入的批判性反思。教师教学反思的路径和方法有多种。可以通过撰写教学后记和反思日记等形式进行自我反思,即教师要经常反诘自问教学理念与教学实践是否相符,如果相符,其根本原因是什么？如果不相符,那又是何种因素造成的？进而对自身的教学活动形成有价值的系统反思;也可以通过教师相互之间的听评课等形式进行教学反思,对优秀教师的听评课既能在教材处理、知识讲解、课堂调控、教学方法以及教学风格等方面获得有益经验,又能通过与自身课堂教学的对照比较发现自己的缺点和不足。这些都将十分有利于教师教学理念的形成与提高。

（二）教学理念的操作转换

从教学思维论的视角加以审视,教师的任何一种教学理念都必然蕴涵着一个较为完整的教学思维,从教学思维可以分析和演绎出教学理念得以顺利实现的核心教学行为,由此能够进一步确定这种核心行为对教师教学素养的诉求。此时,已经形成的教学理念才有可能真正操作转换为教师的教学行为。

1. 探明教学理念包含的教学思维

教学思维是指教师所具有的关于教学活动的认识成果,它是在一定教学价值观支配下所表现出来的教学操作思路。一般而言,教师的教学思维是由"教学观"和"教学操作思路"两个基本因素构成的。所谓"教学观",主要是指教师对"教学究竟是什么"以及"教学应当做什么"等问题的认识和判断;所谓"教学操作思路",主要是指教师对"应然状态"的教学实践活动到底怎样顺利实现的一种"思维路线"。由此可见,当教师从某一教学理念中探究发现了教学思维,实际上也就等于揭示和明确了内蕴于教学思维之中的"教学观",及其支配下的"教学操作思路"。可以说,发现教学理念蕴涵的教学思维,是教师教学理念实现向教学行为操作转换的前提和基础。

2. 把握教学思维内蕴的教学行为

当教师的某一教学理念进入到操作环节时,一般都会涉及一些具体的教学行为,其中有一些是非常规的教学行为,而且它们还成了教师教学行为的一种标志,这些行为往往被人们称为教学理念操作转换过程中的"核心教学行为"。教师的教学理念假如不能明确指出其所具有的核心教学行为,那它往往就会难以促使教师对之进行认知和理解,从而显得飘忽不定和不可捉摸。在具体教学实践活动中,有些教师经常会感觉某一教学理念听起来很有道理,但就是无法用之于教学实践,往往也正是由于这种情况所导致的。如果从理论上加以分析,教师教学理念得以操作转换的核心教学行为,大都是由内蕴的教学思维分析和演绎出来的。可以说,分析和演绎教学思维蕴涵的核心教学行为,是教学理念能否顺利实现向教学行为操作转换的重要保证。

3. 确立教学行为对教师素质的诉求

由教学思维而来的"核心教学行为",是教师已经形成的教学理念有效操作转换为教学行为的关键。这也就是说,对教师而言,教学理念已经不再仅仅是一种纯粹的观念形态,而成了一种与教师具体教学行为密切关联的充满生命活力的思想体系。但是,这时教学理念还不能顺利地走入教学实践之中,在分析和明确"核心教学行为"的基础上,必须进一步深入剖析其对教师应当具备的教学素养的诉求。教师教学素养其实也就是某一教学理念得以有效实施和应用所必需的教学知识、教学能力、教学境界及教学精神。一旦教师具有了这些教学基本素养,教学理念也就能够真正实现向教学行为的操作转换。

第二节 教学设计

设计是一种普遍的人类活动,体现了一种解决问题的能力和方法。教学设计实质上是教师对自己课堂教学行为的一种事先筹划,是对学生即将达成的教学目标、表现出学业进步的条件和情境所做出的精心安排。教学设计的根本特征在于创设一个有效的教学系统,它是一种目标导向的系列活动。对于当代教师而言,熟悉教学设计的有关理论与方法,具备科学合理地进行教学设计的能力,具有十分重要的意义。

一、教学设计的含义及特征

(一) 教学设计的含义

要想明确教学设计的内涵,首先需要把握设计的概念。《牛津大辞典》对设计的解释是:作为名词的设计,一是指思维中形成意图并准备实现的计划,二是指艺术构思中的草图、效果图;作为动词的设计,意为指示,表示建立计划,进行构思、规划并形成方案的过程。《现代汉语词典》对设计的解释是:在正式做某项工作之前,根据一定的目的要求,预先制定方法、图样等。据此,我们认为,设计是指人们为了达到特定的目的,在开展一项较复杂的工作之前,进行系统分析、规划、决策、制定并形成工作方案的活动和过程。

理解设计的概念,需要把握以下几点:第一,所有设计都具有一定目的,不存在没有目的的设计,目的既是设计的出发点,也是设计的归宿,具体的目的可以是创造某种具有实效性的新事物、解决所面临的新问题,也可以是完成一项较复杂的活动任务。第二,设计是按照一定计划系统进行的,而不是盲目的,计划可以详细也可以简略,但它是设计赖以展开的依据。第三,设计都是在一项工作或活动正式开展之前进行的,是工作的预备阶段所要完成的任务,以使工作可以按照设计的方法、步骤、内容等顺利展开。第四,设计应该有一定的创新性,而不是完全重复或模仿别人的方案,在这个过程中,体现了人的思维的创造性,设计者通常需要拟定多种可能方案,并从中进行决策。第五,设计的结果应该是物化的、可见的,可以是一个草稿、图样,也可以是一项计划、方案等,如果目的是制作一个物品,设计的结果一般是草稿、图样、模型等;如果目的是开展一项活动或解决一个新问题,设计的结果一般是工作计划、解决方案等。

所谓教学设计,是指一种教师为达成一定的教学目标所使用的研究教学系统、教学过程、制定教学计划的系统方法。具体而言,教学设计有着比较具体的操作程序,它是以现代传播理论和学习理论为基础,科学合理地运用系统理论的思想与方法,根据学生的特点和教师自身的教学观念、教学经验、个性风格,分析教学中的问题与要求,确定教学目标,设计解决问题的步骤,选择和组合相应的教学策略与教学资源,为达到预期的教学效果而制定的教学实施方案的系统的计划过程。在教学实践活动中,教学设计是教学得以顺利高效实施的基本保证。通过教学设计,教师可以预先实现对教学活动的基本过程的整体把握,有利于调动教师和学生双方在教学活动中的积极性、主动性,有利于引导教学活动取得良好的教学效果。

(二)教学设计的特征

1. 教学设计目的强调指导学生学习

教学设计的内容和体系十分复杂,既包括系统教学设计、课堂教学设计、产品教学设计,也包括资源设计、目标设计、策略设计和评价设计等;有以教为主的设计、以学为主的设计,也有"主导—主体"的教学设计;有支架式教学设计,也有抛锚式教学设计,等等。诸多种类的教学设计从历时性角度看,经历了从简单到复杂、从经验到理性、从行为到人本的变化;从共时性角度来看,富含着专项与多维、聚焦与逆向、实体与虚拟的区别。教学设计本身是复杂的,众多的设计方法和理念相互区别又相互交叉,表面上看是有多样化的设计方式和内容,实质都是目标影响下的选择。从微观层面来看,课时教学目标、产品教学目标或诊断问题教学目标可决定教学设计选择的策略、方法、过程;从宏观层面上看,则是教学理念决定了不同的设计方法和策略选择,教学设计者"一定是基于特定的教学理念或价值观发现问题和分析问题,也一定是基于各自所具有的教学素养和基本能力行动的"。[①] 因此,在现代学习型社会和创新人才培养的要求下,教学设计无论秉持了哪种理念方法和原则,也无论其实施效果如何,其根本目的都是为了指导学生学习,为了服务教与学。所有教学设计的原初或终极原因都是为了教学的有效性和合理性,追求的最高和终极目标都是有效地培养人和成就人。

2. 教学设计主体凸显师生主体间性

"主体间性亦即主体之间的关系,是现象学、解释学、存在主义和后现代主义哲学的重要概念。"[②]师生主体间性作为教育人际关系的一种,不认为学生是被认识、被发展的客体,也不认为学生是在认识对象和认识主体之间不断滑移的"主体",而认为学生是真正意义上的主体。既是认识者主体,也是被认识者主体;既是实践者主体,也是被实践者主体。在教学设计过程中,学生不再是被动的被设计,也不是作为设计时被考虑的"主体"因素,而是真正作为主体参与其中,通过对话、交往和理解实现其主体地位,这也是后现代主义和哲学解释学所极力主张的。

3. 教学设计是一种系统计划过程和活动

教学设计中的设计,不是直接与物联系,也不是间接与人联系,而是与具有主体性的人

---

① 李芒.教学设计的九大信条[J].电化教育研究,2010(4):40-43.
② 郝文武.教育哲学研究(理论卷)[M].北京:教育科学出版社,2009:32-95.

直接联系。因此,教学设计无法也不应按照预定的程序简单地、程式化地加以完成,而应是师生主体间针对教学目标、内容进行教学建构预设和生成的系统计划过程和活动。当然,"在教学设计中'设计'本身有其自身特点,设计活动具有普遍性、是后理性认识活动、具有理论性和创造性等特点。"[①]但是,这些特点不属于教学设计的"自本质",根植于"设计"特点的分析,往往是从某一角度认识的教学设计,其结果是对教学设计"类本质"的认识,而不是对教学设计区别于其他人类社会活动的"自本质"的认识。

4. 教学设计是一个问题解决的过程

教学设计是以促进学生有效学习为目标的。因此,教学设计不仅是以学习内容为依据,更要以学生所面临的学习问题为出发点,进而捕捉问题,确定问题的性质,分析研究解决问题的办法,最终达到解决学生所面临的学习问题的目的。从以上分析可以看出,教学设计不是以现成的方法找问题,而是以学生所面临的学习问题找方法。这就增强了教学设计的科学性,同时也增强了教学的针对性,提高了教学的有效性,缩短了教学时间,提高了教学效率,使教学活动形成优化运行的机制。

二、教学设计的功能

教学设计涉及的因素十分复杂,对教师、学生、教学目标、教学内容、教学过程、教学方法等都具有重要的价值作用。

(一)突出学生主体地位

现代教学论认为,在教与学的双边活动中,学生发挥着主体作用。因为学生是学习活动的主体,是学习的主人,他们是有意识的人,学习的内在动力源于学生。所以,教学设计是在对学生进行全方位的了解和分析,获取大量信息的基础上,才着手进行的。教学设计是以学生的学为出发点,遵循了学习的内在规律性,充分考虑了他们的学习特点;教学设计者是站在学生的立场上,进行教学目标的确定、教学策略的选择、教学媒体的应用、教学过程的描述。总之,教学设计是以学生为中心,围绕着学生在学习过程中遇到的学习问题而展开进行的。

(二)激发学生学习兴趣

由于在教学设计中充分考虑学生的特点,运用相应的教学策略,采取有效的教学方法和教学形式,更好地解决学生的学习方法问题,灵活地应用教学媒体,因此教学设计中的教学活动往往富有吸引力。通过这一系列措施,减轻了学生的学习负担,使学生乐学、会学、主动地学。在轻松愉快、巧妙安排、精心策划的教学活动中,无疑会增强学生的学习兴趣,提高学生学习的积极性;同时,有利于开发学生的智力,挖掘他们的潜能,培养他们的创造意识和创造精神,并使其形成良好的个性品质。这里,教学设计者设计何种教学活动才能激发并维持学生的学习兴趣就显得十分重要了。

(三)增强教学工作科学性

教学设计应用了现代教学理论,从教学规律出发,运用系统的观点和分析的方法,客观地分析了教学工作的状态和表现出来的不足和局限性。在设计教师的教学工作方面,突破

---

① 何克抗,郑永柏,谢幼如.教学系统设计[M].北京:北京师范大学出版社,2002:2-16.

了传统教学工作环节的局限性,从教师教学工作所面临的问题和需求入手,来确定目标,建立解决问题的步骤,选择相应的策略和方法等,设计了系统的、科学的教学工作程序和环节,使教师提高了教学工作的有效性。因此,建立在系统观点和分析方法基础上的教学工作,其科学性必然会得到进一步的增强,这也无疑会带来良好的教学效果和教学效率。

(四)提高教学效率和教学效果

教学设计的主要目的就是要运用系统理论、传播理论、教学理论和学习理论,在科学分析的基础上,设计出低耗高效的教学过程。在教学设计中,我们需要对学习需要、学习内容和学生进行客观的分析,在分析的基础上,减少许多不必要的内容和活动,然后清晰地阐明教学目标,科学地制定教学策略,经济地选用教学媒体,合理地拟定教学进度,正确地确定教学速度,准确地测定和分析教学结果,使教学活动在人员、时间、设备使用等方面取得最佳的效益。

(五)实现目标、活动与评价一致性

教学设计采用的是系统分析方法,它把教学设计本身看成一个系统,而教学目标、教学活动和教学评价是其子系统。各子系统之间和子系统各要素之间相互配合、相互协调、共同发展,才能确保整个教学设计系统的优化运行。因此,教学设计十分重视并强调各子系统及各子系统要素之间的最佳配合和一致性问题,即确定教学目标,展开教学活动,根据教学目标实施教学评价。显而易见,教学目标是教学活动的出发点和归宿,同时,教学目标也是教学评价的依据。这样,才能使教学设计系统形成良性运行的机制,促进教学达到最佳的教学效果。

三、教学设计的取向

关于教学设计取向研究,先后出现了艺术取向、科学取向、工程取向、问题解决取向、人的因素取向等各种不同的观点和看法,它们力图从自身独特视角解释教学设计的内涵,反映教学设计的本质。这些观点虽有其合理的因素,但也都存在一定的局限性或缺陷,需要辩证地加以借鉴和吸收。

(一)教学设计的艺术取向

教学设计的艺术取向把教学设计看成一种艺术。这种观点认为,对同样的教材和对象,不同的教师教就有不同的教学效果,即使是同一名教师,处于不同的教学背景,其教学效果也会有所不同。这说明教学带有较强的艺术性。在系统设计的教学中,虽然其科学性和技术性较之传统的教学有所增强,但教学策略的选择是否符合教学实际,教学媒体的选用是否具有吸引力等方面,也说明教学设计不是一项纯技术性的工作,它包含着深刻的艺术性。因此,教师只掌握了教学设计的技术还不够,只有知识和经验还不足,他应成为具有一定艺术修养和艺术创造力的教学艺术家。

(二)教学设计的科学取向

教学设计的科学取向将教学设计看成一门科学。这一观点的主张者要求在科学研究的基础上,针对不同的教学要求,要为不同的情境和场合、不同的学生和对象,选择不同的教学处理的方式方法,提供一整套传播媒体,并对上述内容提供准则(宏观教学设计)。这

一观点还主张,要在教学工艺学的研究基础上,给教学提供具体的教学技能和各种教学分析的方法(微观教学设计)。总之,教学设计应在科学研究的基础上,教学活动应在科学所提供的一整套方法和技术基础上进行,才能保证教学的科学性。教学设计者应成为具有一定科学素养的技师。

(三)教学设计的工程取向

教学设计的工程取向把教学设计看成进行一项工程之前拟订的一份工程计划。在进行一项工程之前,工程设计师必须完成系列的工程实施方案,包括效果图、平面图、施工图,等等。这种观点认为,教学设计者就像工程设计师一样,要掌握一套对教学材料能加以说明、安排、实施、测试和修正的技术。为此,教学设计者应掌握下列技术:评估教学需求、确定教学目标、预测教学活动的进行、评定教学结、修正下一步的教学活动,等等。教学设计者就是掌握这套技术的"工匠"。

(四)教学设计的问题解决取向

教学设计的问题解决取向把教学设计看成问题解决的过程。这种观点认为,教学设计就是发现并解决教学活动中的问题的过程。教学设计中的问题解决有以下几个阶段:发现问题、说明问题、解决问题和评价。要求教学设计者发挥创造性思维,找出教学中的重点、难点和问题,并予以解决,要求教学设计者在解决问题的过程中,产生、形成和检测新的想法。这种教学设计观大大突出了创造性思维在教学设计过程中的重要地位。

(五)教学设计的人的因素取向

教学设计的人的因素取向认为,要重视人的因素在教学设计中的地位和作用,在进行教学设计过程中,要考虑的首要因素是参与实施教学设计的人员素质以及影响他们的教学环境。不考虑人员和教学环境的因素,任何优秀的教学设计都难以产生良好的教学效果。所以,做好教学设计,必须提高参与实施教学设计的人员素质和教育机构的水平,必须改善教学环境。

四、教学设计的系统观

教学设计的系统观认为,教学过程是极其复杂的,参与教学过程的诸多变量因素的活动对整个教学过程产生了错综复杂的影响。因此,教学设计需要综合地以多种理论观点为指导,吸收各种观点中合理的内容。系统观的教设计并不完全反对或排斥上述各种理论观点。但它坚决主张,应以系统论的基本观点作为教学设计的指导思想,并贯穿于教学设计过程的始终,在各种教学设计观点中居主导地位。系统观的教学设计,科学地吸收了各种教学设计观点的合理因素,并使之具体化,它对各种教学设计观具有协调、扬弃、统整的功效。

教学设计的系统观在最大程度上摆脱了传统教学思想的束缚,树立了崭新的教学理念,那就是以学生为中心,突出学生在学习过程中的主体地位,要以学生的"学"为教学设计的出发点,遵循了学习的内在规律。例如,在系统理论指导下设计的教学,教师不仅要根据课程和教材确定教学目标,而且要根据学生的学习能力和水平以及客观条件制定教学目标;要按照教学目标的要求和学生的实际情况挑选教材,甚至自编教材;要依据学生的初始状态安排不同的教学活动,提供不同的学习材料,并参照学生的初始状态来评价教学效果;

要根据学生的学习特征,选用不同的教法,安排不同的学法;要根据学习理论的原则来安排教学内容的顺序;要根据学生掌握学习内容所消耗的时间的差异,因人而异地做出适当的安排;要以传播理论为依据选用教学媒体;要发挥其自教学设计,特别是在系统理论指导下的教学设计。

教学设计的系统观指出,从教学设计过程本身看,教学设计过程是一个系统,它由各个要素构成,这些要素主要包括:学习需要、学习内容、学生的特征等方面的分析,教学目标、教学策略、教学媒体等方面的确定和选择,教学活动的具体展开,教学效果的评价等。这些要素相互联系和相互依赖,形成一定的结构,指向特定的目标,所有要素发挥各自的作用并形成一定的整体功能,构成一个有机的整体。教学设计的系统观要求以系统论的思想和观点作为教学设计的指导思想。从系统论的角度出发,对参与教学过程的要素、各个要素构成的结构和教学环节等进行最优化的设计,以期获得最佳的教学效果。在最大程度上摆脱传统教学思想的束缚,克服只凭主观经验进行教学活动的倾向,充分体现现代教学的特点。只有对教学过程实行最优化的设计,才有可能使教学达到最优化。因此,教学设计的系统观是实现教学最优化的关键所在。

在系统观教学设计思想指导下,人们从不同角度和侧面研究如何进行最优化的教学设计,从而产生了多种教学设计方案,主要有以下几种:

第一,以班级为着眼点的教学设计方案。在课堂教学条件下(固定的教师、学生、课程、教材和教学设施等),教学设计的着眼点应该是针对教学内容如何组织以班级为单位的教学活动。

第二,优化教学环境的教学设计方案。在进行教学设计时,着重考虑教学环境因素,并把其作为教学设计的重要参数。其目的是,通过优化教学环境并发挥其功能,提高教学效果和质量。

第三,以达到目标为目的的教学设计方案。在进行教学设计时,要根据教学任务和目标来设计教学活动。其特点是,针对教学任务和目标组织相应的教学材料,确定教学步骤、环节,设计教学过程的组织形式、教法、学法等。

第四,按逻辑顺序进行的教学设计方案。教学设计必须按严密的逻辑顺序进行,摒弃主观猜测和经验。重点分析学生所处的状态,学习材料的结构,并根据具体情况选择教学模式、教学方法和教学形式等。同时预测各种可能会遇到的问题及应采取的相应对策。

第五,以交互作用为中心的教学设计方案。这种方案是根据参与教学过程诸多要素的相互联系和交互作用进行教学设计。其特点是,重视教学活动中信息的沟通与反馈,强调教学系统诸要素的联系、结构和功能。

五、教学设计的模式

教学设计理论与实践发展到今天,出现了许多较有影响的教学设计模式,其中有代表性的是迪克和凯里模式、肯普模式、史密斯和拉甘模式、马杰模式。

(一)迪克和凯里模式[①]

美国佛罗里达州立大学教授迪克和凯里是"系统设计论"的主要代表人物,其著作《系

---

① 盛群力,李志强.现代教学设计论[M].杭州:浙江教育出版社,1998:78-133.

统化设计教学》于 1978 年出版,被教学设计界推崇为最受欢迎的教科书之一。

迪克和凯里模式十分注重教学过程的系统性。他们认为教学过程的现代视野是将教学看成为一个系统的过程,这一过程的每一个成分对成功的学习而言都是至关重要的。运用系统观点来看待教学的好处是能够把握这一过程中各个成分的重要角色,各个成分之间必须有效地发生相互作用。当然,也不能过分地强调任何一个成分,以免畸轻畸重,顾此失彼。迪克和凯里所提出的系统方法模型相对通俗明了,同时又不失其基本规范。这一模型包括 10 个相互联系的组成部分,各个组成部分之间用线条加以连接。这些组成部分是教学设计人员用来设计、开发、评价和调整教学的一系列步骤和技术。

迪克和凯里模式中的具体步骤为:一是确定教学目标;二是进行教学分析;三是确定起点行为;四是编写教学具体目标;五是设计标准参照试题;六是开发教学策略;七是开发与选择教学材料;八是设计与实施形成性评价;九是进行教学调整;十是设计与实施总结性评价。这十大步骤代表了迪克和凯里倡导的运用系统方法设计教学的程序,这些程序之所以被看作系统方法乃是因为它们是由一组相互作用的成分构成的,每一个成分都有其自己的输入和输出,整合之后产生了预期的产品。系统还要收集其本身效果的有关信息,以便在最终的产品定型前能做出改进,从而达到预期的质量水准。

(二) 肯普模式[①]

肯普、莫里森和罗斯等人 1998 年出版了《设计有效的教学》一书,其写作意图虽然不完全是直接面向教师的,但从总体上说具有应用操作性强、教学设计理念先进(如体现在教学目标归类、教学内容排序、教学策略选择等方面)等特点。肯普认为,教学设计是从学生的观点而非传统的从内容的视角来考虑教学,它包括以下许多影响学习结果的因素:一是学生达成目标需要什么样的准备水平;二是什么媒体或其他资源最为合适;三是成功的学习需要什么样的支持;四是如何确定目标是否有效达成;五是如果教学计划的实际试验与预期设想不符,有必要进行哪些调整。

肯普认为,教学设计有四个基本要素:一是教学方案为谁而开发——学生或受培训者的特征;二是你希望学生或受培训者学到或表现什么——具体目标;三是如何最有效地学习学科内容和技能——教学策略;四是如何确定学习完成的程度——评价程序。这四个最基本的成分(学生、具体目标、方法和评价)形成了系统的教学规划的框架。这些组成部分是相互联系的,显然也构成了一个完整的教学设计。

肯普认为,一个综合性教学设计包括九个成分:一是明确教学问题,详细说明设计教学方案的目标;二是在整个规划过程中都要注意考查学生的特征;三是明确学科内容,并对与已述的目标和目的相关的任务成分进行分析;四是向学生交代教学目标;五是在每一教学单元内按序排定教学内容,以体现学习的逻辑性;六是设计教学策略使得每个学生都能掌握教学目标;七是规划教学信息和传递方法;八是开发评价工具用以评估目标;九是选择支持教学活动的资源。肯普认为,虽然九个成分构成了一个逻辑的、顺时针的序列,但教师在操作每一个成分时不一定非要按此顺序。每个人都可以按他们自己意愿实施这一教学设计过程,不管从哪里切入,都可以根据他们认为逻辑的或合适的顺序进行设计。

---

① 盛群力,褚献华.现代教学设计应用模式[M].杭州:浙江教育出版社,2002:365-382.

肯普认为,上述这些要素之间并不是用直线或箭头相连的。一般来说,事物的前后衔接表明的是一种序列、线性秩序。虽然肯普使用椭圆形模型的目的是想传递一种灵活性,但也不否认9个成分也可以有某种序列联系。当然,某些情况下并不要求涉及全部9个要素。例如,在某些计划中评价工具就不一定是必要的。使用椭圆形图示的另一个原因是九个成分之间存在着灵活的相互依赖性,对于一个成分做出的决定可能会影响其他的成分。例如,尽管已经陈述了教学目标,但学科内容的具体项目可能会增加或重新排序;或者当教学传递方法被选定之后,教学目标的意图会比最初陈述时更为清晰,这就需要对目标进行修改。

(三) 史密斯和拉甘模式[①]

史密斯和拉甘在《教学设计》一书中,把教学设计过程划分为三个阶段:分析阶段、策略阶段和评价阶段。第一阶段主要是分析学习环境、学生、学习任务,制定初步的设计栏目;第二阶段主要是确定组织策略、传递策略,设计好教学过程;第三阶段主要是进行形成性评价,对预期的教学过程予以修正。这三个阶段或三个设计活动是绝大多数教学设计模式都予以强调的。在史密斯和拉甘看来,教学设计模式是教学设计过程的一种形象表征,由此突出了各个要素及其相互关系。他们认为,自己的模式同迪克等人的模式并无根本的差别,也算是一个常见的模式。但是,该模式突出了情境分析以及按照组织、传递和管理三个类别来讨论策略等还是有其创新之处的。

史密斯和拉甘通过一个数字电视系统维修人员培训的例子,来说明他们提出的模式是如何运作的。

1. 分析情境、学习对象与任务阶段

在该阶段设计人员要尽可能多地了解学生(维修人员)所处的环境,了解学生本身的特点以及了解要求学生完成什么样的维修任务。设计人员将向数字电视公司的主管部门、数字电视开发商、以往的培训机构和学生本人了解相关信息。他们还要了解学习任务本身,了解学生究竟需要掌握多少知识技能才能完成修理任务。设计人员想要回答的问题主要有以下几个方面:① 学生将在一个地方集中培训还是分散在各自原先的工作单位培训;② 培训大概需要花费多少时间?这些时间是否有保障;③ 学生在学习新的数字电视系统基本工作原理时是否有实际接触或修理的机会;④ 学生对参加培训的兴趣有多大,他们将得到什么样的回报;⑤ 哪些学生是有预期的,是什么吸引着他们,他们有什么样的教育背景;⑥ 所有的学生都需要达到相同的目标吗? ⑦ 为了掌握新的知识技能,学生需要有什么样的基础;⑧ 为了表现新的维修本领,学生需要掌握什么样的知识技能,他们是只要求掌握排除故障技能或程序,还是同时要另外学习排除故障的原理;⑨ 如何评估学生是否达标,是采用书面测验还是通过实际排除故障来证明,是否有模拟修理的评估办法。

2. 选择教学策略阶段

在该阶段设计人员要确定与维修数字电视相关的学习内容,还要安排学生参与学习活动,规定教学活动的先后序列,选择适宜的教学媒体。实际上,在这个阶段设计人员要回答的是教学事件如何真正起到促进学习的作用。具体来说,他们可能想要回答以下一些

---

① SMITH P L, RAGAN T J. Instructional Design[M]. Hoboken, NJ: John Wiley & Sons Inc., 2005:3-16.

问题：

① 学生要掌握哪些学习内容，内容的呈现应该采用什么样的模块，进度快慢如何加以控制，是先讲解知识技能还是在实际操作活动中进行综合训练。

② 学生应该参与哪些学习活动，发挥什么样的作用或担任什么样的角色，学习活动是对教师讲解的补充还是本身成为掌握知识技能的主要手段，学习活动是否包括回答书面问题还是主要是涉及排除故障的实际修理，是不是需要安排阅读、演示和讨论等活动。

③ 教学活动的先后序列是如何妥善安排的，先采用"发现"的方法还是先采用"讲解"的方法，如果采用讲解方法的话，那么应按照什么样的顺序来讲解。

④ 什么样的媒体最能起到支持教学的作用，学生是现场观看修理示范还是观看录像或互动媒体，学生是否需要阅读教材或教学参考书，在实际修理操练中是否可以用修理手册作为辅助工具。

⑤ 学习中是否要分组？学习活动是个人学习为主还是分组学习或大班活动为主。

3. 教学活动评价阶段

评价既包括对学生的评估，也包括对教学的评估。在安排评价活动时，设计人员要制定评价的计划以明确学生在学习活动结束后哪些方面应该得到改变。具体来说，设计人员可能想要回答以下这些问题：第一，教学内容是否准确无误，对于新产品的不断更新而言，原来的教学内容是否得到了及时更新补充；第二，为了得到改进教学的信息，我们需要什么样的反馈，我们是否需要安排试验教学，是一对一试教还是小团体试教；第三，为了了解教学中还存在哪些不足，我们需要提出怎样的反思性问题；第四，在实际教学中应该做出哪些调整。

（四）马杰模式[①]

马杰的著作《有效教学的设计》（1997年），以当今教学与培训设计的先进理念为依托，依据教学分析、设计、开发、实施和评价等阶段，具体讨论了分析业绩、分析目标、分析任务、确定教学具体目标、落实知识技能分层、明确课程先决条件、配置标准测试、提供针对性练习、确定教学内容、选择教学传递方式、安排教学模块、开展试教、安排教学顺序、制定上课程序、做好准备工作、实施教学和教学改进等各个教学设计具体工作。

马杰认为，尽管这些程序是按实际完成的大致顺序来阐述的，但并非是指进入了后一个程序，前面的程序就可以抛置脑后了。教学设计总是要求思前顾后、通盘考虑。此外，当发现有通过其他方式可以实现满意的业绩表现时，教学设计也就该停止了。教学系统开发程序不限于哪个学科、专业和职业，如果不考虑教学目的，程序设计是基本相同的。其教学设计模式的步骤主要包括以下五个阶段：

1. 教学分析阶段

该阶段主要包括三个方面：一是实施业绩分析。业绩分析程序通过分析实际做的和应该做的事情之间的差距，通过分析哪些差距能够借助教学这一手段而予以消除，以及提出哪一种解决措施才真正有效，来尽量避免教学失误。这个程序是通过最恰当可靠的方法来

[①] MAGE F. Making instruction work or skillbloomers: a step-by-step guide to designing and developing instruction that works[M]. Atlanta, CA: The Center for Effective Performance Inc., 1997: 5-25.

改进业绩所不可缺少的。二是开展目标分析。目标分析程序对厘清业绩表现的重要成分来说是十分有用的,因为这些成分往往不够清晰明确,太笼统抽象。因此,当希望学生有令人满意表现的时候却不能说出他们应该有能力做什么时,就有必要做目标分析。目标分析并非只在教学设计和开发的某处存在,只要教学意图不够明确就需要进行目标分析。三是完成任务分析。任务分析是对进行一项相对连续任务的个体行为序列先后所做的说明,而不管其任务的步骤主要是认知的还是心理动作。它是促使满意的业绩表现具体清晰、形象生动的一种方式,就像一幅蓝图描绘了完成任务所需具备的各种条件一样。任务分析之后,有可能得出要完成任务人们应具备哪些技能,正是通过任务分析才能确保重要的技能知识的传授不致遗漏。

2. 教学设计阶段

该阶段主要包括三个方面:一是说明教学具体目标。教学目标描述了预期状态下的教学结果,说明了学生必须能做什么才被认为是有胜任能力的。教学目标规定了教学的最终指向,就像一幅描述一个完整的产品的各个成分的蓝图。二是明示技能分层。技能分层是一些简化的图表,体现了技能之间的相互关系。它们有助于决定在学习一些技能之前哪些技能应该先学,也提供了设计课程结构的内容,通过这些内容决定如何最有效地使用有限的资源和设施。三是说明预期教学对象。它概括地指明了教学会使哪些人受益,通过了解这些关键特征,有可能使教学更好地适合每一个学生,具体包括选择具体目标、示例、术语、媒体及充分考虑到每个学生达成目标的程序。教学对象分析是创设有效教学的关键技术之一。四是规定课程先决条件。课程先决条件说明了学生在能从教学中获益之前而必须先具备的东西,先决条件来自说明教学对象和课程中哪些该教哪些不该教。

3. 教学开发阶段

该阶段主要包括几个方面:一是拟订标准测试。标准测试通常更多的是指"业绩核查"或"技能测试"。标准测试可以使学生和教师确定教学是否有效,即是否学生经教学后能达到预期的目标。它们也可使学生和教师决定是否可以进入下一单元的教学,但不是用来做学生之间业绩表现的横向比较,而是指相对于具体目标来说学生的表现如何。二是提供针对性练习。这一步描述了应该提供什么"素材",才使得学生掌握教学内容成为可能。此时要列出所需设施和工具及教学环境,列出一些在实际岗位条件下所涉及的人。因为练习是教学活动必不可少的一个部分,所以安排适当的教学操练是很重要的。三是选择教学内容。通过对目标、标准测试、针对性练习和说明教学对象,就能够得出有利于完成每个目标的教学内容,确保他们学到的是必须知道的东西,而非无关的或已经知道的内容。四是选择教学传递方式。通过这种方式学生懂得在开始练习之前应需要知道什么。在确定内容之后进行媒介的选择,这通常是容易而省时的。五是安排教学模块。这包括确定具体目标的操练和对练习的结果如何做出反馈。六是进行试教。通过试教可以诊断教学是否有效,及正式实施之前需要做哪些改进。重视教学效果的人坚持在上每一堂课之前至少有一次"试教"。七是教学单元排序。这一步把教学单元按一定的次序排列,以便维持或提高学生的动机,在已有的基础上建构新的或复杂的技能,对已学的知识进行定期练习。

4. 教学实施阶段

该阶段主要包括三个方面:一是制定上课程序。上课程序是按理想状态和特定条件而设计的,它们可提供学生和教师一个参照依据。一门课的"路线图"可能来自上课程序和技能分层;这个路线图告诉学生课与课之间有怎样的联系,在进行其他课程单元时哪些单元应先掌握,同时帮助学生确定下一步应做什么。二是做好各种准备。在教学之前,教师应知道怎样使教学顺利进行而非设置障碍。这就包括界定成功教学的要素,应用和控制能加强业绩表现的有利结果,应用或示范有利于业绩表现的原则以及加强学生的"自我效能感"。三是实施教学。在每一个教学单元开始前,学生应先了解具体目标,然后决定是否需要教学或操练。在教学完成后,应该让学生表现其对具体目标的掌握程度。如果他们达到或超出了标准,就可以提前进行下一单元,否则就应该提供补救措施。

5. 教学评价或改进阶段

因为学生需要和岗位本身的变化,或者由于新技术、材料和设施的出现,再加上学生之间存在的个别差异,所以专业教师应采取措施改进教学。教学改进由明确改进条件和采取必要的步骤运用改进条件两部分构成,其程序涉及对教学实践的现状和预期的教学进行比较,即对"实际是什么"和"能够是什么"做出详细的比较与分析。

五、教学设计的过程和方法

教学设计既不同于形式化的教案的拟定,也不同于简单的教学内容的排定,它是一项复杂的系统设计过程,需要遵循一定的程序,运用科学的方法,从而使教学设计达到理性化、科学化和操作化。

(一) 教学目标的设计

科学合理地确定教学目标,是进行教学设计时必须正确处理的首要问题。教学目标是教学双方积极活动的准绳,也是衡量教学质量的尺度。明确具体的教学目标,对教师的教和学生的学起着决定和制约作用。教学设计中容易出现的问题之一往往就是对教学目标理解的片面化,即设计者关注的主要目标就是使学生掌握知识和技能,过高地突出认知目标,因而其他目标如过程与方法、情感态度价值观则被忽视。如在教学的知识运用和发展阶段,更多地考虑把练习内容一步到位与高考"接轨",而较少考虑教学内容应联系社会和生产生活的实际问题,较少考虑对学生科学态度和科学方法的指导及创造精神的培养。在"应试教育"向"素质教育"转变的今天,教学设计在目标的选定上应确立综合发展的要求,自觉坚持教学目标的多元化,既要有学生在认知领域应该达成的目标,也要有学生在操作领域应达成的目标,还要有在心理道德素质等方面应达成的目标。教学目标确定之后,还要考虑教学目标具体化问题,应当按照期望学生身上出现的可观察、可操作、可测量结果的方式对教学目标做出具体说明,这种说明需要包含行为(做什么)、条件(在什么具体情况下)和标准(达到什么样的要求)三种成分。从教学设计的系统看,只有这些具体的教学目标得到预先确认并让学生在教学开始前心中有数,才能凭借教学活动、教学条件引发与强化预期的行为,才能保证教师在教学活动中严格贯彻教学意图,适时调控教学活动。

(二) 教学起点的设计

任何一种教学设计的基本前提和最终旨归都在于学生的学习与发展,因而对学生进行分析在教学设计中占据非常重要的地位。学生分析通常包含两方面内容:即学生当前的状态和学生的特征。学生的当前状态与目标状态的差异构成了学习需要,从学习需要出发设计教学过程,"意味着对进入某一教学活动时的起点行为进行细致分析,当学习是一个连续环节时,学生的起点行为实际上就体现为对新任务完成起重要影响的先决智能和情感条件。"①学生的起点行为恰恰是确定教学起点的基本依据之一。对学生特征的分析则是确定教学起点的又一基本依据,教学设计者需要关注学生诸如年龄、性别、认知成熟程度、学习动机、个人对学习的期望、焦虑程度、学习风格、经验背景、社会文化背景、以学习为目标的人际交流等方面的特征,尤其是有关人际交流方面的特征。如果缺少对学生特征的了解,教师对学生的交流活动的组织和控制将或多或少地失去理性。

(三) 教学内容的设计

成功的教学设计要求设计者以系统而生动的方式将教学内容组织起来,要确定主要的概念以及各个概念之间的关系。科学的教学设计可以帮助学生意识到所学内容的内在顺序,了解各部分内容与整体的关系以及各部分之间的联系,从而全面地理解所学的内容。在教学过程中,教学内容集中体现在课程标准和教科书之中。教学内容的设计过程也就是教学设计者认真钻研课程标准和教科书,从中选择和组织教学内容的过程。然而,课程标准和教科书中的信息一般都有较强的独立性,缺乏内在层次的联系,如果设计者不进行序列化信息编码,不进行再加工,就难以使学生获得完整、系统和扎实的知识,就会影响学生的逻辑思维、学习进度和学习积极性。为此,教学设计者对教学内容一定要进行再加工和序列化组合。教学设计者应根据教学目标的要求,结合学生的实际水平,对学习材料进行再加工,通过取舍和简化,重新选择有利于目标达成的材料。对选定的教学内容还要进行序列化安排,使之既合乎学科本身内在的逻辑序列,又合乎学生认识发展的顺序,从而把学习材料的知识结构与学生的认知结构有机地结合起来。

(四) 教学方法的设计

教学方法是教师和学生为完成教学任务实现教学目标而采用的方式和手段的综合,它不仅包括教师的教法,而且包括学生的学法,是教师引导学生掌握知识技能、获得全面发展而共同活动的方法。教学方法的设计既要有利于知识与技能的传递和接收,也要有利于能力与方法的获取和优化,同时还要有利于情感、态度与价值观的形成和提高。在教法上,既要考虑如何教给学生已经概括了的社会基本经验,又要考虑教给学生怎样有效地获得这些经验的方法;在学法上,既要考虑怎样指导学生获得已有知识和经验,又要考虑指导学生如何建构知识,怎样主动更新自身的知识结构,不断调控自己的学习状况。教学方法的设计既要符合教学规律与教学原则,也要符合学科特点与具体教学内容实际,还要善于考虑教学的主客观条件的适宜性。教学方法的设计不仅要体现出综合性,即各种具体教学方法的优化组合和协调配合,而且要体现出灵活性,即既考虑具体教学方法的运用要求,也要根据教学实际和教学情境对教学方法创造性地加以运用。

(五) 教学媒体的设计

教学媒体是传递教学信息的工具,它直接沟通教与学两个方面。教学设计中媒体的含义是广泛的,包括语言、文字、粉笔、黑板等传统媒体和现代电子媒体。在选择教学媒体时,设计者需要综合考虑几方面的因素:

---

① 盛群力,刘善存,俞鸣人,等.简论系统教学设计的十大特色[J].课程·教材·教法,1998(5):18-21.

一是学习情境的特征。如在具体的学习情境中,所选的媒体是否有效、易行,是否适合学习、支持学习。

二是媒体的物质属性。各种媒体之所以不同,就在于它们可以用来呈现沟通的物理特性间的不同,比如说,有的媒体可以呈现视觉的效果,但有的则不能。

三是学习本身的特色。在选择教学媒体时,教学设计者必须考虑所预期的学习结果。在这方面,媒体之间最大的不同可能就在于互动的品质。当学习动作技能时,对于学生不论正确或错误的反应提供适当的回馈,可以说是最能增进教学效果的关键。当学习有空间顺序或时空关系的具体概念或规则时,教学中就有必要呈现图画或影像。例如在学习花的结构或是钟摆的摆动,最有效的呈现方式就是以图像的方式,而非文字的描述。

四是学生的实际。在选择教学媒体时要始终把学生放在中心地位,使学生的积极性、主动性得以充分发挥。

（六）教学评价的设计

评价是检验教学效果和调整教学过程的重要手段,因此确定评价策略和方式是教学设计的必要一环。在教学活动中,教学评价应该贯穿于教学活动的全过程,其中,评价的一个主要功能是验证是否达到目标。当然,"有效地测定学习目标的达成度并非易事,需要考虑多种因素。而且还要阶段性地重新评价,以确证所获得的知识、技能是否内化到学生的认知结构中,所养成的情感态度是否持久"。[①] 对于教学活动来说,教学评价另一个同样重要的功能是教学功能。学生通过教学评价来审视自己,对后续的学习活动做出相应的调整。常见的教学评价手段是常模参照评价和标准参照评价。标准参照评价虽然比常模参照评价更具有人本精神,但仍不能准确表述教学的理想。教学所追求的真正价值并不是能力本身而是能力的变化,因此教学评价的对象应是学生的能力变化,而不是学生的能力水平。教学评价的更理想手段是基于进步的评价,只有进步参照评价才能真实地反映教学的理想。除教学评价手段的改进外,教学评价的设计还要既注意适时性,把握好评价的时机;也要注意全面性,把握好教学各个层面;同时要注意多样性,把握好教学评价的不同形式。

（七）教学结构的设计

教学结构是为了完成一定的教学目标,在时间和空间上各种因素的排列和组合。确定教学目标、分析和组织教学内容、选择教学方法和媒体、设计教学评价等,归根结底都要回到具体的教学结构上来,需要设计者对教学作整体科学合理的安排。例如,需要确定哪些教学环节,各个教学环节占用多少时间,如何应用教学媒体和教学方法进行教学活动等。这就要求设计者在对教学结构进行决策时应体现出科学性、整体性和协调性:一是根据具体的教学目标、教学对象及教学内容恰当地选择教学环节,把握好每个环节的任务和要求,相辅相成,互相协调,同时合理地分配各个环节的教学时间;二是选取教学环节后,要具体设计教学各环节的组织,如采取何种手段引起学生注意,采取何种方法、运用何种媒体呈现有关内容等;三是教学程序的"总装",使之从整体上形成最佳的组合,以保证整体的功能大于各部分之和。

[①] 高文.现代教学的模式化研究[M].济南:山东教育出版社,2000:433.

第十三章 教学反思与教学研究

教学反思是教师立足于教学实践,以提高教学效果和教学质量为目的,以自身教学活动过程为思考对象,对教学过程本身以及教学过程中的行为进行理性的审视和分析,探明教学中存在的问题及原因,进而采取相应的改进策略。教学研究是教师深入教学活动场域,深入了解教学内部构成要素及其相互关系,探索和总结教学科学规律、解构和诠释教学人文现象的一种创造性活动。在当代,对于教学效率和教学质量的提高、教师的专业发展和专业成长而言,教学反思与教学研究越来越显现出其强大的价值作用。

第一节　教　学　反　思

教学反思是教师有意识地对已经发生或正在发生的教学活动进行批判性的思考和审视,通过行动解决问题并进一步积累教学知识、重构教学经验的活动。教学反思能让教师突破习以为常的教学惯性,不断审视和改进自己的教学行为,使教学充满智慧与创新,逐步形成自己独特的教学风格。教学反思作为提高教学质量、促进教师专业化发展的有效途径,越来越受到研究者的重视和广大中小学教师的认同。

一、教学反思的内涵

要想准确界定教学反思的内涵,首先需要厘清反思的概念。从词源学上看,反思亦即反省。在中国,古代思想家孔子曾说:"见贤思齐焉,见不贤而内自省焉。"意思是说:"看见有德行或才干的人就要想着向他学习,看见没有德行或才干的人就要自己内心反省是否有和他一样的错误并加以改正。"曾子也曾指出:"吾日三省吾身,为人谋而不忠乎?与朋友交而不信乎?传不习乎?"意思是说:"我每天多次反省自身,替人家谋虑是否不够尽心?和朋友交往是否不够诚信?老师传授的知识是不是自己还不精通熟练呢?"孟子也说:"君子深造之以道,欲其自得之也。自得之,则居之安;居之安,则资之深;资之深,则取之左右逢其源。"意思是说,"君子遵循一定的方法来加深造诣,是希望自己有所收获。自己有所收获,就能够掌握牢固;掌握得牢固,就能够积累深厚;积累得深厚,用起来就能够左右逢源。"在西方,17世纪,英国哲学家和教育家洛克认为,反思就是对意识的内在活动的观察,即内省体验。19世纪,德国哲学家黑格尔则专用"反思"代表对思想本身所进行的反复的思索,也就是思想的自我运动。而19世纪末20世纪初美国实用主义教育的代表人物杜威则被认为是从事"教学反思"研究的鼻祖,是对反思问题进行比较系统论述的第一人。他认为,所谓反思,是指"思维的一种形式,是个体对于任何信念或假设性的知识,按其所依据的基础和进一步的结论而进行的主动的、持续的和周密的思考"①。

我们认为,所谓反思,是指主体对客体以及对作为客体的能动反映和产物的思想意识的回顾性认识与再认识。若从哲学视角来看,反思是一种认识过程;若从教育学视角来看,反思则是一个认识不断提高的过程,是一个质变性学习的过程,是一个阶段性总结的过程。在反思过程中,主体要对自己的实践和行动进行批判性思考,对行动的过程和结果做出价值判断,对有关现象和原因做出分析和解释,从而不断提高思考的质量和效率。人们通常使用的反思概念,是一种有着先后影响关系的纵向反思。对此,马克思就指出,"对人类生活形式的思索,从而对它的科学分析,总是采取同实际发展相反的道路。这种思索是从事后开始的,就是说,是从发展过程的完成的结果开始的"②。可见,回顾性是反思的一个主要和基本的总体特征。不仅如此,反思还有不为一般人所注意的更广泛的理论概念和内涵,即横向反思。它不是从后思维,而是作为彼此无影响关系的思想的自我运动而对思想本身进行的反复思索。因此,反复性是反思另一个主要和基本的总体特征。

关于教学反思的内涵,学术界存在着不同的解读。熊川武教授认为,教学反思是指教学主体借助行动研究不断探究与解决自身和教学目的以及教学工具等方面的问题,将"学会教学"与"学会学习"结合起来,努力提升教学实践的合理性,使自己成为学者型教师的过程。③ 张立昌等人依据批判理论把教学反思界定为,"一种批判思维活动,一种教师在教学实践中,批判地考察自我的主体行为表现以及学校教育、教学行为背后的更广泛的社会、历史、伦理、道德意义上的思考、审视和分析的过程"④。刘加霞等人把教学反思看作一种技术,认为,"教学反思是分析教学技能的一种技术,是对教学活动本身(尤其是教学技能、教学方法)的深入思考"⑤。徐智则认为,"教学反思是教师立足于教学实践,以提高教学效果和教学质量为目的,以自己的教学活动过程为思考对象,对教学过程本身以及教学过程中的行为进行理性的审视和分析,反思教学中存在的问题与不足,进而采取相应的改进策略"⑥。从上述定义中可以看出,教学反思的内涵是极其丰富的,据此,我们认为,所谓教学反思,是指有意识地对已经发生或正在发生的教学活动进行批判性的思考和审视,在此过程中,要运用以往的知识和经验,发现教学活动中存在的优势与不足、困惑与问题并进行深入分析,继而通过行动解决问题并进一步积累教学知识,重构教学经验。教学反思一般包括以下两种成分:

第一,认知成分。这是教师进行教学反思的基础。教师已有的相关知识和经验在头脑中相互关联,以一定的结构组织起来,成为图式,可以在一定的情境中有效地存储和快速地提取,构成了个体理解世界的基础。对教学活动进行思考、审视和分析的过程中,必然要依赖已往的知识和经验。另外,对教学事件的认识还要依赖于教学理念和价值观,这些构成了教学反思的认知成分。有研究者对专家型教师和新手教师对课堂事件的解释做了对比研究,结果表明,专家型教师在教学决策过程中体现出更深刻的具有丰富联系的图式。这

---

① 杜威.我们怎样思维·经验与教育[M].姜文闵,译.北京:人民教育出版社,1991:6.
② 马克思恩格斯全集(第23卷)[M].北京:人民出版社,1972:92.
③ 熊川武.论反思性教学[J].教育研究,2002(7):12-17.
④ 张立昌.自我实践反思是教师成长的重要途径[J].教育实践与研究,2001(7):2-5.
⑤ 刘加霞,申继亮.国外教学反思内涵研究述评[J].比较教育研究,2003(10):30-34.
⑥ 徐智.中小学教师教学反思研究[D].桂林:广西师范大学,2005:6.

些图式使得他们能够准确判断哪些事件是值得关注的,并从记忆中提取出有关的信息,以便选择最恰当的反应策略,这是他们能够自动化地处理各种问题的基础。

第二,行为成分。教学反思既是一个思维的过程,也是一个将思维付诸行动的过程。反思是问题解决的一种特殊形式,它起源于问题或困惑,反思主体利用知识、经验和价值观,对问题进行深入分析后要形成问题的解决方案,并通过实践加以检验,根据实践结果进行经验的重构或下一轮的反思。因此,没有经过验证的思考和设想,即使经过探究已经形成了问题的解决方案,但也只能是空想,而不能确定其结果。教学反思的目的是解决教学实践中的具体问题,进一步提高教师的教育教学能力。教学反思是教学实践者在与教学情境的对话过程中框定问题并解决问题的过程。反思者如果脱离了自己的实践,任何所谓有效的方法和措施都是无力的。教学反思起源于教学实践,还要回归于教学实践,只有经过教学实践的检验,才能将含糊的、疑惑的情境变为清楚的、确定的情境。

二、教学反思的特征

(一) 问题性

教学反思的问题性主要表现在两个方面:

其一,它源于教学实践中所存在的真实问题。教学反思的基本步骤是:反思、计划、准备、行动、收集资料、分析资料和评价资料。这是一个具有明显的探究取向的循环过程,以"问题"开始,针对问题展开探究与反思,最后解决问题,并将改进计划付诸行动。反思起源于问题情境,问题是反思的动因和原料。正如有学者指出的那样,"教师在教育教学过程中遇到的困惑或问题是反思的起点,这些困惑或问题为教学反思提供了可能。因此,对问题的认识和反思是教学反思的第一步。只有首先澄清问题、界定困难,才能使教学反思具有明确的目的"[①]。

其二,它是基于教师对教学实践合理性的永无止境的追求。善于反思的教师即反思型教师,不只是本分地"完成"教学任务,而且总是千方百计地追求"更好地完成"教学任务。仅追求"完成"教学任务的教师,只能算是经验型教师,通常只想了解自己的教学结果,喜欢问"怎么样"。反思型教师不仅想知道自己的教学结果,而且要对教学结果及有关原因进行思考,善于问"为什么"。这种对"为什么"的追问,能够帮助教师增强问题意识,永不停歇地追求教学的更高层次的合理性和有效性,使教学不断达到更高的境界。

(二) 批判性

教学反思的反思意识,往往和一个教师是否具有批判意识和批判精神紧密相关。这种批判意识和批判精神是一种自我批判,属于教师的自我教育和自我提高。教师的自我教育既是一种反思精神,也是专业成长和师德水平提升的必要过程。教学反思在本质上是教师的一种批判性的学习思维方式。通过这种反思,教师自觉地对自身已有的教学活动,以及教学活动中所涉及的相关因素进行持续的、批判性的审视、思考、探究和改进,从而调节并改善自身的师德品质,更加熟悉和把握教学内容,不断提高教学能力和教学质量。因此,教学反思也是一种教师的质变学习方式。"当一个人透过批判性的自我反思来修正旧有的或

---

① 杨明全.反思性教学:步骤与策略[J].当代教育科学,2003(24):16-17.

发展全新的假设、信念或观看世界的方式时，质变学习就发生了。质变之后，学习者不再是原来的自我，而是思想意识、角色、气质等多方面显著变化了的学习者，类似于蛹化蝴蝶或丑小鸭变白天鹅的过程"。① "比较而言，同是执教十年的教师，经验型教师大多是将一年的教学程序重复了十遍，而反思型教师总是在批判前一年的基础上进行新的探索，走完不断进步的十年"。②

（三）实践性

一方面，教学反思的实践性表现为问题的真实情境性。教学反思立足于教学实践行动中客观存在着的真实问题，得益于行动研究的实践运用。在目的上，行动研究意在帮助实践者省察其自己的教育理论与其自己的日常教育实践之间的联系；意在将研究行为整合进教育背景，以使研究能够在改进实践中起到直接而迅捷的作用；并且力图通过帮助实践者成为研究者，克服研究者与实践者之间的距离。③ 教学过程中的行动研究是实践和反思相结合的研究。它基于教学实践，使教学理论与教学实践联系在一起，直接指导教学实践，使得特定情境中的教学实践者能够对自己的教学情境有真正的理解，并做出明智而谨慎的决定。教学反思通过行动研究的运用，更加重视教学的实践操作性。另一方面，教学反思的实践性表现为反思后新的教学假设和新的教学改进要经过实践检验。教学反思不只是内隐的思维活动，还是外显的实践行为，反思的结果或改进的措施要得到实践的检验，以确保教学反思越来越具有合理性。那种失误性的尝试和不能保证教学实践活动愈加合理的教学反思，不属于真正意义上的教学反思。

（四）探究性

教学反思的探究性主要表现在：

第一，教学反思的主体教师既是专业人员、发展中的个体，又是研究者。教师是持续发展的个体，需要通过持续不断的学习、探究历程来提升其专业水准和专业表现。教师作为研究者，必须时刻关注影响教学的所有要素和行为，包括对学生学习状况的研究和关心，对教学内容与教学方法之间匹配关系的研究，对教学内容、教学方法与学生接受能力之间匹配关系的把握。

第二，教师还要以一种开放的视野，关注当今教育思潮的发展动向，审视自己教学过程中所用理念的正确与否，及时调整和修正自己的教学行为，使之跟上时代的步伐和教育发展的需要。

第三，从反思的实质来看，反思本身就是一种研究性活动，一种质变性的学习方式。没有教学研究就没有真正的教学反思。

第四，从教师的行动研究所蕴涵的"在实践中学习"和"教师成为研究者"两个基本理念，也可以看出教学反思所体现出来的鲜明的探究性特质。

（五）创造性

教育发生在极具复杂性的社会情境之中，它既有特定的社会历史背景，又指向我们理

---

① 姚远峰.试论反思与成人学习研究[J].河北师范大学学报（教育科学版），2009(5):119-123.
② 熊川武.论反思性教学[J].教育研究，2002(7):12-17.
③ 饶从满,王春光.反思型教师与教师教育运动初探[J].东北师大学报（哲学社会科学版），2000(5):86-92.

想的某种未来,它既关乎个人发展的问题,也是一种能够产生社会后果的社会性活动。基于此,有学者就认为,教育的这些特性使得教育实践不可能被简化成简单的技术控制过程,教师也不可能仅仅是一个技术操作工人。教学反思由于反思的问题是来源于教学实际的"真问题",通常没有现成的答案,无章可循,因此其解决办法往往更需要创造性;善于反思的教师通常是个性鲜明的教师,他们注重"具体的""特定的"教学情境,能够根据学生的身心特点因材施教,能够创造性地处理偶发事件,不以"既定的方法"行动;由于教学反思旨在通过研究教学问题,探寻教学改革的思路,使教学过程向合乎教学规律、适应学生接受水平的方向发展。这种不断追求完善的教学品质反映的正是教师的创造性和精益求精的道德风貌。如果教师缺乏这种创造性,就会得过且过、敷衍塞责,就会把教学当成差事来应付,糊弄学生。这样,也就根本不会发现教学过程中存在的问题,更不会对教学的问题精心探究,查原因、找对策。

三、教学反思的向度

教学反思不仅是一个内涵丰富、关涉面广的理论问题,更是一个错综复杂、富有创造性的实践问题。对教学反思向度的澄清,不仅有助于我们进一步从理性上认识教学反思,而且能够在理论与实践之间构架一座桥梁,从而更好地推进教学实践的变革和发展。

(一)"内部—外部"向度

从静态来看,教学反思的对象具有明显的结构特性,我们可按照从大到小的顺序将其分为社会系统、学校系统和教学系统,学校系统是社会系统的子系统,教学系统是学校系统的子系统。这里我们将教学系统约定为"内部"系统,将学校系统、社会系统约定为"外部"系统。从系统论的视角来看,"外部"系统与"内部"系统之间存在着相互的关联、影响关系,并且子系统也与母系统之间具有一定的自相似性。这决定了教学反思要具有宽广的视野,只有如此才能全面、深刻地认识事件的深层属性和原因。社会的主流价值取向往往通过教育文件、教育政策等转化为学校的教育目的、课程目标,进而决定和影响课堂教学中的教学目标和教学方式。当然,有的是通过隐性的方式、"非合法化"的途径影响教学系统的,如"学习无用论"的渗透等。由此可见,很多时候教学系统是社会系统和学校系统的映射和复制,所以很多教学系统内部事件的问题和原因往往要到更高的母系统中去寻找,至少可从价值观念、制度取向、经济利益、资源调配等多个维度进行追问。同样,教学系统内部也非常复杂,既包括教师、学生这样的"活"的要素,也包括媒体、环境这样"死"的要素;既包括思想、观念这样的精神文化,也包括仪器、校舍这样的物质文化;既包括教材、桌椅这样有形的事物,也包括氛围、情绪这样无形的存在。教学反思不但要对内部系统、外部系统有客观、清晰的认识,而且要善于"整体思维",洞察系统之间以及系统内部要素之间的关系、影响、作用,从而在系统论视角上对教学系统有更为深刻的理解和把握。

(二)"过程—目标"向度

教学反思与一般的教学行为不同,它不仅要关注教学生活的过程,还要关注教学生活的目标。教学生活过程的设计、实施、评价、调控是为了教学目标的顺利达成,教学目标的设定、贯彻、评定、调整是为了优化、提升教学生活过程的质量和价值。因此,教学反思要处理好教学生活的过程与目标之间的辩证关系,进而塑造积极、有效的教学生活。具体而言,教学生活的过程包括相互促进、联系的学生学习过程与教师专业发展两个侧面;教学生活的目标包括相互影响、制约的学生成长目标和教师发展目标两个角度。这就意味着教学反思既要关注学生、教师相互影响着的成长目标,也要关注学生成长、教师提高相互联系着的发展过程。在教学反思中如何处理教师发展的"过程—目标"和学生成长的"过程—目标"这两条线索,是教师面临的艰巨、复杂的课题。前者,教学反思的对象包括教师专业发展的动机、知识结构、认知水平、自我概念、协作状况、发展目标等,目的是科学、有效地促进教师完善自我提高的方案,提高自我评价的效能,丰富自我监控的手段,提高自我实现的意识等。后者,教学反思的任务包括对学生学习动机、认知水平、知识结构的认知,对课标要求、教材难点、教学进度的评估,对教学氛围、教学效果的考察,其目的是明确教学任务、优化教学过程、提高教学效果、促进学生更快更好地发展。两条线索之间既相互关联、制约,又相互影响、促进,如何在教学生活中处理好两者之间的关系需要教师的实践智慧和教育艺术。

(三)"观念—行为"向度

教师的教学观念是教师在教学实践中形成的对有关教学现象的深层理解,它对教师的教学行为、教学方式存在广泛、深刻的影响。教师的教学活动是在一定的教学观念指引下进行的,换言之,一定教学行为是特定教学观念的反映,教学观念与教学行为之间因其千丝万缕的联系,构成了"观念—行为"系统。教师"观念—行为"系统具有复杂的结构和丰富的内涵,教师进行反思时要对"观念—行为"予以全面、系统的关照,不能顾此失彼。首先,教师要在理论上对教学观念有一定的认识。从对人的观念来看,要简要知晓一般的对"人"的认识,如性善论、性恶论、白板说等;要了解一般的对"学生"的认识,如"被启发者""被改造者""被灌输者"等;要知道一般的对"教师"的看法,如"导演""园丁""裁判"等。从对物的观念来看,教学观念包括对学校设施的认识、校园环境的认识、教学设备的认识、课程的认识、教材的认识等。从对"活动"的观念来看,对教学活动本身的理解也是见仁见智,比如特殊认识说、交往说、实践说等。这些基本认识为教师进行教学反思提供了基本的参考框架,只有在一定的理论准备的基础上教师才能顺利地进行反思,须知教师也是建构者。其次,教师要对教学行为本身有一个明确、清晰的认识,能够站在"他者"的视角对自身的教学行为进行客观、准确的评定。如教学行为的主观目的与客观效果,教学行为的教学形式与心理依据,教学行为的伦理原则与师生关系等。最后,教师要善于挖掘教学行为与教学观念之间的内在联系,在具体的教学情境中对教学行为进行"观念归因",反省教学行为背后的教学观念。

(四)"隐性—显性"向度

教学反思的对象有的可以明显感觉到、有的感知起来很模糊、有的甚至无法感知到,明显能够感知到的可以称为显性反思对象,无法感知的可以称为隐性反思对象,而多数的反思对象介于显性与隐性之间,构成了一个"隐性—显性"维度。同时,显性与隐性又是相对的,一方面显性的反思对象有时会潜隐化,隐性的反思对象也可能会显现化;另一方面,反思对象的可感知程度也是因人而异的,这与教师的知识准备和观察的敏感性有关。据此,可将教学反思对象粗略地分为可感知、一般感知和不可感知三类。可感知的对象往往包括教学准备的好坏、课程的难易程度、教学进度的快慢等,教师通常既能感知到反思对象的存在和程度,又能进行较为准确的描述;不可感知的对象往往是那些隐藏在事件背后的、难以觉察的对象;如课程中意识形态、价值取向、性别歧视等问题,教师教学实践中很少会觉察到,教师没有觉察到当然就无法进行描述;一般感知的对象经常包括学生学习动机、课堂教学氛围、教师的自我效能等,对于这些对象教师往往只能大概、粗略地进行描述。教学实践中应不断提高教师对教学反思对象的敏感性,这需要教师不断学习教育理论知识、丰富教学实践知识,在教学实践中不断提升教学反思的意识和能力。

四、教学反思的分类

教学反思的复杂性决定了教学反思类型的多样性,根据不同的标准,教学反思可以划分为不同的类别。

(一)按教学反思的性质进行的分类

1. 技术的反思

这类反思要包含以下两层意思:一是与反思的内容有关,只关注教学技术或技能这一狭小领域;二是与反思质量有关,注重有关教学成果的直接应用。技术性反思经常是受规则支配的,应用这一类型的反思,教师需要接受外在的标准,并利用这一标准对自己的教学执行情况做出判断。教师思考的主要是具体的教学问题,如教学时间的分配、激励学生学习、评价学生学业成绩等。在技术性反思中,教师所学的有关如何教学的结论已被外在的权威事先确定好了,教师所做的反思仅是如何使自己的教学行为更好地符合外在研究的相关结论。由于这类反思一般是在较为狭隘的、事先确定好边界的问题范围内进行的,其反思质量通常是由教师对研究成果方面的知识的掌握程度,以及使自己的教学实施与研究相一致的能力两方面来判断的。在这种类型的反思中,外部专家和研究者的意见往往占有主导地位。

2. 行动的反思

这类反思主要包含以下两层意思:一是"对行动的反思";二是"在行动中反思"。前者指教师在自己的教学完成之后,对已发生过的教学行为进行回溯性的思考;后者则与在教学过程中发生的那些直觉的、即兴的决策有关。在这种类型的反思中,教师的意见而不是局外研究者的意见被视为更为专业,它突出的是实践和技能性知识的价值,一般不向教师提出明晰的遵循规则,而是要求教师记录自己的课堂经验,以帮助教师回顾课堂中曾经发生过的事件,并对这些事件进行仔细的思考。同时,也要求教师广泛阅读其他教师相关经验的案例。这一类型的反思倡导者坚信,教师面临的教学情境越独特,就越需要教师做出灵活适切而不是规则化、标准化的教学决策,对学会教学来说,重要的是独特的案例,而不是普遍的规则。

3. 深思熟虑的反思

"技术性反思"中研究是最重要的知识资源,"对行动的反思"中技能性知识和个人的经验具有重要的意义,而"深思熟虑的反思"强调的则是以多样化的知识资源作为教师决策的基础,这些资源包括研究、经验、其他教师的建议、个人的信念和价值观等。在这些资源中,并没有哪一种占主导地位,各种意见和观点都可以被加以考虑,教师就是要在各种观点甚至是相互冲突的建议中尽可能地做出最佳的决策。因此。这一类型的反思,其质量高低取决于教师权衡各种观点的能力,取决于教师对所做出的决策给出充分缘由的能力。由于反思的资源在这一类型中是多样化的,教师经常要面对各种相互间具有竞争力的观点,因此对什么是最好的行动选择并不总是没有异议的。

4. 个性化的反思

这类反思在内容上指向个人的发展,与教师个人生活和职业生活有关。在这类反思中,教师要思考自己究竟要成为哪种类型的教师。他们不仅要对自己的生活进行思考,而且还要对自己的学生进行思考,但所关心的并不只是局限于学生成绩方面,而是对学生生活的方方面面都予以关注。进行这种类型反思的教师并不仅仅是知识的传授者,而且还是学生的关照者。教师的关注就是要了解学生的真实情况,以尽可能地给予他们最大关爱,其反思的质量取决于教师的"移情"能力。个性化反思取向的教师培训注重帮助教师审视那些促使他们成为教师的因素,关注自己的内在心声。在这种教师培训中,教师将学会对自己所持有的信念、态度和偏见进行质疑,对什么样的经验有助于自己成为好教师,什么样经验会妨碍专业发展有清醒的认识和判断。

5. 批判的反思

西方学者哈贝马斯认为,"批判"具有消除卑劣并能创造人类自由和幸福所需的社会条件的潜质,因而他将"批判"作为反思的最高形式。批判性反思的目标不在于理解,而是要努力提高处境不利群体的生活质量,它不仅强调"质疑"和"批判",而且还强调"社会行动"。这种类型的教师培训强调,教育决策是不可避免地要以一定的善恶标准为基础的,其前提假设是,学校再生产了不公正的阶级、种族和性别关系。为此,反思的内容应集中在如何克服社会的非正义和不平等方面,接受过这种类型反思的教师将被鼓励成为社会的改革者和活动家,以改造那些产生了非正义和不公平的教学实践和学校结构。这类反思的效果取决于教师将一定的道德标准运用于学校教育的目标和过程的能力,学生将被鼓励去检验那些与广泛的社会目标相联系的哪怕是最简单的教学行为。

(二)按教学反思的时间进行的分类

1. 教学过程前的反思

这种类型的反思主要是在课前备课阶段,它有助于发展教师的智慧技能。教师智慧技能主要体现在两个方面:一是看能否预测学生在学习某一教学内容时可能会遇到哪些问题;二是看能否寻找到解决这些问题的策略和方法。

从目前教师课前准备现状来看,主要存在着两种不良倾向:一是照搬现成的教案,以"他思"取代"我思",不考虑自己所教班级学生的实际;二是一些所谓有经验的老教师备课时,过分依赖多年积累起来的教学经验,这种习惯化的思维使他们不注重反思自己的经验,仅凭原有的经验设计教学方案,有的甚至照抄以往的备课笔记。针对这些问题,要求教师在课前准备时,先要对过去的经验进行反思,使新的教学设计建立在对过去经验与教训反思的基础上。可以围绕以下几个方面来进行反思:自己或他人以前在教学这一教学内容时曾遇到过哪些问题?这些问题是采用什么策略和方法加以解决的?学生在学习这一教学内容时可能会遇到哪些新的问题?针对这些新问题,可采取哪些解决策略和方法?在反思过去经验与教训的基础上,再写出教学设计方案。

2. 教学过程中的反思

课前的教学设计方案是否合理,还需要经过课堂教学实践的验证。因此这类反思是指在教学实践活动中,对教学情景、教学过程、教学态度、教学内容、教学方法等进行及时反思并有效调控。教师在反思中必须具备驾驭课堂教学的调控能力,因为这一阶段的反思强调解决发生在课堂教学过程中的问题。这些问题可以从以下几方面的内容加以考虑:教学中师生之间、学生之间出现争议时,你将如何处理?当提问学习能力较弱的学生,该生不能按计划时间回答问题时,你将如何调整原先的教学设计?学生在课堂上讨论某一问题时,思维异常活跃,如果让学生继续讨论下去却不能完成预定的教学任务,针对这种情况,你将如何进行有效的调控?等等。

3. 教学过程后的反思

这类反思是指通过实践结果归因、总结评价、寻找差距、肯定成功,对教学产生新的理解力,解决教学实践中的问题,指导现在及未来的教学活动。这种反思是教师上完课后对整个教学行为过程进行思考、回顾与审视,包括对自己的教学观念和教学行为、学生的表现、教学的成功与失败进行理性的分析。例如,当学生在学习某些教学难点出现课堂气氛沉闷时,你是如何进行有效的调控的?在课堂教学中哪些教学环节没有按计划施行?为什么?在教学过程中是否出现了令你惊喜的"亮点"环节?这个"亮点"环节产生的原因是什么?假如你再教这一教学内容,教学设计方案还可以做怎样的改进?学生在学习教学的重点和难点时,出现了哪些意想不到的障碍?你是如何机智地处理这些问题的?等等。

(三) 按教学反思的主体进行的分类

1. 自我反思

这类反思是指把自我作为意识的对象。教师对教与学的活动进行自我监控和调节,做出判断,自觉地观察自己的教学行为、教学观念、教学水平和教学效果,进行批判的思考,不断调整自己的教学行为。自我反思是实施教学反思的基础和原驱动力。如果没有教师自我反思意识的激活,就没有反思策略的灵活运用;没有教师的自我学习、自我体验、自我感悟及自我发展,就难以实施教学反思的策略,取得教学反思的成效。

2. 群体反思

这类反思是在同伴或群体中进行的。针对教学中的某些问题或某一个问题,大家(包括同事、学生、学校领导、专家等)一起收集信息,分析问题,找出解决问题的备选方案。同事之间通过相互批判地观察教学行为的外在表现及所隐含的内在的教育信念,相互交流对教学的理解,相互促进,共同提高。教学实践证明,单纯的个体内省反思难免有一些片面性和局限性,难以深入的开展;而当我们向其他人讲述这些观点时,我们的观点就变得真实和清晰了。因此,在这种合作的环境中所进行的反思,往往会取得更好的成效。

(四) 按教学反思的层次进行的分类

1. 基础层次的反思

这类反思主要是反思课堂情境中各种教学技能与技术的有效性。在这个层次上,主要反思教学主体目的适应性和教学策略使用的合理性。它的反思主体一般是缺少实践经验的新手教师,他们的知识主要是职前教育中所接受的学科知识与教育心理学知识,他们对这些陈述性知识的把握是表面的、抽象的、缺乏具体的实例支撑。对解决"怎么办"的程序性知识的把握,即教学技能,包括导入、语言、板书、讲解提问、课堂组织等具体技能,无论是对教学技能的系统认知,还是对教学技能的有意识调节水平都比较低。以提问技能为例,这个层次的教师设计的大量问题仅停留在记忆水平,问题与问题之间缺少系统性和层次性,随意性较强,反馈主体与方式单一,反馈的时效性与质量较差。

2. 提高层次的反思

这类反思主要是针对课堂实践基础的假说和特定的策略以及课程结果进行的反思。也就是说,在这个层次上,教师开始把教育理论标准运用于教育实践,以便做出关于教学内容方面的独立决策。这个层次上的教师,其知识结构中程序性知识已比较丰富,具体表现在他们已经掌握基本的教学技能,并能熟练地在熟悉的教学环境中运用。但这种运用多是长期练习的结果,条件反射的成分较大,缺乏在新的教学情景中综合各种条件,关注学生的个别差异,灵活运用各种教学策略的条件性知识不足。从反思能力的教学设计环节看,该教师群体的教学设计无法超越教材,其教学经验也存在一定的闭锁性。

3. 体验层次的反思

这类反思主要针对情感认知中的道德的和伦理的以及其他直接或间接的与教育、教学有关的规范性标准。在这个层次上的教师,在实践中积累了丰富的教学经验,对教材的处理有独到的见解,尊重学生差异,不仅能对自身的教学经验,教学策略进行反思,而且能形成自身的教学风格。对教育教学活动的普遍规律进行理性反思,更注重教师伦理道德及人格在教育中的影响,以专家型教师作为自己的追求目标。

(五) 按教学反思的方法进行的分类

1. 实践性反思

实践性反思的主要方法是行动研究。行动研究是对课堂教学的探讨,是教师自己的教学行为。行动研究通常有以下几个常见步骤:即发现和确定教学问题,初步思考其产生的原因并获得一些假设;确定行动研究的方法和策略,即确定自己应改善的方面或应对该问题的方法和手段;实施研究并清楚地记录各项结果;写出最后的研究结果,即实施一定的改进措施后有何新问题,进而制订下一轮的行动研究计划。如此不断反复,进行教学的反思与提高。

2. 叙事性反思

叙事性反思包括记教学日志和利用教学案例两种方法。记教学日志主要是记录课堂教学的点滴经验或困惑。教学日志主要分即时记录和事后记载两种方式。此外,还有一种"合作记载"教学日志的方法,即几个同事可以分别记,亦可共同记,然后一起讨论分析。通过记教学日志,可以记录平时教学中的一些失误及其产生原因,使教师有针对性地对其进行反思研究。利用教学案例是指利用教学实践中发生的较为典型的事例与同事进行交流。日常教学实践中的案例形式有原始情况记录、个人自述和案例研究、教学案例材料、汇编、问题与对策等。编写案例时应注意对案例的客观描述与理性解释。

3. 合作性反思

合作性反思主要包括教学观摩、教学辅导和合作教学等三种方法。教学观摩是指教师与教师之间为了提高业务而互相听课的行为。听课时,听课者常会反思自己的教学实践,课后再进一步交流教学细节。教学辅导一般是老教师对新教师进行的辅导,有经验的教师之间也适用辅导类似师傅带徒弟式的搭档活动,辅导教师起着示范、指点和评价的作用,而新教师在此过程中不断进行反思,改进自己的教学。合作教学是指两个教师同时教一个班的学生,其组合既可以是以老带新,也可以是资历相同的教师之间的相互合作。

4. 资源性反思

资源性反思主要包括观看教学录像和利用教学档案袋等方法。观看自己的教学录像可以使教师站在客观的角度考察自己的教学实践,它不仅能反映自己教学的不足,也能把很多自己并未注意到的教学细节加以呈现。为保证效果,教师看录像时最好侧重教学过程中的细节方面,如教师的提问与学生的反应等。教学档案袋是对学生学习和教师教学过程的记录,同时还有教师对教学事件的评论和解释。它为教师的反思提供了情境支撑,可以帮助教师反思自己的教学过程,然后根据自己适合的教学策略,促进自己的专业发展。

五、教学反思的过程

(一) 产生疑惑,识别问题

思维起源于疑惑,起源于问题,起源于不确定情况与自我认知情况不符。教学中存在着一些不知如何解决的困惑或存在着一些问题需要去改进,这些都将引发反思者去深入思考和探究,去寻找解释困惑的证据,寻求解决问题的方法和途径,进一步促使自己的教学行为发生改变。我国教育学者顾泠沅在专家型教师与普通教师对比的研究中发现,专家型教师具有不断探索和试验、质疑看似"没有问题"的问题和积极回应挑战的特征。[①] 专家教师具有的将貌似正常的情境"问题化"、主动去发现问题、定义问题的能力,而不是他们解决已呈现出来问题的能力,是他们和非专家教师的关键区别。

(二) 分析问题,探究解法

如果没有对问题的分析和探究,疑难终究是疑难。识别出问题或困惑之后,接下来就要考虑对问题或困惑做出近乎合理的解释,以寻求适合问题的方法。这就需要凭借以往的相关知识和类似情境的经验,它们以图式的方式存储于头脑中,需要在图式系统(认知结构)中将其提取出来。这一过程中,需要思考的是,当前的问题或困惑可以与什么相关概念、理论或相关事件联系起来,这些概念、理论或事件可以为此提供什么佐证或做出什么解释?这一问题产生的原因是什么?有哪些影响因素对其起作用?有什么相似情境的经验可以提供借鉴?通过这些方面的考虑,反思者多角度、多侧面地分析、评价教学活动及其背后的观念、假设,积极寻求多种可能解决问题的方法,进而做出合理的判断和选择。

(三) 实践检验,重构经验

有了问题的解决方案,就要在实践中解决问题,一切假设和推理都需要在真实的情境中得到检验。检验的结果可能会产生两种情况:一是出现了所期望的结果,假设和解决问题的方法得到了验证和加强;二是产生的结果并不能与期望的结果一致,需要继续反思再付诸行动。在经过了实践检验之后,反思者要在已有经验的基础上对经验进行重新组织和重新建构,目的是为了达到对各种教学活动的背景有新的理解,对自身作为教师和教学活动的文化环境有新的理解,对关于教学的一些想当然的假设有新的理解。由于教学实践的不确定性、情境性、复杂性和创造性,教师的专业发展带有明显的个人特征,"它不是一个把

---

① 顾泠沅.关于教师专业发展案例研究[J].课程·教材·教法,2004(1):68-71.

现成的某种教育教学知识或理论应用于教育教学实践的简单过程,而是蕴涵了将一般理论个性化、与具体的应用情境相适应、并与个人的个性特征相融合的过程。"[①]因此,教师必须以自己的已有经验为基础,对自身的教学实践不断重新认识和理解,不断建构和提升自身经验,才能深入理解教学实践,才能创造性地发展教学实践,才能不断提高自身的专业水平。

六、教学反思的策略

(一)秉持批判态度,突破行为惯习

教学反思就是要把日常的教学活动当作观察对象,探寻常规和习惯掩盖下的教育实践的真正意义。生活中人们对习惯存有极大的依赖,常常依据习惯对具体的生活情景做出反应。在实际的教学实践中,教师也大多是依据惯例的反应来应对具体的教学情境,并且常常有将自己的行为合理化的心理倾向。惯常的行动图式在给人带来行动便捷的同时也消解了人的批判意识和创新意识。教学反思的实质就是对这种惯常行为图式和思维图式的抗拒与颠覆,改变那种单纯以风俗、习惯和前见为基础进行判断的倾向。通过批判,对自己的教学行为和教学观念进行理性剖析,在这个过程中发现教学中的问题和困惑,促使自身去改善教学行为和观念,以实现教学实践的真正意义,彰显教学反思的本真价值。

(二)培养问题意识,激发内部动力

一切探究性思维的发生,都发自于对自己感兴趣问题的研究和分析,反思性思维也是如此。我们发现,有些教师在教学中缺乏反思意识,对自己的教学行为缺乏足够的敏感性和觉察性。面对这种情况,如果只是宣传反思的重要性,对自身专业成长的意义价值不大。更重要的是,要引导教师从自己的教育教学实践中寻找突破,发现问题。当他们自己觉察到教学行为的实际结果与预期结果不协调,或心理产生各种疑难、困惑的时候,会促使他们去对行为做出改变,去解决心中的疑难和困惑。问题和疑惑是激活反思的内在动因,通过自我分析的方式主动发现问题和疑惑比单纯地确定这些更重要。正如杜威所说,对解决困惑的需求在整个过程中是稳定的并具有导向性的要素。

(三)发现成功之处,激励知识再生

对于新手教师来讲,虽然失误和问题比较容易引起他们的注意,但自己教育教学过程中的成功经历也会使他们产生满足感,对他们起到鼓励作用,促使产生改善教育教学的动力。因此,在反思过程中,也要让他们注意到自己在教学过程中表现出的优势,总结经验,思考如何对其进行发扬,使之成为新的再生点。

(四)加强总结提炼,促进经验升华

很多时候,教师在实践中采取的教育教学策略是适应当时教育教学情境随机产生的,是即时迸发的,并不是当初设计好的,教师认为这样做是自然而然的,并不会刻意思考和总结。有的教师在教学中对课堂的教学和整体把握都很好,让其交流经验和体会时却说不出

---

① 傅建明.教师专业发展:途径与方法[M].上海:华东师范大学出版社,2007:140.

所以然来。这都说明,无论是对于短期迸发型还是长期积累型的教师,都应该及时创造条件引导他们总结提炼自己的教学特点和教学经验,积极思考和探究教学过程,促进新经验与以往经验的融合,不断建构和提升自身经验。

(五)掌握最新理论,有效融入实践

教学理论和理念在不断更新,它们直接指导着教学实践。工作在教学一线的教师要及时获悉教学改革和发展的最新动态,深入学习和理解教学的最新理论和理念。但"理论在具体实践中的应用不是套用的过程,而是能动与发展的过程,是理论和理念在实践主体内植根和成长并在实践中不断创造可能性和发展自由空间的过程"。[①] 因此,要深入学习和理解并在实践中深刻体会教育教学理论和理念的本质与精髓,思考教育实践中的具体的、切合实际的、适合自身的融入点,做到将理论和理念真正融入活生生的教育教学实践,使其在实践中得到充分的运用、探究、理解和发扬。

(六)鼓励协作反思,促进深度交流

反思是指向自我的,教学反思的目的和实质是进行自我分析、最终实现自我发展,但不代表反思的过程中不需要共同协作。自我反思容易使自己陷入个人的经验和自我思维定式,而群体协作有助于改善独立反思的偏差,使个体的反思走向深化。同时,协作反思能够消除教师的孤独感和无助感,为教师提供情感上的支持。此外,只有当信念对自己而言是真实的、清晰的时候,才能与别人交流,才能促进个人化信念的发展。在协作反思的过程中,要促进深度交流,首先需要勇于真心袒露自我,勇于展示内心的想法,可以通过抛出一些问题或困惑的形式邀请大家帮助解决,要适时鼓励或主动探询他人提供不同的看法,这样才能将群体反思推向深入。其次,要降低习惯性防卫心理,要善于倾听大家的想法和意见,并能针对他人的看法给予积极的回应,当表达不同的观点时,要注意表达的方式,提倡不同看法间的柔性碰撞。最后,在相互交流的过程中可以衍生出新的问题。当大家的观点或看法存有差异、解决问题的方案产生冲突的时候,就会使问题显性化,就会碰撞出新知识、新问题与新的解决方法。在民主和谐的环境氛围主导下,在一种无拘无束的探索中更容易产生新问题,但一旦民主氛围缺失,教师之间相互敌对,也就难以碰撞出智慧的火花了。

七、教学反思的方法

(一)理论思考与教学研究法

常规教学依赖于教师在教学过程中不断积累起来的感性经验,因而不能超越原有的教学传统;而教学反思注重对原有经验的批判性反思,这样才能不断体现出教学的创造性。然而,由于教学是一种复杂的社会实践活动,对教学行为和教学经验的反思需要依据一定的理论来进行。因此,教学反思需要以一定的理论为基础,对有关理论的系统学习和思考是教师进行教学反思的重要内容,也是教学反思的一个基本策略。

对教学理论的学习和思考有助于教师掌握相关的理论知识,奠定教学活动的理论基础。在理论的指导下,教师的教学实践水平才能不断得以提高。同时对理论的思考也有助

---

① 郭俊杰,王佳莹.教育技术:一种博弈的思维方式[J].现代教育技术,2009(8):9-12.

于教师把外部教学理论转化为现实的教学实践。如根据认知主义心理学的观点,在正式讲解某一概念之前,先呈现一些学生熟悉的、与该概念相关的材料,在学生已有的知识与新知识之间搭建联系的"桥梁",这样有利于学生以原有的知识结构"同化"新的知识,这就是"先行组织者"的理论。很显然,教师如果能够对该理论进行思考并积极运用到自己的教学实践中去,就会提高教学质量,获得更好的教学效果。

教学反思致力于消解教学理论与教学实践之间的二元分离的局面,教师既是教学实践的主体,又要对教学理论的发展做出贡献。进行教学反思是教师理解前沿的教学理论、反思自身的教学实践并提出新的教学理论和观点的重要途径。教师的教学反思依托实际的教学情境,针对原有的教学经验和遇到的问题进行反思和探究,可以说是一种以校为本的教学研究。而且,教学反思体现的是一种反思探究的循环过程,这与行动研究有着诸多的相似之处,因此开展行动研究也可以促进教师的教学反思。从思维的反思性本质来看,"反思性思维"从觉察问题直到解决问题,既是一个思维的过程,又是一个把思维付诸行动的过程。由此可见,这种"反思性思维"并不是一种单纯的苦思冥想,而是一种活动,一种从经验到活动结果再回到原先尝试的猜测和假设的活动,是对原先假设的再组织,就如同教育家杜威称之为的"经验的改造"。行动研究正好体现了这种既思考又行动的"反思性思维"的特点。

教师进行理论思考和教学研究体现了教师新的角色,即研究者的角色。教师作为研究者意味着教师不再只是传统的"教书匠",而是要为教育科研和理论创新做出贡献的"研究者"和"教育家"。通过理论思考和教学研究,教师得以更有效地进行教学反思,提高批判反思的能力,从依赖经验的"经验型教师"转变为更具有实践智慧、专业上更为成熟的"反思型实践家"。

(二)观摩与讨论法

观摩与讨论的目的在于通过同事之间的相互观察、切磋和批判性对话而提高教学水平。教师在反思自己的教学实践时,有时往往局限于个人的视阈而难以发现问题和缺陷,而同事之间的观摩和讨论正好可以为教师反思个人的教学实践提供新的思路和借鉴。教师教学行为的转变和改进显然需要同事的帮助,可以说,集体的教学智慧正是教师专业发展的源泉。观摩与讨论有助于推进教师集体的教学反思,有利于为教学反思创造一个良好的整体氛围。

注重教师之间的合作与对话是教学反思的一个重要特征。反思并不仅仅是"闭门思过",与外界的沟通与交流也是进行教学反思的重要途径,这是由教与学的社会性本质所决定的。教师在学校教育的实践中也发明了一些进行集体反思的活动,如公开课、讲课比赛、相互评课等,这些活动对于促进教师的教学反思是行之有效的。通过观摩别人的教学,分析别人成功和失败的原因,可以为反思自己的教学行为提供新的启示。这样可以拓展思路,吸取他人的经验教训,少走弯路。尤其是观摩一些优秀教师的公开课,可以收到一些意想不到的效果。有的教师善于把握教材,深钻细研;有的教师善于启发诱导,与学生沟通;有的教师善于旁征博引,循循善诱;有的教师善于营造氛围,达到春风化雨之功效;等等。

当然,观摩和讨论是相互的、参与性的。教师可以观摩别人的教学,也可以邀请别人观摩自己的教学,并指出不足,提出改进的意见。这对参与者也提出了相应的要求,如在相应的教学领域有着丰富的经验,可以清晰地进行交流并提出质疑性的问题,有帮助教师渡过难关、改进其教学的历史等。总而言之,进行有效的观摩和讨论需要教师做有心人,做负责的人,做善于思考和批判的人。参与观摩和讨论的教师要以批判的眼光审视自己和他人的教学,进行质疑性的讨论和对话,通过集体智慧的分享从整体上提高教师的教学水平。

(三)反思总结与对话反思法

反思总结法是指总结反思自己或他人在教学实践活动中的经验与教训的方法。反思总结的内容十分广泛,它可以总结自己在教学过程中各种灵感顿悟和对教材、学生以及教法等要素的理解,可以总结学生和同事的反馈意见,也可以总结他人的宝贵经验或失败的教训,还可以总结教学实践中的关键事件。所谓关键事件,是指自己认为对自身专业发展影响较大的事件,它可能是一堂成功或失败的课,也可能是一次师生之间的矛盾冲突,还可能是一次与专家的对话等。教师要对关键事件反思,就要对关键事件进行如实的记录,因为任何事件本身一般都无法呈现自身的意义,只有在事后的反思中才能断定它是否真是关键事件。因此,教师平时要善于关注对自己的教学观念和教学行为影响较大的事件,以便为事后总结反思提供基本的原始素材。

对话反思法是指通过与其他老师研讨交流来反思自己的教学行为,使自己清楚地意识到隐藏在教学行为背后的教学理念,进而提高自己教学监控能力的方法。对话反思法类似于平常采用的专题性的小型研讨会。其基本操作程序是:首先,由一名执教老师围绕研讨专题上课,其余老师则带着问题听课;其次,由执教老师阐述自己教学设计的内容以及这样设计的理论依据;再次,由执教老师与其他听课老师展开对话,从而产生思维碰撞;最后,执教老师根据大家讨论的结果重新修改完善教学设计方案,并写出反思性总结材料。

(四)体验与撰写反思日记法

为了使教师更清楚地理解自己的教学行为和工作环境,教学反思强调教师的思考与体验。体验意味着作为教学主体的教师对教学行为的自觉体悟和反省,体验使得教学反思超越单纯的技术或方法论层面,而成为教师的生存方式和生活方式。我们大家都知道,专业知识是建立在专业经验基础之上的,但如果不能对自身经验进行积极的体验和反思,经验对专业知识的增长也就不会产生作用。积极的体验与思考可以使教师从经验中学到一些个人化的实践性知识,领悟教学的意义并提出新的教学方法。如果教师不善于体验,不能进行反思,就算有几十年的教学经验,也只不过是对以往工作的几十次重复,不会增加新的知识,对于教学水平的提高也不会有根本性帮助。

为了进行有效的体验和反思,教师可以通过撰写反思日记的形式帮助自己进行教学反思。反思日记的撰写比较随意,就是把教学过程中的一些感触、思考或困惑记录下来,以帮助自己重新审视和认识自己的教学行为。教师对教学的积极体验和反思日记的撰写体现了叙事学的方法,反思日记的撰写实际上是一种教学叙事,这种教学叙事为探究教师的日常生活和教学故事、积累教师知识提供了极大可能。教学叙事就是教师有意识地叙述发生在日常教学生活中的故事。显然,教师对教学故事的叙述过程同时也是一个反思自身教学活动的过程,对于改变教师的教育观念和教学实践有着积极的意义。教师善于讲述自己的教学故事,教学叙事可以引导教师从多个角度讲述给自己留下很深印象的教学活动的细节,经过书面表达并整理加工后,就是一个生动鲜活的教学案例了。教学叙事来自教师的日常生活，从教学叙事中教师可以审视自己走过的足迹、倾听自己的心声，并通过教学叙事来揭示灵魂深处的感动与对教育的认识和独到理解。通过教学叙事进行的反思是深刻的，由于在叙事中教师是讲故事的主体，又是反思的主体，因此教学叙事对于促成教师的人生观、价值观和教学观的转变是行之有效的。

（五）录像反思与档案袋法

录像反思法是指通过录像再现具有教学过程，使教师以旁观者的身份反思自身或他人的教育教学过程的方法。这种反思方法能起到"旁观者清"的效果。这种方法的基本操作程序为：首先，上课和录像。其次，观看录像，比较录像的教学过程与预先的教育教学设计有什么不同。再次，反思评价，包括自我评价和听课或观看录像人员的评价，评价主要教育教学环节所应用的教学技能、教学策略及其理论依据。最后，根据评价内容进一步修改完善原先的教学设计，写出反思性总结。

档案袋法是指以专题的形式促进教师不断反思，进而从方法上提高教师反思能力的方法。教师在运用这种方法时，一方面要根据自己的教学实际确定反思的专题，并进行分类，然后在每个专题之下，由教师本人通过回忆自己的教学观念与行为，并对其进行深刻反思，从而记录下自己过去的情况、现在的状态、未来的进步以及尚需努力之处与努力方向。也可以这样说，档案袋代表着教师个人在某一领域或某一专题内研究发展的历史、现状与未来趋势。档案袋建立的过程也就是教师对已有经验进行整理和系统化的过程，是对自身专业成长不断积累的过程，也是教师自我评价、自我教育和自我提高的过程。

第二节 教学研究

英国课程论专家斯滕豪斯"教师即研究者"思想的提出，改变了教师传统的工作方式和生活方式，为教师的专业发展与专业成长提供了崭新的视角和机遇。但是，从现实的教学实践来看，人们对"教师即研究者"却存在着一定的认识误区，认为教学研究就是要像专家学者那样进行未知世界的科学探究活动，而教师的本职工作是教学，教学研究却是可望而不可及的。其实，教学研究并不是什么神秘高深的领域，它具有自身独有的特点，融入于教师日常教学工作的全过程之中。对此，有学者在分析和探讨教学的"类研究"和"类融合"的基础上明确指出，"教学研究的空间首先应该向'下'拓展，即向基层的教学实践拓展，因为教学实践是教学研究的源头活水。"[1]可以说，教学研究已经成为当代教师必备的素养和能力。

一、教学研究的意涵

所谓教学研究，是指教师深入课堂教学场域中研究教学内部构成要素及其相互关系，并探索和总结教学科学规律、解构和诠释教学人文现象的一种研究活动。从教师开展教学研究经历的三个阶段来看，教师的教学研究表现出以下几个突出特征。

首先，教学研究是一种基于教学活动中"小现象"的研究。从本质上来看，每一位教师

---

[1] 袁庆晖，李如密. 课堂教学研究的"类融合"及其价值探析[J]. 现代大学教育，2014(1)：45-49.

在日常教学实践活动中其实都在自觉或不自觉地进行着教学研究。因为每位教师在教学实践活动中不可避免地会遇到大量随机的、偶发的、情境的、个别的问题,例如,如何应对混乱的课堂秩序?如何让学生积极举手发言?如何有效地使用多媒体设备?如何开展师生互动?等等。"尽管这些现象很'小'并极容易被忽略,但却真实地发生在教师自身或身边,且在时时牵动着教师的神经,常常触动教师的心情。"①在日常教学生活中,教师总是自觉或不自觉地开始对自己教学活动中经常出现的这些"小现象"进行持续的关注、反思和探究,力图使教学活动以更加有效的方式得以展开,以在有限的时间内引导学生获得更好更快的全面发展。教师"发现这些小现象的过程,其实就是发现问题的过程;提升这些小现象的过程,其实就是归纳问题的过程;解决这些小现象的过程,其实就是研究这些问题的过程"。②而教师一旦通过思考和实践,解决了这些自己在教学实践活动中关注的"小现象",往往也就意味着教师专业实践能力的不断提高、教学有效策略和科学方法的不断掌握,从而大大提高了教学的效率和质量。

其次,教学研究是一种基于教师教学实践体验的研究。教师是一个实践性很强的职业,教师的职业特点决定了其知识能力的提升必须依赖于具体的教学情境,也就是一刻都离不开教学实践体验。"再丰富的教师专业知识也唯有在具体的教学情境中,在基于教学现场的知觉、体验和领悟中,不断被重塑,才能被激活,成为真正有用的知识。同时,教师的专业知识才能转化为一种超越技巧的实践智慧。"③这也就是说,教师的教学研究往往要经历"关注现象—发现问题—学习思考—实践探究—感悟行动"的复杂过程。关注教学中的"小现象"能够使教师"有感",从而产生教学研究的原动力;对这类"小现象"的持续关注和思考,能够使教师"有疑",教师教学研究的目标性会大大增强;为了解决这一问题,教师开始寻求专业支持,包括阅读理论书籍、向专家咨询、积极吸取和借鉴他人经验等多种形式的人际互动和交流,在此基础上反思自身的教学行为,酝酿可能的解决策略,能够使教师"有思",奠定了教学研究的行动基础。这些理论和知识、方法和策略是否有用,是否能解决实践中的问题,教师往往通过具体的教学实践来检验。这时的实践绝非是简单机械的做,而是教师在深思熟虑之后的有意识的行动。由此他们便能够不断发现有效的策略和方法,校正已有的经验和做法,使自己最终总结和提炼出此类教学现象和问题顺利解决的实践智慧。

最后,教学研究是一种指向教师专业行动力的研究。教师教学研究的出发点和基本过程充分表明:教师的教学研究不同于学者进行的学术活动,学术活动往往致力于研究专门和系统的问题,关注学科知识分类与体系的建构,关注方法与技术的变革和更新,关注概念术语的衍变、学科历史的梳理以及学术流派的形成。当然,它也不同于科学家的研究发现活动,研究发现的根本目的在于发现和探明事物的本质规律,而教师教学研究的直接目标则是为了改进教学实践,这种研究指向的是教学中的实际问题,其价值最终应当体现在教师教学能力的提升和学生的学业水平增长。通过研究过程中的发现、学习和思考,它带给教师的往往是清晰行为背后的理论,能让教师在思考中明白教学现象背后蕴涵的问题,明

---

① 李德林,徐继存.当前教师教学研究的澄清与反思[J].当代教育论坛,2006(3):72-73.
② 李德林,徐继存.当前教师教学研究的澄清与反思[J].当代教育论坛,2006(3):72-73.
③ 王洁.在教育教学行动中自觉学习[N].中国教育报,2009-8-28.

晰这些问题产生的原因,通过实践探索不仅知道解决这些问题应该"怎样做",而且知道怎样做才是最好的,从而在以后的教学过程中卓有成效地解决这些问题。这一研究过程是教师将问题知识转化成方法策略的过程,当问题得以解决,其研究成果最终提高了自身的专业行动能力,这就达成了教师教学研究的最终目的。

二、教学研究的范式

从世界范围来看,对教学研究范式进行系统研究始于20世纪60年代,至今已经形成了各种各样的教学研究范式,其中比较有代表性的有以下几种。

(一)逻辑演绎研究范式

演绎是与归纳相对应的逻辑学概念,归纳是从个别到一般,而演绎则是从一般到个别。古今中外,这种研究范式十分盛行。例如,荀子认为人性本恶,就是一个真理或逻辑起点,推而广之,既然"人性本恶",那么教育就应该使人弃恶从善。古希腊教育家苏格拉底认为人有先天的"观念",那么教育就应该将其引发出来。17世纪捷克教育家夸美纽斯的《大教学论》以宗教哲学为基础,采用演绎的方法展开论述。19世纪德国教育家康德的《康德论教育》以伦理学理论为起点,其结论是先验教育观的演绎。这种教学研究范式有着严密的逻辑推理,如果真理或逻辑起点正确,那么就会展现出很大的生命力,而且令人信服。最为重要的是这种研究范式在教学研究中往往以其他科学成果,如哲学、伦理学、心理学等作为起点,这样就较好地奠定了教学研究发展的理论基础。当然,这种研究范式也存在一定的缺陷,主要是如果真理或逻辑起点缺乏可靠性,那么推理也就大打折扣了,尤其是在自然科学尚不发达、理论思辨在教学中占主导地位的时代,这种研究范式的科学性根基是极不牢固的。

(二)自然类比研究范式

该研究范式是指根据自然现象或事物产生、发展和灭亡的过程来类比教学过程。夸美纽斯在吸取当时哲学成果的基础上,提出"自然适应性"原则,认为人是自然的一部分,教学也是自然的一部分,应该遵循自然的秩序;教学活动的原则与方法应该从自然的运动规律中获得;教学与自然是一种平衡对应的关系,人必须服从自然全能的法则。18世纪瑞士教育家裴斯塔洛齐认为学生是发芽的种子,只有在外部的一切条件都具备的情况下,才能成长为参天大树。19世纪德国教育家福禄培尔接受了夸美纽斯教育要适应自然的思想,他认为,只有对人和人的本性的彻底的、充分的、透彻的认识,根据这种认识加以勤恳地探索,自然地得出有关养护和教育人所必需的知识以后,才能使真正的教育开花结实。自然类比研究范式就是要求在教学过程中要尊重生命,顺其自然,因势利导,让人成为应成之人。同时,也要求加强教学与生活的联系,把教学看作生活的过程,主张以一定的生活为中心组织教学,它对人作为生命体的认识充分到位,在教学方法的探讨上比较科学,其中很多理论被后来的生态学研究范式所吸纳。但这种研究范式对人的社会性、人作为社会的产物的认识是极为有限的,也没有充分认识到教学是一种有目的、有意识的社会活动。

(三)实证分析研究范式

实证分析实际上是一种自然科学的研究方法,后经著名哲学家孔德的发挥,实证分析作为研究范式,逐渐向社会科学领域扩散,并产生巨大影响。德国著名哲学家、生理学家冯特于1879年建立了世界上第一个心理实验室,把人的心理分成感觉、情感和意象三个基本元素进行实证分析研究。美国心理学家桑代克认为教育是科学,应以科学的态度和实证分析方法来对待。1908年德国教育家梅伊曼和拉伊出版了《实验教育学》一书,指明了教学实验的基本特征,如严密观察、精确测量等。这些主张和行为与实证分析不谋而合,并最终确立了实证分析在教学研究中的范式地位。实证分析研究范式要求如同自然科学一样量化教学,精确教学,使教学在向科学化迈进的道路上前进了一大步。这种范式提出后,得到广泛认同和支持。20世纪30年代,随着推论统计和多元数据分析的发展与应用,使实证分析研究范式发展到顶峰。但这种范式没有把自然科学和作为人文社会科学的重要组成部分的教学从性质上区分开来,完全忽视了对教学的定性分析,过于强调对教学的定量分析,缺乏人文社会科学应有的研究方法。

(四)人文理解研究范式

1762年,激进的启蒙思想家卢梭出版了教育哲理小说《爱弥儿》,尖锐地批判了腐朽的封建教育,提出了追求个性解放的教育思想,充分显示了卢梭在教育上对情感、体验、经验、领悟等非实证因素的重视,因而他被认为是最早使用人文理解研究范式的教育家。人本主义者在研究教学时也采用人文理解的范式,罗杰斯就是其中一个典型代表。他针对"指导性"教学提出了"非指导性"教学,认为教学活动中的教师应该是学生学习活动的促进者、合作者、咨询者和交谈者。人文理解范式继承了人文社会科学的传统,以解释学为哲学基础,在本体论上强调一种整体观和联系观,它把学生当成了"人"——一个有血有肉、有情感和有个性的人,极大地丰富了教学的内涵,更有利于对教学主体的深层剖析,对于全面地认识教与学的关系,具有启发和指导意义,对教学研究的深入发展,也具有开创性的意义。但对"人文""人本"的过度重视,往往显得与实证分析等科学观点不可调和,缺乏人文与科学的整合。

(五)生态学研究范式

该研究范式是指人们借鉴生态学的原理和方法,研究教学现象和规律时所形成的一些共同的观念、理论与方法。它把教学看作一个生态系统,由教师、学生和教学事件等组成,而且有各自的地位,彼此相互联系,各自在维护生态的平衡中具有举足轻重的作用,因而教学也就有了开放性、动态性的特征。在进行教学研究时应充分考虑到系统内部以及系统之间的相互作用,不能孤立地看待教学系统中的每一个因素,而且既然是"生态"就不能人为地施加破坏的因素,而要崇尚自然,在自然的情景下教学,其过程具有复杂性、变化性和灵活性。该研究范式提倡教学研究应该在现场进行,通过参与式观察研究教学,要求研究者融入教学情景中去,以参观的态度、中立的价值去观察教学事件中发生的现象;通过移情的方法理解与体验教师和学生的情感、态度、价值、动机等内在感受,同时要求教学内容的整体性、和谐性和系统性。生态学研究范式在目前来讲是比较新的一种研究范式,但由于它尚不成熟,给教学研究带来的建设性作用还是有限的。

(六)后现代研究范式

后现代主义哲学主张世界的"多元性、开放性和不确定性",它为教学研究提供了新的研究视角,带来教学研究范式的转换。该研究范式认为,教学研究不再是为了寻找某些本质、规律并为这些本质、规律做出证明,而是要真正面对教学现象,解决教学中所出现的问题。教学现象从来就不是给定的而是复杂多变的,任何教学现象都具有时效性与地域性,"此时、此地"与"彼时、彼地"的教学现象间并不存在可通约性。面对具有诸多不确定性的教学现象本身,我们应尝试去理解,而不是说明。研究者是以外在于教学过程的方式开展研究行动的,研究者是教学过程不可缺少的一个因素,因而研究者与其他教学因素要展开积极对话,达到视界融合。在某种意义上说,教学研究范式的后现代转换,也是对传统或现代教学研究范式的深刻反思。后现代主义者主张多元、差异、开放、平等、创造,反对中心、等级、统一、封闭、基础、真理、无涉,可以说后现代教学研究范式为当前或未来的教学研究引领了一个新的方向,不仅有利于教学及教学研究蓬勃而自由地发展,而且有利于开拓教学研究的新领域,从而使教学研究的内涵更加丰富,外延更加扩大。当然,提倡后现代教学研究范式并不意味着以前或当前的研究范式的完全错误或终止,应清楚地认识到历史、现实、未来是紧密相连的,教学研究范式的转换不是范式之间的彻底决裂,而是诸多合理因素的整合、创新和发展。

三、教学研究的阶段

对于许多脚踏实地、兢兢业业从事一线教学的教师来说,他们从事教学研究的出发点大致有以下两种:一是在自身的教学实践中发现了问题,希望运用科学的方法加以研究,寻找出最佳的解决方法,以指导和改进自己的教学实践;二是在多年的教学工作中有了点滴积累,想要把这些体会和经验整理、总结出来,以便在一定的范围内加以推广。因此,教师开展的教学研究,往往会经历以下三个阶段。[①]

(一)第一阶段:有想法——惑而思之

教师开展教学研究首先要有问题,问题往往来自教师自身的教学实践。有位老师有一次给学生上《爱之链》一课时,读着读着,一位学生冷不丁地提了个问题:"如果乔伊以前从没有人帮助过他,那么当他看到那位老妇人的时候,还会主动地帮助她修车,而且还不要她的报酬吗?"在给学生解答这一问题的时候,这位老师发现:虚与实,一直是文学创作中的两极之美,而我们的作文教学,却走向了两个极端。在低年级我们把学生虚构的故事、人物当作"珍宝",那是学生可贵的丰富想象力的体现;而在高年级我们往往把学生虚构的事件、虚拟的场景当作"假话",认为那是学生无病呻吟、胡编乱造的行为,斥之为"说假话、空话、套话、大话"。[②] 由此他发现,教师在指导学生作文时,如何在倡导学生写真实生活的同时,又不扼杀学生丰富的想象力与独特的思想力,是作文教学中的重要问题。可见,教师如果能对自己教学实践有敏锐的感受、细致的观察和自觉的思考,就更能关注到具体教学过程中的问题,发现教学中的问题,有了困惑后,如果能通过反思,把这些"不满"和"困惑"提炼出来,对问题做初步归因,甚至预设一些解决方案,把"问题"转化为"课题"来研究,教师就从一个"问题的持有者"成为一个"有想法的行动者"。

(二)第二阶段:有做法——思而行之

有了困惑和思考,标志着教师对自己的教育教学实践有了"一些想法",教师为了解决

[①] 颜莹.教师教学研究:提高专业实践能力[J].当代教育科学,2011(1):20-22.
[②] 薛法根.为言语智能而教:薛法根与语文组块教学[M].北京:教育科学出版社,2014:69.

这些困惑和问题,验证自己的教学假设,追求一种更好的教学状态,往往会开始主动进行有"疑惑"的思考和学习,寻找解决问题的策略和方法。这种思考和学习,可以是经验基础上的反思,可以来自他人的指点,有时需要经过理论的学习、阅读中的发现、与同行的交流或是专家的点拨。在这一研究阶段,教师通过主动地学习、反思和实践,往往会获得新的启示和感悟,找到一些解决自己教学问题的方法和策略。在这一研究阶段,教师除了通过学习和反思解决问题外,还可以在自身的教学实践中对自己的思考进行大胆假设和求证,运用观察、撰写研究日记、课堂实录,发放问卷调查,对学生或家长进行访谈,收集录像、录音资料等各种方法,对解决教学问题的措施和方法进行及时的追踪和记录,为总结教育教学的有效策略,获得对教育教学更深的理解和感悟奠定坚实的基础。

(三) 第三阶段:有方法——行而得之

德国哲学家雅斯贝尔斯提出:教育是灵魂的回头,是顿悟的艺术。经过一段时间的实践探索之后,教师会发现哪些方法和策略对解决自己教学中的问题是有效的,哪些措施和预设是不切实际的,但这样的研究结论往往仅适用于个人的和局部教学情境的"经验总结",带有一定的偶然性和片面性,缺乏普遍的指导意义。这时,如果教师能及时反思和归纳,提炼出具体操作行为背后的内在规律,在个人的理解之上,将其整理和重构,找出内在的因果关系和规律性的内容,就能得出更具客观性和科学性的"基于亲历、经过体悟、反复积累、提炼孕育的"的"教育理论"和"教学策略",这样的"研究成果"是教师实践经验的厚积薄发,亦是对这些实践经验的澄清与校正。来自教师在实践中形成的主动的体悟和感受,体现的是一种教师对教育教学的"介入式"的理解和行动,因而是真切的、深刻的,同时又是独特的。这一研究阶段教师的发现和结论,不仅可以解决其自身今后在实践中遇到的同类的问题,也可以作为一种"经验"让他人有所借鉴。这样的研究成果是教师生成的属于自己的实践性理论,既是对自我教学行走的"写真",又是在写真的基础上,进行适度的抽象或概括,进而形成的个人对相关教学领域的理性认识乃至理论观点。[①] 它既是教师过往经验、智慧的结晶,又能观照其未来的教学行走,是源于实践而又高于实践的理论。

四、教学研究的内容

(一) 备课是一种决策性、策略性研究

古人云:"凡事预则立,不预则废。"教师上课之前同样也要做好准备工作,这就是备课。全国特级教师斯霞在总结自己成功的教学经验时,曾形象地把上课比喻为"打仗",把备课看作战前的"运筹帷幄",认为备课是上好课的前提和基础。从备课的含义上来看,传统的观点比较倾向于狭义的理解,即把备课看作教师为了具体课程的讲解而钻研教材、了解学生和选择教学方法的过程;但现在人们更加强调广义的理解,认为教师生活中的许多事情其实都是备课,也就是说一个人从注定当教师的那一天开始,他在生活中的所见所闻、所思所想、所感所悟,都在为今后的上课做准备了。从备课的形式上来看,备课不仅包括教师的个体备课,而且包括教师的集体备课,个体备课是基础,集体备课是关键,二者相互影响、相互促进、辩证统一。备课不是一种简单的、背诵式的重复性劳动,而是一种对知识进行内

---

① 冯卫东.教师如何生成自己的理论:关于实践性理论的若干思考[J].人民教育,2009(11):31-34.

化与活化、对学生进行分析与了解、对教学方法进行筛选与优化的复杂的专业实践活动。从一定意义上而言,备课应当是一种决策性、策略性的教学研究。

1. 教师备课要钻研教材

教材主要包括学科课程标准、教科书和教学参考书三部分,它既是教师"教"的基本依据,也是学生"学"的核心内容。教师必须树立清晰明确的教材意识,不仅要成为教材的讲授者和执行者,而且能够承担起教材的开发者和研究者的角色。一方面,教师要通读学科课程标准,了解自己所教学科的教学目标和教学要求,把握所教学科的基本知识结构和内容框架,清楚所教学科的教学方法和教学评价等;另一方面,教师要精研教科书,了解教科书的编辑意图和组织结构,熟悉教科书的重点章节和各章节的重点、难点及关键,清楚教科书中每一个字和每一句话的意思;同时还要广泛阅读教学参考书,精选一些现实的、有意义的、富有创造性和挑战性的、能激发学生学习兴趣和动机的材料,充实和丰富教科书的内容。

2. 教师备课要研究学生

学生是教师教学的对象,教师只有知晓了学生的发展现状和发展潜能,才能使自己的教学契合学生的"最近发展区",才能把学生变成一种有效的教学资源,从而使学生"跳一跳,摘到桃子",实现学生积极主动的、最大限度的发展。一方面,教师要了解每一个学生的年龄特征和身心发展特点,熟悉他们的知识经验基础、思想品德状况、思维能力和接受水平,掌握他们的学习态度、学习兴趣、学习动机、学习方法、学习策略、学习习惯的状况;另一方面,教师还要了解整个授课班级的情况,如班级学生的构成、班级中的优秀生和后进生、班级的集体舆论、班级的班风、学风以及考风等。不仅如此,教师还要详细分析和充分估计学生在教学过程中可能会遇到的困难与问题,以及可能会表现出来的创造性思维与独到见解,并且能在教学活动中对这些资源加以灵活有效地利用。

3. 教师备课要优选教学方法

教学方法是为了达到教学目标,教师和学生进行有序的相互联系的活动方式。在教学实践活动中,任何一种教学方法都不是普适的和万能的,而是各有其特定的适用范围和时机。在某一具体教学情境中最优的方法,在另一教学情境中未必最优;在一种教学情况下低效的方法,在另一种教学情况下却可能很有效。因此教师要了解各种教学方法使用的范围、效果和条件,既要注意根据教学目的和教学任务选择教学方法,也要注意依据教学规律和教学原则优选教学方法;既要注意根据所教学科和具体教学内容的不同进行教学方法的选择,也要注意依据教学的主客观条件的差异进行教学方法的优选。教师只有明确了教学方法选择的标准,掌握了教学方法优化的程序,才能充分发挥教学方法自身的价值功能,也才能真正实现教学效率和教学质量的提高。

4. 教师备课要设计教学方案

就像演出要有剧本、建筑要有设计蓝图一样,教师上课也要有一个书面材料,这就是教学方案。教师教学的实际效果怎样,往往在很大程度上取决于备课时所设计的教学方案的水平和质量。一方面,教师设计的教学方案由宏观到具体依次包括学期(或学年)教学进度计划、课题(或单元)计划和课时计划(或教案)三种,特别是课时计划,由于它是教师一节课教学的主要依据,直接影响着一节课的教学质量,更要着力进行缜密而精心的设计。另一方面,鉴于教学过程所具有的极为突出的现场性、情境性、随机性和不确定性特点,教师教学方案的设计应当是动态的和开放的,要善于结合具体教学情境的变化,调整教学进程和教学结构,优选教学方法和教学手段,在此基础上修正和改变教学方案,完善和生成新的教学方案。

(二)上课是一种临床性、实验性研究

备课虽然是上好课的前提,但如果没有进行上课,那么无论课准备得再好,也必然会失去其存在的价值和意义。因此,在教学工作的诸多环节中,上课是中心和关键的环节,是教师"教"和学生"学"的最直接、最具体的体现,是完成教学任务、实现教学目的、提升教学质量的主阵地。教师的上课,不是简单的知识传授或教学任务的完成,也不是只关注自身教授而忽视学生学习的单边活动,更不是几十年如一日的按部就班、亦步亦趋、循规蹈矩的机械重复,而是一种富有挑战性、生成性和创造性的活动。也就是说,应当把上课当成是一种临床性、实验性的教学研究。

1. 上课要目标明确

教学目标不仅是教学活动的基本逻辑起点,而且也是教学活动的最终旨归,因而教学目标明确应当是上好一堂课的首要标准。教学目标要想做到明确,需要把握以下两点:

一是教学目标要提得正确,也就是每节课都要从知识与技能、过程与方法、情感态度与价值观等三维视角,确定具体明确的教学目标。

二是正确的教学目标一经确立,课堂上所有的活动,包括教师的教授活动、学生的学习活动以及师生之间的互动等,都要紧紧围绕正确的教学目标来进行。

2. 上课要内容正确

教学内容是教学目标的主要载体,教学目标的达成必须保证教学内容的科学性和准确性,也就是应当向学生传授正确可靠的知识经验。教学内容要想做到正确,需要把握以下三点:

一是教学内容的科学性和思想性相结合在教材的选组中要有突出体现,教学内容的科学性是思想性的前提,而教学内容的思想性则是科学性的保证,必须实现二者的有机统一。

二是教学内容的系统连贯与重点突出相结合在教材的选组中要处理得恰当,既要向学生传授系统连贯的知识体系,也要向学生讲明系统知识链条上的重点、难点和关键。

三是教学内容的深度与广度相结合在教材的选组中要适切恰当,不仅要注意教学内容的广度,以广度支撑其深度,而且要注意教学内容的深度,用深度扩展其广度。

3. 上课要过程严谨

上课是一个完整的过程,一定要保证教学过程的计划性、条理性和严谨性。教学过程要想做到严谨,需要把握以下三点:

一是设计好课的导入。课的导入就像一篇文章的开头和一首乐曲的定调,必须进行精心的设计,例如,可以采用温习旧知的回忆式导入,可以采用设疑立障的提问式导入,也可以采用寓意深刻的故事式导入。

二是调控好课的中间进程。先讲什么,后讲什么;什么时候板书,什么时候展示直观教具;何时讲解,何时问答,何时练习,何时操作,都要紧凑连贯而不拖泥带水。

三是组织好课的结束。可以采用总结式、提问式、练习式等传统的结束方式,也可以采用活动式、悬念式、拓展延伸式等更具启发性的结束方式。

4. 上课要方法恰当

教学方法直接影响着教学效果,必须保证教学方法运用的恰当高效。教学方法要想做到恰当,需要把握以下两点:一是坚持启发式教学思想。启发式教学是指造成学生心灵的激活状态,使产生积极的思维活动,运用已有的知识经验,能动地获得新知识,充分地发展智力的一种教学指导思想。只要坚持和遵循了启发式教学思想,不管教师采用何种具体的教学方法,都能最大程度地发挥教学方法的作用与功能。二是重视教学方法运用的综合性、灵活性和创造性,亦即既要注意不同教学方法的优化组合,也不拘泥于教学方法运用的固定模式,还要加强教学方法的发展与创新。

5. 上课要情绪高涨

上课是教师和学生之间的情感交流、心灵沟通与智慧碰撞过程,他们的情绪是否高涨,精神是否饱满,从根本上制约着课堂教学质量。一方面,教师要有教学激情,能充分发挥自身"教"的主导作用,全身心投入到教学活动之中,用自己的积极情感点燃学生的激情;另一方面,学生也要积极参与教学活动之中,能全面调动自身"学"的主体作用,主动地、创造性地进行学习和发展。

(三)教后记是一种反思性、经验性研究

教后记也叫"教后感""课后分析""教学心得",是指教师在上完课后,及时地对自己的教学过程和教学效果进行回顾、反思与总结,把经验教训及心得体会用文字形式记录下来的过程。教后记既是对刚刚过去的教学过程的一份难以割舍的依恋和不舍,也是对亲身经历的教学过程的一次充满智慧的追溯与回望。对于教师而言,日复一日、来去匆匆的教学生活很容易造成职业倦怠,销蚀教师的教学激情和创造性,但教后记却能让教师停下脚步,静下心来,回顾梳理,透视反省,明了得失,权衡利弊,校正方向,从容开启下一次航程。正如美国学者舒尔曼所说,对于专业人员来说,最难的问题不是应用新的理论知识,而是从经验中学习。学术知识对于专业工作是必需的,但又是远远不够的。因此,专业人员必须培养从经验中学习和对自己的实践加以思考的能力。正是通过长期坚持写教后记,教师的教学实践智慧才能不断生成和丰富,教师的教学理解力、执行力和创造力才能逐渐厚积而薄发,教师的教学风格、教学艺术和教学境界才能真正得以形成与提升。从某种意义上来说,教后记是一种反思性、经验性的教学研究。

1. 要清楚教后记的基本内容

一是教学效果的记录与反思。一堂课上完后要对教学效果做一个即时的、简单的自我评价,是否达到了自己的预期,还存在哪些问题。

二是教学成功经验的记录与反思。课后教师要及时回顾和总结教学的成功之处与意想不到的亮点,为今后课堂教学提供有益的借鉴。

三是教学不足之处的记录与反思。课堂教学是一个复杂的创造性活动,疏漏、失误乃至失败之处在所难免,教师对之要深入研究,仔细推敲,剖析原因,寻找对策,及时补救。

四是教学中问题的记录与反思。如教师在课前预设中未能涉及的问题、学生在教学过程中遇到的困难与障碍、师生在教学活动中随机生成的一些独到见解等,教师都要有清晰认识并及时记录与反思。

五是教学灵感的记录与反思。课堂教学也是一种高度情境化的活动,突如其来的思想、不期而遇的观点、稍纵即逝的灵感,教师也要及时捕捉和记录。

六是教学改进方案的记录与反思。在对一节课的上述记录与反思的基础上,探索并提出教学改进的策略方案,以备今后再教这部分教学内容时参考。

2. 要熟悉教后记的写作要求

一是选准切入点,如教学目标的内容、教学程序的结构、教学方法的技巧、语言板书的运用、情绪思维的培养、智慧潜能的开发等。

二是把握感悟点,如教师感受最深的教学成功经验与失败教训,亟须破解的教学困惑,有待进一步探究的教学疑难等。

三是注重精要性,如述说体会要言简意赅,阐述见解要一语破的,剖析问题要一针见血,评析教学要画龙点睛。

四是坚持及时性,教师从课堂教学中获得的具体细微的感悟和启示,一般难以长时间保留在头脑中,顿悟和灵感往往稍纵即逝,因此教后记要尽可能在课后即时进行,最迟也不要超过当天。

(四)听评课是一种比较性、诊断性研究

听评课,顾名思义,就是教师的"听课"和"评课",它们是一项工作的两个内容和步骤。"听课"旨在了解其他教师上课的具体情况,发现存在的主要问题;"评课"则重在分析和研究这些问题,提出解决的方案建议。如果只"听课"不"评课",那就只能停滞于上课情况的了解,而不能做出深入研究和有效改进。但听评课又不是简单的、业余的"听而评之",而是教师的一种"日常生活、专业学习与合作研究",是"教师专业生活与专业发展的重要组成部分,是教师专业学习的重要途径"。[①] 听评课首先是教师专业的一种日常生活,它与备课、上课、教后记等有着同样重要的作用,也就是说既要把教师理解为"备课的人""上课的人",又要理解为"听课的人""评课的人";其次,听评课也是教师的一种专业学习,通过听评课可以加深教师对教学活动的专业理解,增强教师对学生学习活动的专业研究,促进教师的教学专业发展和专业发展;同时,听评课还是教师的一种合作研究,它能形成由上课者、听课者、评课者和学生所组成的"听评课共同体",为教师的专业反思、专业对话和专业合作提供良好的契机与平台。从专业的视角审视听评课,不应把它简单地归结为是教师必须完成的学校规定的硬性任务,而应把它看作一种旨在改进教学和提升教学质量的比较性、诊断性的教学研究。

1. 听评课要有问题意识

听评课不是为了应付任务或走过场,而是一种置身其中、感同身受的情境学习与案例探究活动,教师一定要有较强的问题意识,只有带着问题走进他人的课堂,才能真正实现听评课所蕴含的巨大价值。苏联教育家苏霍姆林斯基就曾指出,听评课必须重点把握以下问题:"教师的教学目的是否明确、是否全面达成?学生知识检查的意义与方法?是否在教给学生学习?学生在学习新知识过程中脑力劳动的状况怎样?这些新知识是否得到了发展

---

① 崔允漷.听评课:一种新的范式[J].江苏教育,2007(23):21-25.

及深化？全体学生是否都牢固掌握了这些知识？教师如何进行家庭作业的布置？"①当然，教师在听评课过程中不仅要能看到、听到和问到，而且还要能想到、思到与省到，也就是能够推己及人、对号入座和换位思考，在从外部探究教学本真的基础上反观自身，检视自身教学之优劣，吸取教学智慧营养，提升自身教学境界。

2. 听评课要有全面意识

所谓全面意识，是指教师在听评课时既要关注教师教的状况，更要关注学生学的状态，也要关注教学之间互动生成的情况。从教师教的方面而言，听评课应当着重关注授课教师的教学内容、教学方法、教学策略、教学能力、教学态度及教学艺术等；从学生学的方面而言，听评课应当重点关注学生的积极性、主动性、参与度、投入度、思维状态及交往状态等；从教学之间的互动生成来说，听评课不仅要关注教学资源的生成性，即由开放性的教与学之间的互动而新产生的教学资源，而且要关注教学过程的生成性，即在对新生教学资源进行即时剖析和重构基础上，形成有别于预设性教学内容或教学程序的新教学过程。

3. 听评课要有反思意识

就像上课要有教后反思一样，教师进行听评课也要具有清晰的反思意识。脱离了反思的听评课，虽然能够完成上级规定的任务，但却不能洞察富有研究价值的问题，获取值得借鉴吸收的有益经验，听评课教师与授课教师之间也就难以实现有意义的关联和对接，促进教师教学专业发展的宝贵资源就会消失殆尽。对此，有学者就鲜明指出："如果不进行批判和反思，就会总是认为事情的对与错、是与非应当按专家说的算。我们就永远只能从别人那里明白做任何事的意义，任何时候的教学都是在实现别人的思想。"②把反思意识融入听评课之中，教师的听评课"言说"就能融入自己的真情实感，与上课教师之间就能相互倾诉、彼此激励、共同分享，听评课的价值作用才能得以顺利实现。

（五）读书是一种创生性、能力性研究

作为"人类灵魂的工程师"和"太阳底下最光辉的职业"，教师不仅应当具备渊博的学识和高超的教学技艺，而且需要拥有虔诚温馨的人文情怀、崇高伟人的精神品格和追求卓越人生信念，而这一切又必须建立在不断阅读和学习的基础之上。"腹有诗书气自华。"通过读书获得了教育智慧的教师，就能以自己独特的专业眼光，把握教学活动引人入胜之处，用最为简洁的线条拉动丰富多彩的知识信息，用最为轻松的方式使学生获得最大的收获。如果一名教师不读书、不学习、不思考、不探究，那他不可避免地会丧失阅读和学习的能力，他也就失去了为人师的重要理由和根基。可以说，读书是教师的工作，读书是教师的责任，读书是教师的一种生活方式和工作方式，读书也是一种润泽教师整个教育人生的最积极和最有意义的专业活动。因此，应当把读书看作一种更新观念、寻求支点的创生性、能力性的教学研究。

1. 教师读书要知道"读什么书"

一方面要读专业方面的书，因为教师都是以教某一门学科为主的，要想深入浅出、通俗易懂、活灵活现地教好这门学科，就必须具有精深的专业知识，就必须对专业方面的书籍进

---

① 苏霍姆林斯基. 给教师的建议[M]. 2版(修订版). 杜殿坤，编译. 北京：教育科学出版社，1984：441-455.
② 布鲁克菲尔德. 批判性反思性教师ABC[M]. 张伟，译. 北京：中国轻工业出版社，2002：87.

行深度阅读和研究。另一方面要读教育经典著作,因为它们是人类在其漫长的教育历史中形成的宝贵教育思想遗产,反映了人类对教育的永恒的、根本性的教育问题的求索以及对教育未来发展的美好期盼。例如,孔子的《论语》、陶行知的《我们的教育信条》、柏拉图的《理想国》、卢梭的《爱弥儿》、夸美纽斯的《大教学论》、赫尔巴特的《普通教育学》、杜威的《民主主义与教育》、马卡连柯的《教育诗》、苏霍姆林斯基的《帕夫雷什中学》、布鲁纳的《教育过程》、赞科夫的《教学与发展》、佐藤学的《静悄悄的革命》等。阅读这些教育经典的过程,也就是与教育家们对话交流和思想碰撞的过程,教师的教育信念、教育素养乃至教育艺术由此得以形成和提升。

2. 教师读书要明确"如何读书"

教师读书不是盲从与接受,而是一种反思和批判;教师读书不是追随与仰视,而是一种参与和发现;教师读书不是炫耀与时尚,而是一种专业智慧和专业生活。教师读书要学会记录,记录书中的名言名句,记录自己稍纵即逝的思考与心得,由此不断否定与认同自我,完善与升华自我。教师读书要遵循"坡度阅读"的原则,亦即选择的阅读书目对自己具有挑战性和引领性,那些具有一定的阅读难度、内容比较新颖、视角比较独特、导致阅读困惑的书籍,恰恰都是值得教师认真研读的。教师读书有时也要注意"重读",亦即一些真正意义上有价值的好书,往往是百读不厌、愈读愈明、常读常新的,教师不妨沉浸其中、一读再读、反复咀嚼、深刻体味,直到读懂读透为止。

第十四章　教学艺术与教学风格

教学既是一门科学,也是一门艺术。教学艺术就是教师在课堂上遵照教学法则和美学尺度的要求,灵活运用语言、表情、动作、心理活动、图像组织、调节控制等手段,充分发挥教学情感的功能,为取得最佳教学效果而实施的独具风格的创造性教学活动。教学艺术是一种高度综合的艺术,它包括教学风格。教学风格是教师教学艺术的一种格调和风貌,是教师个性魅力的外在表现。教学艺术和教学风格都属于教学实践活动的范畴,应当成为每一位教师教学生涯的最高追求。

第一节　教　学　艺　术

教学是学校工作的中心,是实施全面发展教育、培养全面发展人才的基本途径。教学质量的提高,在很大程度上依赖于教师的教学艺术。教学艺术水平高,教学质量就高;教学艺术水平低,教学质量就低。因此,对教师教学艺术进行深入探究,无论从理论上还是从实践上,都具有非常重要的价值。

一、教学艺术的内涵

要想准确把握教学艺术的内涵,首先需要理解何谓艺术。古希腊教育思想家亚里士多德认为,艺术就是"模仿"。意大利美学家克罗齐认为,艺术就是"直觉"。传统的西方观念认为,"艺术是人的观念客体,它是人的心灵、情感的投射物,它不具有本体的意义。"[①]从词源学上来看,艺术最初与技能、技艺、技巧等存在着密切关系,也可以说艺术就是技能、技艺和技巧。今天,我们理解艺术需要把握以下几种蕴含:首先,艺术不是一个固态的、实体的存在,而是过程的、流动的,是主体意识与客体、主体意识与主体意识的相互碰撞,是一个生成、唤醒的过程;其次,艺术是人类思维与情感的投射物,是主体的投射,蕴含着一个设计者和表达者;最后,艺术与技能有着渊源关系,是技能的历史延续,当技能走向审美,激发人的情感体验时,艺术随之产生。

（一）教学艺术的不同观点

何谓教学艺术?综观我国学术界近年来的研究成果,大致形成了以下几种主要观点。

1. 方法技巧说

该观点把教学艺术看作教学过程中综合运用教学方法体系的技能技巧。例如,有学者

---

① 何庄,王德清.关于教学艺术概念的理论反思(理论版)[J].教学与管理,2007(3):7-9.

认为"所谓教学艺术,就是能达到最佳教学效果的一套方法"。① 也有学者认为"所谓教学艺术就是培养人才能取得最佳效果的一整套娴熟的教学技能技巧。教学艺术就是教学方法的升华,是综合运用教学方法体系的出神入化,是解决教学问题使教师对学生具有吸引力的心灵契机和巨大魅力"。② 该观点虽然在一定程度上揭示了教学方法、教学技能与教学艺术的密切关系,但它只注意到教学方法技巧与教学艺术的"形似",而没有深刻揭示出教学艺术的本质。灵活多变的方法和技巧充其量只能是教学艺术的外显形式或手段,但它绝不是教学艺术本身。如果简单地把教学方法与教学艺术等同,必然会使教学艺术流于形式,成为缺乏内在感染力的"花拳绣腿"。

2. 美的创造说

该观点把教学艺术看作按照美的规律、美的原则所进行的创造性教学实践活动。例如有学者认为,"创造性"和按照"美的规律"进行是教学艺术的两个本质特点,其依据是马克思关于"美的规律"的阐述,从而将教学艺术定义为"遵循美的规律、贯彻美的原则而进行的创造性教学"。③ "美的创造"虽然是教学艺术的本质特征之一,但它却并非为教学艺术所独有。一方面,马克思所提出的"按照美的规律建造"是就整个人类的一切社会实践活动而言的,它不仅仅适用于教学艺术,也同样适用于教学科学;另一方面,艺术贵在创造,但科学也同样贵在创造,自由创造的精神是艺术与科学的相通之处。因此,按照"美的规律"进行的"创造性教学"不足以区分教学艺术与教学科学,因而不能全面揭示教学艺术的本质特征。

3. 个性表演说

该观点把教学艺术看作教学过程中体现教师个性而独具特色的艺术创造活动。美国教育家罗伯特·特拉弗斯曾经指出:"教学是一种独具特色的表演艺术,教师在教学工作中必须注意到自己的个性特色,并把个性因素渗透到教学活动中去。"④我国有学者也认为:"教学艺术就是受制于个性风格,具有美学价值和创造性运用各种教学方式方法的个人才华。其本质属性和种差是个别性、审美性和创造性。教学艺术的实质,是教师本人独特的创造力和审美价值定向在教学领域中的结晶。"⑤该观点肯定了"美的创造"这一教学艺术特征,并且进一步揭示了教学艺术就是教师个性在教学中的体现这一重要特征。但它忽视了教学活动的双边性,排除了学生在教学艺术实践以及教学艺术形成中的重要作用。教学的双边性决定了教学艺术的双主体,即教师和学生。而双主体的互动是教学艺术得以形成的前提和基础。如果没有学生的主动参与,没有学生同教师积极地默契地协作与配合,教学艺术就只能成为教师不切实际的个人表演。

4. 方法创造与个性综合说

该观点即教学艺术不是单一因素表现,而是方法、创造与个性综合。例如,有学者就认为:"所谓教学艺术,是指教师娴熟地运用综合的教学技能技巧,按照教学规律和美的规律

---

① 陈友松.教育学[M].武汉:湖北人民出版社,1985:211.
② 关甦霞.教学论教程[M].西安:陕西师范大学出版社,1987:234.
③ 钟以俊.简论现代教学艺术[J].教育理论与实践,1987(2):9-12.
④ 特拉弗斯,郭海云,祁志孝.教师 艺术表演家[J].山西师范学院学报,1983(2):92-94.
⑤ 吴也显,等.教学论新编[M].北京:教育科学出版社,1991:466.

而进行的独创性教学实践活动。通俗地讲，就是教得巧妙、教得有效、教出美感、教出特点。"[1] 该观点综合了学者们教学艺术本质特征的论述，避免了它们的极端片面性，较为系统和全面地阐述了教学艺术的本质内涵。但它也只是将上述三种观点进行了简单的联合，没有作任何补充和进一步分析，因而也未能从根本上揭示教学艺术的实质。

（二）教学艺术的概念

所谓教学艺术，是指教师在课堂上遵照教学法则和美学尺度的要求，灵活运用语言、表情、动作、心理活动、图像组织、调节控制等手段，充分发挥教学情感的功能，为取得最佳教学效果而实施的独具风格的创造性教学活动。它是教师学识和智慧的结晶，是教师创造性地运用教学方式方法的升华，是教学技能、教学原则和教学规律的综合表征。

首先，就教学技能而言，教师能出神入化地综合运用教学手段和教学方法的体系。教学技能生成、成熟和升华于教学实践中，个体具有自我实现的倾向，求善与求利是一种独立的、基本的人类动因，推动人的积极成长。教师的自我实现倾向在于得到自己的善、利相关人，诸如家长、学生、同行和领导的肯定和欣赏。通过不断地尝试、接受反馈和揣摩反馈，教师逐渐地得到肯定和欣赏，敢于面对挑战和实践创新，形成良性循环，进而步入教学艺术的殿堂。

其次，就教学原则而言，教学艺术要遵循基本的底线，以保证教学艺术的合目的性和有效性。教师心怀"以生为本"的理念，他对学生的连环发问及追问之意图并非为证明其教学的有效性，而是借助提问考查学生知识掌握的思维现状，并据此调整自己预设的教学内容。对于学生的沉默或误答，他往往不会用其语言艺术加以嘲讽，而是心怀"学生是可发展"的教学原则，坚信学生有豁然启蒙的一天，并以他的爱心、教学艺术和学科知识为工具鼓励和启智学生。

再次，就教学规律而言，教学艺术是建立在任何与人的行为、交流和环境有关的知识、技能和技术之上的，即使教师没有意识到，但是有效推动学生认知和情感发展的教学艺术，必然是符合教学与心理规律的。教师教学任务完成的质量不仅取决于自身掌握知识的多少，而且取决于其所采用的结构和阐述知识的方法，能够切合学生的需要和理解水平。

最后，就综合表征而言，教学艺术是科学之美和价值之美，而非视觉之美。单纯的教学技能难以构成教学艺术，教师使出浑身解数，应用现代化设备创造声、光、色、形之美，而学生只是欣赏的观众，这样的教学技能在教学实践中俯拾即是，它不是教学艺术；纯粹的教学原则和教学规律是教学的理论形态，它也不能构成完整的教学艺术，因为教学艺术是具有客观外在组织结构的可学习、可观察和可操作的表达方式。当教学技能是教学原则与规律的实现样式时，当教学原则和规律是教学技能实施的规范和指导时，教学技能、教学原则和教学规律才能融为一体，才能称作真正意义上的教学艺术。

二、教学艺术的特征

作为一种艺术的特殊形态，教学艺术既具有艺术的一般特性，同时又具有自身独有特点，它是传道授业、人才培养、心灵塑造的一种复杂艺术。具体而言，教学艺术表现出以下

---

[1] 李如密.教学艺术论[M].2版.北京：人民教育出版社，2011：86.

几个突出特征。

（一）情感性

教学是由教师的教和学生的学所组成的双边活动，它不单纯是传递知识信息的认知活动，更包含着人与人之间的情感交流和心灵沟通。这种情感交流水乳交融地渗透和贯彻于传授知识的全过程。就教师教的方面来看，教师要完成教学任务，塑造美的心灵，既要晓之以理，又要动之以情。情理结合，是教学的基本要求，也是教学具有感染力的重要条件。就学生学的方面来看，学生的认识过程是一个知、情、意、行的统一过程，不可能孤立地进行认知活动。情感不仅是学生学习的动因，而且总是伴随着学生的整个学习过程，时刻支配着他们的学习行为，制约着他们的学习效果。学生在认识和消化教学内容的过程中，必然会产生对事物的好奇、求索、兴趣、热情等主观体验，形成对学习的态度。教学实践表明，学生饱含激情倾心地学习，不仅可以有效地识记、理解、保存和再现知识，提高学习效率，而且可以减少学习疲劳。学习过程中优异成绩的取得，更会使学生情绪激扬、精神饱满，产生更高的学习热情和求知欲望，这正是教学艺术效果的具体表现。全国特级语文教师于漪教学的成功，就在于她不仅遵循教学规律，而且总是把自己的情感融汇于讲授之中，以自己对教材的深刻理解和炽热情感去教书育人。在教朱自清的《蝴春》一文时，她通过描述，把学生的思绪带进了繁花似锦、春色满园的大自然中去，使学生顿感心旷神怡；而在教《周总理，您在哪里》一文时，学生却是热泪盈眶，全场皆悲。由此可见，如果没有师生感情上的交流与撞击，是不可能取得这样的教学效果的。

（二）审美性

教学艺术的审美性是指教学应能激起人的思维与情感的共鸣，使教学主体能从中感受到知识美的、生活美以及人与人之间的交流所散发的美感。教学艺术反映了人们对教学美的需求，这种美毋庸置疑包含人的感官的美，然而如果过分地对教学中的感官美进行描述又往往容易使教学的审美走向肤浅，使人们对教学美的实质的追求受到忽视。艺术美的本质在于它能激发人的审美共鸣，这其中包含有一个创造的主体和一个欣赏的主体，教学艺术美同样如此。只不过它不像其他的艺术那样在创造主体与欣赏的主体之间有一个时空间隔，创造者可以通过一件艺术作品来表达自己，教学艺术的两个主体同处于一个时间和空间的纬度，在创作的同时欣赏，在欣赏的同时创作，教学艺术的审美性更多地关注教学美的本质。人们常说，听一位好教师的课，就好像是一种美的享受。只要教学充满美感，学生就爱听，易产生乐学、好学的效果。教学艺术的美来自两个方面：一是各科教学内容，如优美的诗词歌赋、散文、小说、童话故事，不仅有大量的知识美、语言美、形式美的因素，而且还有大量的道德美、形象美、情感美等内容；史地学科中包含大量的人格美、建筑美、自然美等因素；数理化学科也不乏大量美的潜因，如数理内在逻辑性、几何图形对称、均衡和验证都具有强有力的内在审美因素；音乐、美术、体育更不用说，它们本身就是以美的因素为感知对象的。教师经过深入研究、细心品味，就可以发掘出教材中这些审美因素，向学生进行审美教育。二是教学的过程。教师遵循教学规律，通过对各种教学方法和手段的巧妙和谐运用，如教师流畅的语言、生动的表情、优美的姿势、美观的教具、工整的板书、严谨的组织过程、丰富多彩的教学活动，都能使教学体现出美的效果，给人一种美的感受。

（三）形象性

在教学过程中，教师要对教材进行加工，把抽象的知识形象化以使学生易于接受，就要借助语言、表情、动作、直观实物、绘画及音响手段，对讲授内容形象描绘。这是学生理解、接受知识的首要条件。有的教师把教学的形象性称为教学的表演性。罗伯特·特拉弗斯在《教师——艺术表演家》一文中曾经指出："教学是一种独具特色的表演艺术，区别于其他任何表演艺术，这是由教师和那些观看表演的人的关系所决定的。"[①]教学中的表演，是教师一切外显行为的综合表演，包括教师的衣着打扮、表情态度、身姿动作、实验操作、口语板书等因素。教学表演不仅要采用学生可接受的方式，照顾到不同年龄学生的心理特征，而且这种表演直接具有社会伦理价值，即教师在表演中不仅向学生传授知识、启发智能、促进发展。在教学形象性的诸多因素中，教师语言形象性是最主要的。教师借助形象性的语言，通过比喻、类比、模拟、描绘等艺术手法，就会使学生获得要领，顿开茅塞，透彻理解。教学实践证明，越是抽象的概念，讲授中就越要用形象性的描述，唯有如此才能使学生真正理解其内涵。

（四）创造性

教学艺术的创造性主要表现在以下三个方面：一是备课钻研教材时所进行的创造性思考。教材是教师教、学生学的依据，是学生学习的主要内容，但教材中的知识是前人实践经验的概括对教师来说，也需要创造性地思考，深入钻研地体会，才能真正掌握其本质，把握它的实在性和丰富性，悟出其机理要领。有的教师只停留在对教材的一般理解上，上课平平淡淡，教不出味道。而有的教师却能对教材潜心思考，达到一定的深度和广度，有自己独到的见解，上课得心应手、左右逢源、引人入胜。实践表明，只有闪光的思想，才能引发思想的闪光。在对教材的钻研上，只有教师有所悟、有所得，才能使学生有所悟、有所得，而这个"悟"的过程，就是教师对教材进行创造性思考的过程。二是创造性的设计教学方案。人们常说，教无定法，贵在得法。教学面对着千差万别的学生，不可能有一套刻板的程式。这就要求教师在钻研教材的基础上，根据学生的不同特点，创造性地设计教学方案，这个过程也反映了教学的创造性。三是教学方案组织实施的创造性。教学对象的情况是不断变化的。在教学方案实施过程中，常常会一些意想不到的情况发生，这就要求教师不仅在上课前精心设计教学方案，而且在实施方案的过程中，能够灵活运用，临机处理各种问题，要根据反馈信息进行调节，用新的设想、方案予以补救，使教学更切近学生的实际，促进教学方案的实施。这个过程同样要求教师要具有创造性品质。

三、教师的课堂教学艺术

（一）课堂导入的艺术

人们常说，良好的开头是成功的一半。教师的课堂教学也是如此，精心设计的课堂导入，往往成为一堂好课的先导。课堂导入的根本目的，在于激发起学生的兴趣和积极情感，启发和引导学生的思维，让学生用最短时间进入到课堂教学最佳状态之中。

---

① 特拉弗斯,郭海云,祁志孝.教师 艺术表演家[J].山西师范学院学报,1983(2):92-94.

1. 课堂导入的原则

从教师课堂教学实践来看,课堂导入一般的要求是,教师应避免上台就讲,应该以严肃庄重的态度走上讲台,先用专注的目光环视全体学生,察看学生注意力是否集中,并示意学生讲课就要开始了。如果遇到学生处于课间活动的兴奋状态,教师不能急于讲课,而应先平静、沉默片刻,等待学生准备,或者采用其他方式平静一下学生的情绪。这是因为,课间的休息活动使学生的思想放松了,刚上课时,每个学生都有独特的心境,帮助学生收敛思想,集中注意力是非常重要的;如果教师在刚打铃后就急于上课,往往由于学生注意力不集中、情绪不安定而效果不佳。具体而言,教师的课堂导入要遵循以下几个基本原则:

① 针对性原则。教师的课堂导入应当针对教学实际,首先是要针对教学内容,不同的内容往往决定了课堂导入的具体方式;其次要针对学生的年龄特点、心理状态、知识能力基础、爱好兴趣的差异程度,比如小学一二年级最好多从讲故事、寓言、做游戏入手,而中学生则可以多从联想类比、启发谈话、设置疑难入手等。

② 启发性原则。富有启发性的导入可以发展学生的思维能力,当学生求知的欲望调动起来后,这种带有感情的脑力劳动不但不易疲劳,而且反应敏捷。例如,有位物理教师在进行"运动与静止"的教学中,就使用了启发式教学。一开始教师问:"你们听说过用手去抓飞行的子弹的事吗?"对学生来说这种事情似乎是不可思议的,教室内立即鸦雀无声,同学们开始思考了,一会儿,课堂沸腾了,学生争先恐后地发表自己的看法:"子弹飞得那么快,能用手抓住吗?""我就听说过。"教师肯定地回答,"第一次世界大战期间,一名法国飞行员在两千米高空飞行时,发现一个小虫似的东西在身边蠕动,他伸手一抓,大吃一惊,原来抓到的竟是一颗子弹。"学生听了十分惊疑,产生一种强烈的探究心理。"出现这个情况是什么道理呢?我们今天要学的课题'运动和静止'就要探讨这个问题。"启发性的课堂导入应注意给学生一个适当的想象余地,让学生能够由此想到彼,由因想到果,由表想到里,由个别想到一般,收到启发思维的教学效果。

③ 新颖性原则。具有新颖性的课堂导入能够吸引学生的注意指向。例如,有位老师在教朱自清的散文《绿》时,首先讲了一个故事:欧洲有个叫摩根的商人,长得高大魁梧,他的夫人却小巧玲珑,他们夫妇运了一大批鸡蛋到非洲去卖。到了非洲,丈夫先去卖,一连三天都卖不出去,于是他的夫人接着去卖,不到一天卖完了。同学们猜猜这是什么原因呢?这引起学生诸多猜想,但多不得要领,教师便托出谜底,摩根人大手大,鸡蛋在他手里便显得小,他的夫人人小手小,同样一个鸡蛋在她手中就显得大了,所以人们争着买,这就体现衬托的道理。

④ 趣味性原则。具有趣味性的课堂导入可以激发学生学习的兴趣,抓住学生的心灵,拨动学生的心弦,让学生欲罢而不能。当然,趣味性的课堂导入,不仅要有情趣,而且要有意味,要让学生笑过之后,能引起进一步的深入思考。

⑤ 简洁性原则。具有简洁性的课堂导入能够节约学生的听课时间,提高课堂教学的效率。莎士比亚曾经说过:"简洁是智慧的灵魂。"通过课堂导入的精心设计,教师要力争用最少的话语、最短的时间,却能迅速而巧妙地缩短师生之间的距离,以及学生与教材之间的距离。

2. 课堂导入的方法

教师课堂导入的具体形式与方法是多种多样的,关键在于教师灵活运用、精心设计。

有学者认为,课堂教学中常见的导入方法有以下几种:[①]

① 温故式课堂导入。具体做法是通过温习以前学过的知识,自然而然地导入将要学习的新内容。

② 释题式课堂导入。教师通过具体分析,解释课题词语,引发题意,调动学生学习的注意力和积极性,为进入新课作铺垫。

③ 激情式课堂导入。即教师采用生动的、富有感情色彩的语言,营造一种情绪氛围,从感情上叩击学生的心弦,使学生自觉地进入学习的轨道。

④ 设疑式课堂导入。设疑导入是利用思维对问题的敏感性,在导课的时候精心设计悬念,诱发学生的探究心理,调动学生思维的积极性。

⑤ 故事式课堂导入。即采用寓意深刻又幽默轻松的故事,把抽象的内容以浅显的形式引出来,从而降低了学生对教学重点及难点的理解难度。

⑥ 创造式课堂导入。即教师在导课时根据教材特点,创设一定的情境,渲染课堂气氛,让学生置身于特定的情境之中,自然从情绪上过渡到新课上来。

⑦ 演练式课堂导入。在新课伊始,教师通过展示挂图、实物、标本、模型,或做一些启发性强的实验、练习,使知识直观形象地进入学生头脑,把学生的注意力导入新课之中。

⑧ 机变式课堂导入。有时在课堂教学之前,突然发生或出现了有利于设计导课的事件或情景,教师要注意充分利用,随机应变,从而调动学生学习新课的主动性和积极性。

⑨ 幽默式课堂导入。即教师根据教学内容的特点和需要,使用幽默手段导入新课,增强教学的趣味性,吸引学生的学习兴趣。

⑩ 冥想式课堂导入。教师在上新课前,先让学生闭上双目,进入冥想状态,放松心情,消除紧张情绪,以平和愉快的心境迎接新课。

(二)课堂板书的艺术

课堂板书艺术是教师教学艺术的重要组成部分。可以说,高超精湛的教学板书艺术,是展现教学内容的"屏幕",是进行课堂教学的"导游图",是打开学生智慧之门的"金钥匙",是教师教学风格的凝练和浓缩。

1. 课堂板书的分类

① 根据课堂板书的重要性和详略程度,可将课堂板书划分为两类:一类是系统板书,也叫基本板书、主板书。其特点是能体现教学目标与教学内容内在联系的重点、难点,能够表现教学中心内容的基本事实、基本思想。系统板书构成了整个课堂板书的骨架,一般保留于课堂教学的全过程。另一类是辅助板书,又称附属板书或副板书。其特点是能反映教学内容中有关诠释性、延伸性信息,能提示有关零散的知识。辅助板书是对基本板书的具体补充或辅助说明,一般随教学进程的发展随写随擦或择要保留。

② 根据课堂板书的具体表现形式,可将课堂板书分为三类:一是逻辑要点式板书。此类板书因提纲挈领、简明扼要,且系统完整、层次分明,所以便于学生听记、理解和复习。二是结构造型式板书。此类板书直观形象,趣味横生,结构严谨,造型优美,富于变化,启发思维。三是表图示意式板书。此类板书表图简洁,示意明了,直观形象,给人美感。

---

① 李如密.教学艺术论[M].济南:山东教育出版社,1995:178.

2. 课堂板书的要求

(1) 精心构思，整体设计

教师自觉增强教学板书的设计意识，提高教学板书设计的艺术水平，可以有效地克服教学板书的盲目性和随意性，达到较好的教学效果。为此，一是要注意教学板书设计的目的性，要根据教学的实际需要，确定是否采用板书，用何种形式的板书以及怎样运用板书等；二是要注意教学板书设计的整体性，注意从整体上反映教学内容的特点和结构，同时注意使教学板书自身也形成一个相对完美的整体；三是要注意板书设计的制约性，在构思设计教学板书时要注意学科特点、学生程度和时空条件等制约因素，避免因板书设计不合理，而在运用时费时、费力，完不成教学任务，影响教学的质量和效果。

(2) 合理布局，虚实相生

教学板书的合理布局是指对在黑板上要书写的文字、图表、线条，做出严密周到的安排，既符合书写规范要求，格式行款十分讲究，又能充分利用黑板的有限空间，使整个板书紧凑、匀称、谐调、完整、美观、大方。合理布局可以增加内容的条理性和清晰度，避免引起学生视力过早疲劳，获得良好的教学效果，也有助于培养学生的审美能力等。常见的教学板书布局有中心板、两分板、三分板等。研究表明，人们对处于不同位置内容的观察频率是不同的。对位于左上方的内容的观察频率最高，其次是左下方，右下方最低。因此，如果系统板书不多，则应放在中间偏左的位置；如果系统板书较多，根据板书各部分的重要程度，依次安排在左上、左下、右上、右下的位置上是适宜的。但无论如何进行板书布局，都应力求主次分明。

(3) 配合讲解，展现适时

因为多数教学板书都是在课堂上当着学生的面逐步完成的，板书过程体现着教学活动的流程，反映着师生考虑问题的思路，因此板书内容展现的次序和时间须着意考虑。板书不适当地提前或滞后均会破坏正常的教学节奏，干扰师生共同的思维过程，造成学生注意分散，甚至引发学生的问题行为。一般说来，教师的板书要跟讲授的语言和体态有机地配合起来，要边讲边写，以达顺理成章、水到渠成之效。只有这样才能起到控制作用，吸引学生的注意力，激发学生的学习兴趣，才能更好地表达所讲述内容的逻辑性和事物间的内在联系，使教师思路和学生思路合拍共振。

(4) 写字绘图，技巧娴熟

教学板书要求教师写字绘图既稳且准，又快又好，因而教师要高度重视教学板书技能技巧的训练和提高。为此，第一，要注意文字书写的技能技巧。这绝不是像有些人认为的那样，只是一种无所谓的雕虫小技，而确属一个教师必须掌握的教学基本功。教学板书艺术对教师的文字书写技能技巧有以下基本要求：一是用笔。粉笔的使用与钢笔、毛笔的使用略有不同，它短小、易断，笔锋随笔身的磨损不断变化，使用时应根据这些特点灵活使用；二是字体。字体大小应以后排学生能看清为标准，同时字体的使用要注意适应性；三是字迹。教师板书的字迹一要规范，不写错别字、倒笔字；二要清晰，结构明了，字距均匀，行距平行，以显条理整齐、眉目清晰；三要认真，不能开始几个字写得工整有加，中间逐渐潦草，最后龙飞凤舞、模糊难辨。第二，要注意图表绘制的技能技巧。教师教学时在黑板上使用有关工具将图表准确、快速、美观地绘制出来，才能保证教学板书达到预期的目的。这就要求教师熟练掌握一定的绘图制表的技能技巧。一般来说，如果图表绘制得准确，则有助于教师讲明问题和学生掌握知识;如果图表绘制得快速,则有助于提高课堂教学的效率;如果图表绘制得美观,则有助于吸引学生的注意力,激发学生的学习兴趣,培养学生的审美能力。

(三)课堂提问的艺术

课堂提问是每一位教师在上课时都会使用的一种教学方法,它不但能巩固知识,及时反馈教学信息,而且能激励学生积极参与教学活动,启迪学生的思维,发展学生的心智技能和口头表达能力,促进学生的认知结构进一步深化。不仅如此,提问还能促使教师了解学生的"学情",以便因材施教,有的放矢地对学生进行教学。

1. 课堂提问的分类

根据课堂提问的层次水平,课堂提问一般可以划分为以下六种基本类型:

(1) 知识水平的提问

它考察的是学生对已学过的材料是否达到了有效保持,即对学生的识记的考察。该类提问表现为提问学生能否记忆具体的事实、过程、方法、理论等,它只能考查学生对知识掌握的最低水平;提问的表现形式是说出、写出、举例说明、复述、什么叫作、标注出等。

(2) 领会水平的提问

它考查的是学生是否把握了所学材料的意义,此时的提问已超越了记忆,具体表现为提问学生能否概述和说明所学的材料,能否用自己的语言来表达已学的内容,能否估计预期的后果等;提问的表现形式是概述、解析、比较、转换、区别、推断、分类等。

(3) 运用水平的提问

它考查的是学生能否将学习所得运用于新的情境,此时的提问已达到了较高水平的理解。它具体表现为考查学生能否应用概念、方法、规则、原理等;提问的表现形式是计算、示范、解答、修改等。

(4) 分析水平的提问

它主要考查学生的两个方面:一是对材料内容的理解,这上承运用水平的提问;二是对材料结构的理解,这下接综合水平的提问。此时的提问已能考查出一种比运用更高的智能水平,表现为考查学生能否从整体出发去把握材料的组成要素及其彼此间的联系;提问的表现形式是证明、分析、找原因、作结论等。

(5) 综合水平的提问

它考查的是学生能否把先前所学习的材料或所得的经验组合成新的整体,此时的提问涉及学生的新的知识结构,故能考查出学生的创造力。它具体表现为提问学生能否制定出一项可操作计划,能否概括出一些抽象关系,能否以口头或书面形式表明自己的新见解等;提问表现形式是计划、归纳、设计、创造、组织等。

(6) 评价水平的提问

它考查的是学生能否评定所学材料的合理性,如材料本身的组织是否合乎逻辑;它还能考察出学生能否评定所学材料的意义性,如材料对社会的价值。此时的提问涉及学生对所学材料如诗歌、散文、小说、报告等做出的价值判断。

2. 课堂提问的要求

(1) 课堂提问应有特定的指向与集中

提问要从整体出发,系统设计,围绕重点;提问要探明学生的疑点难点,问到关键处。提出的问题不仅要有一定的难度标准,而且角度要新。经常从问题的侧翼或者反面,寻找切入口进行提问,对提高学生的思维能力,改进学生的思维方式很有好处。课堂提问应能使让学生的思维沿着许多不同的方向去扩展,全方位、多角度、深层次地思考问题,以求得多种设想、观点和答案。

(2)提问要使每个学生都有参与机会

不少教师在提问时,往往指定回答者,基本上集中在较好层次的学生的范围之内,中下层学生鲜有回答的机会。即使不如此,也多是几个他"经常提到"的学生。这样一来,就挫伤了大部分学生的积极性,使他们既懒于思考,又积攒了敌对情绪,这不利于素质教育的实施。为了避免这种现象的发生,教师在课堂提问时可以采取分层随机抽样的方式去对学生发问,即先按学生的水平大致分成几个层次,再将不同难度的问题对应于相应的学生群体,从这个对应群体中再有规律地提问学生。

(3)提问要清楚明白和逻辑有序

所谓清楚明白,即避免模棱两可,让人不知所云的发问。当然具有逻辑顺序的问题可能所涉及的知识点较多,但中心问题仍要把握住,要避免没有明确中心的发问,要避免没有逻辑顺序的漫天发问。当代知识概念所包括的四个方面:"知道是什么"、"知道为什么"、"知道怎样做"和"知道是谁",是一个很好的具有逻辑体系的知识建构,这对于提问的逻辑体系,也大有启发。即可以遵循这一框架去提问,这样就可以锻炼学生在思考和解决问题时,能够做到紧扣中心和有条不紊。

(4)问题设计要突出开放性

开放性提问是指问题所涉及的知识面比较广,具有多向度、宽空间、深层次的特点。学生需要对所学的知识进行分析、比较、概括、综合、系统化,才能找到问题的解决方法。开放性问题没有明确的、标准的答案。学生思考问题的出发点不同,解决问题的方法不同,从而导致了答案的多样化。开放性提问给学生提供了广阔的思维空间,强化了学生对知识的综合运用能力,促进学生对所学知识的系统化、条理化,有利于提高学生思维的广阔性、深刻性、敏捷性和整体性。开放性提问还意味着发展学生的求异思维,教师不再满足于传统的"标准答案"而是对那些有"创见"的答案给予肯定的鼓励,让学生在求异思维的轨道上,汲取必要的精神力量,进行创造性思考。课堂提问只有经过富有创意性的科学的设计,才能真正唤醒学生的创新意识,才会使学生产生标新立异的行动,真正发展其创新思维。

(5)教师评价要严肃认真和客观公正

教师在提问时要慎重处理学生的回答,以不同的方式评价学生的回答,及时矫正其认识缺陷。评价的方式包括:重复学生的回答,表示予以确认;强调学生的观点和例证,使表达的意思更明确;归纳学生回答的要点,对学生的思考和语言表达以示范;对某一问题进行延伸或追问,促使学生加深理解;对学生的回答补充新信息,提出新见解;引导其他学生参与评价对某一问题的回答。在评价学生的回答时,要坚持以表扬为主,时刻给学生以鼓励,即使回答有失偏颇,也应努力去发现其中的积极因素,给予某一方向,某种程度的肯定。教师在评价过程中要公平公正,恰如其分;在评价学生回答时,教师也要让学生有插话、提问和发表不同意见的机会,形成一种和谐、宽松的教学氛围。

(6)教师要具有良好的提问心态

要使课堂提问发挥应有的作用,教师要和蔼可亲,不能给人以距离感;要有民主的作风;不能唯我独尊;要做到真理面前人人平等,不能处处以人师自居;要充分尊重学生的人格,重视学生的答问,不能优待某些学生,偏待大部分学生;教师还要注意一些非言语行为对提问效果的影响,如走进学生中间,给学生以心理上的近距离;还要以目光、手势等给学生以鼓励,决不能对学生的回答不屑一顾,或者表现出东张西望,不耐其烦。亲切的言语、平和的态度和支持的目光对学生回答问题是一个鼓励和肯定,能使学生的情绪处于最佳状态,促使学生积极主动思考问题,从而消除对回答问题的恐惧心理,达到在课堂上学生思想活跃,思维敏捷,积极主动地参与学习的目的。

(四)课堂管理的艺术

教师在课堂上具有教学与管理的双重任务,优秀的教师往往又是优秀的课堂管理者。一堂好课,不仅表现在讲授内容和结构的精心设计上,而且表现在教师高超的管理才能和创造良好的教学氛围上。教师课堂管理的艺术主要体现在以下几个方面。

1. 营造积极融洽的课堂氛围

建立良好的师生关系,形成积极融洽的课堂分为,是课堂管理的重要内容之一。要使课堂管理取得良好的成效,必须注意建立良好的师生关系,并在此基础上形成积极的课堂教学气氛。优秀教师的课堂教学,课堂氛围生动活泼,学生表现出兴致勃勃的情绪,大胆思维的神态,跃跃欲试的举止,师生感情融洽,配合默契。究其原因,就是因为这些教师善于建立良好的师生关系,充分发扬教学民主,尊重、热爱、信任学生,不偏爱优生,不冷落潜能生,做到公正处理问题,力戒嘲讽、训斥和惩罚学生。课堂氛围可分为两种基本类型:一种是积极、健康、生动活泼的氛围;一种是消极、冷漠、沉闷的课堂氛围。积极的课堂氛围的基本特征是课堂情境符合学生的求知欲和心理特点,师生之间、学生之间关系正常和谐,学生产生了满意、愉快、羡慕、互谅、互助等积极的态度和体验;消极的课堂气氛的基本特征与此相反。为此,教师要注意做到尊重学生,信任学生,发扬教学民主;注意课堂讲授、提问等的语气和态度;对学生成绩的评价要公正、客观,善于运用鼓励;要让学生成为学习的主人,讲课注意启发、引导;妥善控制自己的情绪,经常用愉快、高兴的情感教学。

2. 正确引导和形成学生良好注意力

首先,正确运用无意注意的规律。无意注意是没有预定目的,也不需要做意志努力的注意。它往往是由周围环境的变化引起的,不是由人自觉控制的。课堂中有许多能引起学生无意注意的刺激,如老师提出一个学习课题,使用一个新的教具,语言的生动形象,手势的比划、夸张等,都能引起学生的注意。教师要充分利用无意注意的积极作用,力求做到教学内容新颖有趣、教学方法灵活多样、教学语言生动形象等,以引起学生的无意注意。其次,正确运用有意注意的规律。有意注意是自觉的、有预定目的的、需要做一定努力的注意。引起和培养有意注意,需要做到:一是要把教学目的教育渗透到授课内容中。学生对教学目的理解越深,学习需要越迫切,求知趣味越浓,这种学习的渴望会驱使学生把注意集中到被感知的事物上;二是不断提出新的任务和要求,给予新的刺激,使学生大脑神经常处于兴奋状态,防止注意力的分散或转移;三是运用短暂的沉默引起学生的注意,如讲完一课的重点问题后停顿一下,然后轻声细语地重复一遍,或向全班学生提出问题后,有意地停顿,以引起学生的有意注意;四是运用提高音量引起注意。对一部分学生来说,高声教学有力且富有刺激性,有时提高音量可以压住教室外突然传来的干扰声,但高声要柔和,而且不要持续过久。

3. 善于巧妙处理课堂问题行为

对待课堂问题行为的最好办法,是防止问题行为的发生,而不是消极地等其出现后才去处理。一方面,要调动每一个学生参与课堂教学活动。教师力求使全体学生都参与课堂上的学习活动,使他们都有事可做。许多问题行为的发生往往是由于学生在课堂上无事可做或不知如何去做而造成的。因此,教师应善于安排课堂活动,善于安排学生的学习。另一方面,要给学生表现的机会。教育心理学研究表明,学生喜欢"表现自己",以取得老师和同学的尊重与注意,这是一种正常的心理需求。如果长期得不到表现的机会,有的学生就会产生压抑、自卑、消沉的心理;有的学生可能采取淘气、恶作剧及"捣乱"的方式来"表现自己",以获得注意。因此,教师在课堂上要给每个学生表现的机会,尤其是在进行课堂提问、讨论发言时,一定要照顾多数学生。除此之外,要运用语言、声调、表情、动作等处理已出现的问题行为。教师要善于运用语言和声调的变化,包括语音的高低、强、弱、速度和停顿来组织、调动学生的注意力,处理课堂问题行为。动作、表情、眼神等非言语行为在课堂教学管理中具有重要的作用。教师通过它们,及时发出各种表示满意与不满意、鼓励与制止等信息,有效地进行课堂管理。

4. 灵活机智地运用教学机智

教学机智是教师在教学过程中机敏而灵活地教育学生,随机应变地解决课堂教学过程中出现的各类偶发事件,以保证课堂教学顺利进行的一种能力。教学机智是教师必备的基本素质之一。它要求教师在课堂教学中头脑灵活,急中生智,随机应变,灵活而巧妙地实施教学。教学机智是课堂管理艺术中的重要一环。教学机智是教师教学艺术的较高表现形态,是在教学过程的应急情况下,教师随机应变,采取灵活有效的教学策略,保证教学顺利进行的一种素质。教学机智的运用首先有利于维持教学秩序,保证教学效果。教学机智的表现,有对学生问题处理的机智、对外来干扰的处理机智与对自身失误的处理机智。青少年学生思维活跃,在课堂上可以向老师问许多超出书本知识的问题,这些问题,教师有时候也不能给学生一个圆满的回答。教师可以采用置留、暗示、幽默等方法解决这些问题。在复杂的教学活动中,尽管教师课前做了精心准备,也难免会有种种失误,从而引发课堂骚动。如果出现失误,教师应善于动脑,巧妙处理,消除尴尬,变不利因素为有利因素。

(五)课堂结束的艺术

一堂生动活泼的、具有教学艺术魅力的好课,犹如一首宛转悠扬的动听乐曲,"起调"扣人心弦,"主旋律"引人入胜,"终曲"余音绕梁。课的导入是"起调",课的结束则是"终曲",完美的教学必须做到善始善终,结课艺术和导课艺术一样,是衡量教师教学艺术的重要标志。

1. 课堂结束的功能

① 系统条理化知识。一堂课通常要经历多个教学阶段,所学的知识就如同项链一样,通过恰当的结课,学生的活动就成了"串珍珠"了,其效果就大不一样了。

② 巩固强化知识点。短暂的课堂结课可以帮助学生"及时回忆",使一堂课的知识要点在很短的时间内得到再现、深化,有助于学生加深记忆,提高记忆的效率。

③ 激发学生兴趣和智慧。有激情的结课会使学生在感情上得到启迪,领会到新感觉、新情趣。尤其是生物教学中的趣味实验、生活实例,十分有利于学生抽象思维能力的培养与提高。

④ 帮助教学过渡。既能对本节课的教学内容进行总结概括,又可以为下一节或以后的教学内容做好铺垫;恰到好处的结课,不仅使整堂课结构完整,而且还含有不尽之意、韵外之致,将学生的思绪从课内延伸到课外,给学生以美的遐想、有益的启迪。

2. 课堂结束的方法

课堂结束的形式与方法丰富多彩,常见的有以下几种:①

① 自然式结束。这种课堂结束,是在下课铃响时自然结束课程。

② 总结式结束。这种课堂结束是用准确简练的语言,把整个课的主要内容加以总结概括归纳,给学生以系统、完整的印象,促使学生加深对所学知识的理解和记忆,培养其综合概括能力。

③ 悬念式结束。教师在结课的时候,用设置悬念的方法,给学生留下一个有待探索的问题,使学生急切地等着下一节课。这种结课方式很好地把上、下两节课联系起来,为上好下一节课做好了铺垫。

④ 回味式结束。在结课的时候,教师用含蓄隽永、耐人寻味的语言引发学生对所学的东西展开想象,回味再三。

⑤ 激励式结束。教师以充满激情、意味深长的话语寄厚望于学生,打动学生的心扉,结学生一个深刻的印象。

⑥ 延伸式结束。在结课的时候,教师注意把课堂教学和学生的课外学习结合起来,将课堂上的内容延伸到课外,激发学生课外学习和探索的兴趣。

⑦ 游戏式结束。在结课的时候,为了使结课生动活泼,增强教学效果,教师根据教学内容和学生特点设计一些游戏来检验和巩固所学知识。

四、教学艺术的形成策略

(一)成为"研究型"和"发展型"教师

教师应努力使自己成为"研究型"和"发展型"教师,这种类型的教师是怀着崇高的服务社会的理想走进教师行列中的,他们坚信教育是为了实现学生的发展,但学生发展的重要前提是教师的发展。教育是一门科学,也是一门艺术,这种工作具有复杂性和创造性。这种类型的教师往往把自己看作教学活动的反思者和研究者,其反思与研究是自身成熟的第一步,反思与研究使教师的职业生活充满了理性,也是他们专业的一种生活方式,成为他们发展自己的内在需要。为成为"研究型""发展型"教师,教师应该学会学习。教学艺术形成的过程就是一个学习的过程,学会学习是教师形成教学艺术的必要条件。在教学艺术形成中要努力提高教师学习的有效性,教师应不断在研究中学习,在教学实践中学习,学会终身学习。

---

① 李如密.教学艺术论[M].济南:山东教育出版社,1995:197.

（二）形成教学艺术的自觉追求

教学艺术的自觉追求蕴含着三层含义：首先，是指教师对自身的教学艺术水平的自我觉悟。比较与自我反省可以帮助教师了解自己的教学情况。与其他教师进行比较，可以达到"见贤思齐"的效果；反省自己的教学行为与效果是超越自我的前提。其次，是指教师对教学艺术的"自知之明"，即教师对教学艺术的本体及相关理论以及实践方法、策略的认识，这是理论建构的自觉与实践探索自觉的统一，缺乏理论发展的敏感性与实践探索的积极性就不会有教学艺术的形成。最后，是指教学艺术形成需要一定的氛围与条件，但教师主体性的发挥是关键，它包括自主性、能动性、创造性与社会性等四个维度。教学艺术形成只有成为教师的自主选择行为，而非外在强迫行为，它才会更为持久；能动性指强的内驱力与强的作为性，这是教学艺术形成产生良好效果的重要保证；创造性有助于技术形成个性化的教学风格；社会性则是指适应与合作，适应时代要求、学生发展要求、课程改革要求，可以为教学艺术形成增加必要的动力。

（三）重视和开展教学行动研究

行动研究是一种理论实践化与实践理论化的有效方法。一方面，教学艺术形成需要实践理论化，教师自觉地用理论去指导、去反观自己的教学行为，就可以使教学实践减少盲目性，去除纯粹的经验性。实践理论化的过程也是教师比较、分析、总结、提炼的过程，它有利于增强教学实践的理性化、科学化程度。另一方面，教学艺术形成需要教学理论的实践化，这是教学行动研究的重要内容。专家学者与中小学教师合作进行"理论——实践"研究，这种行动研究对专家学者而言是理论的实践化。广大教师学习接受了一种教学理论，在教学实践中进行尝试性的运用，这也是一种理论的实践化形式。教学理论见诸教学实践就找到了归宿，发挥了应有的作用，教学理论与教学实践"两张皮"的现象也会得到解决。教学艺术理论只有内化为教师自身的素质，被教师运用于教学实践之中才会有意义，教学艺术理论的实践化也就是教学艺术的形成过程。

（四）注重和倡导教师间观摩研讨

教师共同参与的培训制度或模式有助于营造教学艺术形成的良好氛围。吸收、借鉴不同教师的教学风格、优点与长处有助于教师教学艺术的形成，观摩与研讨是两个重要途径。不同的教师其教学风格是不同的，这是进行观摩的重要原因。观摩活动对于被观摩教师而言是一种激励，其教学水平与教学艺术会得以集中的表现。参加观摩的教师从学生的角度会对教学有一个更清楚的认识。教师之间的研讨会形成浓厚的学术氛围，他们之间彼此发表观点，平等交流会产生许多新的教学思想火花。同时，也会激励教师不断学习新的理论，总结自己的教学成败，一种合作与竞争的局面就会产生。

第二节 教学风格

教学风格也称教学个性，它是教师在长期教学实践活动中积淀形成的，是教师的知识经验、教学价值观、教学方法和教学模式等的综合表现。教师一旦形成了自己的教学风格，对教学效果与教学质量的提升往往能发挥极为积极的影响作用。

一、教学风格的内涵

（一）代表性观点

风格一词由来已久。在中国古代，风格最初常常被用来品评人物，表示人物的风度和品格。后来这一概念又被逐步引入文艺理论，用来表示文学艺术作品的艺术特征。在国外，风格一词源于希腊文，是指木柱或石柱，后又指人们书写和刻画所用的金属雕刻刀。拉丁文中的风格就是取其"雕刻刀"的含义。因为雕刻刀具有刻画、塑造形象的功能，风格一词也就具有了"修饰"的意义，用来比喻以文字装饰思想的一种特定方式。后来，人们说到风格，总是意味着在外部表现中显示自身的内在特性。现在，风格概念被广泛地运用于一切艺术领域，用以说明艺术作品达到成功时所具有的审美艺术特性，也被人们运用于对教师教学艺术特征的表述。

关于教学风格的内涵，学者们从不同视角进行了深入研究，就目前所取得的研究成果来看，主要有以下几种代表性的观点。

1. 艺术学视角的定义

在我国，"风格"一词最早来源于艺术，教学是一门艺术的观点早已被人们普遍接受，因而有学者从艺术学的角度，把教学风格视为教师教学艺术的一种格调、风貌，是教师个性魅力的外在表现。顾明远主编的《教育大辞典》对教学风格的解释是："在教学过程中，体现教师个人特点的风度和格调，是教师教学思想、教学艺术特点的综合表现，具有独特性和稳定性"。有学者认为"教学风格是教师独具个性魅力又具有稳定性的课堂教学风貌。"[1]也有学者认为"教学风格是教育艺术家所特有的，在教学活动整体中重复表现出来的教学'韵味'、'格调'和'风貌'"。[2]

2. 教育学视角的定义

从理论上来说，课堂教学是教师教学观点、方法与教学内容相结合的过程，因而有学者把教学风格视为教师教学思想、方法和作风的独特表现。例如，邓恩就认为，"教师的教学风格可以分解为八个方面：教学设计、教学方法、学生分组、课堂环境布置、教学组织、评价技术、教学管理和教育思想。这八个不同个性化程度的教育要素在教师身上的不同组合，就构成了教师独特的教学风格。"李如密认为，"教学风格是教师在长期教学实践中逐步形成的、富有成效的一贯的教学观点、教学技巧和教学作风的独特结合和表现，是教学艺术个性化的稳定状态的标志"。[3] 李源田等人则认为，"教学风格是教师在长期教学实践中形成的，在教学思想、教学方法、教学技巧和教学作风等方面稳定、综合地体现出来的教师教学个性和审美风貌"。[4]

3. 教育心理学视角的定义

在心理学领域，"风格"一词用于描述个体在认知、学习、教学等方面的差异，因而教师教学风格即为教师独特和一贯性的教学策略和教学方式、方法。例如，朗特里认为，"教学

---

[1] 程少堂.教学风格论[J].教育科学,1988(2):17-23.
[2] 卢真金.教学艺术风格发微[J].现代中小学教育,1991(2):57-60.
[3] 李如密.教学风格论[M].北京:人民教育出版社,2002:64.
[4] 李源田,朱德全,杨鸿.试论名师教学风格的养成[J].上海教育科研,2010(3):62-63.

风格是教师与学生之间建立不同关系和各种社会风气的方式、方法"。① 斯滕伯格认为,"教师的教学风格即教师的思维风格,是指教师在组织处理教学活动时所具有的偏好性和习惯化的方式、方法"。② 贺雯认为,"教学风格即教师在教学活动中采取的个性化和一贯的方式、方法"。③ 邵瑞珍则认为,"教学风格即在达到相同的教学目的的前提下,教师根据各自的特长经常采用的教学方式方法的特点"。④

以上教学风格的概念界定,虽然视角不同,但也反映了一些共同特征:一是教学风格都是在教学实践中形成并发展起来的,一般都要经历较长的时间才能形成并达到成熟,具有相对稳定性;二是教学风格具有独特性,且与教师的个性息息相关,是教师个性的综合体现;三是教学风格有其外在表现形式,即一定的教学方式、方法和技巧。

(二)教学风格的含义

我们认为,所谓教学风格,是指教师在长期的教学艺术实践中逐步形成的富有成效的教学理念、教学作风和教学技巧的独特结合,它是个性化的教学艺术达到稳定状态的一种标志。这一概念蕴含了以下几层意思:

第一,教学风格是教师在长期的教学实践过程中逐步形成的。教学风格的形成不是一蹴而就的,教师长期的实践,执着的追求,才能将教学艺术的独特性格磨炼成熟。教学风格是教师教学艺术进入一种高境界的标志。

第二,教学风格是教师在一定的教育理念指导下形成的。教师的教育理念影响着教师的教学行为,教师的教学行为根植于教师的教育理念。隐含于内是一种教育理念,显现于外是一种教学风格。

第三,教学风格是教师创造性地运用各种教学方法和技巧的结果。教学风格包含了教学方法和教学技巧,但不等于教学方法和教学技巧,而是对教学方法和教学技巧的创造性运用。

第四,教学风格是教师个性化的教学艺术达到了相对稳定的状态。教学风格是教师个性化教学艺术达到比较成熟时的一种教学状态。教学风格是相对稳定的,它给人一种成熟感,因为不够成熟的教学艺术之树上,是很难绽放教学风格之花的。

第五,教学风格是教师课堂教学所表现出来的一种风貌和格调。教师在课堂教学中所表现出来的一种教学作风和精神面貌,创造性运用教学方法和技巧时一种教学状态和行为方式,是教学风格审美魅力的直接载体。

二、教学风格的特点

教学风格的特点是教学风格本质的外在表现,只有真正认识教学风格的基本特点,教师才能正确把握教学风格的本质,为创造和形成属于自己的教学风格奠定良好基础。

(一)独特性

教学风格的核心是教学艺术的个性化。没有鲜明独特的个性,教学风格就会失去独特

---

① 朗特里.西方教育词典[Z].陈建平,等,译.上海:上海译文出版社,1988:152.
② 许芳,李寿欣,金玉华.斯腾伯格思维风格理论的研究进展[J].山东教育学院学报,2006(1):19-21.
③ 贺雯.教师的教学风格及其发展研究[J].外国中小学教育,2008(7):18-21.
④ 邵瑞珍.教育心理学[M].上海:上海教育出版社,1988:1.

的面孔。我国著名学教育者杨再隋曾经指出:"教学风格乃教师个人的心、性在教学中的投影,是教师的个性心理、教学特长在教学活动中的综合表现,是教师个人对学科独特感悟、体验之后,采用独特方式进行教学活动的特有概括,也是教师的文化视野、精神风貌、人格魅力、人生境界在教学中的反映。"

教学风格的独特性主要表现在三个方面:

一是独特的内容组织。具有不同教学风格的教师在处理教学内容时往往各具特色,有的善于归纳与演绎,既能够整体把握,又善于化整为零,既善于概括,又深得具体化的要领;有的善于演绎分析,思维绵密,说理透彻,语言简明,逻辑性强;有的善于连类比较,上下五千年,纵横数万里,丰富多彩,引人入胜。

二是独特的教法运用。教学内容的多样性、教学对象的复杂性、教师的不同个性决定了教师运用教学方法的多样性、灵活性和创造性。这种创造性,既包括对已有教学方法的创造性运用,又包括新创造。

三是独特的表达方式。有的教师语言层次分明,逻辑严密,具有雄辩力;有的教师语言优美动人,生动形象,富有感染力;有的教师语言朴实简洁,不事雕琢,不绕弯子;有的教师善于迂回,神态轻松,语言幽默诙谐;有的教师长于口才(包括体态语言的运用),滔滔不绝;有的教师虽不善言辞,却善于利用直观性的教学手段。

教学风格的独特性自动地影响着教师的教学活动,使教师以独特的身份和视角去观察、感受、认识和展现教学的内容、方法和过程,使教学过程处处留下个人的印记,使教学活动呈现出与众不同的风貌。

(二) 理念性

教学风格必然表现为教学方法和教学技巧的使用倾向,使这些教学方法和教学技巧的使用达到炉火纯青的水准。但这些方法和技巧的运用倾向是基于某种或某些特定的教学理念的。在有着自己成熟教学风格的教师那里,这些方法和技巧必然表现为其独特的教学理念的把握、浸润、渗透、点化和整合。我们甚至可以说教学风格是教师教学理念与教学方法、教学技巧相互作用的"合金"。教学风格离不开教学理念的支撑和引领。如果离开了教学理念,一味地去追求所谓的"个性"和"风格",就很有可能使自己的教学陷入"技术主义"。一个有着自己鲜明教学风格的教师,他的课堂往往体现着一种独立思考的意识,展现着自己的学养和对教学活动的深刻理解;而一个缺乏自己的教学理念的教师,虽然可以拥有自己的教学方法和技巧,但永远不可能建立真正意义上的风格。

(三) 稳定性

教学中的独特风格不是教师一时心血来潮的产物,而是在长期的实践中产生了较为完善的教学思想、掌握了富有成效的教学方法、形成了被实践证明是行之有效的教学艺术后的定型化产物。虽然在具体学科的教学中,不同的教学内容、不同的教学对象、不同的教学要求会从不同方面、不同程度上影响教师教学艺术的发挥。但对于一个已经形成教学风格的教师来说,任何教学活动都必然会凝结着他本人的教学艺术修养和情趣。教师的教学风格一旦形成,就会在教学的各个方面表现出来,使所有教学活动都程度不同地打上其个人烙印。

（四）发展性

任何事物都是在发展过程中逐步趋向完善的。教学风格的稳定性是相对的,教学风格形成后,并不意味着教师对教学艺术的追求可以停滞不前、故步自封。一方面,教学风格的形成不是一蹴而就的,它要经历一个探索、发展、完善、成熟的过程。一个教师只有不断学习,突破自己,完善自己,才能保持其教学风格的活力,精益求精,达到更高的境界。另一方面,随着教师自身的专业成长和发展,教师的教学观念和审美趣味也会发生深刻的变化,其教学个性也会相应地发生重大的转折和嬗变。在课程改革如火如荼的今天,各种教育思潮激荡碰撞,这样的时代风气为促进教学个性的发展,催生新的教学风格提供了契机。一个有着风格追求的教师不会让自己的教学陷于停滞,他会在"实践反思再实践"的基础上不断突破定势,保持教学的活力,推动自身教学风格的发展,为教学风格的园地增添丰富的色彩。

（五）多样性

教学风格是教师长期教学实践的结晶,而教师各自的思想认识、知识结构、审美情趣、教学能力等均有不同,因此在面对相同的教材内容和学生实际时就会展现出各自不同的教学艺术,形成因人而异、千姿百态的教学风格,使教学风格呈现多样性的特征。正如我国著名教育心理学家邵瑞珍所言:"两个同样有教学才能且肯努力的教师,他们的能力结构是不同的,性格特征也不会完全相同,教师的能力和性格的多样性会反映在教学风格的多样性上面。"[1]

三、教学风格的作用

没有风格的教学,就如同失去独特芳香的花朵一样,难以给人留下深刻的印象,难以激发学生饱满的学习热情。在单调无味的教学中,教师也会丧失自己的灵性,体会不到教学创造的乐趣。对于学生的成长、教师的专业发展乃至教学流派的形成和发展来说,教学风格都具有重要作用。

（一）促进学生的个性化发展

教学风格是教师在教学实践中经过长期历练,使教学艺术获得升华后形成的教学境界,是学生的个性发展和学习风格形成的智慧源泉。著名语文教育家吴非的随笔集《不跪着教书》中有《呼唤风格》一文,该文回忆了大学时代先后任教中国古代文学史的八位老师,说他们"有的连上四节课,气如雄辩,唾沫横飞;有的长于旁征博引,竖行板书,一个问题连引十多种说法;有的说词曲忽然发了瘾,当堂吟唱,余音绕梁;也有的上着课进了自己的境界,念念有词,旁若无人;有的捧着书本从容地念上一节课,末了忽然提出意想不到的问题;有的上课只逼学生答问题,如答记者问;有的信马由缰,黑板上一个字也不写,吹到下课才如梦方醒"。[2] 我们虽然不能用大学古代文学史教学的要求来简单类推中小学的学科教学,这二者无论在教学的目标、内容和对象,还是在教学的方式上,都有着各自不同的专业标准和要求。但有一点应该是共通的,那就是无论是大学课堂还是中小学课堂,都应该体现教

---

[1] 邵瑞珍.教育心理学:学与教的原理[M].上海:上海教育出版社,1983:266.
[2] 吴非.不跪着教书[M].上海:华东师范大学出版社,2004:65.

师的独特个性,表现出教师应有的风格魅力。富有风格魅力的课才能给学生带来美的享受,并且铭刻在学生的心田。教师的教学风格体现着教师的思维方式。一般来说,教师"精细"的教学风格必然引导学生的思维趋向于精细周密。有利于促进学生形成一丝不苟的良好品格;教师"洒脱"的教学风格能给学生带来轻松愉悦,促进师生的心理相容,帮助学生激活思维,爆发灵感的火花。教师的教学风格如同春雨一样"随风潜入夜,润物细无声",潜移默化地起着无言的示范作用,影响着学生的个性成长和学习风格的形成。

（二）有助力教师的专业成长

教学风格的追求与打造是教师劳动创造性的表现之一。然而,这种追求与打造应当是理性的,目标应当是相对稳定的。有些教师由于缺乏风格意识,没有自己的个性追求和特色打造,往往在教学中墨守成规、画地为牢,教学过程单调乏味,不仅学生难以体会到学习的乐趣,教师本人也在这种简单重复中耗费自己的青春。还有一些教师试图创造自己的教学风格,但不能掌握风格形成的有效途径,在教学中刻意求新,追随潮流,结果又在人云亦云、亦步亦趋中丧失了自我。这些教师甚至当了一辈子教师也难以说出自己的教学见解,形成自己的教学特色,充其量不过是个复制书本知识或盲目跟风的"教书匠"而已。一个有着明确的教学风格追求的教师,在教学中总是表现出一种创造意识,用独特的思考引领自己前进,充分发挥和灵活运用自己的教学机智,不断培育自己的教学特色,创造出符合自身个性的独特教学形式,不断推动着教学艺术个性的成熟,从而使自己的教学呈现出风格化的特征。一个教师教学风格的形成能印证他在教学艺术上的走向成熟。评价一个教师是否成熟,最重要的一点就是看他在教学艺术上是否已经形成了自己独特的教学风格。对教学风格的追求十分有助于教师的专业发展。

（三）推动教学流派的形成

教学风格具有鲜明的个性。教学流派的形成则是具有类似鲜明个性的教师群体共性的体现,是某种教学风格趋于成熟、产生影响的表现。教学风格体现的是教师个体的创造智慧,而教学流派则凝聚着教师群体的创造智慧。一些教学理念和主张较为接近的教师,长期以某种相似的教学风格从事教学活动,或者某些教育名家、优秀教师独具魅力的教学风格引起了众多教师的关注、学习、仿效,影响逐步扩大,就会形成明显的相似风格倾向。这些风格倾向经过教育理论研究者的总结、归纳,就会形成以某种教学风格为主要特征的教学艺术流派,并产生程度不同的影响。虽然不能说有相似教学风格的教师就一定可以组成教学流派,但同一教学流派中的教师教学风格应该具有基本的一致性。只有在教学风格上形成了这样那样的近似和一致,才能形成特定的教学流派。反过来,教学流派的力量往往可以鼓舞教师的创造勇气,调动不同流派的教师开展交流和沟通的积极性,促进教学的对话与争鸣,从而进一步诱发教师的教学创造,推动教学艺术的发展。

四、教学风格的分类

由于教师自身素质和个性的差异,以及影响教学风格形成因素的复杂性,决定了教学风格的多样性。对教学风格的分类进行研究,不仅有助于把握教学风格的本质及其规律性,而且有助于教师教学风格的有效形成。

(一) 教学风格分类的不同观点

1. 以活动为核心的教学风格分类

美国课程与教学论专家汉森和博思威克将教学风格分为六种:一是任务中心型,教学重点是结构化的教材活动;二是合作中心型,教学重点是组织学生参与决定如何学习;三是学生中心型,教师重点是设计各种学习活动,并要求学生选择最适合他们的活动;四是内容中心型,教师考虑的是教材内容而不是学生;五是学习中心型,教师关注的是学生对学习内容的真正理解;六是情绪中心型,教学重点是调动学生的情绪情感。[①]

我国学者魏正书把教学风格分为启迪型、探索型、善导型、合作型、暗示型、表演型、感染型和综合型。[②] 李如密把教学风格分为单一型和综合型,单一型有理智和情感型、表演型和导演型、庄雅型和谐趣型、谨严型和潇洒型、雄健型和秀婉型、韵味型和明畅型;综合型是两种或两种以上风格的融合,如情理交融型、寓庄于谐型、雅俗共赏型、刚柔相济型等。[③]

2. 以心理品质为中心的教学风格分类

当代美国心理学家斯滕伯格从认知的角度,将教学风格划分为七种类型。

一是立法型,教师善于创造和提出规则,并按自己的方式教学,喜欢并鼓励学生创造性解决问题。

二是激进型,教师喜欢变化的教学任务,并善于超越现有的规则和程序进行教学。

三是评判型,教师善于评价和分析任务,喜欢判断和评价事实、程序和规则。

四是整体型,教师喜欢面对全局性、抽象性的问题,偏好总体性、概念性和观念性的教学任务。

五是执行型,教师喜欢按既定的程序和规则解决问题,喜欢按事前准备好的教学计划进行教学。

六是保守型,教师习惯于熟悉的教学任务、教学情境和传统的教学方式方法。

七是局部型,教师工作时能深思熟虑,喜欢细节性和具体化的教学任务。斯滕伯格以实验证明,前四种教学风格是较为有效、复杂和受学生欢迎的风格类型,后三种则是相对简单、低效率和不受学生欢迎的风格类型。他认为风格是多维的,且只有适应与否的问题,而没有好坏之分,一个人可以拥有多种风格类型。[④]

3. 以教师教学语言为标准的教学风格分类

我国学者贡振羽把教师教学风格分为以下五种类型。

一是精讲精型,教师语言逻辑性强,善于引经据典和对知识层层剖析。

二是朴实自然型,教师语言朴实无华,以细细诱导,娓娓道来见长。

三是感情充沛型,教师语言慷慨激昂,情绪高涨,容易引起强烈师生共鸣。

四是幽默生动型,教师以语言幽默生动,机智诙谐见长,师生间有较强亲和性。

五是机智思辨型,教师善于运用各种教学方法,讲解、论证和分析都充满机智,思路

[①] 王称丽,贺雯. 教师的教学风格研究及其进展[J]. 上海师范大学学报(基础教育版),2010(2):7-12.
[②] 魏正书. 教学艺术论[M]. 沈阳:辽宁大学出版社,1991:121.
[③] 李如密. 教学风格论[M]. 北京:人民教育出版社,2002:87.
[④] 贺雯. 教师的教学风格及其发展研究[J]. 外国中小学教育,2008(7):19.

清晰。[1]

颜宪源等人提出根据不同教师课堂教学体现出的主要特征,把教师教学风格分为激情洋溢型、理性睿智型、朴实自然型、智慧技巧型、幽默生动型。[2]

(二)常见的教学风格种类划分

1. 自然亲切型

自然即天然。我国古代思想家老子就主张"道法自然",有"人法地,地法天,天法道,道法自然"之说。达到了"自然"之境,必然会给人"亲切"之感。一切诗文书画等艺术作品,也都以师法自然,没有斧凿的痕迹为最佳境界。自然亲切的教学风格往往能够贴近学生的生命状态,触发学生的思想情趣,滋润学生的心灵成长,特别具有亲和力。这种自然亲切,不是浅薄,而是纯真与平淡。教师只有使自己的教学技艺水平达到炉火纯青的程度后,才能达到这样的境界。

2. 幽默谐趣型

这种教学风格强调课堂教学气氛的活跃、师生关系的融洽与教师语言的幽默诙谐。具有这种教学风格的教师往往具有机智风趣的性格特征,善于将"三尺讲台"变成"舞台",把学生难以理解和把握的抽象内容演化为一种轻松诙谐、富于感性的"表演"活动,让学生在愉悦的笑声中不断受到老师机智幽默的气质与人格的熏染,在心灵的飞扬中全方位地激活人生智慧,打通知识和经验之间的联系,激发想象,开启思路,产生智慧之流的涌动和心灵快意的涌现。这种幽默诙谐的教学风格必须具有良好的分寸感,教师既要富有趣味,又要严肃认真,要在师生不时的会心一笑中保证教学的品位。

3. 睿智创新型格

这种教学风格得以形成的基础是教师具有求异、求变、求新的品质,非常重视教学创造,在教学中常有新的思路和创意。这类教师在教学内容的处理、教学方法的选择、教学结构的安排等灵活多变,常常使人觉得既在情理之中,又在意料之外,体现出教学的活力和魅力。不仅如此,这些创新还体现教师对教材的独到见解、对规律的正确把握、对偶发性问题的灵活处置等方面的睿智和聪慧。形成这种教学风格的教师,上课往往如修炼得道的武林高手,"心中有招而手中无招"。"心中有招"指的是有正确的教育理念,能把握客观的教学规律,具有专业修养与人格魅力;而"手中无招"指的是教师不因循守旧,与时俱进,因地制宜,灵活机智。

4. 广博儒雅型

具有这种教学风格的教师大多学识渊博,思接千载,视通万里,教学时常常是课内知识与课外知识巧妙结合,旁征博引,信手拈来,融会贯通,时而泼墨如雨,时而惜墨如金,挥洒自如,收放有度,如风行水上,行所当行,止所当止。教师的这种广博不是驳杂、粗俗,不是天马行空,而是视野的阔大,思维的信马由缰,其有根有据、藕断丝连的思维活动中往往包藏着儒雅庄重的气度和风范。

---

[1] 贡振羽. 谈高校教师的教学风格[J]. 科学之友,2007(2B):121-122.
[2] 杨立刚. 教师教学风格与学生学习风格的相关性研究[J]. 教学与管理(理论版),2011(7):65-66.

5. 情思激荡型

具有这种教学风格的教师往往以其"登山则情满于山,观海则意溢于海"的充沛情思,引导学生经历从感知到感染再到感动的情感运动过程,实现教师、学生和教学内容之间的情感共鸣。这种教学风格的课堂必然情感丰富、情思激荡,教师必然情动于中而形于言,豪情澎湃,言谈激越,能够把学生的情感波涛推向高潮。

6. 严谨朴素型

这一类型的教学风格强调教学内容和课堂组织的周密合理,教学语言经过严密、谨慎的逻辑加工,干净利落,条分缕析,简洁匀称,完整紧凑。教师追求的是科学的力量和理智的力量,善于概括和推理。教学内容的组织合乎系统的逻辑,教学语言具有论证性和说服力。对学生的要求是一丝不苟,给人以稳定、充实、整齐之感。

五、教学风格的影响因素

一位教师是否能够形成自己独特的教学风格,受多方面的因素影响。其中,既包括教师自身的因素,也包括外在的因素;既有精神方面的因素,又有行为方面的因素。例如,我国学者张武升等人就将教学风格影响因素分为心理因素和社会因素,心理因素包括教师的认知因素、情意因素和人格因素;社会因素则包括宏观因素与微观因素。[①] 贺雯从心理学角度分析影响教学风格形成和发展的因素,主要分为个体的内在因素和个体的外在因素。个体的内在因素包含个体的心理品质和个体的内在动力系统,内在动力系统包括价值观、态度、教育信念、自我效能感等因素;个体的外在因素就包含很多,如教育体制、学校领导、工作压力、学生素质等外部因素也会影响教师教学风格的形成。[②] 具体分析,影响教学风格的因素可以概括为以下几个方面。

(一)教师的教学语言

教学语言是指在教学的具体情境中,在有限的时间内,为达到预定的教学目标所使用的专业化语言,它的组织方式、表现形式与特色既制约着沟通的效率,又反映出教师对教学过程的理解与掌握程度。它不但具有专业化的特点,还具有艺术性。教学语言的专业化是推动教学风格形成的动力。教学语言是教师教学风格的最主要载体,是教育者传达信息、听者达到学习目的的桥梁,也是教师传递知识和表达感情的主要工具;它不仅直接关系到教师的教学能力和教学效果,也直观地显示教师的教学风格。一个教师在教学语言活动中,某些语言要素反复而经常地运用,达到稳定时,就会表现出一种统一的语言格调,这种专业化的语言格调会一直伴随着教学风格的形成与发展。教学语言的艺术性是教学风格的生命力所在。教学语言是教师智慧与个性的综合体现,既要规范化,也要艺术化;既要表意严谨,又在妙语连珠;既要流畅自然,更要清新幽默,字正腔圆,也要找到别致的角度去表情达意。如此的语言才具有表现片的感染力,使听者如沐春风。

(二)师生的互动方式

互动方式是指教师驾驭学生和学习活动以形成积极性学习气氛的教学管理艺术。教

[①] 张武升.当代中国教学风格论[M].南昌:江西教育出版社,1993:148-213.
[②] 贺雯.教师的教学风格及其发展研究[J].外国中小学教育,2008(7):18-21.

师是争取学生心灵的主持人,一所学校有无进取精神,首要的衡量标准就是教师有没有争取学生心灵与思想的意识和能力,其成功与否与教师在组织中的调控方式有极大关系。在课堂教学中,教师是控制者,他为了把加工过的教学内容作为有效信息传递给学生,总是要把调控贯穿在教学全过程。但就具体教学场景而言,教师并非独唱演员,他不仅要使自我图活动起来,还要使学生活跃起来。学生与一般影视观众不同,不只是欣赏老师的表演,而且要与教师进行直接信息交流、情感交融从而构成特殊的课堂气氛。这份情感,这份亲切,是任何机器教学所难以替代的。教师调控方式以集中与协调学生的注意为目的,通过对学生外显行为的判断,准确地透视学生心态,动用有效的控制手段,使学生的注意力到学习活动上。教师在教学过程中的主要作用不再是传递信息,而是引导、启发、示范、解惑、激励、评价、组织等,整个过程都是一个教师与学生互动的过程。

(三)课堂的结构艺术

课堂的结构艺术是指从教学目标出发,通过预先的构想和设计,将教学过程中的各种要素实现优化组合。所有优秀的教师都必须编写教案,设计自己的教学工作,为教学提供可靠的脚本。设计教案以激发学生兴趣、极大限度地调动学生主体意识为原则,以追求清新奇巧的格调为标准。教案设计是无声语言的艺术布局,是教师处理教材的思维与教学风格的结合,是体现教师教学个性的东西。每个教师的教学风格各呈异彩,就是为教案脚本中融进了不同教师的不同创造意图。教学结构的设计是提高课堂教学质量的关键。好的课堂的结构艺术,必须是以教学内容为核心,以教学过程为顺序,实现教材的知识结构、学生的认知结构、教师的导学结构三者之间的辩证统一。

(四)教学的场景形象

教学的场景形象是指教师在教学中通过特有的教学礼仪对学生起作用,同时又被学生所欣赏的整体形象。礼仪是一种文化,礼仪文化是人格魅力的重要因素,它构成了人的形象的重要侧面,是其外在形象,也是内在气质和素质的表现。这是教师的思想品质、精神面貌、文化素养、心理气质等内部因素,通过教学礼仪所表现出来的一种综合性的审美品质。在构成教师形象的诸因素中,除了形貌是天生之外,其他因素则是后天的、可变的。素质高、气质好、言行举止自然得体,是教师人格魅力发挥的必要条件,而要彻底发挥教师的人格魅力,还必须借助教师饱满的情绪、恰到好处的手势、期待鼓励的眼神和端庄的仪表等非语言因素的运用。唯其如此,才能对学生积极性的调动和健康人格的塑造起到推波助澜的作用。课堂犹如演出的舞台,教师的整体形象集语言、表演、造型于一体,必须以其非凡的吸引力参与到课堂教学的全过程,才能对学生知识吸收、情操陶冶和思想教育起到直接或间接的影响。

六、教学风格的形成过程

教学风格的形成,需要教师将个性心理品质与风格追求有机地结合起来,在教学实践经验的日积月累和掌握教育科学规律的基础上,发挥教学的灵活性和创造性。从教学实践活动来看,教师教学风格的形成过程一般要经过以下四个阶段。

(一)教学风格的模仿阶段

新教师缺少教学实践经验,他们往往更多地模仿其他教师的教学方法,借鉴其他教师成功的教学经验，其教学过程中的语言和非语言手段等甚至会留有别人的印痕。对于初登讲坛的老师来说，这种模仿尽管机械而生硬，有时甚至幼稚而笨拙，却是成长的第一步。这个阶段对于教师了解教学的常规，熟悉教学的流程，掌握教学的基本方法和手段，适应教学的需要，是非常必要的。但是，在教师的教学开始进入应有的轨道之后，就应该努力学会处理模仿与创造之间的矛盾，着眼于教学风格的探索，在把握教学规律、发挥个性特长的基础上，在教学中渗透和扩张属于自己的教学理念与个性化的教学手法，促进教学向理性、独立和富于个性的阶段发展。

（二）教学风格的独立阶段

教师在该阶段基本上已经了解了学生的学习需要和特点，摆脱了简单模仿的束缚，能够自己消化吸收其他教师的经验教训，较为熟练地运用各种常规的教学方法和手段驾驭课堂教学的秩序与过程，顺利调节课堂氛围。教学措施富有针对性，能独立完成教学工作的组织与引导，并且初步形成自己的教学风格。这个阶段是模仿阶段向创造阶段过渡的阶段，其间往往蕴含着教学创造的火花与萌芽。该阶段教师必须正视自己的形象、优势与局限性，不断调整自己，培养独立思考和独立操作的能力，在教材的理解和处理上形成自己的见解，在教学方法和教学技巧的运用上表现出一定的灵活性，一旦时机成熟，创造性的教学便会随之诞生。

（三）教学风格的创造阶段

在胜任独立教学的基础上，教师的创造性在教学中不断地显现出来，并带来教学方法的改革、教学效果的优化、教学效率的提高。这时，教师能够创造性地开展教学工作并且具有更多的独特之处，也更多地体验到教学创造的幸福和快乐。如果教师在这个阶段能够具有强烈的风格意识，成为教学艺术和风格的自觉追求者，不断地突破和超越自己，那么当创造性教学达到一种稳定的状态时，其教学就会开始呈现风格化特征。

（四）教学风格的成熟阶段

在该阶段，教师在教学过程的各个环节、各个方面都表现出稳定而浓厚的个性色彩，教学活动中刻意的雕琢痕迹越来越少，教学内容和形式独特而完美地结合起来，教学真正成为提升学生素养灵魂的艺术，处处闪烁着创造的火花，教学行为真正达到"从心所欲不逾矩"的境界。该阶段教师的教学艺术特色会得到学生普遍的认同和接纳，师生共同处于教学美的艺术陶冶与享受之中，并且取得了一定的社会影响力。如果达到这种状态，就说明教师的教学艺术和风格已经成熟，这样的教师可以称为有自己独特风格的教学艺术家。

上述四个阶段，每个阶段都有自己的特点。从教学实践的角度来看，不同的教师在不同的阶段停留的时间会有所不同。但不管处于哪个阶段，其发展都需要必要的、相对稳定的主客观条件。需要注意的是，教学风格的形成和发展必须有一个特色主题，沿着这一特色主题的探索和创造活动，是一种贯穿主旨的活动，它推动着教师的教学从一个阶段发展到下一个阶段，直至最终形成自己的教学风格。

七、教学风格的形成途径

教师教学风格的形成，不是无源之水，无本之木。在教学风格形成过程和最终表现形态上，总是或多或少地带有其他教师的痕迹。自觉地学习和借鉴其他教师的教学风格，是形成教师个体教学风格不可或缺的重要环节。教师教学风格的形成可以通过以下几个基本途径得以实现。

（一）加强理论学习，涵养教学风格

教师教学风格的形成离不开理论的支撑，热爱读书应该是每一位为师者必须具备的基本特征。日积月累的读书可以丰富自己的文化视野和学识素养，滋养自己的人生，给教学风格的形成提供"肥沃的土地"，也可以在丰富多样的事物联系中活跃自己的思维，触发教学的灵感。如果没有丰富深厚的阅读积累，就很难有对教材的深刻理解，也就很难有个性化的教学设计和能够体现创意的课堂教学活动。当然，教师读书不应是无目的的闲散行为，而应是在明确自己的专业发展方向和教学任务的基础上，通过博览广闻的搜寻与积累，收获不可思议的"聚变效应"，促进教学理念、教学认识和教学方法的创新和突破。如果教师忽视了具体的专业方向与效果追求，即使知识再丰富，认识水平再高，也很难产生富有个性的教学设计和灵活巧妙的课堂调控，教师也就难以真正形成自身独特的教学风格。

（二）注重名师仿效，体验教学风格

我国著名语文特级教师薛法根在刚开始工作时，曾经上了一堂"非常失败"公开课。为寻找原因，他找来李吉林、于永正、贾志敏等名师的录像带，一遍遍地揣摩。渐渐地，他觉得自己有了底气，他从名家的模仿学习中获得了教学风格形成的精要之处。当然，在仿效名师过程中，教师不能满足于简单移植名师教案，"克隆"名师教法，这样做的结果只能是"东施效颦""画虎不成反类犬"。教师要善于领悟名师的教学方法和手段背后的教学核心理念，将其内化为个性特色，内化为教学素养，形成自己个性化的教学行为。不仅如此，提倡向名师学习，也包括向不同学科的名师学习。教师要善于跳出学科教学的圈子，成为学科教学的临时"局外人"，徜徉于相关学科的教学研究，汲取营养，借鉴相关的研究成果；要学会以"局外人"的身份对教学进行审视、考问和反思，从而不断梳理自己对教学的理解和认识。当然，这种"局内人"与"局外人"的身份转换只是一种形式，它反映的是视角的转换，目的是使自己在不断的视角转换过程中生成灵感与智慧，不断产生新的创意，形成自己独特的教学风格。

（三）倡导实践探索，磨炼教学风格

教学风格的形成离不开教师独特的课堂体验，它是教师亲临教学的过程，借助这种体验，可以内省教学记忆，使教学活动具有永不枯竭的想象力，教师教学风格的创造性也因教学经验而获得保证。教师的舞台在课堂，教学风格的形成也只能是在课堂。一个追求自己独特教学风格的教师应该勇于在课堂实践中磨炼自己的个性和风格。这种课堂不是一般的课堂，而是"公开"的课堂，是向同行、向专家、向自己开放的"常态"的研究性课堂。这样的"公开课"追求的不是鲜花和掌声，而是问题的诊断、灵感的发现和智慧的磨砺。这样的课堂记录着教师教学的原初经验，这些经验具有无限的开放性和积淀性。教师在教学中和教学完成之后，可以自觉自由地感受、反省这些原初经验，在对原初经验的细节的推敲和商讨中，逐步澄清教学设计和实施过程中的种种混沌，揭示教学行为背后的教学理念、教学技巧、教学智慧以及由此"暴露"出来的教学个性艺术特质，进行不断的"打磨"，从而拓展原初经验，使原初经验发生质变，并获得新异的艺术审美经验，由此提升教学实践的品位和境界，形成自己的风格。

参 考 文 献

[1] 陈桂生.教育原理[M].3版.上海:华东师范大学出版社,2012.
[2] 陈侠.课程论[M].北京:人民教育出版社,1989.
[3] 董远骞.中国教学论史[M].北京:人民教育出版社,1998.
[4] 杜威.民主主义与教育[M].王承绪,译.北京:人民教育出版社,1990.
[5] 赫尔巴特.普通教育学[M].李其龙,译.北京:人民教育出版社,2015.
[6] 黄甫全,王本陆.现代教学论学程[M].2版(修订版).北京:教育科学出版社,2003.
[7] 黄济,王策三.现代教育论[M].北京:人民教育出版社,1996.
[8] 加涅.学习的条件与教学论[M].皮连生,等译.上海:华东师范大学出版社,1999.
[9] 夸美纽斯.大教学论[M].傅任敢,译.北京:教育科学出版社,1999.
[10] 李秉德.教学论[M].北京:人民教育出版社,2000.
[11] 李定仁,徐继存.课程论研究二十年:1979—1999[M].北京:人民教育出版社,2004.
[12] 李如密.教学艺术论[M].济南:山东教育出版社,1995.。
[13] 厉以贤.现代教育原理[M].北京:北京师范大学出版社,1988.
[14] 廖哲勋,田慧生.课程新论[M].北京:教育科学出版社,2003.
[15] 廖哲勋.课程学[M].武汉:华中师范大学出版社,1991.
[16] 吕达.课程史论[M].北京:人民教育出版社,1999.
[17] 裴娣娜.现代教学论(第一卷)[M].北京:人民教育出版社,2005.
[18] 裴娣娜.现代教学论(第二卷)[M].北京:人民教育出版社,2005.
[19] 裴娣娜.现代教学论(第三卷)[M].北京:人民教育出版社,2005.
[20] 皮亚杰.教育科学与儿童心理学[M].傅统先,译.北京:文化教育出版社,1981.
[21] 施良方,崔允漷.教学理论:课堂教学的原理、策略与研究[M].上海:华东师范大学出版社,1999.
[22] 施良方.课程理论:课程的基础、原理与问题[M].北京:教育科学出版社,1996.
[23] 石中英.知识转型与教育改革[M].北京:教育科学出版社,2001.
[24] 斯特弗,盖尔.教育中的建构主义[M].高文,等译.上海:华东师范大学出版社,2002.
[25] 田汉族.交往教学论[M].长沙:湖南师范大学出版社,2002.
[26] 田慧生,李如密.教学论[M].石家庄:河北教育出版社,1996.
[27] 王策三.教学论稿[M].北京:人民教育出版社,2005.
[28] 王道俊,郭文安.教育学[M].北京:人民教育出版社,2009.
[29] 吴也显.教学论新编[M].北京:教育科学出版社,1991.

[30] 叶澜.教育概论[M].北京:人民教育出版社,1991.

[31] 袁振国.教育新理念[M].北京:教育科学出版社,2002.

[32] 张大均.教与学的策略[M].北京:人民教育出版社,2003.

[33] 张华.课程与教学论[M].上海:上海教育出版社,2000.

[34] 钟启泉,李雁冰.课程设计基础[M].济南:山东教育出版社,2000.

[35] 钟启泉,张华.世界课程改革趋势研究:课程改革国别研究[M].北京:北京师范大学出版社,2001.

[36] 钟启泉.现代课程论(新版)[M].3版.上海:上海教育出版社,2015.

[37] 佐藤正夫.教学论原理[M].钟启泉,译.北京:人民教育出版社,1996.

后　　记

　　1993年颁布的《中华人民共和国教师法》第三条规定："教师是履行教育教学职责的专业人员,承担教书育人,培养社会主义事业建设者和接班人、提高民族素质的使命。"既然教师是专业人员,那么教师的"专业性"体现在哪里呢?过去,很多人认为教师能够"教"得好,学生的成绩考得好,升学率高,就是专业水平高。很少有人去思考这些教给学生的知识和技能是否重要,是否有价值,是否能够为学生以后的成长和发展奠基。这样就可能导致一种局面:越是会教的老师,教给学生的无用的知识和技能就越多,越是会误人子弟,害人不浅。1999年,新一轮基础教育课程改革正式启动,这次改革以课程为核心,下放课程管理权限,建立国家、地方和学校三级课程管理体制,赋予教师课程权力,以构建符合素质教育要求的新的基础教育课程体系。教师要很好地行使发挥好课程权利,就必须具备课程能力,教师的课程能力是包括教师理解课程、实施课程、开发课程、评价课程等能力在内的教师作用于课程的多种相关能力的综合,能够知道什么知识对学生来说是最重要的和最有价值的,具有明辨是非的能力;能够选择为学生终身发展奠基的知识,具有善于决策的能力。教师的课程能力影响着教师的专业发展,更影响着学生的全面发展和个性化发展,影响着课程的实施质量和改革效果,影响着教育改革的进程和教育质量的提升。因此,在目前国家给教师赋权的背景下,教师需要增加在课程方面的"能"。现在,教师的专业性不仅表现在"会教书""教书好"方面,还要表现在能够给学生"选择的内容好""开发的内容好"方面。教师不仅要具备教学论方面的知识,更要具备课程论方面的理论知识。

　　20世纪80年代,美国学者舒尔曼提出一个概念:学科教学知识(pedagogical content knowledge,PCK)。他认为PCK是教师个人独一无二的教学经验,是教师独特学科内容领域和教育学的特殊整合,是教师对自己专业理解的特定形式。舒尔曼认为PCK是教师最有用的知识,包含了教师对学习者的知识、课程知识、教学情境知识和教法知识等,它是"用专业学科知识与教育学知识的综合去理解特定单元的教学如何组织、呈现以适应学生的不同兴趣和能力",是教师区别于其他学科专家的根本特征。舒尔曼说:"确认教学的知识基础之关键就在于学科知识和教育知识的交互作用(intersection),就在于教师拥有的下面这种能力,即将他知晓的学科知识改造成(transform)在教学意义上有力的、能够适应学生不同能力和背景的形式。"也就是我们通常说的把"自己懂的知识"转变为"别人也明白的知识"。教师和物理学家、生物学家、化学家、历史学家等相比,最大的区别不在于他们掌握专业知识的质量和数量,而在于他们如何组织和使用知识。科学家是直接使用相关知识,教师不仅自己使用知识,还要教会学生使用这些知识,这就必须要用到课程与教学的这些相关的专业知识。我们希

后 记

冀通过我们的梳理给一线教师形成自己的学科教学知识搭建一座桥梁。

传统的师范院系的教师教育类课程主要由教育学类、心理学类、学科教学法类等构成,课程与教学论内容,作为一门学科知识常常受到忽视,甚至有些师范类专业不开设此类课程,导致不少师范生相关的课程与教学知识缺乏。现有开设的教育学课程中,课程与教学方面的知识也偏少,即使如此,有的教育学老师也不讲,他们想当然地认为那是学科教学法老师应该讲的内容,从而导致师范生学到的大多是泛泛的教育理论。而学科教学法老师认为课程与教学理论属于"大教育学"范畴,因此在课堂教学中也很少涉及。缺少必要的课程与教学基础理论的支撑,学科教学法的教学效果也大打折扣,学生知其然难知其所以然。这些情况的存在,一定程度上导致了教师教育课程重点的游移和研究范式的缺失。我们希望通过我们的努力在一定程度上弥补教师教育类课程建设的缺憾。

课程与教学是两个密不可分的概念。从课程的角度来看,教学是课程的实施过程;从教学的角度来看,课程是教学的内容。因此不少著作都是把课程与教学放在一起论述的。这样的好处是避免了课程与教学概念之间的纠葛,同时也带来了对课程与教学两个概念不能很好区分的弊端,毕竟这是两个不同的概念。因此,本书在设计撰写框架结构的时候,还是采用了分开阐述的方式。全书共分为十四章,课程与教学理论各占七章。徐州工程学院的王坤教授撰写了序言、第一、二、四、七、十、十一章,并做了全书的统稿工作;刘秀娟老师撰写了第三、五、六、八、九、十二、十三、十四章,并对全书文字进行了认真的校对。本书在章节标题设计时考虑了对仗工整,突出主题,便于记忆和理解。虽然我们的设想是美好的,但是在写作过程中也真正感受到什么是"心有余而力不足"的无奈和"廉颇老矣,尚能饭否"的感慨。限于我们学力、见识、眼界、经验等,书中还有一些疏漏和错误之处,恳请各位读者批评指正!

本书能够出版,得到了各方的指导和扶持。张典兵教授指导了整本书的框架构思和部分章节的写作。我们在写作过程中参考了大量文献,有的已经在文中注明,有的在文后的参考文献中列出,在此向这些奉献研究成果的学者表示由衷的谢意。本书的出版得到徐州工程学院出版基金的资助,在此深表感谢!

作　者
2023 年 8 月